Das Hauptgebäude der Universität Rostock
1870-2016

Herausgegeben von
Kersten Krüger und Ernst Münch

Rostocker Studien zur Universitätsgeschichte Band 30
Norderstedt 2017

Bibliografische Information der Deutschen Nationalbibliothek

Die Deutsche Nationalbibliothek verzeichnet diese Publikation
in der Deutschen Nationalbibliografie; detaillierte bibliografische Daten sind im Internet
über www.dnb.de abrufbar.

Herausgeber: Der Rektor der Universität Rostock
Redaktion: Kersten Krüger
Druckvorlage: Kersten Krüger
Einband: IT- und Medienzentrum der Universität Rostock

© 2017
Herstellung und Verlag: BoD – Books on Demand, Norderstedt.
ISBN: 9783743162389

Inhalt

Teil 1 Aufsätze Seite 5–247

Seite

Geleitwort des Rektors der Universität Rostock — 5

Vorwort der Herausgeber — 7

Albrecht Willebrand
Hermann Willebrand – Leben und Werke — 11

Peter Palme [1983]
Das Rostocker Universitätshauptgebäude
und seine Vorgeschichte im 19. Jahrhundert
Betrachtungen zur Bau- und Kunstgeschichte — 23

Ernst Münch
Vorbild für Hermann Willebrands Rostocker Universitätsgebäude:
Der Johann-Albrecht-Stil am Schweriner Schloss und am Wismarer
Fürstenhof im 16. und 19. Jahrhundert — 87

Frank Braun
Untersuchungen zur Baugeschichte des Gadebuscher Schlosses — 105

Ernst Münch
Ehre des Landesherrn und Zierde der Stadt
Die Entstehung des Universitätshauptgebäudes im politischen
Kräftespiel 1865–1870 — 119

Kersten Krüger
Pläne und Raumprogramme für das Hauptgebäude 1833-1989 — 141

Emanuel Hollack
Der Bau des Hauptgebäudes 1867-1870 — 185

Emanuel Hollack
Die Sanierung des Hauptgebäudes 2009-2013 — 221

Wolfgang Schareck
Zwei Höhepunkte moderner Gestaltung
Das Aulafenster und die Göttin Metis — 245

Inhalt

Teil 2: Anhang Seite 3–179 nach S. 248 von Teil 1   Seite

Inhalt Teil 2	3
Texte	
Ausschmückung des Universitätsgebäudes 1866	9
Rektor und Professoren über die Ausschmückung der Fassade 1866	13
Hermann Willebrand	16
Baubeschreibung des Universitätsgebäudes 1866	
Zeitzeugengespräch mit	21
Dipl.-Ing. Holger Kotermann am 18. Juli 2013	
Zeitzeugengespräch	34
mit Dipl.-Ing. Uwe Sander am 1. August 2013	
Abbildungen	
Anhang Hauptgebäude allgemein	43
Anhang Fassade	62
Anhang Aula	89
Anhang Pläne 1833-2016	102
Register: Personen	167
Register: Orte, Sachen	173
Abbildungsnachweise Anhang	180

DVD
Film 2013
Bernd Schultze-Willebrand
Hermann Willebrand – Ein verkannter Baumeister?

Pläne und Raumnutzungen 1833–2016

Die DVD kann gegen eine Schutzgebühr angefordert werden:
Universität Rostock, Universitätsarchiv
Universitätsplatz 1, 18051 Rostock

Geleitwort des Rektors der Universität Rostock

Die Bibliothek *Sainte Geneviève* im 5. Arrondissement von Paris lieferte Willebrand die großartige Vorlage für dieses prächtige Hauptgebäude am Universitätsplatz, das nach dem schlichten *Collegium album* nun den Glanz Schwerins in Rostock widerspiegeln sollte. Die Fassade lässt die Geschichte der Universität, ihre vier Gründungsfakultäten, ihre Vorbilder und bedeutendsten Köpfe ebenso erahnen, wie über das Großherzogtum Mecklenburg als Souverän mit Herzögen, Bischöfen und Kanzlern, aber auch Wappen der Städte und Herzogtümer zu informieren.

Dazu verspricht das DOCTRINA MULTIPLEX, VERITAS UNA über dem Hauptportal die Wahrheitssuche in akademischer Freiheit, ohne die Wurzeln in der päpstlichen Stiftung zu verleugnen.

Heute wird den staunenden Besuchern auf dem Universitätsplatz mit dem Brunnen der Lebensfreude und dem Blücherdenkmal kaum bewusst sein, dass all dies in knapp dreieinhalb Jahren Bauzeit zu einer Zeit des wirtschaftlichen Aufschwungs entstand, zu der aber am Tage der Einweihung am 27. Januar 1870 die gesamte Universität, damals leider noch eine reine Männergesellschaft, in die prachtvolle Aula passte.

Wundersam und glücklich ist uns bewusst, dass dieses Schmuckstück der Stadt alle Kriege unbeschadet überstand, dass es zunächst von außen, dann aber auch von innen in seiner einzigartigen Schönheit restauriert werden konnte. Das Oberlicht der Aula wurde erst jetzt wieder sichtbar, nachdem es zur Verdunkelung im Zweiten Weltkrieg abgedeckt worden war.

Voller Geschichtsbewusstsein zeugt es heute aber auch vom Wandel unserer Universität zu einer weltoffenen, modernen und innovativen Hochschule, in der alle von Metis, der Göttin der Weisheit und des Wissens begrüßt werden, freundlich und zugewandt, mit der Freude, Sie kennenzulernen, wie auch ich Sie gern in unserer Universität begrüßen möchte, sei es zum Studieren, zum Lehren und Forschen, zum Arbeiten für die Universität oder zum Besuchen.

Wolfgang Schareck im Oktober 2016.

Vorwort der Herausgeber

Wenn von Universität die Rede ist, so verbinden sich heute damit verbreitet zwei irrige, aber durchaus nachvollziehbare Vorstellungen, Interpretationen oder Begriffserklärungen. Sie gehen nicht von einer mit diesem Wort gemeinten spezifischen *universitas*, das heißt Gemeinschaft von Menschen, nämlich in diesem Falle von Lehrenden und Lernenden, aus. Vielmehr wird mit dem Begriff der Universität einerseits die Vorstellung von den zahlreichen in der Hochschule vereinten Wissenschaftsdisziplinen verbunden. Nicht zuletzt auch das in etlichen unterschiedlichen Übersetzungen existierende Motto über dem Eingangsportal des Rostocker Universitätshauptgebäudes (DOCTRINA MULTIPLEX – VERITAS UNA) scheint eine derartige Interpretation zu suggerieren. Andererseits lässt der Begriff Universität häufig ein Gebäude, zumeist das jeweilige Hauptgebäude der Einrichtung, als ihre äußere Hülle vor das geistige Auge des Betrachters treten, ähnlich wie das in anderen Bereichen der Gesellschaft etwa für die Begriffe Kirche, Parlament oder Theater geschieht.

So sehr abwegig ist eine solche Vorstellung keineswegs. Denn was wäre die Gemeinschaft der Lehrenden und Lernenden ohne ein Domizil? Daher sind Universitätsgebäude in der Regel fast genauso alt wie die Geschichte der Universitäten selbst. Das war und ist auch in Rostock nicht anders.

Dass der zentrale Bau, in moderner Diktion das Hauptgebäude der Universität Rostock Gegenstand dieser umfänglichen, mit zahlreichen Plänen und Abbildungen ausgestatteten Publikation ist, hat darüber hinaus noch mehrere andere Gründe.

So war und ist das Hauptgebäude seit seiner Existenz, die – wenn wir den oder die Vorgängerbauten einbeziehen – bis in die Anfänge der Universität zurückgeht, selbstverständlich untrennbar und unmittelbar – in guten wie in schlechten Zeiten – mit allen Etappen der Rostocker Universitätsgeschichte verbunden. Dies wird uns am Vorabend des 600. Jubiläums der *alma mater rostochiensis* besonders bewusst.

Das heutige Hauptgebäude hat seit seiner Entstehung in den Jahren 1867 bis 1870, damals lapidar als „Universitätsgebäude" bezeichnet, auch als Baukörper selbst eine nunmehr anderthalb Jahrhunderte alte Geschichte durchlebt.

Noch vor wenigen Jahren zeugten sowohl an der Fassade als auch in den Räumen des Gebäudes viele sehr sichtbare Spuren davon, dass manche Glanzseiten des als „Wissenschaftsschloss" konzipierten Baus dem Zahn der Zeit erheblichen Tribut gezollt hatten.

Dass nach der Wende von 1989, die auch mit der demokratischen inneren Erneuerung der Universität verbunden war, zunächst die äußere Hülle samt Fassade und Dach des Hauptgebäudes und schließlich in den Jahren 2009 bis 2013 sein Inneres umfassend restauriert bzw. erneuert wurden, gab jeweils verständliche Anlässe zur vertieften Beschäftigung mit der Geschichte dieses Baus, nicht zuletzt eben aus Gründen der Art und Weise seiner Restaurierung bzw. Erneuerung.[1]

Auch in dieser Hinsicht bewährte sich das Leitmotiv der Universität Rostock TRADITIO ET INNOVATIO.

Neben mancherlei nicht immer gelungenen Umbauten hat das Hauptgebäude auch vor 1989 zumindest teilweise bereits Restaurierungsarbeiten erfahren. Sie waren eine der Anlässe für die bisher ausführlichste Beschäftigung mit der Geschichte seiner Entstehung sowie bau- und kunstgeschichtlichen Bedeutung aus der Feder von Peter Palme aus dem Jahre 1983, die wegen ihres grundlegenden Stellenwertes in der vorliegenden Publikation erneut vollständig abgedruckt wird.[2]

Tat sich Palme mit einer positiven Gesamteinschätzung des Gebäudes schwer, so war dies nicht etwa nur oder in erster Linie den damaligen gesellschaftlichen, insbesondere auch politischen Verhältnissen in der DDR geschuldet. Zumindest partielle Kritik gab es bereits seit den Jahren der Entstehung des Hauptgebäudes. Sie haben auch das Bild seines Schöpfers, des mecklenburgschwerinschen Hofbaurates Hermann Willebrand, bis in unsere Tage verdunkelt, dessen Schaffen generell stets im Schatten des erheblich spektakuläreren Lebens und Wirkens seines Vorgängers und ehemaligen Chefs Georg Adolph Demmlers stand. Nicht nur der 200. Geburtstag Willebrands, der in das Jahr der Fertigstellung unserer Publikation fällt, sollte Veranlassung geben, auch sein Wirken angemessen zu würdigen. Wenn es heute starke Bestrebungen gibt, das Schweriner Schloss, an dessen historisierenden Um- bzw. Neubau auch Willebrand maßgeblichen Anteil hatte, in das Weltkulturerbe aufnehmen zu lassen, so darf wohl ebenso deutlich unterstrichen werden, dass er mit dem Rostocker Universitätsgebäude des Jahres 1870 ein Hauptwerk der mecklenburgischen Neorenaissance geschaffen hat, deren kunstgeschichtliche Bedeutung seit der jüngsten Vergangenheit in hellerem Lichte als früher erscheint.

---

[1] Zur Wiedereröffnung des Hauptgebäudes der Universität Rostock. Hrsg. von Wolfgang SCHARECK und Andrea BÄRNREUTHER. Petersberg 2013.

[2] Peter PALME: Das Rostocker Universitätshauptgebäude und seine Vorgeschichte im 19. Jahrhundert. Betrachtungen zur Bau- und Kunstgeschichte. In: Beiträge zur Geschichte der Wilhelm-Pieck-Universität Rostock, H. 3 (1983), S. 4-49, in diesem Band S. 23-86.

Vorwort

Die Herausgeber haben sich das Ziel gesetzt die Bau- und Nutzungsgeschichte des Hauptgebäudes – soweit möglich – zu dokumentieren. Den Auftakt geben Nachfahren des Architekten des Hauptgebäudes der Universität Rostock Hermann Willebrand: Albrecht Willebrand mit der Darstellung von Leben und Werk, Bernd Schultze-Willebrand mit einem Dokumentarfilm über Hermann Willebrand, der diesem Band auf einer DVD beigelegt ist. Die bereits erwähnte Abhandlung über das Hauptgebäude von Peter Palme wird in diesem Band – leicht überarbeitet – wieder abgedruckt. Der Text ist auf neue Rechtschreibung umgestellt, die Abbildungen sind – soweit erreichbar – durch aktuelle Bilder ersetzt. Den Vorbildern der Neo-Renaissance des Hauptgebäudes im Johann-Albrecht-Stil geht Ernst Münch an Bauten des 16. Jahrhunderts nach: dem Schweriner Schloss und dem Wismarer Fürstenhof. Einem dritten Bauwerk, das als Vorbild diente – das Gadebuscher Schloss – widmet Frank Braun seine Untersuchung. Das politische Kräftespiel im Spannungsfeld zwischen der Ehre des Landesherrn und der Zierde für die Stadt während der Entstehung des Hauptgebäudes analysiert Ernst Münch. Die seit 1833 überlieferten Pläne für ein neues Hauptgebäude und die darin dokumentierten Raumprogramme sowie ihre Veränderungen bis 1989 untersucht Kersten Krüger. Zwei Studien von Emanuel Hollack stellen zum einen den Bau des Hauptgebäudes von 1867 bis 1870 dar, zum anderen die aktuelle von 2009 bis 2013 durchgeführte Sanierung.

Bei unterschiedlicher Überlieferungsdichte sind Quellen – Texte und vor allem Bilder – so reichlich vorhanden, dass den Aufsätzen im ersten Band ein Anhang im zweiten Band folgt. Im Textteil des Anhangs werden die Baubeschreibung Hermann Willebrands aus dem Jahr 1866 und die Zeitzeugengespräche mit den die Sanierung 2009-2013 leitenden Bauingenieuren, Holger Kotermann vom Dezernat Technik, Bau und Liegenschaften der Universität Rostock, und Uwe Sander vom Betrieb für Bau und Liegenschaften Mecklenburg-Vorpommern, veröffentlicht. Letztere sind von besonderem Wert, weil die Akten der Sanierung noch nicht zugänglich sind und es noch lange nicht sein werden.

Die Abbildungen stammen sowohl aus früherer Zeit wie aus der Gegenwart. Sie sind so zahlreich, dass es angemessen erschien sie in fünf getrennten Abteilungen zu präsentieren. Unter Hauptgebäude allgemein erscheinen die 21 wichtigsten alten und neuen Abbildungen sowohl der äußeren wie der inneren Gestalt. Den Fassaden mit ihren geradezu überbordenden Ausschmückungen ist eine eigene Abteilung gewidmet, die auch Entwürfe aus der Bauzeit enthält. Der zentrale Raum des Hauptgebäudes, die Aula, ist in ihrer schlossähnlichen Gestaltung in einer besonderen Abteilung dokumentiert. Die von 1833 bis 1962 überlieferten Pläne der Grundstücke und Gebäude – meistens mit Raumnutzungen versehen – befinden sich ebenfalls in einer eigenen Abteilung. Den Abschluss bilden die aktuellen Geschosspläne, verbunden mit einer Tabelle der gegenwärtig gültigen Raumnutzungen.

Der Film von Bernd Schultze-Willebrand über seinen Vorfahren ist auf einem Datenträger dem Band 2 beigefügt, dort befinden sich auch die Pläne 1833-2016. Ihr Druckbild auf Papier geriet notwendigerweise recht klein, so dass vergrößerte Betrachtung am Bildschirm ermöglicht wird.

Allen Beteiligten ist an dieser Stelle Dank abzustatten: den Nachfahren Hermann Willebrands; den Zeitzeugen des Betriebes für Bau und Liegenschaften Mecklenburg-Vorpommern sowie des Dezernats Technik, Bau und Liegenschaften der Universität Rostock; den Archiven – Bundesarchiv in Berlin, Landeshauptarchiv in Schwerin, Universitätsarchiv in Rostock –; dem IT- und Medienzentrum der Universität und nicht zuletzt, sondern vor allem den Autoren, die mit ihren Beiträgen die vorliegende Dokumentation der Geschichte und Gegenwart des Universitätshauptgebäudes erarbeitet haben.

Das Hauptgebäude der Universität Rostock zählt zu den schönsten Gebäuden der Hansestadt Rostock. Es verdient Beachtung, Achtung und die Dokumentation seines Werdens.

Kersten Krüger und Ernst Münch im Oktober 2016.

Hermann Willebrand – Leben und Werke

VON ALBRECHT WILLEBRAND

Hermann Willebrand wurde am 16. März 1816 als Sohn des Pastors Heinrich Andreas Ludwig Willebrand (1772-1845) in dessen zweiter Ehe mit der Neubrandenburger Pastorentochter Dorothea Sophie Elisabeth Kortüm (1793-1864) in Melz bei Röbel geboren. Er hatte fünf Geschwister. Seine Vorfahren waren in lückenloser siebenfacher Generationsfolge mecklenburgische Pastoren. Der Älteste war der 1537 geborene Tobias Willebrand, der von 1570 bis 1606 Pastor in Vilz war. Er war der Sohn des Perleberger Bürgermeisters Johann Willebrand. Von allen Vorfahren geht ein weit verzweigtes Pastorengeschlecht aus und schließt Rektoren und Professoren der Rostocker Universität ein. Hermanns Vetter, Adolf Wilhelm Heinrich (1804-1867) zum Beispiel, war 1831 Instruktor der Herzogin Luise und 1850-1867 Superintendent in Doberan. Sein zwei Jahre jüngerer Bruder August Theodor (1818-1866) setzte die Pastorentradition fort. Seine drei Jahre jüngere Schwester Friederike Juliane Henriette Charlotte (1819-1893) heiratete den Vetter des berühmten mecklenburgischen Dichters Fritz Reuter, nämlich August Friedrich Heinrich Reuter (1810-1888), der mit Fritz zusammen in Stavenhagen groß wurde, und mit ihm zusammen auf dem Gymnasium in Friedland und der Universität Rostock war, wo er Theologie und Philologie studierte. August Reuter war zuletzt mecklenburgischer Pastor zu Tessin. Bei dessen Sohn Ludwig, Pastor in Breesen, wuchs der Enkel und spätere Dr. med. Hermann Willebrand auf, der an der Universität Rostock promovierte. Die Enkel waren oft bei ihrem Großvater in Schwerin und dort gehörte der Besuch des Schlosses mit dem besten Kenner des Gebäudes immer zu den Höhepunkten der Besuche. Die älteste Tochter von Dr. Hermann Willebrand, Elisabeth Willebrand, war Patenkind von Ida Luise Clara Auguste Reuter (1849-1940). Ihr Onkel, Fritz Reuter, nannte sie nur *sin Swesterdochter*. Die verwandtschaftlichen Beziehungen Reuter – Willebrand endeten erst 1940 mit Idas Tod.

Über seine Ausbildung schrieb Hermann Willebrand in seiner Bewerbung an den Schweriner Magistrat am 27. April 1838:

Den ersten Unterricht genoss ich bei meinem Vater, dem Pastor Wi[lle*brand*] *in Melz, von hier kam ich Ostern 1831 auf die Realschule zu Neustrelitz und erhielt dort bis Ostern 1834 meine allgemeine geistige Ausbildung. Auch fand ich hier mehrfach Gelegenheit im Rechnen und Zeichnen, wofür ich von Jugend auf besondere Vorliebe hatte, zu unterrichten und ich tat dies mit Lust und Liebe.*

Meiner ursprünglichen Neigung gemäß widmete ich mich dem Baufache und ging deshalb Ostern 1834 nach Schwerin, wo ich unter Anleitung des Herrn Baukondukteurs von Motz in allen für einen Architekten notwendigen Unterrichtsgegenständen arbeitete, und besonders den ganzen theoretischen Teil der Mathematik durchnahm und das Zeichnen, architektonisches wie freies Handzeichnen, übte. Um mich auch einigermaßen im Praktischen des Baufachs auszubilden, folgte ich mit Freuden dem Befehle des Herrn Oberbaurat Wünsch und beaufsichtigte einige Zeit den Wasserbau in Dömitz.

Nachdem ich mich auf diese Weise 1,5 Jahr mit dem Baufache beschäftigt hatte, ging ich Michaelis 1835 nach Berlin, und ließ mich dort bei der Königlichen Universität immatrikulieren, und hörte einige für meine Bildung förderliche Collegia, wie die gehorsamst beigefügten Matrikel und der Anmeldungsbogen zeigen.

Ostern 1836 wurde ich nach meiner bestandenen Prüfung auf die Königliche Allgemeine Bauschule aufgenommen, erfreute mich der Zufriedenheit meiner Lehrer und erwarb mir die für mein Fach notwendigen Kenntnisse, und erhielt bei meinem Abgange das gehorsamst angefügte Zeugnis. Auch in Berlin habe ich Unterricht namentlich in der Mathematik gegeben, teils aus Liebe zum Unterrichten teils um dadurch einige Mittel zur Anschaffung von Büchern und Kupferwerken zu gewinnen.[1]

Zu Hermanns wichtigsten Lektoren gehörten Wilhelm Stier (1799-1856) für Architektur- und Ornamentzeichnen, Friedrich August Stüler (1800-1865) für Entwurfslehre sowie Bau-Inspektor Linke unter anderem für Baukonstruktionslehre.

1838 ging der Absolvent nach Schwerin und bekam ein Jahr später eine Anstellung bei Hofe, nachdem er mit einer Bauaufnahme und einem Turmbauprojekt des dortigen Domes seine Prüfung als Mecklenburgischer Baukondukteur bestanden hatte. Er wurde dem Leiter des Architektur- und Planungsbüros, Hofbaumeister Georg Adolph Demmler (1804-1886),[2] als Gehilfe zugeordnet. Demmler hatte an derselben Berliner Akademie von 1819 bis 1822 studiert, aber nur die dem Baustudium vorgelagerte Feldmesserqualifikation erreicht und das daran anschließende Baustudium nicht mehr aufgenommen. Demmler war folglich Architekturautodidakt und noch dazu künstlerisch unbegabt. Das hat schon 1886 der hochangesehene Architekt Karl Emil Otto Fritsch im Nachruf zu

---

[1] Hermann Willebrand: Bewerbung an den Schweriner Magistrat vom 27. April 1838. Stadtarchiv Schwerin, Akte Magistrat; M 4811.

[2] Georg Adolf Demmler: https://de.wikipedia.org/wiki/Georg_Adolf_Demmler (23.09.2015); Helge DVORAK: Biographisches Lexikon der Deutschen Burschenschaft. Band I Politiker, Teilband 7: Supplement A–K. Heidelberg 2013, S. 229–231.

Demmler in der Deutschen Bauzeitung konstatiert.³ Fritsch war Herausgeber der Zeitung und somit bester Kenner der Architekten und der Architektur seiner Zeit.

Abbildung 1
Hermann Willebrand Portrait von Theodor Schloepke 1850

---

³ F[RITSCH, Karl Emil Otto]: G. A. Demmler †. In: Deutsche Bauzeitung 20 (1886), S. 51-53, 59 f., 62-64, 66.

So wundert es nicht, dass Hermann Willebrand nach seiner Anstellung für die anfallenden höfischen Bauaufgaben die Entwürfe für seinen Vorgesetzten zufertigte und nach dessen teilweisen Korrekturen auch die Bauplanung ausführte. Nach Aussage von Heinz Willi Peuser war Willebrand *der eigentliche Entwurfsarchitekt, der von Anfang an zum großen Schlossumbau entscheidend mitwirkte.*[4] Dirk Handorf hält dazu fest:

Bis zum heutigen Tage war es dem Baumeister nicht vergönnt, eine seinem Werk entsprechende Würdigung zu erfahren, wird doch die regionale Bühne der Architektur jener Zeit fast ausnahmslos von Demmler beherrscht. Dabei sprechen die Projekte, an denen Willebrand mitarbeitete oder die er gar leitete, für sich. So lieferte er Entwürfe zur Realisierung fast aller großherzoglichen Bauaufgaben, wie beispielsweise für das Schloss in Schwerin, das Arsenal ebendort, das Hauptgebäude der Universität in Rostock, das großherzogliche Gut in Raben Steinfeld und nicht zuletzt für das Museumsgebäude am Alten Garten in Schwerin, um nur einige zu nennen. Gerade das Beispiel Schweriner Schloss zeigt, wie sehr Demmler und später Stüler sein Wirken überlagerten.[5]

Hermann Willebrand war am Formengut von Stüler geschult und konnte so eine seiner ersten Bauaufgaben in dessen Sinne lösen, nämlich den Entwurf des Schweriner Arsenals. Das Gebäude entwarf er im Stile des italienischen Mittelalters, das mit seinen fortifikatorischen Elementen wie Ecktürmen und Zinnen der gestellten Bauaufgabe gut entspricht. So etablierte er den Historismus mit seinem Arsenalentwurf mit einem dort bisher unbekannten Formenkanon. Bei allen Arbeiten, die künstlerisches Geschick erforderten, fertigte Willebrand als Mitarbeiter von Demmler die Entwürfe wie zum Beispiel den Sarkophag für Paul Friedrich (1800-1842), den Hochaltar und die Heilig-Blut-Kapelle im Dom zu Schwerin in filigranen neogotischen Formen, während er das Krankenhaus in der Annastraße (heute Werderstraße) in Formen eines Stadtpalais entwarf. Das Palais für Paul Friedrich am Alten Garten geht auf den Entwurf Stülers zurück, der dem Regenten seinen Entwurf am 11. November 1840 mit einer Beschreibung zuschickte.[6] Ein eigenständiger Schweriner Entwurf war danach nicht

---

[4] Heinz Willi PEUSER: Schloßausbauten aus Romantik und Historismus als Bau- und denkmalpflegerische Aufgabe. Diss. Weimar, Hochsch. f. Architektur u. Bauwesen 1993. Bibliothek der Bauhaus-Universität Weimar, Signatur Ng 3120.

[5] Dirk HANDORF: Rezension zu: Bartels, Olaf: Der Architekt Hermann Willebrand 1816-1899. München 2001. In: Denkmalschutz und Denkmalpflege in Mecklenburg-Vorpommern 8 (2001), S. 79 f., hier S. 79. Vgl. DERS. (Red.): 150 Jahre Schloss Schwerin: Beiträge zur Bau- und Nutzungsgeschichte. Schwerin 2009.

[6] Sabine BOCK; Rudolf CONRADES: Georg Adolph Demmler. Einige Notizen aus meinem Leben 1804-1886. Schwerin 2005, S. 59.

mehr notwendig. Die Schweriner Blätter zu dem Projekt sind aus Willebrands Hand. Die Ähnlichkeit mit Stülers Neuem Museum in Berlin ist vollkommen.[7] Der Palaisbau (1841-1842) wurde eingestellt, nachdem der Regent am 7. März 1842 überraschend starb.

Sein Nachfolger auf dem Thron, Friedrich Franz II. (1823-1883), verfolgte das Ziel, das Schloss seiner Ahnen auf der Insel zu einem repräsentativen Residenzschloss umzubauen. Zeitnah zum Amtsantritt ließ er Demmler beauftragen, einen Umbauvorschlag anzufertigen. Bereits am 7. Juni 1842 wurde der erste Entwurf vorgelegt. Nach dessen Ablehnung wurde 1843 ein zweiter Entwurf zu Papier gebracht, der ebenfalls verworfen wurde, wonach Demmler aufgab und die Einbeziehung außenstehender Architekten anregte. Der Dresdener Architekturprofessor Gottfried Semper kam im November 1843 nach Schwerin und legte Weihnachten 1843 einen wegweisenden Entwurf unter anderem mit Formen der frühen französischen Renaissance vor, der vermutlich wegen seiner kolossalen Dimensionen nicht angenommen wurde, der aber den endgültig zu wählenden Stil determinierte. Um die genannten Formen zielsicher für einen Schweriner Entwurf anzuwenden, wurden Demmler und Willebrand im Mai 1844 auf Studienreise unter anderem nach Frankreich zum Studium der französischen Renaissance-Schlösser geschickt.[8] Nach der Reise fertigte Hermann Willebrand 1844 vorrangig unter dem Eindruck des Schlosses Chambord den entscheidenden Entwurf in Form eines kolorierten Erstentwurfs, der die Grundlage für den 1845 genehmigten Entwurf und den folgenden Umbau des Schweriner Schlosses wurde. Er war dazu in der Lage, Eindrücke und unmittelbare konstruktive sowie gestalterische Gedanken in sichtbaren Bildausdruck, mit gewandter Hand, zu Papier zu bringen. Der 1845 genehmigte Entwurf wird als Demmlers dritter Entwurf bezeichnet, ist aber tatsächlich nur die Reinzeichnung von Willebrands Idee. Somit wurde er der geistige Vater des Schweriner Residenzschlosses in seinen heutigen Formen. Walter Josephi, Direktor des Museums Schwerin von 1911 bis 1939, beschreibt den Entwurf wie folgt:

Darnach rührt der Entwurf zum Schloss in der ersten und im wesentlichen auch später verwirklichten Idee überhaupt nicht von Demmler her, sondern

---

[7] Norbert CREDÉ: Der Alte Garten: Geschichte eines Platzes in Schwerin. Schwerin 1999 (Schriften Historisches Museum Schwerin 6), S. 52.

[8] Bruno MERTELMEYER (Hrsg.): G.A. Demmler 1804-1886 Die Autobiographie eines großen Baumeisters. Schwerin 1914, S. 70.

von dem bescheiden hinter seinem Herrn und Meister zurücktretenden Baukondukteur Hermann Willebrand![9]

Dieser kolorierte Erstentwurf ist seit dem Krieg verschollen, wurde jedoch 2005 im Schweriner Museum Mueß als Foto (Glasdia, siehe Abbildung 2) gefunden und ist damit der Nachwelt erhalten. Willebrands Entwurf wurde erstmalig 2007 nach 163 Jahren seiner Entstehung im Schweriner Kurier veröffentlicht. Anlass war der 150. Jahrestag der Einweihung des Schlosses im Jahre 1857.[10] Noch vor der Studienreise 1844 entwarf Hermann Willebrand auch die von der Stadt auf die Schlossinsel führende massive Brücke, die am 13. April 1845 eingeweiht wurde.[11] Bei allen von ihm entworfenen Staatsbauten hatte er die spezielle Bauleitung unter der Regie von Demmler – bis auf die Brücke, weil Willebrand sich auf der oben genannten Reise befand. Am 6. Oktober 1845 wurde mit der Grundsteinlegung des Hauptturmes der eigentliche Beginn der Neubauten am Schweriner Schloss eingeleitet. Willebrand war als Bauleiter der südlichen und sein Kollege Behnke für die nördlichen Teile des Komplexes eingeteilt.

Der Regent, Friedrich Franz II., ließ sein Schloss in einem Prachtband mit farbigen Lithographien und Stahlstichen 1869 darstellen.[12] Für die Anfertigung der Zeichnungen war Willebrand verantwortlich und schuf eigenhändig neun von 24 Stahlstichen als Vorlagen für den Stecher.[13]

---

[9] Walter JOSEPHI: Das Schweriner Schloss. Rostock [1924] (Mecklenburgische Bilderhefte 11), S. 19.

[10] Hermann WILLEBRAND: Die etwas andere Geschichte des Schweriner Schlosses. Hermann Willebrand zeigt seine Sicht auf die Geschichte des Schweriner Schlosses. Teil 1: Die Schlossbrücke – Brückenschlag zur Erkenntnis. In: Schweriner Kurier. Die Zeitung zum Wochenende 17. Jahrgang (2007), Ausgabe Nr. 2, S. 5. Teil 2: Sempers Genialität führt aus der Sackgasse. Ebenda, Ausgabe Nr. 12, S. 5. Teil 3: Die erste Idee wird die letztlich verwirklichte Idee. Ebenda, Ausgabe Nr. 14, S. 5. Teil 4: Willebrand als der eigentliche Architekt des Schlosses bezeichnet. Ebenda, Ausgabe Nr.15, S. 5. Teil 5: Das Schloss trägt die Handschrift des Architekten Hermann Willebrand. Ebenda, Ausgabe Nr. 16, S. 5. Teil 6: Sempers Genialität bestimmt die Seeseite des Schlosses. Ebenda, Ausgabe Nr. 17, S. 5.

[11] Hermann WILLEBRAND: Ein Bauwerk und die Last seiner Geschichte. Die Schweriner Schlossbrücke wird 160 Jahre alt. In: Mecklenburg. Heimatzeitschrift für Landsleute und Freunde Mecklenburgs 46,2 (2004), S. 10 f., 15.

[12] Friedrich August STÜLER; Eduard PROSCH; Hermann WILLEBRAND (Hrsg.): Das Schloss zu Schwerin: Bauperioden: A. Demmler 1844-1851. A. Stüler 1851-1857. Mit vierzig Tafeln einem Frontispice und einundvierzig in den Text eingedruckten Vignetten. Berlin 1869.

[13] Ebenda, Tafeln XVII, XXIII, XXIV, XXV, XXX, XXXII, XXXIV, XXXIX, XL. Alle genannten Tafeln sind von Willebrand signiert.

Nach der Demission Demmlers wurde Hermann Willebrand 1851 zum Hofbaumeister ernannt und übernahm 1853 dessen Aufgabenkomplex. In den Jahren 1851–1857 hatte Stüler die künstlerische Leitung des Schlossbaus inne.

Abbildung 2
Willebrand, I. Entwurf zum Schweriner Schloss 1844. Zeichnung im Landesmuseum zu Schwerin, heute: Freilichtmuseum für Volkskunde Schwerin-Mueß GLD-04_0252.

Willebrand oblag die gesamte Bauleitung als Stülers Stellvertreter vor Ort. Bedeutende Säle des Schlosses wie den Goldenen Saal hatte Willebrand bereits vor Stülers Zeit entworfen. So hatte es Stüler leicht, da er an dem vorliegenden Entwurf nur noch eine Umdekoration nach seinen Vorstellungen vorzunehmen brauchte. Der Thronsaalentwurf entstand ebenfalls in Schwerin, so dass Stüler die von seinem Adlatus vorgelegte Bleistiftzeichnung nur noch kolorieren und signieren musste. Nach der Einweihung des Schlosses wurde Willebrand

1857 zum Hofbaurat ernannt und führte den Schlossbau bis zur Vollendung weiter, und das bis zum Ende seiner Amtszeit, das heißt bis zu seinem Tod 1899. Zusammenfassend sei noch einmal Heinz Willi Peuser zitiert:

> *Willebrand hat sich eher als bescheidener Mensch, aber als echter Könner erwiesen. Er stand stets loyal zu seinem Großherzog wie auch zu seinem Dienstvorgesetzten G. A. Demmler, der die Arbeiten Willebrands eher für sich selber als Schloßbaumeister (bis 1851) nutzte, um sein eigenes Ansehen dadurch noch zu steigern. Willebrands Verdienste um den Schloßbau Schwerin wurden bisher kaum oder nie gewürdigt. Umso deutlicher soll dies endlich 1991/92 ausgesprochen werden. Denn nicht G. A. Demmler, sondern Hermann Willebrand ist als Hauptarchitekt des Schweriner Schloßausbaues von 1843–1857 anzusehen. … Die Demmler zugeschriebenen Entwürfe stammen zum größten Teil von Hermann Willebrand, wie die Untersuchungen des Verfassers zweifelsfrei ergaben.*[14]

Um es zu präzisieren, muss angefügt werden, dass in den über 500 Blättern des Schlossentwurfs sich nur technische Zeichnungen aus der Hand von Demmler finden. Hier trifft besonders zu, was bereits im Nekrolog 1886 zur künstlerischen Ausgestaltung von Demmlers Werken ausgeführt wurde, nämlich dass er seinen Mitarbeitern die künstlerische Gestaltung überlassen musste.[15]

Noch während des Schlossbaus entwarf Hermann Willebrand 1846 für Frau von Bülow deren Sommerhaus, das später Villa Friedensberg genannt wurde. Es war eine frühe Privatarbeit mit der beliebten Neogotik. Eine Privatarbeit ist auch das Schloss Matgendorf, 1852–1856, für von der Kettenburg. Als Mitglied des Schweriner Turmbauvereins entwarf Willebrand 1847 für den Dom eine Doppelturmfassade in rheinischer Hochgotik, die zwar eine interessante Lösung darstellt, aber nicht umsetzbar war.

Hermann Willebrand war Eklektizist, der ausgehend von der Funktion der Gebäude unter den akademischen Stilen oder deren zweckgebundenen Abwandlungen immer die der speziellen Bauaufgabe sinnvoll angepasste ausdrucksvolle Stilform wählte. Für sakrale Bauten wie Grabkapellen, Pfarrhäuser, Kirchen, Gruften und die beiden Krankenhäuser im Stift Bethlehem zu Ludwigslust sowie das Augustenstift in Schwerin bevorzugte er gotisches Formengut.

Mit sechzig Arbeitsjahren bis zu seinem Tode für den Schweriner Hof und das Land Mecklenburg hat er ein umfangreiches Werk hinterlassen, von dem fast alle Bauten unter Denkmalschutz stehen. Im Nachruf in der Deutschen Bauzeitung 1899 heißt es über Willebrand:

---

[14] PEUSER (wie Anm. 4).
[15] FRITSCH (wie Anm. 3), S. 66.

Anspruchsvoll und im Stillen schaffend und mit dem Bewusstsein treuer Pflichterfüllung sich begnügend, ist der Verstorbene nur selten in die Öffentlichkeit getreten und daher außerhalb der Grenzen seines Heimatlandes nur wenig bekannt geworden. Und doch ist die Wirksamkeit, welche er durch mehr als ein Menschenalter als der Architekt des Großherzogs Friedrich Franz II. entwickelt hat, umfangreich und – mit dem Maßstabe ihrer Zeit gemessen – auch bedeutend genug, um ihm den Anspruch auf ein ehrenvolles Andenken unter seinen Fachgenossen zu sichern.[16]

Für seine Lebensleistung wurde er mit vielen Auszeichnungen geehrt und ist damit der am höchsten dekorierte Architekt des Schweriner Hofes. Persönlich hatte Willebrand bis zu seinem Tode 1899 einige Schicksalsschläge hinzunehmen. Als Ältester musste er erleben, dass alle seine jüngeren Geschwister vor ihm starben. Auch drei seiner Kinder starben vor ihm und nur eine Tochter und seine Frau Maria Magdalena Charlotte (geborene Cordua, 1821-1903), überlebten ihn. Es gab in seiner langen Schaffensperiode wohl keine Entwurfs- und Bauaufgabe, der er sich nicht zu stellen hatte. Auf seinen wichtigsten Bau für Bildungseinrichtungen des Landes, das Universitätshauptgebäude in Rostock, sei abschließend verwiesen – ihm gilt das vorliegende Buch.

---

[16] [Karl Emil Otto FRITSCH]: Hermann Willebrand †. In: Deutsche Bauzeitung 33 (1899), S. 332 f.

Hermann Willebrand: Werkeliste (Auswahl)

1838/39 Bauaufnahme des Domes zu Schwerin und Entwurf eines Turmaufbaus. Prüfungsarbeit zum Mecklenburgischen Baukonducteur.

1840/44 Entwurf und Bauzeichnungen für das Arsenal in Schwerin am Pfaffenteich.

1842 Entwurf des Sarkophags für Paul Friedrich, 1883 für Friedrich Franz II. Entwurf der Heilig-Blut-Kapelle.*
Entwurf eines Hochaltars mit Altarschranke im Dom zu Schwerin, 1844.

1844/45 Entwurf und Konstruktionszeichnungen der vorderen Schlossbrücke.

1844 Primordialentwurf des Schweriner Schlosses in seinen jetzigen Formen; erste Formulierung des dritten und ausgeführten Entwurfs.*
Alle folgenden Arbeiten sind Reinzeichnungen der *primo pensiero*.
Bauzeichnungen des Schlosses und diverse Entwürfe von Ornamentik und Dekorationen bis 1851 als Mitarbeiter von Demmler.

1846 Entwurf u. Bauzeichnungen der Sommervilla für Frau von Bülow, Schwerin, Schlossgartenallee; später Villa Friedensberg.

1847/48 Entwurf einer Doppelturmfassade und Umbauprojekt des Langhauses für den Schweriner Dom. Arbeit als Mitglied des Turmbauvereins.

1852 Entwurf des Schlosses Matgendorf.

1853 und Folgejahre – Entwürfe für vier Brücken im Schlossgarten Schwerin.

1853 Umbau des Orangenhauses zum Warmhaus, im Großherzoglichen Küchengarten. *

1854-56 Entwurf des Gebäudekomplexes Jägerhof in Schwerin, fünf Bauten.*

1855 Haus des Hofjägers in Raben Steinfeld.

1856 Hofgärtnerhaus in Schwerin, Schlossgartenallee.*

1857 Grabkapelle für Lindemann in Schwerin, drei Entwurfsvarianten.

1860 Grabkapelle für von Bassewitz in Prebberede.

1871 Grabkapelle für von Bülow in Marsow.

1860 Anbau des nördlichen Siechenhauses am Augustenstift Schwerin, Stiftstraße.

1866 Annenstift – eine Kleinkinderschule in Schwerin.

1860 Kirche im Stift Bethlehem zu Ludwigslust,
Entwurf der gesamten Inneneinrichtung.
Anfertigung einer gebundenen *Festschrift* mit 15 kolorierten Handzeichnungen.

1867 Männerkrankenhaus im selben Stift.

	Hermann Willebrand – Leben und Werke
1886	Frauenkrankenhaus in selben Stift; zweitgrößter Bau Mecklenburgs nach dem Universitätsklinikum Rostock.
1862	und Folgejahre, sechs Landarbeiterhäuser und diverse Stallbauten auf dem Gut Raben Steinfeld. Mit den Modellen seiner Arbeiterhäuser erhält er 1867 auf der Weltausstellung in Paris eine Anerkennung.
1862	Entwurf von drei Häusern in der Werderstraße 135, 137, 139 zu Schwerin.*
1863	Denkmal der Befreiungskriege in Güstrow, Franz-Parr-Platz.
1865/67	Wiederaufbau des Kollegiengebäudes in Schwerin, Schlossstraße.* Außen nach Wünschs Entwurf von 1824, Innen völlige Neuschöpfung.
1865	Einbau eines repräsentativen Mittelrisalits und Erweiterungsbau des Schweriner Schauspielhauses am Alten Garten.
1865	Vergrößerung der Fürstengruft im Dom zu Schwerin.*
1865	Schloss Klein Trebbow einschließlich Teehaus im Schlossgarten.
1866-70	Hauptgebäude der Universität Rostock, Universitätsplatz. Entwürfe für das Oberappellationsgericht und das Neue Museum neben dem Hauptgebäude noch als Mitarbeiter von Demmler.
1867-70	Gymnasium Fridericianum in Schwerin am Pfaffenteich.
1872-74	Kriegerdenkmal (Krieg,1870/71) am Alten Garten in Schwerin.* Dazu ein alternativer Entwurf als begehbare Säule mit Aussichtsplattform.
1876/77	Großherzogliche Leinenkammer und 1877 Bettenkammer in Schwerin, Großer Moor 54, 1895 zugehörige Dampfwaschanstalt.*
1875-82	Museumsgebäude am Alten Garten mit rückwärtigem Wohnhaus für den Museumsdirektor.*
1884-85	Neubau des Großherzoglichen Sommerschlosses in Raben Steinfeld.
1878	Vollkommener Umbau des Neustädtischen Palais einschließlich Umdekoration des von ihm 1848 entworfenen Goldenen Saals.* 1867 Aufmaß mit Eintragung der Raumfunktionen 1884 Flügelanbau zum Wohnsitz für die Witwe von Friedrich Franz II.
1898	Umbau der Castellanwohnung im Schlosspark zu Ludwigslust.

Die mit * bezeichneten Arbeiten gehören zum Residenzensemble Schwerin der Kulturlandschaft des romantischen Historismus, siehe: Residenzensemble Schwerin – Kulturlandschaft des romantischen Historismus. Schweriner Schlossgespräch des Landtages Mecklenburg-Vorpommern am 18. April 2012.[Hrsg. v. Landtag Mecklenburg-Vorpommern] Schwerin 2015 (Schweriner Schlossgespräch 15); Katharina WIEGRÄBE: Rundgang durch das Residenzensemble Schwerin. Auf dem Weg zum Weltkulturerbe.[Hrsg. v. Landtag Mecklenburg-Vorpommern] Schwerin [ca. 2013].

Das Rostocker Universitätshauptgebäude und seine Vorgeschichte im 19. Jahrhundert
Betrachtungen zur Bau- und Kunstgeschichte

VON PETER PALME [1983]

Ein wichtiger Antrieb zu dieser Studie lag in dem über Jahre hinweg beunruhigenden Gefühl, so wenig über das Haus, in dem man arbeitete, zu wissen. Ihr Anlass war das sich immer stärker durchsetzende allgemeine wissenschaftliche Interesse an der sich eines vergangenen (oder auch fremden) Stilgewandes bedienenden, sog. historistischen Kunst und Architektur des Zeitalters des Kapitalismus der freien Konkurrenz. Genährt wurden solche Interessen ganz praktisch aus notwendigen Überlegungen vor allem zur Denkmalpflege und Stadtbildpflege.

Aus der Pragmatik des Benutzen- und folglich Erhalten-Müssens wuchs die Frage nach der ästhetischen Eigenart eines solchen Baus, was an ihm wie zu erhalten sei und warum, die Frage also nach den (bau-)künstlerischen, architektur- und allgemeingeschichtlichen Werten, die sich in ihm verkörpern resp. ihm nachträglich zugewachsen sind als Patina der Geschichte.

Der Denkmalcharakter des Hauptgebäudes der Wilhelm-Pieck-Universität lag zwar immer schon auf der Hand. Man kannte in großen Zügen den Zusammenhang mit der Universitätsgeschichte einerseits, den mit dem kunstgeschichtlichen Phänomen der Neorenaissance andererseits, das nur bedingt zum kulturellen Erbe gezählt wurde. Aber erst jüngste Restaurationen, wie die der Aula, zeigen das praktisch vorhandene volle Verständnis für den Wert des Baus, während vereinfachende Renovationen in der Vergangenheit, z. T. unserer eigenen, die Probleme mit Teilen architektonisch-künstlerisch relevanter Bausubstanz eliminierten.

Zu dem gewonnenen positiven pragmatischen Verhältnis der Gesellschaft zu diesem Bau sollte ein möglichst exaktes Bewusstsein seines historischen Wertes treten. Unabhängig davon, ob der einzelne den Bau ästhetisch ablehnt oder annimmt, sollte der Versuch gemacht werden, ihn auch durch Wissen zu vergesellschaften. Das ist der eigentliche Sinn des Nachstehenden.

Die Arbeit ist dem Verfasser durch eine verhältnismäßig günstige Quellensituation erleichtert worden. Sein Dank gilt der stets bereitwilligen Unterstützung durch die einschlägigen Institutionen der Wilhelm-Pieck-Universität, voran das Universitätsarchiv. Hier ist der Verfasser besonders Dr. Bernhard Wandt für Rat und Auskünfte verpflichtet.

Über die eigentlich stets ungünstige Bausituation der Rostocker Universität ist von A. Lorenz[1] alles zusammengetragen worden. 1565 brannte das alte *Collegium philosophicum* ab, 1567 war der dann als *Collegium album* – weißes Colleg – bekannt gewordene Neubau an gleicher Stelle fertig.

Im 17. Jahrhundert vollzog sich ein Strukturwandel, der zur Aufhebung der ursprünglichen Funktionen der Regentien führte, aus denen die Studenten aus und in einzelne Privatquartiere umzogen. Diese Häuser wurden dann z. T. vermietet oder verkauft. Dazu kam die Okkupation des weißen Kollegs seit 1702 nacheinander durch die Herzöge Friedrich Wilhelm, Carl Leopold und Christian Ludwig. Als 1760 sich die Universität durch den Auszug der herzoglichen Professoren nach Bützow spaltete, kam der Rostocker Universitäts-Rumpf zwar wieder in den Besitz des weißen Kollegs, aber während der Besetzung durch die Herzöge war das Haus weiter verfallen. Nach der Restitution der Universität 1789 erfolgte eine Durchbauung, mit der man sich einige Zeit zufriedengeben musste. Erst nach dem neuen, 1827 mit der Stadt abgeschlossenen Regulativ, das den Landesherrn zum alleinigen Patron machte, kam es zu stärkeren baulichen Aktivitäten. 1827-1829 wurde auf der Grundlage einer älteren Planung durch C. Th. Severin ein schon länger ins Auge gefasster Bibliotheksanbau errichtet, dessen Unterbau noch im heutigen Hinterflügel, dem ehemaligen sogenannten neuen Flügel, steckt. In ihm gab es erstmals Hörsäle – bis dahin wurden Vorlesungen entweder öffentlich in den Fakultätshäusern (vorher den Regentien) oder in den Privatwohnungen der Professoren abgehalten. Diese Planung war Teil eines an Stelle des weißen Kollegs projektierten Neubaus.

Den konkreten Anlass für die planerischen Überlegungen bot 1815 die beabsichtigte Errichtung des Blücherdenkmals. Zur besseren Lösung der sich abzeichnenden städtebaulichen Probleme war im gleichen Jahr der Landbaumeister Severin zum verantwortlichen Baubeamten für die Rostocker Universitätsbauten bestimmt worden. Er wollte das Denkmal an die Stelle des alten Auditoriums setzen und dieses in die Heiliggeistkirche verlegen, für die als Anbau an der Südseite des Auditoriums existierende Hauptwache aber einen Ersatzbau auf dem Klosterrosengarten (heute Standort des Neuen Museums) oder dem Grundstück der Regentie Roter Löwe schaffen. Ausgeführt wurde von diesen Umgestaltungsplänen – sieht man einmal von dem 1827/29 errichteten Bibliotheksflügel ab – nur die Neue Wache (1822/25, heute Sektionsgebäude Biologie) auf dem Platz der Regentie.

---

[1] Adolf Friedrich LORENZ: Die Universitätsgebäude zu Rostock und ihre Geschichte. Rostock 1919.

Der Entwurf Severins von 1824 (Abb. 1) war mit seiner Fassadenlänge deutlich als Ersatzbau für das weiße Kolleg unter Einbeziehung des Eckhauses Kröpeliner Straße gedacht, strebte also eine städtebauliche Vereinheitlichung der Front an.

Abbildung 1
Ersatzbau für das Weiße Kolleg Entwurf Severin 1824

Der Bau ist von einer kalten, etwas langweiligen Großartigkeit, die seltsam genug mit seinen etwa gleichzeitigen heiteren Doberaner Bauten, dem ehem. Wohnhaus Medini und dem *Stahlbad*, kontrastieren. Man muss hier sicher die Bauaufgabe, das Maß fürstlicher Repräsentation im Ensemble des Hopfenmarktes ins Kalkül setzen.

Die merkwürdige Proportionsumkehr – das Obergeschoss und seine Fenster sind höher als das Untergeschoss und dessen Fenster – lässt sich mit dem Hinweis auf den Zweck – Auditorium und Bibliothekssäle lagen im Obergeschoss – erklären.

Das Raumprogramm zeigt, dass der Bau die Funktionen des weißen Kollegs und des Auditoriums zugleich erfüllen sollte. Für die erste Etage sieht der Plan vor: 1 Instrumentenzimmer, 1 Archivraum, 1 Konzilzimmer und 2 Vorzimmer im linken Flügel, im rechten nach vorn zu 2 Naturalienkabinette, nach hinten das Modellzimmer und das Mineralienkabinett. Die zweite Etage (mit dem

Hinterflügel) umfasst zwei große Bibliothekssäle und ein Bibliothekszimmer, ein Münzkabinett sowie ein Auditorium, das sich über den ganzen rechten Flügel erstreckte. Unklar bleibt die Bestimmung der 9 Räume im Untergeschoss des Hinterflügels.

Das Raumsystem dieses Flügels entspricht etwa dem im Erdgeschoss des 1827/29 zur Ausführung gekommenen Bibliotheksanbaus an das weiße Kolleg, als dessen Funktion Lorenz eine Famuluswohnung und Hörsäle nennt.[2] Das könnte für den separaten Plan ebenfalls zutreffen. Der Grundriss ist etwas abstrakt, misst gesonderten Kommunikationsflächen keine Bedeutung zu, ordnet die Räume nicht in sinnvoller Folge und sieht auch von wichtigen Nebenfunktionen ab. Selbst der rechtwinklige Ansatz des Flügels zeigt dieses abstrakte architektonische Ordnungsdenken.

Die Sammlungsräume weisen auf noch keine bemerkenswerte naturwissenschaftliche Differenzierung hin.

Merkwürdig ist die Übertragung des Namens Museum auf einen Bau, der nach seinen Funktionen eindeutig der Vorläufer des Universitätsgebäudes mit seinen zentralen und öffentlichen Funktionen ist. Damit zeigt sich der Bau als in der Tradition der bürgerlich-aufklärerischen Idealvorstellung von Museum stehend, als ein *Gebäude ..., das Kunstsammlungen, wissenschaftliche Sammlungen, eine Bibliothek und Akademieräume miteinander kombiniert enthielt.*[3]

Zwischen dem Entwurf Severins und den Plänen Demmlers, der 1844 das Neue Museum errichtete, liegt noch der 1833 datierte *Entwurf eines neuen Museums zu Rostock* von E. Biscamp (Abb. 2).[4]

Der Ausgangspunkt für den Bau war die Absicht des Großherzogs, ein durch die Entwicklung der Naturwissenschaften fälliges chemisches Laboratorium errichten zu lassen.[5] Der damalige Rektor, der Mediziner C. Strempel, der

---

[2] Ebenda, S. 63.

[3] Volker PLAGEMANN: Das deutsche Kunstmuseum 1790-1870. Lage, Baukörper, Raumorganisation, Bildprogramm. München 1967 (Studien zur Kunst des 19. Jahrhunderts 3), S. 21. Für Basel wurde noch 1842 zur Unterbringung der sich in den ersten Jahrzehnten des 19. Jahrhunderts rasch vergrößernden öffentlichen Kunstsammlungen ein Bau vorgeschlagen, der auch eine Bibliothek, die naturwissenschaftlichen Sammlungen und Universitätsinstitute, Hörsaal und Aula beherbergen sollte.

[4] Rudolf PAROW-SOUCHON: Die bürgerlichen Bauten in Rostock und Güstrow in der Zeit von ca. 1750-1850. Phil. Diss. Rostock. Rostock 1927 (dazu beim MS-Expl. ein Album mit 106 Fotografien). Album, Abb. 66 u. 67 und Diss., S. 39.

[5] Zur wachsenden Bedeutung der Chemie in jenen Jahren in Rostock vgl. Günther SCHOTT: Zur Geschichte der Chemie an der Universität Rostock (bis 1945). In: Wissenschaftliche Zeitschrift (WZ) Univ. Rostock 18 (1969) Math.-nat. R. 8, S. 981-1017, hier S. 987 f.

sich die Förderung der Naturwissenschaften mindestens vom Standpunkt seines Faches her angelegen sein ließ, machte demgegenüber den Vorschlag, einen komplexen Bau zugleich für andere, sich vergrößernde Institute sowie für die unzureichend untergebrachten, zum Museum gehörenden naturwissenschaftlichen und sonstigen Sammlungen sowie für die Sternwarte zu errichten – *um so mit einem Male die Academie in den Stand zu setzen, wenigstens in gewissen Beziehungen das zu leisten, was man schon längst, allein bei dem Mangel der nöthigen practischen Institute gewiß mit Unrecht von ihr verlangt hat.*[6]

Strempel verwies auf die Bedeutung des Baus für die wissenschaftliche Zusammenarbeit sowie insbesondere die Pflege der dort vereinigten Disziplinen für das Studium der Medizin und der Cameralwissenschaften, ferner sprach er von einer zu begründenden Schule für Polytechnik und Nautik. Mit größter Umsicht hatte er alle erdenklichen Schritte zur Stützung seines Projektes unternommen, u. a. Gutachten von Doebereiner aus Jena und Gauss aus Göttingen eingeholt, um Einwänden gegen die Unterbringung eines chemischen Laboratoriums in einem komplexen Bau und in Bezug auf die Leistungsfähigkeit der Sternwarte begegnen zu können.

Abbildung 2
Entwurf eines Neuen Museums zu Rostock von E. Biscamp 1833 Fassade

Sein ökonomisches Hauptargument war der Verweis auf die relativ größere Billigkeit eines großen Gebäudes gegenüber mehreren kleinen.[7] Er schlug den Klosterrosengarten als günstigsten und darum schleunigst zu erwerbenden Standort ebenso vor, wie er praktikable Finanzierungsvorschläge machte; ja er bat, ihm die Bauleitung zu übertragen.

---

[6] Universitätsarchiv Rostock (künftig UAR) 1.02.0 R XI A 16 Acta specialia betreffend das Gebäude für das naturhistorische Museum 1833 AR/M, Schreiben des Rektors an den Großherzog vom 16. Januar 1833.

[7] Die von Biscamp veranschlagten Baukosten inklusive Material bezifferten sich auf rund 11.000 Rtl.

Sein Hauptgegner in dieser Angelegenheit, Vizekanzler v. Both, der auch politisch konträre Ansichten hatte[8] und in etwas eigenmächtiger Weise eine straffe Linie gegen den Korporationspartikularismus an der Universität durchzusetzen suchte, begegnete dem Projekt mit dem Vorwurf, es sei zu klein gedacht und man werde in einigen Jahren die Finanzen zu einem besseren Bau haben. Er hintertrieb die allerhöchst anempfohlene Beratung über das Projekt und erreichte, dass im unmittelbaren alleinigen Interesse der Chemie das kleine Laboratorium auf dem Hofgrundstück des weißen Kollegs gebaut wurde.

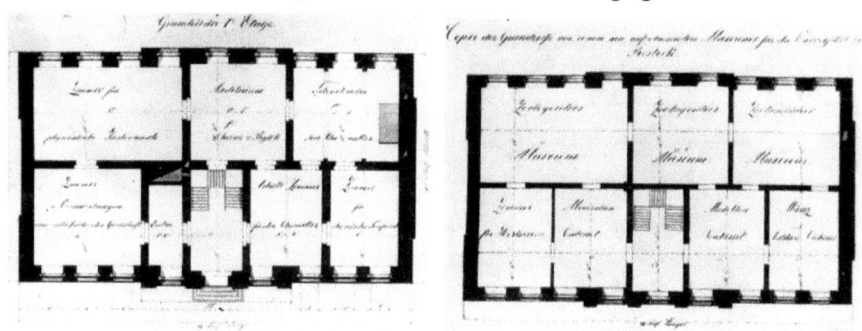

Abbildung 3 a und b
Entwurf eines neuen Museums zu Rostock von E. Biscamp 1833 Grundrisse

Der Plan ist dem großzügigen Projekt Severins gegenüber von bescheidenerer Größe; mit seiner Fassadenlänge nimmt er ziemlich genau die Maße des späteren Demmlerschen Baus vorweg, ist also für den schon vorgesehenen Platz auf dem Klosterrosengarten bestimmt. Er rückt auch nach den ausgewiesenen Funktionen in die Nähe des Demmlerschen Museums (Abb. 3a u. 3b). Im Erdgeschoss gibt es 1 Versammlungszimmer für eine naturforschende Gesellschaft, 1 Zimmer für physikalische Instrumente, 1 Auditorium für Chemie und Physik, 1 chemisches Laboratorium, 1 Chemikalienraum, 1 Arbeitsraum für einen Chemiker; im Obergeschoss sind vorgesehen 1 Mineralienkabinett, 1 Herbarienzimmer, 2 große Räume des zoologischen Museums, 1 Münz- und Antikenkabinett, 1 mathematisches Kabinett. Bemerkenswert ist die Berücksichtigung eines Versammlungszimmers für die naturforschende Gesellschaft, die in Rostock im Jahre 1800 gegründet worden war.

---

[8] Autorenkollektiv unter Leitung von Gerhard HEITZ: Geschichte der Universität Rostock 1419-1969. Festschrift zur Fünfhundertfünfzig-Jahr-Feier der Universität. Bd. 1 und 2. Berlin 1969, hier Bd. 1, S. 89.

Auch dieser Bauentwurf zeigt in seinen Funktionen und seinem Habitus noch jenen Zug zur Universalität, die der Museumsbegriff einschloss.[9] Der Bau erscheint durch seine äußere Gestalt isolierter als das Severinsche Projekt, nimmt jedoch durch die Dachform charakteristische Motive von Saalbau und Palais auf und passt sich in der Höhe der Fassade dem vermittelnden Gebäude der Neuen Wache an. Gemessen am strengen Stil des Severinschen Klassizismus erscheint dieser Bau einer nachlebenden Auffassung anzugehören, die den Normen eines früheren palladianischen Klassizismus verpflichtet ist und deren Elemente aus einer *Musterarchitektur* entliehen sind. Ein entsprechender Einfluss könnte von den Bauten oder eher noch den Schriften David Gillys ausgegangen sein.

Einzelne Elemente sowie die *Tempelfassade* des Mittelrisalits gehören aber Gilly etwa um 1780 (!) an. Dieser Konservativismus passt jedoch zum Bilde der Rostocker Architektur jener Zeit.[10]

Durch den Anbau des Bibliotheksflügels ergab sich für die wissenschaftlichen Sammlungen eine stärkere Verbesserung. *Eine Verlagerung der mathematisch-astronomischen Geräte auf einen Raum im Bodengeschoß und die Verlegung des physikalischen Kabinetts in den Anbau sowie ein Ausbau der Eingangshalle schufen die Möglichkeit für eine Erweiterung des Naturhistorischen Museums (1832), dessen Sammlungen stark angewachsen waren.*[11] Karsten wies aber auf das ungewöhnliche Wachstum der Institute und Sammlungen in den Jahren 1834-1840 hin, das die provisorische Erweiterung von 1832 als völlig unzulänglich erscheinen ließ.[12] Das war einer der Gründe, die wiederum den Gedanken an den Bau eines neuen Museums aktuell werden ließen und den Großherzog Paul Friedrich 1840 bewogen, einen außerordentlichen Zuschuss von 5.000 Rtl. zu bewilligen.

Demmlers Entwurfsarbeit, von der leider nur die Fotografie eines signierten und mit 1842 datierten Fassadenrisses erhalten ist (Abb. 4), weitete sich zur Konzeption eines neuen Universitätsgebäudes aus, das die gesamte Front des heutigen Neuen Museums und des Hauptgebäudes umfasste. Die Datierung des

---

[9] Vgl. Anm. 3.

[10] Außer der Erwähnung in PAROW-SOUCHON (wie Anm. 4) existiert über Biscamp keine Literatur. Aufgrund stilkritischer Gesichtspunkte sind ihm aber in Rostock mit einiger Wahrscheinlichkeit noch vorhandene Wohnhäuser zuzuschreiben.

[11] SCHOTT (wie Anm. 5), S. 998.

[12] Hermann KARSTEN: Zur Geschichte der naturwissenschaftlichen Institute der Universität Rostock. Rostock 1846, S. 5. Die Erweiterung von 1832 war die Folge des nicht zustande gekommenen Museumsprojektes von E. Biscamp.

Risses und die eigentümliche Eingangslösung an den Flügeln, die dann beim Neuen Museum zur Ausführung kam, beweisen, dass Demmler von vornherein das Neue Museum nur als den in einer ersten Bauetappe zu errichtenden Flügel des Gesamtbaus ansah. Von der Binnenstruktur des Gesamtbaus ist nichts bekannt; 1865, noch vor der Planung des Universitätshauptgebäudes, wurde aber von den *jetzt aber soweit die innere Einrichtung in Betracht kommt, nicht mehr brauchbaren Baurisse(n)*[13] gesprochen. Das macht lediglich eine Beurteilung der Fassadengestaltung möglich.

Abbildung 4
Entwurf für ein neues Universitätsgebäude von Demmler 1842

Demmlers großzügiger Entwurf gliedert die Front in drei Risalite, die durch einachsige Rücklagen wie mit Gelenken verbunden scheinen. Aus der Grundstückssituation mochten sich Unregelmäßigkeiten wie z. B. das In-einer-Flucht-Liegen von Rücklage und rechtem Trakt ergeben haben (dadurch wird streng genommen kein Risalit gebildet).

Der Bau steht zeitlich in der Nähe zu Demmlers Schweriner Arsenal, ist aber ganz im Gegensatz zu diesem aufs Zierliche, die Nuance hin angelegt. Da ornamentaler Schmuck bei Demmler fast immer ohne besondere Aufmerksamkeit behandelt wird, lebt der Bau konsequent durch Proportion und Rhythmus seiner Gliederung.

Auffällig ist die modale Entgegensetzung von Mittelrisalit und Seitenrisaliten, durch die Demmler gegen den Usus baut, wonach in der Mitte die größte Formdichte zu liegen habe, überhaupt sind eine ganze Reihe von Besonderheiten *antiklassisch*. Da ist zunächst die funktionell nicht begründbare gedrückte Sockelzone der Seitenflügel mit den nur Fensterhöhe erreichenden Drillingseingängen in der Form fast ungegliederter Einschnitte. Dann wird die Fassade durch die Verwendung von im Rhythmus 2-2-5-2-2 gekoppelten Fenstern in den beiden mittleren Geschossen in merkwürdige Pulsation versetzt. Diese rhythmische

---

[13] UAR 1.02.0 R I XI A 17, Acta specialia Neubau des Universitäts-Gebäudes, Schreiben Vizekanzler an Ministerium vom 4. Januar 1865.

Organisation durch die Intervalle ist ein Spezifikum der Struktur venezianischer Palastfassaden vor Sansovino. Mit dieser Renaissancerezeption folgt Demmler nur drei, vier Jahre früheren Bestrebungen der Dresdener Architektur nach.[14] Schließlich versucht Demmler, sich durch die dekorative, rahmenartige Verbindung Lisenen – Fries von einer normativen klassizistischen Auffassung der Bauglieder freizumachen.

Der Mittelrisalit wirkt dagegen ausgesprochen ruhig. Blockhaft geschlossen und nur um eine doppelte Lisenenbreite schmäler als die Seiten überragt er diese durch einen höheren Architravfries und stärkeres Kranzgesims. Das zur Vereinheitlichung des gesamten Baues wichtige rustizierte Sockelgeschoss hat hier etwas größere Quadern; darüber der auch über die Flügel laufende breite Fries. Außer einem schmalen Gesimsstreifen, auf dem die Fenster des zweiten Obergeschosses sitzen und der den Mitteltrakt noch einmal an die Horizontale bindet, gliedern über der Portalhöhe nur noch Quaderung und Fenster. Um die Flächendehnung nach oben zu bewältigen, sind im obersten Geschoss formaktive, rundbogige gekuppelte Zwillingsfenster verwendet. Damit sie nicht breiter erscheinen als die wichtigeren Fenster darunter, sitzen die Bögen außen auf Wandkapitellen auf.[15] Die Fenster bekommen dadurch einen romantisch-archaisierenden Zug.

Durch die Vergrößerung der Intervalle zwischen den Fenstern nach außen zu erhält auch die Fassade des Mitteltrakts einen verhalten lebendigen Rhythmus. Schwierigkeiten bereitet Demmler offenbar die Einfügung des Portals in die Fassade. Seine Höhe genau über die beiden unteren Geschosse hinweg, das „Anhängen" an den Gesimsstreifen wirken mechanisch und spannungslos. Hier liegt der Repräsentationsanspruch des großen Palasttores mit der funktionalen Geschosseinteilung im Widerstreit.

Demmler zeigt sich hier als ein auch feinerer Nuancierung fähiger Architekt – ein Zug, der über der anerkannten städtebaulichen Wirkung seiner Gebäude bisher wohl zu wenig beachtet wurde. Im Ganzen bleibt der Versuch bemerkenswert, eine spannungsvolle Baugestalt, die dem sog. bürgerlichen Rundbogenstil nahesteht, unter Verwendung verschiedenartiger Renaissancepalasttypen zu entwickeln.

Der definitive Bau des neuen Museums (Abb. 5) zeigt gegenüber dem Plan eine beruhigtere Fassade. An die Stelle der gekuppelten Zwillingsfenster in

---

[14] Kurt MILDE: Neorenaissance in der deutschen Architektur des 19. Jahrhunderts. Grundlagen, Wesen und Gültigkeit. Dresden 1981, S.169 f. sowie die Abb. 169, 171 und 172.

[15] Diese Fensterformen erscheinen auch bei dem etwa zur gleichen Zeit entstandenen Wohnhaus Demmlers in Schwerin.

den ersten beiden Obergeschossen sind einfache Rundbogenfenster getreten; dadurch ergeben sich in den Seitenrisaliten durchlaufende klare Achsenbeziehungen. Das *Pulsieren* der Fassade ist damit nicht aufgehoben, denn nun sind die Fenster differenzierter: im zweiten Obergeschoss sind sie höher und breiter, durch Brüstungsfelder und gebälkartig gestufte Bekrönungen ausgezeichnet. Das An- und Abschwellen ist fast unmerklich geworden. Das Gesimsband in seiner gliedernden Gleichstellung mit den über zwei Etagen laufenden Lisenen wird zwischen dem ersten und zweiten Obergeschoss zu einem Putzstreifen unterdrückt, der, auf die Seitenrisalite beschränkt, diese dadurch betont.

Abbildung 5
Das Neue Museum 1844 [2016]

Die Wand über der Sockelzone ist nicht mehr rustiziert, sondern nur noch ganz flach und im Wechsel breit – schmal gebändert. Im Verein mit dem Gerüst aus Lisenen und Gesimsband verstärkt sich hier noch der schon erwähnte Eindruck einer selbständigen Auffassung eines Systems tektonisch wirksamer Fassadenbekleidung.

Formal völlig unscheinbar und doch als wesentliche Veränderung gegenüber dem Plan von 1842 erscheinen die vier Porträtmedaillons in den Zwickeln des mittleren Fenstergruppe des ersten Obergeschosses. Die schüsselartigen Vertiefungen[16] tragen in Stuck als illusionistisches Hochrelief gearbeitete Bildnisköpfe von Galilei, Descartes, Linné und Guericke (Abb. 6 a – 6 d [2016]).

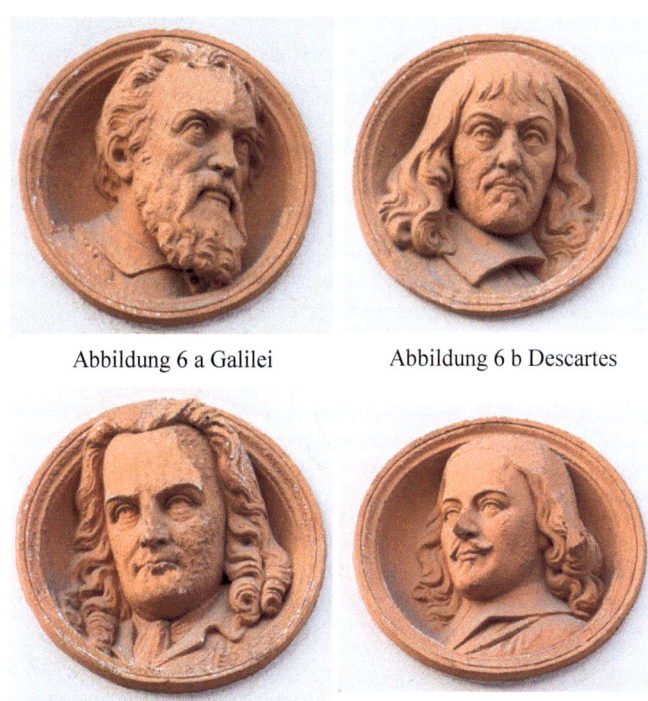

Abbildung 6 a Galilei   Abbildung 6 b Descartes

Abbildung 6 c Linné   Abbildung 6 d Guericke

Diese Auswahl erscheint nicht eben programmatisch, aber wohl einigermaßen charakteristisch für das äußerst zurückhaltende Selbstverständnis, das in jenen Jahren führende Kräfte der Universität, allen voran Vizekanzler v. Both, vom wissenschaftlichen Rang der Rostocker Akademie hatten.[17] Man suchte mit dieser Auswahl wohl vor allem gute Absichten durch das Zitieren einer großen Ahnenschaft kundzutun. Beim genaueren Hinschauen ist die Auswahl subtiler. Ga-

---

[16] In der Fachterminologie des 19. Jahrhundert Scudellen (vom italien. *scodella* = Schüssel) genannt.

[17] Vgl. den Jahresbericht des Vizekanzlers Both nach Geschichte der Universität Rostock (wie Anm. 8), Bd. 1, S. 90.

lilei, dessen durch die *Kombination von genauen Experimenten und mathematischer Analyse*[18] ausgezeichnetes Wirken von fundamentaler methodischer Bedeutung war, hatte den unbestrittenen Rang eines Vaters der Naturwissenschaften.[19] Descartes ist ein Fortsetzer dieser Bestrebungen konsequenter Mathematisierung, empfahl sich philosophisch zugleich als Systemdenker auch durch seine Trennung in einen physikalischen und einen moralischen und religiösen Teil des Universums, wobei Gott zur notwendigen, aber nicht störenden Voraussetzung dieses Denkens gemacht wird. Guericke passt insofern in diese Reihe, als er ein hervorragender Experimentator und Empiriker war.[20] Wenn der dritte Kopf in der Reihe Linné darstellt,[21] so stimmt das mit dem Charakter der Sammlungen des Gebäudes ebenso überein wie mit der Bedeutung dieses Mannes. Linné hat als Systematiker Grundlagen zur Entwicklung der biologischen Wissenschaften gelegt, ebenso aber das *metaphysische Weltbild durch sein System der Arten* ergänzt.[22] Diese weltanschaulichen Voraussetzungen einer deskriptivkatalogisierenden Seite der Wissenschaft besaßen in Rostock Tradition: H. Fr. Link hatte sich durch ein genau darauf hinzielendes Zitat aus Linnés *System der Natur*, das er seiner Beschreibung der Naturaliensammlung der Universität als Motto voran stellte,[23] dazu bekannt. Roeper, Leiter der botanischen Sammlungen in jenen Jahren, *war Anhänger der idealistischen Morphologie und des Dogmas von der Konstanz der Arten.*[24]

---

[18] John Desmond BERNAL: Die Wissenschaft in der Geschichte. Berlin 1961, S. 301.

[19] Das gilt insbesondere für die Physik als Einzeldisziplin, unbeschadet der Aussage in Günter KELBG; Wolff Dietrich KRAEFT: Die Entwicklung der theoretischen Physik in Rostock. In: WZ Univ. Rostock 16 (1967) Math.-nat. R. 7, S. 839-847, hier S. 839, dass sich die Physik als selbständige Wissenschaft in Rostock erst ab etwa 1850 herausgebildet habe.

[20] *Die Entwicklung wurde dann von einem bemerkenswerten Charakter, dem Prototyp des hochgebabten Wissenschaftlers von heute, vorangetrieben, von Otto von Guericke.* BERNAL (wie Anm. 18), S. 331.

[21] Was beim Grade der Idealisierung resp. der Verwendung idealisierender, aber für authentisch gehaltener Vorlagen mehr wahrscheinlich als gewiss ist. Am ähnlichsten ist eine Zeichnung, die als Vorlage unmittelbar nicht infrage kommen konnte, Abb. bei: Carl von LINNÉ: Lappländische Reise und andere Schriften. Leipzig 1977 (Reclams Universal-Bibliothek 696), S. 175.

[22] Manfred BUHR; Georg KLAUS (Hrsg.): Philosophisches Wörterbuch. 2 Bde. 10. Aufl. Leipzig 1974, S. 271.

[23] Heinrich Friedrich LINK: Beschreibung der Naturalien-Sammlung der Universität zu Rostock. Rostock 1806.

[24] Rolf RICHTER; Hermann v. GUTTENBERG; Eike LIBBERT: Die Entwicklung der Botanik in Rostock. In: WZ Univ. Rostock 17 (1968) Math.-nat. R. 4/5, S. 263-275, hier S. 266.

Merkwürdig ist die Reihenfolge. Wissenschaftsdisziplinen oder eine chronologische Abfolge spielen keine Rolle. Respektiert man jedoch eine der Architektursymmetrie entsprechende und durch die Orientierung der Dreiviertelprofile angedeutete paarweise Anordnung, so ergibt sich bei der Lesart Außenpaar (Galilei – Guericke) – Innenpaar (Descartes – Linné) gewissermaßen ein Fortschreiten zum systematischeren Denken. Das könnte für die Zeit ein akzeptabler Modus gewesen sein. Gemessen an ihrer inhaltlichen Bedeutsamkeit und bezogen auf die gesamte Fassade sind diese Medaillons zaghaft klein. Das liegt sicher daran, dass sie gegen ursprünglich nur ornamental gefüllte Medaillons ausgetauscht worden sind, als der Plan geändert wurde. Da Karsten und Roeper die wichtigsten Verantwortlichen für die naturwissenschaftlichen Universitätssammlungen waren, dürften von ihnen auch die Vorschläge für die Darzustellenden gekommen sein.

Das Auftreten dieser Porträtköpfe ist jedenfalls Zeugnis für den Prozess der allmählichen Durchsetzung entwickelterer Prinzipien des Historismus als ästhetisch-künstlerische Erscheinung. Denn die Aufrufung einer historisch konkreten Zeugenschaft oder die Ehrung für authentische Persönlichkeiten aus Geschichte und Gegenwart in dieser Form hat erst das 19. Jahrhundert in Anlehnung an die Renaissance[25] wieder entwickelt, und zwar umso intensiver es sich in der gesamten Stilhaltung auf die Renaissance orientierte.

Die Kreisform als ornamentale Zwickelfüllung findet sich bei Demmler selbst häufig, u. a. an seinem 1840-1844 errichteten Schweriner Arsenal. Das Motiv ist im sog. Rundbogenstil des Historismus weit verbreitet.[26] Für die entsprechende Anwendung porträttragender Scudellen gibt es ebenfalls auch in deutschen Bauzeitschriften veröffentlichte Beispiele, die Demmler gekannt haben wird.[27]

---

[25] Die Anwendung in der Renaissance ist massenhaft, steht in Zusammenhang mit der Entwicklung von Baumeister- (oder allgemein Künstler-) Bildnissen sowie mit Stifter- und Auftraggeberporträts, die vor allem bei fürstlichen Persönlichkeiten als genealogisch-dynastische Folgen mit z. T. fiktivem Charakter zur Befestigung der Legitimität und des Gottesgnadentums von Herrschaft ausgebildet wurden. Erst die historisierende Wiederbelebung des Renaissancegedankens von den *uomini famosi* löste diese Vorstellung von den Resten mittelalterlichen Toposdenkens und mythologischer Bedeutung und führte zu wirklicher, historisch fundierter Authentizität.

[26] Es ist eine Art Urmotiv. Beispiele sind: Woldemar Herrmann, Römisches Haus, Leipzig 1832-34; Gottfried Semper, Villa Rosa, Dresden 1839; Hermann Nicolai, Haus Seebach, Dresden 1839. Das nächstliegende Beispiel ist die Fassade des Saalbaus des Rostocker Palais auf dem Universitätsplatz.

[27] Gustav Hornig, Gesellschaftshaus, Dresden 1837/38; hier sind die großen Scudellen in den Achsen über den 3 Fenstern angeordnet (die Bildnisse zeigen Raphael, Dürer und Rubens);

Bei den Porträts handelt es sich um realistische Wiedergaben im Sinne des Authentizitätsstrebens des Historismus. Eine Kompromissbereitschaft, Neigung zum Idealisieren im Sinne einer kunstgemäßen Verschönerung der Natur schließt das nicht aus, wie sich besonders am Galilei-Porträt zeigt. Diese Tendenz ist für die Berliner Rauch-Schule charakteristisch.[28] Durch den Verlust der Bauakten ist der Name des Bildhauers nicht überliefert, aber er wird im Umkreis der später für das Schweriner Schloss Arbeitenden zu suchen sein. Infrage käme der aus Rostock gebürtige Chr. F. Genschow, ein Enkelschüler Schadows und in seiner Eigenart der Rauchschule nahe stehend, der auch für das Universitätshauptgebäude arbeiten sollte.

Welchen Rang Demmler selbst diesem Projekt zumaß, ist nicht bekannt. Es entstand auf dem Höhepunkt seiner Bautätigkeit. Das ließ ihn wohl einer anhaltenden fürstlichen Baulust sicher sein und ein Provisorium beginnen mit der festen Hoffnung, dass es das nicht lange bleiben werde. Großherzog Paul Friedrich, sein Gönner, hatte den Bau mit 5.000 Rtl. bezuschusst, war aber im März 1842 unerwartet verstorben. Wenn es heißt, die Risse zum Gesamtprojekt seien nicht *zur Allerhöchsten Prüfung*[29] gelangt, so kann sich das nur auf die Person Friedrich Franz II. beziehen. Bei dem erklärten Interesse an Architekturfragen wäre es zumindest verwunderlich, dass die bald einsetzende Beschäftigung mit dem Neubau des Schweriner Schlosses (Juni 1842) alles andere aus dem Blickfeld des jungen Großherzogs gedrängt haben sollte. Eher wird wohl die erahnbare finanzielle Last dieses romantischen Bauabenteuers die Vollendung dieses nicht einmal selbst initiierten Projekts zunächst verboten haben.

Gelegentlich eines Besuches Friedrich Franz II. am 27. Juli 1864 wurde ihm von dem damaligen Rektor der miserable bauliche Zustand des weißen Kollegs geschildert und die Bitte um einen Neubau vorgetragen. Wie Krabbe später berichtete, sei es dem Großherzog *gleich ...ein lieber Gedanke gewesen ..., daß*

Ludwig F. Hesse, Lehrgebäude der Tierarzneischule Berlin 1839/40 (je 6 Scudellen mit Büsten von Naturwissenschaftlern und Gründern von Tierarzneischulen). Eine systematische Aufarbeitung zur Entwicklung der Wissenschaftlerprogramme an entsprechenden Bauten des Historismus ist dem Verfasser nicht bekannt geworden. Auf Künstlerprogramme an Museumsbauten geht PLAGEMANN (wie Anm. 3) ein.

[28] Vgl. dazu das Urteil über Rauch in Willi GEISMEIER (Red.): Christian Daniel Rauch 1777-1857. Staatliche Museen zu Berlin. Hauptstadt der DDR. Nationalgalerie. Berlin 1981, S. 18: *Das Einverständnis mit dem Vorgefundenen wird auch durch offenkundige Idealisierung nicht dementiert, denn Rauch glättet die Trennlinien zwischen der Wirklichkeit und dem Reich des Schönen und bemüht sich, einen unmerklichen Übergang herzustellen. Darin liegt ... ein biedermeierlicher Zug.*

[29] LORENZ (wie Anm. 1), S. 68.

der Universität unter seiner Regierung ein neues ihr entsprechendes Universitätsgebäude verliehen werde.[30] Dabei spielte wohl das 25jährige Regierungsjubiläum 1867 eine gewisse Rolle, eine vielleicht größere der lebenslange Ehrgeiz des Fürsten, als Baumäzen in Erscheinung zu treten.

Die Universität legte in einer Denkschrift vom 3. Dezember 1864 ausführlich alle einschlägigen Gründe und auch die Vorgeschichte der Bemühungen dar.[31] Die Hauptgründe für einen Neubau lagen nicht nur in dem schlechten Bauzustand des weißen Kollegs, sondern ebenso sehr in der zweck- und größenmäßigen räumlichen Unzulänglichkeit.

Als eine Bauuntersuchung durch den Distriktsbaumeister Wachenhusen dies bestätigte und keinerlei Umbau befürwortete *wegen der unverhältnismäßig hohen Kosten, die kaum annähernd zu bestimmen seien,*[32] konnten bauvorbereitende Maßnahmen eingeleitet werden.

Obgleich der Bau als *Stiftung* oder *Verleihung* durch den Landesherren deklariert worden war und diese Begriffe nicht oft genug als Bestätigung herrscherlicher Gnade gebraucht werden konnten, wurde die Errichtung mehr oder minder unverhohlen von der Bereitschaft der Universität abhängig gemacht, ihr gesamtes Kapitalvermögen zum Bau zu verwenden.[33]

Zwar bezeichnet ein diesbezügliches Schreiben *die Einnahmen aus dem noch vorhandenen Capitalvermögen und aus den übrigen Einkünften und Hebungen im Vergleich zu dem landesherrlichen Zuschuß* als *eine kaum in Betracht kommende Summe* sowie das gegenwärtige Kapitalvermögen der Universität als an und für sich bedeutungslos, da ihre Existenz ja seit der Reformation auf den landesherrlichen Zusagen beruhe.[34] Entscheidend war aber nicht die Relation der Einkünfte usw. für das Rechnungsjahr 1863/64 in Höhe von rund 5.293 Rtl. zum landesherrlichen Zuschuss von 46.140 Rtl., sondern die für diesen Zeitraum belegte Kapitalsumme von insgesamt rund 65.003 Rtl.[35] in Relation zur Gesamtbausumme von 175.655 Rtl. Das machte mehr als ein Drittel der Baukosten aus! Bevor nach Wachenhusens Gutachten mit der Planung, der Erarbeitung der Material- und Kostenvoranschläge sowie Bauentwurfsrisse begonnen werden

---

[30] UAR 1.02.0 R I XI A 17, Acta specialia Neubau des Universitäts-Gebäudes, 8. Fortsetzung der 18. Missive vom 12. 2. 1866.

[31] Ebenda, Denkschrift Rektor und Konzil an Ministerium vom 3.12.1864.

[32] Ebenda, Baugutachten Wachenhusen betr. weißes Kolleg vom 6.2.1865.

[33] Ebenda, Schreiben Ministerium an Rektor u. Konzil vom 15.2.1865.

[34] Ebenda, Vortrag Rektor u. Konzil an Ministerium vom 19.3.1865.

[35] F. (=Karl Ernst Otto Fritsch): Das Universitäts-Gebäude in Rostock. In: Deutsche Bauzeitung 6 (1872), S. 414-417, hier S. 417.

konnte, erfolgte die Einsetzung einer vom Konzil bestätigten Baukommission (Universitätsbaudeputation), die zunächst über die Grundsatzfragen nach dem Standort, dem Charakter und der Funktion, damit also über Art und Umfang der Räume befinden sollte. Ihr gehörten der jeweilige Rektor, die Bibliothekare Prof. Roeper und Mejer, der Deputierte der Immediatkommission, Prof. H. Karsten, und Obermedizinalrat Prof. Thierfelder an. Die sicher aus mehreren Gründen wichtigste von der Baukommission zu entscheidende Frage war die nach dem Standort des Neubaus. Das Ministerium hatte, um eine kostspielige Interimslösung zu vermeiden, vorgeschlagen, den Neubau an anderer Stelle zu errichten und das weiße Kolleg auf Abbruch an Private zwecks Neubebauung des Platzes zu verkaufen.[36] Dagegen sprachen von Both geltend gemachte Schwierigkeiten anderer Art: preiswerte Beschaffung eines geeigneten Bauplatzes, der gestörte Zusammenhang mit den naturwissenschaftlichen Instituten auf dem Hofgrundstück und dem Neuen Museum sowie das Schicksal des erst ca. 40 Jahre alten Bibliotheksflügels.

Baukommission und Konzil erklärten sich für einen Neubau, der sämtliche bisher im weißen Kolleg befindlichen Anstalten, auch die Bibliothek, aufnehmen sollte. Das war eine Vorentscheidung, wie sie nur auf dem Boden der beschränkten Rostocker Verhältnisse (und nicht der der Universität allein) gefällt werden konnte.[37]

Das Traditionsverständnis, das bei der Entscheidung für den alten Standort und dessen Begründung den Ausschlag gab, bildete dazu sicher etwas mehr, als nur ein einfaches ideologisches Pendant. Der alte Platz wurde als *vorzüglichster, ja allein möglicher* bezeichnet und Gründe geschichtlicher Ehrerbietung wie des historischen Erinnerungswertes ebenso angeführt, wie die Lage im eigentlichen Mittelpunkt der Stadt.[38] Ob dieser letztere Hinweis nur historisch motiviert war oder ob auch das Gefühl für die besondere ästhetisch-städtebauliche Situation hinzukam, ist nicht zu entscheiden.[39]

---

[36] UAR 1.02.0 R I XI A 17, Acta specialia Neubau des Universitäts-Gebäudes, Schreiben Ministerium an Vizekanzler vom 20.12.1864.

[37] Siehe Anm. 41.

[38] UAR 1.02.0 R I XI A 17, Acta specialia Neubau des Universitäts-Gebäudes, Schreiben Vizekanzler an Ministerium, Beschluß Vortrag Rektor und Konzil vom 23.3.1865.

[39] Wolfgang RAUDA: Lebendige städtebauliche Raumbildung. Asymmetrie und Rhythmus in der deutschen Stadt. Berlin 1957, S. 358, verweist auf die Stellung des einstigen Rathauses der Neustadt am Hopfenmarkt, des nachmaligen *Auditorium magnum*, als Blickziel der Führung der ehem. Blutstraße. In dieser Blickachse lag nach dem Abriss des Auditoriums ja unverstellt auch das weiße Kolleg und würde nun der künftige Neubau liegen.

Man verwies jedoch auch auf den nicht nur inhaltlich wichtigen, sondern ebenso architektonisch-planerisch fixierten Anschluss des Neubaus an das Museumsgebäude.[40] Schließlich führte man noch den dem Grundstück die alte Immunität von Stadtlasten bescheinigenden Passus des Regulativs von 1827 an – auch ein Akt spätfeudal-städtebürgerlichen Denkens, dessen Voraussetzungen für beide Seiten bestimmend war. Der Stadt nämlich war unter Aufbietung aller Hartnäckigkeit daran gelegen, sich für das neu zu errichtende Gebäude die gleiche Garantie für den *Heimfall* bescheinigen zu lassen, wie sie § 28 des Regulativs für die Vorgängerbauten (weißes Kolleg und Karstensches Haus an der Ecke Kröpeliner Straße) vorsah.[41]

Von nicht minder großer Bedeutung war die Arbeit der Baukommission für die Raumplanung, durch die die Funktionen des künftigen Hauses in einem ungefähren Erwartungsrahmen fixiert wurden. Ausgehend von den Erfahrungen im Neuen Museum wurden die Auditorien um ca. ein Fünftel größer bestimmt. Vorgesehen wurden

1 Auditorium für 50 Personen mit einer Fläche von 800 Quadratfuß[42] [654 m²],
4 Auditorien für 30 Personen Flächeninhalt 2.000 Quadratfuß [1.636 m²]
2 Auditorien für 20 Personen Flächeninhalt 600 Quadratfuß [491 m²]
3 Auditorien für 16 Personen Flächeninhalt 750 Quadratfuß [614 m²]
1 Nebenzimmer für die Medizin, Flächeninhalt 250 Quadratfuß [205 m²]
sowie die Aula mit 3.000 Quadratfuß [2.454 m²] *etwa von der Größe des Fürstensaales.*

Die Medizin erhielt davon nur einen Hörsaal. Von den 9 gleichmäßig an die drei anderen Fakultäten zu verteilenden Hörsälen erhielt die Theologie die größeren zugesprochen, doch bei Betonung gegenseitiger Benutzbarkeit (mit Ausnahme der Räume für die Medizin). Weitere allgemeine Räume waren das Konzilzimmer mit 800 Quadratfuß [655 m²] Größe, das Vorzimmer dazu und das

---

[40] Dieser Vorschlag war bereits von Wachenhusen in seinem Gutachten (siehe Anm. 32) gemacht worden, und auch von Both hatte zunächst, was den Außenbau anbelangte, wohl direkt an eine Verwirklichung der Demmlerschen Pläne gedacht, vgl. UAR (wie Anm. 36), Schreiben Vizekanzler an Ministerium vom 4.1.1865. Diese Haltungen sind nicht nur eine Sache zweckmäßigen Denkens, sondern wohl auch Gesinnungsfragen.

[41] Streitobjekt war der Rückfall der Gebäude an die Stadt im Falle der Aufhebung der Universität in Rostock. Die Absurdität der Berufung darauf anlässlich eines Neubaus wurde von Both ins Feld geführt und die Angelegenheit schließlich als nicht notwendig zu klären neutralisiert – gegen den Protest des Rates.

[42] 1 Quadratfuß (hamburgisches Maß) entspricht 0,818 m².

sog. Professorensprechzimmer (die dann im Bau dem angedeuteten Kompromissvorschlag zufolge in eins fielen), Gerichtszimmer und Zimmer für Fakultätssitzungen. An Spezialräumen (außer Wohnungen, Karzer usw.) waren geplant: ein Münzkabinett mit Arbeitszimmer, ein Zimmer für die ethnografischen Sammlungen und Antiquitäten, zwei Lesezimmer (die wegen der Gasbeleuchtung nicht in dem strengen Sicherheitsvorkehrungen unterliegenden Bibliotheksflügel untergebracht werden durften) von 800 [655 m^2] und 400 Quadratfuß [327 m^2]; im Bibliothekstrakt schließlich noch ein Seminarbibliotheksraum sowie Räume für Universitäts- und Konsistorialarchiv. Das war im Vergleich zu dem nur wenig zurückliegenden Neubau des Königsberger Universitätsgebäudes durch Stüler (1857-1862) ein sicher realistisches Programm. In Königsberg ging man immerhin von einem Maximum von 500 Studenten aus, legte 20 Auditorien in der Größenordnung von 20-150 Zuhörern fest und war großzügiger in der Dotierung mit Sammlungs- und anderen Räumen für die Humaniora. Rostock hatte zur Zeit der Raumplanung aber insgesamt nur 150 Studenten und erreichte im Sommersemester 1868 den relativ hohen Wert von nur etwas über 180 Immatrikulierten.

Für Rostocker Verhältnisse gleichfalls eine glückliche Lösung stellte die Organisation der Bibliothek im Nordflügel dar, wo durch den Einzug von Zwischendecken Geschosszahl wie Stellfläche verdoppelt wurden, letztere absolut auch gegenüber den alten Bibliotheksräumen.[43] Dennoch muss hier betont werden, dass es bei den etwa gleichzeitigen deutschen Universitätsbauten vom Typ des Kollegien- oder Aulagebäudes schon keine Universalfunktion mehr gab, die Bibliotheken aus ihnen bereits ausgegliedert waren.

Die Entwurfsarbeit zum Universitätsgebäude kam nicht aus einem Kopf und einer Hand. Für den Bereich reiner Architekturform zeichnete Willebrand verantwortlich. Der jenseits des Ornaments angesiedelte Bereich konkreter bildlicher Darstellung, das Bildprogramm, lag in den Händen des Archivrats Lisch, der bereits beim Schweriner Schlossbau *nach der Festsetzung der Architektur mit dem Entwurfe der Anordnung und mit der Herbeischaffung des Materials zu*

---

[43] Der Bibliotheksflügel ist bautechnisch durch die konsequente Verwendung einer Eisenkonstruktion ausgezeichnet, die aus Sicherheitsgründen (Feuersgefahr) wie statisch der Zwischengeschosse wegen sich empfahl und auch z. T. in den Säulen vorgezeigt wurde, die aber im Sinne der Stilarchitektur ornamental behandelt waren. Der Hersteller der Teile dürfte die Rostocker Firma Zeltz und Tischbein gewesen sein, da der *Maschinenbauer* A. Tischbein nach der Einweihung des Baues mit dem goldenen Verdienstkreuz des Hausordens der Wendischen Krone dekoriert wurde.

der historischen Ausschmückung[44] betraut worden war. Dennoch wird man sich die Zusammenarbeit für Rostock nicht einfach als Ausfüllung einer architektonischen Leerformel mit programmatischem Bildschmuck vorstellen dürfen, sondern eher als eine dieses Programm schon voraussetzende Entwurfsarbeit. In der ersten Phase wurde das Programm detailliert nur für die Fassade ausgearbeitet und zeigte stärkere Abweichungen vom ausgeführten Programm als der 1865 vorgelegte architektonische Entwurf von den endgültigen Fassaden.

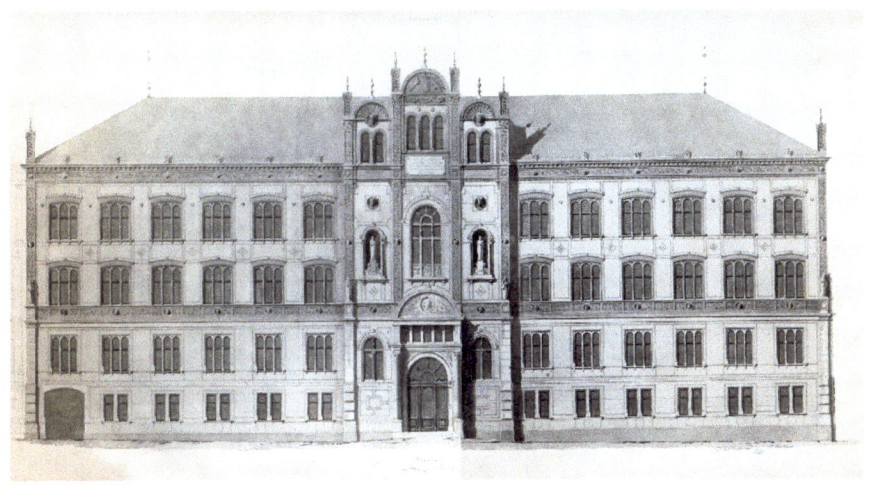

Abbildung 7
Entwurf für das Universitätsgebäude von Willebrand 1865: *Façade am Blücher Platz*

Ob Willebrand in frühen Arbeitsstadien an den Demmlerschen Entwurf anzuknüpfen versuchte, ist nicht bekannt. Man kann nur von den relativ fixen Vorstellungen seines Entwurfs von 1865 ausgehen (Abb. 7 und 8). Dieser Entwurf differiert von der Ausführung erstaunlich wenig, eigentlich nur in untergeordneten Ornamentdetails sowie in modalen Nuancen des Stilhabitus, aber ohne jeden Einfluss auf die Struktur des Baus. Geht man vom Eindruck des Gebauten aus, so ist der erste Entwurf flächiger, kleinteiliger, zugleich auch strenger.

---

[44] Georg Christian Friedrich LISCH: Das Großherzogliche Schloß zu Schwerin. Der Thronsaal und dessen Umgebungen. In: Archiv für Landeskunde in den Großherzogtümern Mecklenburg 7 (1857), S. 609-638 hier S. 629.

Abbildung 8
Entwurf für das Universitätsgebäude von Willebrand 1865 Nordgiebel: *Façade an der Kröpeliner Strasse H. Willebrand C. Lunow 1865*

Die Sockelgeschosszone ist in flacher, unplastischer Bandrustika entworfen. Selbst die erhabene Quaderung der Eckpilaster zeigt eine glatte Oberfläche.[45]

Die Sgraffito-Dekoration zieht sich folgerichtig bis in das Untergeschoss hinein, wo sie gleichfalls die Fenster umrahmt und die großen Zierfelder unterhalb der Vorhallenfenster bildet. Alle Sgraffito-Bänder vermeiden plastische Wirkung. Die Profilierung der Fenstergewände und segment-bogigen Fensterstürze der oberen Geschosse ist zurückhaltend.

Eine schlanke Form bestimmt auch die plastische Konzeption der relativ kleinen, schmalen, durch ihre geschlossene Silhouette Frührenaissanceskulpturen ähnlichen Standbilder. Sie stehen in ihren Nischen auf hohen, schmalen, volutengestützten Sockeln.

Lischs Programm war ein vom Großherzog prinzipiell genehmigtes Diskussionsangebot an die Universität.[46]

Der Bedeutung des Mittelteiles der Hauptfassade als ausgezeichnetem architektonischen Ort entsprechend, bestimmte Lisch ihn dazu, *die Stiftung und Erhaltung der Universität* (zu) *veranschaulichen* und baute von unten nach oben chronologisch die Abbilder des Gründers und der Konservatoren, der Stifter (hervorgehoben als ganzfigurige Standbilder), der Reformatoren und der Erhalter auf. Für den Fries schlug er die Köpfe berühmter Rostocker Professoren vor und begann die bei Tychsen und Link endende Reihe immerhin schon mit Willekin Bole, Berthold Segeberg und Albert Krantz, also drei vorreformatorischen

---

[45] Es wäre möglich, dass in dieser Phase, als noch Sandstein für die Rustizierung vorgesehen war (der kurz darauf aus Ersparnisgründen gestrichen wurde), an eine solche steingerechte Materialbehandlung gedacht war.

[46] UAR (wie Anm. 36), Schreiben Ministerium an Vizekanzler, dritter Beschluß vom 16.12.1865.

Gelehrten. Bemerkenswert ist Lischs Wunsch, die vier Fakultäten auf dem Fries besser als in allegorischen Figuren *in bestimmten geschichtlichen Personen* zu haben, *z. B. Boerhave, Melanchthon, Hugo Grotius, Leibniz*. Melanchthon als Vertreter der Theologie war durchaus passend wegen seiner Verdienste um die Neugründung der reformierten Landesuniversität. Sicher meinte Lisch vor allem den Melanchthon der Wittenberger Universitätsstatuten, die *Fakultät und alle Professoren der Theologie auf die reine unverfälschte Lehre im Sinne der Augsburgischen Konfession von 1530*[47] usw. verpflichteten, den Verfechter des Gottesgnadentums, den Mann also, auf den sich auch die neulutherische Orthodoxie berufen konnte. Und sicher sah er ihn ebenso sehr um seiner Bedeutung als Humanist und Pädagoge willen. Dann würde die Wahl Grotius' erklärlicher, eines Hauptvertreters der Naturrechtslehre, der eine Volkssouveränität und das Recht des Widerstandes gegen den Despotismus anerkannte und das Gottesgnadentum ablehnte. Mit diesem Ideologen einer bürgerlichen Frühaufklärung, der für die *Freiheit der Meere* eintrat, bekam das Programm eine nun deutliche Wendung zum Bürgertum, zur Stadt Rostock. Bemerkungen zu Leibniz kann man sich sparen. Mit ihm ist diese Linie eines gewissermaßen das fürstliche kreuzenden bürgerlichen Programms, das Lisch an der Fassade zu installieren gedachte, fortsetzbar. Es reicht auch über den ausdrücklich als *Bibliotheksgiebel* bezeichneten Seitengiebel.

Sehr wichtig ist auch, dass Lisch dort den umfassenden Bereich der philosophischen Fakultät (*ein loses Aggregat nicht zu den drei übrigen Fakultäten gehöriger akademischer Lesegegenstände,*[48] in *zwei Wirksamkeiten*, entweder allegorisch als Astronomie (Himmel) und Botanik (Erde) oder personifiziert in Copernicus und Linné (!) fortsetzen will und sich im Provinziellen auszuweiten denkt durch Namen, die ihren spezifischen Bezug zu Rostock haben. Darunter ist S. G. Vogel, der Begründer des Seebades Doberan und Leibarzt des Herzogs, und v. Both, der auf die *Wissenschaftsseite* des Baus gezogen wird. Wenn F. Chr. L. Karsten *wegen des Landbaus* einen posthumen Ruhmestitel erhält – gleichsam zur Wiedergutmachung für seine zu Lebzeiten nie offiziell unterstützten Bestrebungen – so ist das ein liebenswürdig hintersinniger Zug in Lischs Programm.

---

[47] HEITZ (wie Anm. 8), Bd. 1, S. 38.

[48] Ausspruch des preußischen Gesandten in Rom, Frhr. von Bunsen, zitiert nach Berthold HINZ: Friede den Fakultäten. Zur Programmatik des Verhältnisses von Kunst und Wissenschaft zwischen Aufklärung und Vormärz. Die Fakultätenbilder in Bonn. In: Michael BRIX; Monika STEINHÄUSER (Hrsg.): *Geschichte allein ist zeitgemäß*. Historismus in Deutschland. Gießen 1978, S. 53-72, hier S. 57.

Mit der Hierarchie der Fassadenordnung musste Lisch allerdings in Konflikt kommen. Zur Unterbringung der allegorischen Figuren von Schriftstellerei und Buchdruckerei resp. der stattdessen stehenden Persönlichkeiten Columbus und Gutenberg blieben ihm nur Standbildnischen, wie sie an der Hauptfassade den fürstlichen Stiftern vorbehalten waren. Ob das Kühnheit war, ob Verlegenheit – jedenfalls wurde es durch Willebrands Entwurf unterstützt und nicht korrigiert. Die allegorisch verkörperte Disziplin und die zugeordnete historische Persönlichkeit scheinen hier nicht zur Deckung zu kommen. Gutenberg und Buchdruckerei stimmten überein und für Bibliothek mochte das stehen. Aber Schriftstellerei und Columbus, der für Museum stehen sollte – das ließ den Sinnbezug vermissen.

Die Gefahr, dass bei diesen Alternativangeboten von Allegorie oder historisch konkreter Persönlichkeit (oder Szene) letztere selbst in eine allegorische Rolle gedrängt wurde, deren Allgemeinheit ihrer Individualität widersprach, war groß und ist in der bürgerlichen Kunst des 19. Jahrhunderts nie überwunden, eher sogar als Möglichkeit bewusster, enthistorisierend wirkender Idealisierung offengehalten worden.

Man spürt hier vielleicht am deutlichsten die Kompromissbereitschaft im Denken Lischs. Sein Historismus positivistischer Orientierung ist offenbar spezialistisch. Damit ist auch die arbeitsteilig geprägte Stellung Lischs gegenüber den Ikonographen und Programmachern etwa des Barock genauer zu bestimmen. Er ist ein bürgerlicher gelehrter Berater, dem das Gefühl für die Einheit seiner Ideen und der ästhetischen Präsentation vermittels der Architektur bereits fehlt, der schon nicht mehr in jenen Topen gleichsam vorwissenschaftlicher Metaphorik und Anschaulichkeit zu denken vermag, denen z. B. das barocke Allegorienwesen seine Fruchtbarkeit verdankt, und dem es auch um einen ganz anderen Wert geht: um die durch das historische Detail, die Authentizität der Überlieferung befestigte Legitimität. Das bedeutet nicht, dass es solche Programmacher im 19. Jahrhundert nicht noch gegeben hätte; es gab sie indirekt auf der Seite der fürstlichen Baudilettanten[49] wie vor allem auf der Seite der Architekten und Künstler selbst, wie das Beispiel Semper zeigt.[50]

Vizekanzler v. Both versuchte in seinem Übersendungsschreiben an Rektor und Konzil die Vorschläge Lischs zu präjudizieren. Er wünschte eine *einfache und großartige* Verzierung, die vielen kleinen Köpfe (die dazu noch die

---

[49] Erinnert sei an Ludwig I. von Bayern oder Friedrich Wilhelm IV. von Preußen, die, sich selbst mit Bauideen einmischend wie die barocken Potentaten vom Range der Schönborn, Liechtenstein u. a., eng und quälend mit den nun überwiegend gelehrten Architekten des Klassizismus romantischer Prägung zusammenarbeiteten.

[50] Siehe Anm. 81.

Schwierigkeiten der Wahl böten) seien *nicht recht geeignet*. Gelten lassen wollte er nur den Bischof von Schwerin über der Hauptpforte. Dagegen schlug er für die Wandnischen des Mitteltraktes die Stifterstatuen und auf dem Fries die der Reformatoren und Erhalter vor. Im Seitengiebel wünschte er auf dem Fries und in den Nischen die vier Fakultäten ausdrücklich aus Sparsamkeitsgründen in allegorischen Figuren.[51] Boths Äußerungen zeugten mindestens von ästhetischer Unbedarftheit, auch wenn er die Frage stellte, *wie die großen und die kleinen Statuen unter die Facultäten zu vertheilen wären*. Seine schlichte Trennung in eine *Fürsten-* und eine *Wissenschafts*-Fassade hatte wohl die selbe Wurzel. Andererseits taktierte er auch mit seiner Einsparhaltung, um das Projekt nicht von vornherein zu gefährden.[52]

Die Baukommission der Universität kam in ihrer ersten Beratung über die Vorschläge Both mit einer gewissen Diplomatie entgegen, indem sie die Trennung in die fürstliche Repräsentation auf der Hauptfassade und die der Wissenschaft auf der Seitenfassade unterstützte.[53]

Doch erschien es ihr angeraten, *daß bei einer die Geschichte der Stiftung in Erinnerung bringenden Ausschmückung auch an die in ihrer Art einzige Stellung erinnert werde, welche die* **Stadt** *zu derselben, u. noch bis 1827 zur Universität überhaupt eingenommen hat, und sie proponiert dafür, an genannter Stelle* (im Fries des Mitteltraktes. P. P.) *die Köpfe desjenigen Rostocker Bürgermeisters, der vorzugsweise an der Stiftung Antheil gehabt hat (Katzow), u. etwa des ersten Rectors (M. Steenbecke) anzubringen*.[54] Da sie sich gegen allegorische Figuren aussprach und die vorgeschlagenen historischen nicht akzeptierte, wünschte sie, dass am Giebel *die Geschichte der Universität und zugleich die vier Fakultäten* berücksichtigt werden durch die Standbilder von Caselius und David Chytraeus und als große Köpfe darüber Cothmann und Bording, sowie konsequenterweise im Giebel das Rostocker Stadtwappen. Im Anschluss an Both hatte sich die Majorität gegen Köpfe im Fries (an Front und Giebel) ausgesprochen, eine Minorität sie dagegen wegen ihrer geschichtlichen Bedeutung und als dem Baustil angemessen verteidigt. In gleichem Zuge wollte sie aber die

---

[51] Da *im Kostenanschlage auch allegorische Figuren angenommen sind und ... Personenstatuen nach der Angabe des Hof-Bauraths Willebrand 300 bis 400 Rtl. mehr kosten.* UAR (wie Anm. 36), Schreiben Vizekanzler an Rektor und Konzil (?) vom 4.4.1866.

[52] *Die Rücksicht auf die thunlichste Kostenersparung ist umso wichtiger, als an dem Gegentheile das ganze Vorhaben scheitern könnte.* UAR (wie Anm. 36), Schreiben Ministerium an Vizekanzler vom 12.4.1865.

[53] UAR (wie Anm. 36), Protokoll der Sitzung der Baukommission vom 9.4.1866.

[54] Ebenda.

Reformatoren und Erhalter ebenfalls als Statuen, und zwar auf dem Fries, dargestellt wissen.

Die Tendenz der Vorschläge der Universität ist deutlich. Erstens beinhaltete sie die auch später konsequent behauptete Ablehnung der Allegorie, zweitens eine bemerkenswerte Gerechtigkeit den historischen Verdiensten der Stadt gegenüber. Die Majoritätsentscheidung gegen eine Vielzahl von Wissenschaftlerporträts zeugt wohl am ehesten noch von einem mangelnden historischen Einschätzungsvermögen. Dagegen war der Repräsentationsanspruch der Feudalität wesentlich leichter zu gewinnen. Dies war wohl der wirkliche Grund, deswegen auch Lischs Vorschläge verworfen wurden, übrig blieben nur die gleichsam gesicherten Fakultätsrepräsentanten der reformierten Universität, Caselius und D. Chytraeus, Cothmann und Bording – wobei unorthodoxerweise die Vertreter von Theologie und Philosophie für die Nischen bestimmt wurden. Im Ganzen machte sich ein provinzieller Gesichtskreis geltend, den nur die lokale Wissenschaftsgeschichte interessierte und dem der von Lisch weiter gesteckte Rahmen unbehaglich war. So mussten Grotius und Leibniz als Vertreter der bürgerlichen Aufklärung fallen,[55] und wenn schon der Blickwinkel sich verengte, dann mochten Chytraeus und Bording für Melanchthon und Boerhave stehen.

Nach dem Meinungsaustausch aller entscheidenden Parteien[56] wurde das Ergebnis in zwei kleinen Fassadenskizzen Willebrands eingetragen und in einem erläuternden Text festgehalten, der mit den Marginalien von Boths Hand (die möglicherweise die großherzogliche Meinung wiedergeben) bis auf geringfügige Abweichungen das endgültige Programm der Fassaden fixiert.[57]

Die wichtigsten Ergebnisse waren: erstens die Durchsetzung aller von Lisch proponierten allegorischen Figuren aus Sparsamkeitsgründen[58]; zweitens die Unterbringung der Fakultätsallegorien als Statuen und der vier Fakultätsvertreter als Köpfe im Fries, so dass sich die ursprünglich von Lisch beabsichtigte Durchkreuzung von fürstlicher und Wissenschaftspräsentation wieder ergab,

---

[55] Hinter diesen Amputationen könnte in der Baukommission Krabbe gestanden haben, um die Entscheidung im Sinne seiner erklärten Aversion gegen Aufklärungsphilosophie und Naturrechtslehre – er grenzte seinen Begriff vom *christlichen Staat* vom Rationalismus unter ausdrücklicher Erwähnung u. a. von Grotius ab – zu beeinflussen. Vgl. Otto KRABBE: Der christliche Staat und seine Aufgaben in der Gegenwart. Rede am Geburtstage S. Kgl. Hoheit des Allerdurchlauchtigsten Großherzogs und Herrn Friedrich Franz am 18. Februar 1866. Rostock 1866, S. 8.

[56] UAR (wie Anm. 36), Schreiben Willebrand an Vizekanzler vom 23.5.1866, Anlage Verhandlungsprotokoll vom 19.5.1866.

[57] Ebenda, Schreiben Willebrand an Vizekanzler vom 23.5.1866, Anlage.

[58] Siehe Anm. 55.

wenn nun auch als hierarchische Unterordnung der letzteren unter die erstere. Drittens ergab sich zugleich durch das Hinüberziehen der Standbilder der Reformatoren Johann Albrecht I. und Ulrich auf die Giebelfront eine Erweiterung der fürstlichen Repräsentation, was von der Warte des Stifters aus deren *Aufwertung* bedeutet haben musste, andererseits erfolgte auch eine Bereicherung durch das Porträt Tychsens im Fries. Dem Ministerium gegenüber betonte Both: *Mit der Hereinziehung der Stadt Rostock nach dem Erachten der Conciliar-Deputation konnten wir uns nicht einverstanden erklären, da die Stadt von Anfang an feindselig gegen die Universität aufgetreten ist und bei ihrer Teilnahme an der Stiftung lediglich ihr eigenes Interesse im Auge gehabt hat.*[59] Da aber in den Marginalien Steenbecke und Katzow gemäß Lischs Vorschlag doch wieder nominiert wurden, muss man die Kenntnisnahme von der endgültigen Meinung des Großherzogs, die das ausdrücklich dahin korrigierte, für diese Randbemerkungen voraussetzen.[60]

Bestehen bleibt die Entstellung der geschichtlichen Tatsachen, die emotional durch die Reibereien mit der Stadt um Rechtsfragen des Neubaus provoziert sein mochte.

Lischs Anteil an diesen Schlusskorrekturen bleibt unklar. Der Ersatz der Allegorien der Schriftstellerei und Buchdruckerei durch die der Astronomie und Geschichte entsprach in veränderter Form Lischs Idee mit Astronomie und Botanik (Himmel und Erde).

Die Vertauschung der Plätze von Philosophie und Jurisprudenz (sowie der ihnen zugehörenden Fakultätsvertreter im Fries) ist wohl einfach die Korrektur eines Lapsus, nicht aber einer bewussten antidogmatischen Gleichstellung von Philosophie und Theologie (etwa im Sinne von Kants *Der Streit der Fakultäten*); das erklärte dann auch die deutliche Kennzeichnung der beiden mittleren Allegorien auf Willebrands ausführlichem Fassadenentwurf von 1865 als Religion und Philosophie zum bloßen Irrtum eines *ungebildeten* Architekten.

Zusammen mit dem Bildprogramm für die Fassaden hatte Lisch auch eines für die Aulaausschmückung verfasst, in allgemeinerer Form und mit mehr Alternativen. Es wurde aber zunächst nicht Diskussionsgegenstand, da Willebrand zur Erreichung der limitierten Bausumme u. a. auch 6.000 Rtl. *für Kunstmalerei in der Aula* strich.[61] Ein knappes Jahr darauf lag ein detaillierterer Aus-

---

[59] UAR (wie Anm. 36), Schreiben Vizekanzler an Ministerium vom 25.5.1866. Boths Haltung ist ganz im Sinne des Erbvertrages von 1788.

[60] Ebenda, Schreiben Ministerium an Vizekanzler vom 6.6.1866.

[61] Siehe Anm. 51 sowie UAR (wie Anm. 36), Schreiben Willebrand an Vizekanzler vom 6.4.1866, Anlage 1: Vorwort zum Material- und Kostenanschlag: *die ursprünglich intendirten*

gestaltungsplan Willebrands mit dazugehöriger, leider nicht erhaltener Orientierungszeichnung vor.[62] Wie es zu dieser Wiedervorlage und Weiterbearbeitung eines bereits gestrichen scheinenden Projektes kam, muss unbeantwortet bleiben.[63] Es ist wahrscheinlich, darin den Ausdruck fürstlichen Repräsentationsdranges zu sehen. Eine Parallele am Außenbau wäre dann die Bereicherung der ursprünglich einfacheren Sgraffitodekoration um die Schmuckelemente mit den Tugendtafeln.

Für Lischs Vorschläge bezüglich der Gegenstände der Wandbilder war wiederum das weite Pendeln zwischen recht allgemeinen Szenen (*große wissenschaftliche Weltbegebenheiten, entweder aus den 4 Jahrhunderten der Universität ... oder aus den 4 Fakultäten*) und solchen konkreter Historie (*4 Hauptscenen aus der Geschichte der Universität Rostock*) bezeichnend.

Willebrands Plan, der deutlich auf dem von Lisch fußt, ist nur insofern konkreter als dieser, weil er fast keine Alternativen besitzt; konsequent historische Szenen in allen Längswandfeldern sieht sein Programm nicht vor.

Die Bemerkung, dass die Darstellung der 4 Fakultäten – ein Standardprogramm für Universitätsbauten, wie sich versteht – *aus der heiligen und profanen Geschichte des Altertums* zu nehmen sei, ist fast eine Art Topos, der auch bei Stüler in der Autorenrezension seines Königsberger Universitätsbaus bei der Erwähnung vorgesehener Aulawandbilder gebraucht wird.[64]

Diese Formulierung wie auch die frühere Lischs von den *großen wissenschaftlichen Weltbegebenheiten* lässt die Frage nach dem Charakter der hier vorgestellten Malerei aufkommen. Hätte es eine pseudorealistische Ideenmalerei im Stile Wilhelm von Kaulbachs werden sollen, der ein Publikumsliebling der Periode des Nachmärz bis zum Beginn der Gründerzeit war, der nicht Geschichte schlechthin malte, sondern *den Geist Gottes in der Geschichte*? Für die von Willebrand vorgeschlagenen Szenen der Universitätsgeschichte wird man an einen Kostüm- und Porträtrealismus vom Stile der Ahnengalerie des Schweriner Schlosses denken dürfen. Und die Darstellung der Grundsteinlegung war der aus

---

Fresken in den großen Wandfeldern, bestimmt, dem genannten Raume eine feierliche Würde zu verleihen, mußten des Kostenpunktes wegen dieser einfachen Dekoration weichen.

[62] UAR (wie Anm. 36), Plan zur Ausschmückung der Aula usw. von H. Willebrand, Schwerin, vom 29.4.1867.

[63] Die Bauakten des Vizekanzellariats der Universität von etwa Anfang Februar 1867 bis Bauende sind verloren, desgleichen die entsprechenden Akten im Landeshauptarchiv Schwerin (künftig LHAS).

[64] August STÜLER: Das neue Universitäts-Gebäude zu Königsberg. In: Zsch. f. Bauwesen 14 (1864) 1, Spalten 1-14, hier Spalte 10; und Atlas zur Zsch. f. Bauwesen 14 (1864), Taf. 1-7.

dem Historismus gefolgerte Versuch der Fortsetzung von Geschichte bis in die Gegenwart, des Ereignisbildes als Fortsetzung der Historienmalerei.

Ein Belegstück für die Richtung, in die hier künstlerisch gedacht worden war, sind die drei für die Lünettenfelder der Emporenrückwand gedachten Darstellungen der Geschichte, Religion und Poesie, die Willebrand in der Wandabwicklung recht ausführlich angedeutet hatte (Abb. 9 [2016]). Es sind nach spätnazarenischem Muster zurechtgemachte Allegorien, die kurzerhand seitenverkehrt nach den Deckenlünetten im Sagenzimmer des Schweriner Schlosses (Abb. 10) kopiert worden waren.

Abbildung 9
Lünettenfeld der Emporenrückwand der Aula *Poetica*

Man brauchte über ungemalt gebliebene Malerei kein Wort zu verlieren, hätten diese Vorschläge in einer Folge von Baukommissionssitzungen nicht ein merkwürdiges Schicksal erfahren.

Zunächst wünschte man das Fakultätensujet innen nicht wiederholt zu sehen; dann wandte man sich überhaupt gegen die von Willebrand vorgeschlagenen *symbolischen Bilder* – wozu eindeutig die Fakultätsdarstellungen gerechnet werden –, da *dergleichen Bilder nur in den allerseltensten Fällen, selbst wenn sie von stets guten Meistern ausgeführt sind, sich über das Triviale erheben, — u. fer-*

Abbildung 10
Deckenlünette im Sagenzimmer des Schweriner Schlosses

ner daß es nicht erwünscht sein kann, Bilder in der Aula zu haben, die für den Beschauer erst noch eines Commentars bedürfen würden.[65] Daher wurde statt der Allegorien der Emporenwände zunächst eine neutrale, arabesken- oder teppichartige Malerei vorgeschlagen und später präzisiert, dort in einer Art ornamentaler Verwobenheit *die Namen sämtlich bisher in Rostock angestellt gewesen(er) bzw. noch angestellter Professoren anzubringen.*[66] Man wandte sich auch gegen Bilder – Porträts oder andere – im Fries, weil sie schlecht zu sehen seien und sie *hier weniger, als bloße Rosetten, eine künstlerische Harmonie hervorzubringen scheinen.*[67]

---

[65] UAR (wie Anm. 36), Sitzungsprotokoll der Baukommission vom 25.5.1867.
[66] Ebenda, Sitzungsprotokoll der Baukommission vom 27.6.1867.
[67] Ebenda, Sitzungsprotokoll der Baukommission vom 25. 5. 1867.

Aus der Ablehnung symbolischer Kunstwerke ergab sich zwar logisch die Forderung nach historischen Darstellungen, vorausgesetzt aber, dass sich geeignete Darstellungsgegenstände finden ließen sowie *dieselben künstlerisch schön ausgeführt werden*. Bei Unerfüllbarkeit einer dieser Bedingungen sei besser auf die Wandmalerei zu verzichten.[68] Die methodische Pedanterie, mit der hier systematisch Einschränkungen formuliert wurden, war gewiss dem akademischen Stil entsprechend. Aber dahinter steckte nicht nur ein an klassizistischen Normen gebildeter Geschmack. Ein Jahr vorher war schließlich schon einmal für Allegorien an den Fassaden gegen die Vorschläge der Universität entschieden worden, so dass sich diesmal die Meinung auf ein *alles oder nichts* zuspitzte.

In den zwei folgenden Sitzungen wurden die darzustellenden Szenen sowie die zur näheren Charakterisierung derselben nötigen Fakten (Ort, Handlungsmoment, Hauptpersonen) bestimmt. Dabei stützte man sich auf die Autorität Krabbes, dessen universitätsgeschichtliche Darstellungen eine willkommene Grundlage waren.

Folgende Ereignisse wurden vorgeschlagen:
– Inauguration der Universität 1419 in der Rostocker Marienkirche;
– Übergabe der Konkordanz-Formel 1563 seitens der Herzöge an Stadt und Universität (Begründung des Kompatronats);
– Einzug der Herzöge Johann Albrecht II. und Adolf Friedrich I. nach ihrer Rückkehr aus dem Exil 1632;
– Gründung der Universität Bützow durch Herzog Friedrich 1760;
– Übersiedlung der Universität nach Rostock und Wiedervereinigung unter Friedrich Franz I. 1789;
– Grundsteinlegung zum neuen Universitätsgebäude 1866 oder ein Vorgang vom Einzug des Großherzogs 1827 (Begründung des alleinigen landesherrlichen Patronats).

Der Leitgedanke dieses Programms liegt außerhalb der Universitätsgeschichte als Korporations-, Institutions- oder Wissenschaftsgeschichte, aber innerhalb der Geschichte ihrer Abhängigkeit vom Landesherrn, als dessen Geschöpf sie erscheint. Diese Servilität ging so weit, einer abstrakten historischen Kontinuität (vollzogen im Raum der Ästhetik) willen selbst auf die Hereinziehung von Ereignissen nicht zu verzichten, die mit der Universität nichts zu tun hatten: der Einzug der Herzöge 1632 nach dem Abzug der Wallensteinschen Truppen. Im offensichtlichen Gefühl der misslichen Situation, in der man sich

---

[68] Ebenda.

damit befand, erklärte man zwar entschuldigend, dass *ein angemessener Gegenstand aus dem **engeren** Leben der Universität im Laufe des 17ten Jahrhunderts ... nicht gefunden* worden sei. Dennoch konstatierte man mit gleichem Federzug eine *besondere Bedeutung* dieses Aktes, *insofern ... die Universität ... während der Zwischenherrschaft den vertriebenen Landesherren – im Unterschied von der Stadt Rostock – sehr anhänglich geblieben war.*[69] Die Gründung der Universität Bützow wurde bezeichnet *als Moment von welchem her die durch die Landesherren u. die Stadt genommene u. mit Liebe geförderte Regeneration der Universität datiere.*[70] Das war kein diplomatisches Kunststück, um etwas darstel-lenswürdig zu machen, das war die schlichte Konsequenz einer teleologischen Geschichtsbetrachtung, die zwar nicht gleich den *Geist Gottes*, so doch den Geist des Gottesgnadentums in der Geschichte gemalt zu sehen wünschte. Die Analyse der detaillierteren Angaben bewiese einmal mehr, dass es sich bei dieser Art Historismus um einen schlechten, positivistischen handelt, der mittels einer durch Porträt- und Requisitengenauigkeit als schon erreichten Authentizität zu wirken gedachte, mittels einer künstlerischen Als-ob-Konstruktion zeigen wollte, *wie es wirklich gewesen ist.*[71]

Das Konzil nahm zum Ergebnis der 4 Baukommissionssitzungen Stellung und entschied sich mit Stimmenmehrheit sowohl gegen ausschließlich historische wie gegen verschiedenartige Darstellungen und verwies anderer Differenzen wegen die Angelegenheit zwecks neuer Vorschläge an die Baukommission zurück.[72] Büsten oder Statuen in den Wandfeldern, zwei Ersatzvorschläge aus dem Kreise der Konzilsmitglieder, wurden ebenfalls abgelehnt. Statt der Porträts im Fries schlug man im Anschluss an die beiden Fürstenbildnisse der Stirnwand möglicherweise noch die Darstellung von Herzögen oder (wiederum als Fakultätsvertretern gedachten) Wissenschaftlern vor – das bedeutete gleichfalls eine Wiederholung der am Außenbau Abgebildeten. Damit wurde das Schicksal des Projektes besiegelt.

---

[69] Ebenda, Sitzungsprotokoll der Baukommission vom 3.6.1867.

[70] Ebenda.

[71] Dabei kam es dann gar nicht darauf an, einen zur Zeit der dargestellten Handlung Verstorbenen *nichts destoweniger ... seiner persönlichen Bedeutung wegen abzubilden* oder die Herzöge *von hervorragenden Mitgliedern der Universität* oder *deren gesamten Lehrpersonal empfangen* zu lassen (wobei dann immer gleich die Namen der evtl. in Frage kommenden Personen genannt wurden) UAR (wie Anm. 36), Sitzungsprotokoll der Baukommission vom 17.6.1867.

[72] UAR (wie Anm. 36), Protokoll der Konzilssitzung vom 22.7.1867.

Das Konzil vom 12. August 1867 schloss *sich der Meinung der Commission an, daß von den bisher gemachten Vorschlägen keine zu acceptieren sei, sondern ihnen gegenüber es besser erscheine die betreffenden Wände ungeschmückt zu lassen.*[73]

Mit den Festlegungen des Großherzogs wurde endgültig der Schlussstrich gezogen.[74] Sie bestimmten, auf den Wandfeldern der Stirnseite ihn selbst und Herzog Johann III. als Mitstifter der Universität[75] in lebensgroßen Bildnissen darzustellen, in den 16 Feldern des Frieses unter der Decke aber die Medaillonbildnisse der bedeutendsten Professoren der Universität (vier von jeder Fakultät). *Die Langwände sollten zunächst nur ganz einfach in der Weise hergestellt werden, daß die Ausfüllung derselben mit historischen Bildern für den Fall möglich bleibt, wenn dieselbe Allerhöchst beschlossen werden sollte.*[76]

Dieser Beschluss kam nie. Obwohl in den der Bismarckschen Reichseinigung nachfolgenden Dezennien die herrschenden Schichten und Klassen inflationistisch schlechte Propagandakunst zu ihrem Ruhme produzieren ließen – hier hatten der Parteienstreit mit seinen noch nicht genügend durchschaubaren Hintergründen und die Unzulänglichkeiten des Stoffes die Sache selbst unmöglich gemacht. Die Festlegung der geforderten 16 Fakultätsvertreter ging in kurzer Frist vonstatten, wobei es in den Fakultäten zu Vorüberlegungen kam,[77] die

---

[73] Der Vorschlag für Büsten stammte von dem Altphilologen Fritzsche, der für Standbilder ist möglicherweise identisch mit dem des Juristen v. Bar (siehe Anm. 80).

[74] UAR (wie Anm. 36), Ministerialreskript an Vizekanzler vom 25.2.1868.

[75] Diese Entscheidung, dem Herzog als *Mitstifter* einen Platz und noch dazu an solch prononcierter Stelle zu geben, ist nicht nur eine Verlegenheitslösung, die von der plattesten *positivistischen* Pervertierung dieser historischen Dekorationsprinzipien zeugt. Es ist auch eine ostentative Wendung gegen den auf der Baukommissionssitzung vom 27. Juni 1867 vorgebrachten Vorschlag, statt des schon am Außenbau abgebildeten Herzogs Johann Albrecht den Großherzog Paul Friedrich, *sowohl weil er der Erbauer des Neuen Museums ist, als wegen seiner sonstigen Verdienste um die Universität*, für das eine Porträt der Stirnwand vorzusehen.

[76] Siehe Anm. 74.

[77] UAR (wie Anm. 36), Missive der juristischen Fakultät vom 5.3.1868. Eine Einigung war auf der Fakultätssitzung nicht zu erreichen. Jeder sollte im Konzil seine Vorschläge vertreten. Gegen die im Konzil angenommenen Namen, die der Dekan Prof. Mejer vorgeschlagen hatte, versuchte Muther, seinen ebenso reaktionären Gesinnungsgenossen Wetzell, einen entschiedenen Verfechter der landständischen mecklenburgischen Verfassung, in diese Liste zu bringen.

der Baukommission zur Grundlage der mit geringfügigen Abweichungen bestätigten Auswahl dienten.[78] Es ist hier nicht der Ort zu einer wissenschaftsgeschichtlichen Einschätzung dieser Auswahl. Immerhin fällt das Bemühen um Ausgeglichenheit und Objektivität auf, insbesondere bei den Theologen, unter denen sich mit Quistorp und H. Müller ja zwei der bedeutendsten Frühpietisten befinden, und auch bei den Juristen, wo mit Weber und Mühlenbruch jüngere Gelehrte gewählt worden waren, die gegensätzlichen Rechtsschulen anhingen.

Die bemerkenswerteste Entscheidung des Konzils vom 22. Juli 1867 war die mit Stimmenmehrheit abgelehnte Forderung nach ausschließlich historischen Gemälden in den 6 großen Wandfeldern.[79] Wie konnte sich ein solcher Gegensatz zur doch wohl einhelligen und mehrfach bekräftigten Meinung der Baukommission ergeben, nur historische Darstellungen zu wählen? Die vorauszusetzenden individuellen Einstellungen sind nicht aufklärbar. Eine gewisse Wahrscheinlichkeit hat, dass hier keine Entscheidung aus ästhetischer Gegnerschaft zum Prinzip eines mit dieser Art Historizität korrelierenden Realismus vorlag. Hypothetisch wäre der Beschluss der Konzilsmehrheit begründbar mit dem Erschrecken darüber, die Wände mit historisch getreuen Abbildern von Vorgängen geschmückt zu sehen, deren Provinzialität, Kleinlichkeit, ja historische Absurdität in deutlichem Gegensatz zur mindestens stillschweigend lebendigen Forderungen nach dem *großen Gegenstand* sich befanden. Wenn es auch, wie in dem Vorschlag des liberalen (!) Juristen v. Bar, die Wandfelder mit kolossalen schwebenden allegorischen Einzelfiguren zu schmücken,[80] den Versuch gab, die *platte Misere* mit der *überschwänglichen* wenn nicht zu vertauschen, so immerhin zuzudecken, wagte doch niemand, den auf der *historischen Treue* der abzubildenden geschichtlichen Vorgänge fest basierenden Vorschlä-

---

[78] Die auf der Sitzung der Baukommission am 10. März 1868 aufgestellte Vorschlagsliste sah folgende Namen vor: Theologen: D. Chytraeus oder S. Pauli, Joh. Tarnow, Joh. Quistorp d. Ä., Heinr. Müller; Juristen: J. Oldendorp, J. E. v. Westphalen, A. D. Weber, C. F. Mühlenbruch; Mediziner: Janus Cornarius, S. Pauli d. J., Jac. Fabricius, S. G. Vogel; Philosophen: Albert Krantz, J. Jungius, D. G. Morhof, H. F. Link. Das lediglich bei Chytraeus der Bedeutung wegen durchbrochene Prinzip, keinen Gelehrten vom Außenbau zu wiederholen, war vernünftig und setzte sich durch. Für Fabricius wurde der jüngst verstorbene Mediziner C. M. R. Bergmann gesetzt; statt des Polyhistors Morhof wurde auf allerhöchsten Wunsch Hecker, wohl als einer der herzoglichen Vertreter der Bützower Zeit, aufgenommen.

[79] Die etwas unklare Formulierung von der Ablehnung auch *verschiedenartiger Darstellungen* kann konsequenterweise nur die Umschreibung der Ablehnung jeglicher bildhaften Dekoration sein.

[80] UAR (wie Anm. 36), Protokoll des Konzils vom 12.8.1867.

gen der Baukommission begründet etwas anderes entgegenzusetzen. Der Verzicht auf die Wandmalerei gab aber dem Architekten die Möglichkeit, die Allegorie als Teil der allgemeinen Baudekoration in platter Form wieder einzulassen.

Die Zahl der in den Programmen unberücksichtigten, doch in offensichtlich programmatischer Absicht verwendeten Symbole ist klein. Der Grund mochte sein, dass Programm und Architekturentwurf nicht in idealer Weise in einer Hand lagen, so wie das z. B. von Semper bekannt ist.[81]

Abbildung 11
Kapitell der Portalsäule am Hauptgebäude

Das einzige übergreifende Sinnzeichen, das wie eine Kennmarke außen und innen auftaucht, ist die Eule als offensichtliches Symbol der Weisheit.[82] *Seit dem 19. Jh. ist die Eule Signet zahlreicher gelehrter Gesellschaften ..., Lehranstalten, wissenschaftlicher Verlage ... Auch in der Ikonographie des Museums spielt sie eine Rolle.*[83] In Rostock schmückt sie mit erhobenen Flügeln die Kapitelle der Portalsäulen (Abb. 11); in der Sgraffito-Dekoration der Hauptfront sitzt sie unterhalb der hängenden Tafeln mit den Tugendnamen in gleicher Stellung auf einer Girlande (Abb. 12 [2016]); in der Aula schließlich ist sie in den Pilasterstuhlfüllungen der Prudentia-Figur zugeordnet (Abb. 29)[84] und sitzt zu Füßen der allegorischen Gestalt der Philosophie über dem südlichen Portal.

In der Sgraffito-Dekoration treten dazu noch Sphinx und Greif, die abwechselnd über den Tafeln mit den Tugendbezeichnungen lagernd dargestellt sind.

---

[81] Vgl. dazu Volker HELAS: *Semper pflegte seine Bauten nicht nur bis zu den letzten Einzelheiten der technischen Realisierung zu entwerfen, er konzipierte auch das inhaltliche Programm der künstlerischen Ausschmückung. Die Auswahl der Namen der Darzustellenden gibt eine Vorstellung seines Kulturgeschichtsbildes.* Gottfried Semper zum 100. Todestag. Ausstellung im Albertinum zu Dresden vom 15. Mai – 29. August 1979. Dresden 1979, S. 275.

[82] Reallexikon zur deutschen Kunstgeschichte. Bd. 6. München 1972, S. 281: *Zu Beginn der Neuzeit wurde die (im MA außer in Italien fast gänzlich unterbrochene) Verbindung von E(ule) und Weisheit wiederhergestellt.*

[83] Ebenda, S. 282.

[84] Semper ordnet in seiner Sgraffito-Dekoration für das Züricher Polytechnikum der Putto-Allegorie der Scientia, die den Drachen der Unwissenheit besiegt, die Eule zu.

Obwohl Semper schon 1848 von der nicht notwendig vorhandenen symbolischen Bedeutung solcher Dekorationsdetails sprach[85], scheint sie bei dem Autor der Sgraffiti, dem Schnorr- und Corneliusschüler Max Lohde gegeben. Der Sinn beider Gestalten ist entsprechend dem vielfachen historischen Bedeutungswechsel nicht ganz eindeutig. Die Sphinx kann als Verkörperung des Rätselhaften, noch Unerklärten, Unaufgelösten gelten, was sie in übertragener Bedeutung zum Wächtersymbol macht. Das deckte sich wiederum mit der Rolle des Greifen, der zudem auch auf Tugenden hinweist. In der Sgraffito-Dekoration läge damit also ein verhältnismäßig geschlossenes Beziehungsgefüge von einem den Emblemata ähnlichen Charakter vor.

Abbildung 12
Tugenden Justitia und Prudentia am Hauptgebäude mit Eule

Die nochmalige Verwendung des Greifen in Protomenform an den Pilasterkapitellen der Aula kann kaum als Allusion auf das Rostocker Wappentier gemeint sein. Hier verliert sich die Bedeutung im Unverbindlich-Dekorativen.

Ein wichtiges ergänzendes Element im Bildprogramm der Fassade sind die auf den ornamental eingefassten, hängenden Tafeln in der Sgraffito-Dekoration zwischen den Fenstern des dritten Obergeschosses eingeschriebenen 10 Namen von Tugenden. (Abb. 12) In der Reihenfolge von links nach rechts standen auf dem linken Trakt Pietas – Fides – Probitas – Justitia – Diligentia[86], auf dem rechten Prudentia – Modestia – Patientia – Temperantia – Sapientia. Was hier

---

[85] Semper verwendet gleichfalls Greifen und Sphingen in der Sgraffito-Dekoration für das Haus seines Bruders Wilhelm, eines Apothekers. *Auch in den Greifen und Sphinxen, diesen mit Geheimnis umwobenen Gebilden der klassischen Vorzeit ..., würde sich leicht eine Beziehung finden lassen zu dem dunklen Walten der Natur, das die Chemie aufzuhellen bestrebt ist. Allein dies ist am Ende nicht so unbedingt notwendig; sie formieren eine schöne Verzierung und Ausfüllung, und dieses allein schon ist genug; obschon auch eine ferner liegende Symbolik noch zu schätzen ist, sobald sie unbeschadet der Schönheit stattfinden kann.* Gottfried SEMPER: Haus des Apothekers Semper in Hamburg. In: Allg. Bauzeitung 13 (1848), S. 279-282, hier S. 281).

[86] Auf der späteren Nachzeichnung des Mittelteiles der Hauptfassade (Abb. 12) steht statt Diligentia Providentia. [Ausgeführt wurde Prudentia. Die Abbildung 12 gibt hier den Stand von 2016 wieder.]

als akademische Tugenden bezeichnet wurde[87], ist eine Zusammensetzung aus drei von 4 Kardinaltugenden (Temperantia, Prudentia, Justitia), einer der 4 christlichen Haupttugenden (Fides), einer der durch Thomas von Aquin inaugurierten intellektuellen Tugenden (Sapientia) und der bei Prudentius vorkommenden Patientia. Bezeichnend ist, dass man meinte, neben dem Glauben noch die Frömmigkeit als einen nicht primär Gott, sondern der vermittelnden Institution Kirche, ihren Dogmen und Riten gegenüber eingenommene Haltung, aufnehmen zu müssen. Mit Probitas, Diligentia und Modestia gehört Pietas zu keinem der kanonisch gewordenen Tugendsysteme.

Aber durch ihr Bedeutungsspektrum[88] fügen sich diese vier zu einer im Sinne geforderter Staatsdienerschaft resp. Untertanentreue geradezu idealen Ergänzung zusammen. Im Übrigen scheint auch hier ein durch die Architektursymmetrie sich ergebendes paarweises Aufeinanderbezogensein zu gelten, wodurch – unabhängig von einer Hierarchisierung – sich von außen nach innen folgende Paare ergeben: Pietas – Sapientia, Fides – Temperantia, Probitas – Patientia, Justitia – Modestia, Diligentia – Prudentia.[89] Auch für das ästhetische Wesen des Historismus scheinen diese Inschriftentafeln charakteristisch: Durch sie wird nun verbal-begrifflich an etwas erinnert, das ehemals noch in bildhaft-sinnlicher Ausprägung dargestellt wurde.[90] Hier werden rationale Komponenten wirksam, die sich schon früh in der aufklärerisch orientierten Architektur des Klassizismus finden, wo Texte (bei großer Allgemeinheit der bildlichen Darstellungen) eine nicht unbedeutende Rolle spielen.[91] Diese Tendenz wird durch eine entwickelte, konsequente Neurenaissancearchitektur aufklärerisch-utopischer Richtung –

---

[87] Heinrich v. STEIN: Friedrich Franz II. und die Universität Rostock. Geburtstagsrede, 28. Februar 1891. Rostock 1891, S. 5.

[88] Dieses Bedeutungsspektrum: Diligentia = Sorgfalt, Achtsamkeit, Wirtschaftlichkeit; Probitas = Rechtschaffenheit; Pietas = Pflichtgefühl, Frömmigkeit, Anhänglichkeit, verehrende Liebe; Modestia = Mäßigung, Besonnenheit, Bescheidenheit, Gehorsam, Sittsamkeit, ergibt 4 *kardinale* Untertanentugenden, (woran sich nicht viel änderte, wenn für Diligentia Providentia (= Voraussicht, Fürsorge) gestanden haben sollte.

[89] Das sind Frömmigkeit – Weisheit, Treue – Mäßigkeit, Rechtschaffenheit – Geduld, Gerechtigkeit – Gehorsam, Sorgfalt/Voraussicht – Klugheit, also in der Tat in gewisser Weise kausal aufeinander bezogene oder beziehbare Paarungen.

[90] Im Palazzo Schifanoia in Ferrara zeigen die Saaldekorationen nach den Zeichnungen Cosimo Turas Sitzstatuen von Tugenden mit ihren Namen auf lateinisch beschrifteten Tafeln darunter.

[91] Vgl. dazu den aus dem Umkreis Durands stammenden Entwurf einer Art Ruhmeshalle für verdiente Bürger (Tugendtempel) in Kurt MILDE: Neorenaissance in der deutschen Architektur des 19. Jahrhunderts. Grundlagen, Wesen und Gültigkeit. Dresden 1981, S. 73, Abb. 64.

Frühphase Sempers, bes. Polytechnikum Zürich[92] – fortgesetzt. Es gibt aber aus dem Umkreis späterer Museums-, Hochschul- und Wissenschaftsbauten solche, bei denen nur verbale Abbreviaturen von dem übrig bleiben, was einmal in Bildprogrammen ausgeformt worden war.[93] Für das als unverzichtbar angesehene Allegorienwesen schwanden nicht nur die allgemeinen kulturellen Voraussetzungen, weshalb es verbal gestützt oder ersetzt werden musste: es war gegen den Sinn eines fortschreitenden Historismus.[94]

Die Fassaden des Universitätshauptgebäudes sind sog. Querschnittsfassaden, die wesentlich die dahinterliegende Raumstruktur spiegeln. Dieses im Ansatz funktionelle Prinzip verbindet sich insbesondere an der Hauptfassade mit der Maskierungstendenz. Aber Maske ist hier nicht so sehr die Verkleidung einer andersartigen Raumstruktur, sondern vielmehr die Kostümierung für eine bestimmte gesellschaftliche Rolle.[95]

Der langgestreckte 4-geschossige Baukörper von 15 Achsen hat eine eindeutige Horizontaltendenz, der nur in dem vertikal organisierten und höheren Mittelrisalit von 3 Achsen Breite entgegengewirkt wird. Die Möglichkeit, diesen Risalit seiner Bedeutung nach eventuell auch plastisch aktiver auszubilden, war

---

[92] Vgl. dazu HELAS (wie Anm. 81), S. 275, Entwurf für die Nordfassade des Polytechnikums in Zürich 1863. In der Beschriftung stellte Semper zusammen mit den Namen berühmter Gelehrter und Künstler eine Reihe auf – Begabung, Eifer, Hingabe, Kühnheit, Wille, Wissen, Erfahrung, Fleiß, Ordnung, Fähigkeit, Beispiel, Sorgfalt, Erfindung, Geistesschärfe, Neigung, Umstände, Stärke, Standhaftigkeit, Maß –, die nicht nur wirkliche Wissenschaftstugenden darstellt, deren lateinische Form er auch noch in den Ablativ gesetzt hat, um ganz praktisch ihre instrumentale Rolle zu kennzeichnen. Sie sind also konkret bezogen auf die nachfolgenden Namen und nicht bloße abstrakte ethische Normen.

[93] So zeigt der Bau der Berliner Nationalgalerie (1865-1875, Entwurf Stüler, Ausführung Strack) über den Fenstern nur noch Tafeln mit Künstlernamen und den Lebensdaten.

[94] Hegel formulierte diese Abwehr mit besonderer historischer Prägnanz: *In der modernen Kunst zeigt sich zwar auch eine Auffassung bestimmter und in sich zugleich allgemeiner Mächte. Dies sind jedoch zum größten Teil nur kahle frostige Allegorien ... überhaupt der Tugenden und Laster ... woran wir keinen Glauben haben. Denn bei uns ist es die konkrete Subjektivität allein, für welche wir in den Darstellungen der Künste ein tieferes Interesse empfinden, so daß wir jene Abstraktionen nicht für sich selber, sondern nur als Momente und Seiten der menschlichen Charaktere und deren Besonderheit und Totalität vor uns sehen wollen.* Georg Wilhelm Friedrich HEGEL: Ästhetik. Bd. 1. Berlin-Weimar 1976, S. 221.

[95] Ob auf den Rostocker Bau der etwas unscharfe Begriff der *Komposition* paßt, wie ihn Reallexikon (wie Anm. 82), Bd. 7, Sp. 546, im Anschluß an eine Formulierung von G. Bandmann eingeführt hat und der gerade für historisierende Architektur zutreffen soll, ist fraglich.

durch die vorgegebenen Baufluchtlinien nicht gewährt.[96] Die Feingliederung (Abb. 13 und 14) differenziert sich etwa mit der Anreicherung des Dekors von unten nach oben und von den Seiten zur Mitte hin. Es gibt eine anhebende, doch kaum abweisende Funktion der Sockel- und Rustikazone. Die Pilaster wirken zusammen mit den Friesen vor allem als Rahmen. Das unterstreicht die Stabilität der Wand. Deren Struktur folgen auch die von flachen, aber *tragenden* Bögen überwölbten Fenster der Obergeschosse. Die beiden einzigen Säulen – am Portal – besitzen keine echte konstruktive Bedeutung mehr.

Abbildung 13
Hauptgebäude Mittelrisalit [1870]

Der Reichtum der Formziegel an den Fenstern der beiden obersten Geschosse bestätigt die sich in anderer Weise im Mitteltrakt fortsetzende Tendenz zu jener den Bauten des späten Historismus nachgesagten Kopflastigkeit, sieht man sie mit der Sgraffito-Ornamentik in der oberen Zone zusammen.

Ursprünglich spielte die Farbe eine differenziertere Rolle, als heute durch Alterung und vergröbernde Renovierungen noch sichtbar ist.

Nicht allein der gegenwärtig betonte Kontrast zwischen dem Rot der Formziegel und dem Gelbweiß der glatt verputzten Wandflächen war entscheidend, hinzu kam die als dunkelbraun bezeichnete Farbe der Sgraffito-Dekoration, deren Reste heute blauschwarz erscheinen.[97] Einheitsstiftend war auch der überwiegend rötliche Ton des Nebraer Sandsteins am Portal (mit

---

[96] UAR (wie Anm. 36), Schreiben Willebrand an Vizekanzler vom 31.1.1866, spricht von der Auseinandersetzung mit der Stadt um die Festlegung der Baulinien.

[97] O. V.: Das Universitäts-Gebäude in Rostock. In: Deutsche Monatshefte 1 (1873), S. 54-58, hier S. 56, bezeichnet den Farbklang als relativ hart und wohl noch im Laufe der Zeit zusammenwachsend.

gelblichem Stein u. a. für die Lünettenzone kombiniert), sowie die ursprünglich durch Zusätze gleichfalls rötlich gefärbte Putzquaderung des Erdgeschosses. Der Palmettenfries unterhalb des Hauptfriesgesimses, offenbar ebenfalls in Sgraffito-Technik ausgeführt, war hell (gelblich-rosa?) vor rotem Grund und hatte durch diese Umkehr eine vermittelnde Funktion. Diese Farbumkehr Grund-Muster soll auch die Sgraffitierung der Wandflächen der unteren Zone gezeigt haben.[98] Neben reiner Materialfarbenwirkung gab es, außer bei der Sgraffitierung, keine Bemalung, so dass im Wortsinn nicht von Polychromie gesprochen werden kann. Der frische Bau muß dennoch aufgrund der Materialfarbigkeit eine prunkende Wirkung gehabt haben, die seine Bedeutung unterstrich.

Abbildung 14
Hauptgebäude Hauptfassade [1870]

Die Frage, ob das die Farbigkeit bedingende Material über seinen technischen und ästhetischen Wert hinaus eine Bedeutungsfunktion besitzt, muss verneint werden. Seine Verwendung ist durchaus eklektisch. Es gibt Materialverwendung im Sinne idealistischer Materialästhetik, bei der sich erst aus dem *Sieg der Form über die Materie* (Aristoteles) die Bedeutung ergibt und das Ersatzmaterial bedeutungsmäßig-ästhetisch die Stelle des Originalmaterials einnimmt,

---

[98] Durch die spätere, aquarellierte Zeichnung der Fassade (Abb. 17) wird das zwar nicht bestätigt, doch kann die dilettantische Zeichnung durchaus Ungenauigkeiten in solchen Dingen beinhalten.

vor allem bei der Putzrustika in der Farbe des Sandsteins, aus dem die Quaderung wohl ursprünglich gedacht war. Das vorwiegende Zuneigen zu einer idealistischen Materialauffassung macht sich aber auch bei den bau- und stiltypischen Terrakottateilen bemerkbar. Mit ihnen ist zwar *das Material ... auf die Seite der Kunst gerückt*,[99] aber nur weil es durch Form veredelt ist. Mit einer modernen Materialästhetik hat das nichts zu tun.[100] Die gelegentliche Kombination der gelblichen Sandsteinteile mit Zementguss an einigen untergeordneten Stellen sowie das Vorzeigen des roten und gelben Backsteins am Giebel des Mittelrisalits sind ästhetisch gefühllos, auf den rohen Effekt berechnet.

Das Sgraffito gehört zu den bedeutendsten der im Historismus aus der Renaissance erneuerten Techniken, das sich wegen seiner technologischen Einfachheit und Dauerhaftigkeit für den Außenbau besonders eignete.[101] Nicht zuletzt deswegen gehörte die Sgraffitierung der Fassaden des Universitätsgebäudes zu ihren hervorragendsten Eigenschaften. Ihre Anwendung zielte auf eine zusätzliche Architektonisierung der Wandflächen. Sie versuchte streng flächig gliedernd zu wirken durch ein System von Rahmungen und Verspannungen (Abb. 15, 16 [2015] und 17).

Eine Steigerung erfuhr der Schmuck zwischen den obersten Fenstern der Flügel an der Hauptfassade zum emblematischen Ornament hin durch die Tafeln der Tugendnamen (Abb. 12). Für die Nordfassade ist der größeren Flächen wegen von Gelegenheit zu *reicheren und größeren Kompositionen* gesprochen

---

[99] Günter BANDMANN: Der Wandel der Materialbewertung in der Kunsttheorie des 19. Jahrhunderts. In: Beiträge zur Theorie der Künste im 19. Jahrhundert Frankfurt/Main 1971 (Studien zur Philosophie und Literatur des 19. Jhs. 12/1), S. 129-150, hier S. 145.

[100] Für die mecklenburgischen Gewerbeverhältnisse typischer als für die Bauverhältnisse ist die Herkunft des Ziegelmaterials. Alle einfachen Ziegel kamen aus Schwerin, die Formsteine hingegen wurden aus der Fabrik von March in Berlin-Charlottenburg bezogen. Die Schweriner Kunstziegelei auf dem Kläterberge war (ebenso wie die Schleifmühle) nach der Beendigung des Schlossbaus eingegangen. Dieses nur temporäre Funktionieren ist charakteristisch für spätfeudalistische Wirtschaftsprinzipien; es scheint vergleichbar der Luxusproduktion von Manufakturen für den Bedarf der Duodez-Residenzen des 18. Jahrhunderts, mit denen sie ebenfalls häufig auf Gedeih und Verderb verbunden waren.

[101] Zu den Wiederbelebern dieser Technik gehörte insbesondere Semper, der Sgraffiti an seinem ersten Dresdener Theaterbau, am Hamburger Wohnhaus seines Bruders Wilhelm und am Polytechnikum Zürich anwandte. Der Autor der Rostocker Dekoration, der junge Berliner Maler Max Lohde (1845-1868, Schüler von Schnorr von Carolsfeld in Dresden und P. Cornelius in Berlin) widmete sich dieser Technik besonders und studierte ihre Anwendung in der oberitalienischen und toskanischen Renaissancearchitektur und an schlesischen Bauten des 16. Jahrhunderts. Von ihm stammt die treffende Bezeichnung des Sgraffito als monumentale Zeichnung.

Das Rostocker Universitätshauptgebäude im 19. Jahrhundert 61

worden.[102] Allerdings ist davon außer andeutenden ornamentalen Eintragungen mit Bleistift in einer Entwurfszeichnung Willebrands nichts überliefert.[103]

Der Mittelrisalit hebt sich deutlich mit der Vertikaltendenz seiner Architekturglieder und der Konzentration von Schmuckmotiven gegen die gelagerten Flügel ab.

Diese so selbständige Bedeutung lässt die Frage nach einem möglichen Vorbild aufkommen. Eine allgemeine Fortentwicklung der Elemente des Johann-Albrecht-Stils, wie sie besonders für das Universitätsgebäude geltend gemacht wurde,[104] war in verschiedener Richtung schon am Schweriner Schloss erfolgt. Von der Fassade der sog. Obotritentreppe (und den vorangegangenen Entwürfen) könnten unmittelbarere Anregungen ausgegangen sein. Hinzu scheint aber als spezifisch historisierende Haltung das Zurückgehen auf beiden gemeinsame Wur-

Abbildung 15
Hauptgebäude Hauptfassade rechts vom Mittelrisalit

---

[102] FRITSCH (wie Anm. 35), S. 416.

[103] Das Exemplar im Besitz der Arbeitsstelle Schwerin des Instituts für Denkmalpflege zeigt flüchtig mit Bleistift einskizziert: in den oberen Feldern unterschiedlich weit ausgeführte Festons, ganz rechts als Doppelgirlande mit einer daran hängenden Tafel usw. (wie Hauptfassade), im Feld links unten von der Standbildnische rechts ein kandelaberartiges Rankenmotiv. Hierbei handelt es sich mit großer Wahrscheinlichkeit um spätere Eintragungen, die eine gewisse Kenntnis der Lohdeschen (?) Ideen voraussetzen.

[104] Wenn MILDE (wie Anm. 14), S. 279, von *Anlehnung an die Zeugen der reich mit Terrakotta geschmückten mecklenburgischen Frührenaissance in Wismar und Gadebusch* spricht, so bleibt das hinter dem Selbstverständnis zurück, das auch Schwerin einbezog, und lenkt durch die bildliche Gegenüberstellung ausgerechnet mit dem schwächsten und spätesten Beispiel – Gadebusch – von der Vorbildproblematik weg. Auch die weiteren Ausführungen: *Vor allem die Mittelpartie zeigt, daß Willebrand die formalen Möglichkeiten erkannt hatte, die jene Versuche boten, welche im 16. Jh. in den europäischen Ländern unternommen worden waren, um sich die italienische Renaissance anzueignen*, schließt indirekt aus, dass sich Willebrand an den Quellen über die Entwicklungsfähigkeit orientierte.

Abbildung 16
Hauptfassade Detail am
Mittelrisalit: Albrecht V.

Abbildung 17
Hauptfassade Detail Mittelrisalit
und links anschließender Flügel
Aquarellierte Zeichnung [Anm. 98]

zeln zu kommen: venezianische (und nicht schlechthin oberitalienische) Renaissancearchitektur des späten Quattrocento. Für den unter Johann Albrecht errichteten Treppenhausbau,[105] den Vorgänger der Obotritentreppe, wies schon Haupt[106] darauf hin. Willebrands Vorbild war offensichtlich eine Fassade vom Typ der Scuola di Marco in Venedig, der für Kirchenfassaden bis zum Ende des Barockstils verbindlich bleiben sollte. Sich ergebende Abweichungen berühren das Prinzip nicht: die vom zugrundeliegenden Triumphbogenmotiv kommende

---

[105] Zu sehen auf einer farbigen Zeichnung im StA [=Landeshauptarchiv] Schwerin, Min. f. Finanzen/Hochbau – Abt. Mappe Nr. 14 V, 5, 290.

[106] Albrecht HAUPT: Baukunst der Renaissance in Frankreich und Deutschland. Bd. 2. Berlin-Neubabelsberg 1923 (Handbuch der Kunstwissenschaft), S. 242: *der Gesamteindruck des Treppenbaus, obwohl etwas zusammengestoppelt, doch ganz venezianisch.*

Dreiteilung[107] mit der formal überhöhten mittleren Achse, dem plastisch vorgerückten Portal mit der Verbindung zum Hauptgesims und der krönenden Aedikula darüber.[108]

Diese Transformationen sind für den Historismus nicht nur typisch, sie sind auch Zeugnisse einer ästhetischen Verfügbarkeit, die bis zum weitgehenden Auseinandertreten von Funktion und überlieferter Bedeutung gehen kann. Hier aber scheint ein Motiv der Sakralarchitektur bewusst zur Erhöhung eines weltlichen Baus eingesetzt. Darauf weist auch die Heraushebung des Portals durch die Gliederung hin: es ist die einzige Stelle der Fassade, an der Säulen auftreten, und zwar nicht in einer realen Trage-, sondern einer ideellen Bedeutungsfunktion. Man möchte, was Forssman zum mittel- und nordeuropäischen 16. und 17. Jahrhundert schreibt, hier wieder gelten lassen: *Immer noch waren Säule und Bogen Hoheitsformen, war das Portal der Rahmen, in welchem sich der Große zeigte, wenn er aus dem Inneren seines Hauses hervortrat. Mit dem Säulenportal wurde das Haus dekoriert, wie man die Brust eines verdienten Mannes mit einem Orden dekoriert.*[109]

Abbildung 18
Reiterdenkmal des Großherzogs Schwerin: Einweihungsfeier des Universitätshauptgebäudes

Aber hier geschieht noch mehr. Im Lünettenfeld der das Portal überwölbenden Ädikula, einer im Kirchenbau vorzugsweise christologischen oder mariologischen Darstellungen vorbehaltenen Stelle, erscheint nun der Bischof von

---

[107] Bei der Kirchenfront der Scuola noch evident in den aufgeblendeten scheinillusionistischen Durchgängen links und rechts vom Portal, auch wenn sie zugleich eine platzerweiternde Funktion haben.

[108] Auch Lohdes Sgraffito-Ornamente, die Gebinde mit den Tugendtafeln, könnten von plastischem Fassadendekor venezianischer oder oberitalienischer Bauten des späten Quattrocento hergeleitet sein.

[109] Erik FORSSMAN: Säule und Ornament. Studien zum Problem des Manierismus in den nordischen Säulenbüchern und Vorlageblättern des 16. und 17. Jahrhunderts. Stockholm 1956 (Acta Universitatis Stockholmiensis. Stockholm Studies in History of Art 1), S. 32. In interessanter Weise bestätigt den zeremoniellen Gebrauch von Architektur noch für das späte 19. Jahrhundert ein Bronzerelief vom Sockel des Schweriner Reiterdenkmals Friedrich Franz II. (1892 von L. Brunow), Abb. 18. In einer Szene aus der Einweihungsfeier des Universitätsgebäudes erscheint der Großherzog im Mittelpunkt der Komposition genau unter dem inneren Bogen des Portals.

Schwerin mit der segnend emporgehaltenen Rechten – als zentrales Motiv, mit dem der Bau, ungeachtet anderer möglicher Absichten, wieder *sakralisiert* wird. Bezogen darauf und auf die o. g. Wahrung der mittelalterlichen Rangfolge der Fakultätsallegorien[110] bekommt die am Türsturz darunter befindliche Inschrift *Doctrina multiplex – veritas una* einen eigentümlichen Sinn. Nimmt man als selbstverständlich an, sie beziehe sich auf einen objektiv-idealistischen Wahrheitsbegriff ebenso wie auf einen bürgerlichen Methodenpluralismus, so wäre sie erkenntnistheoretisch nicht nur unverfänglich, sondern ein Gemeinplatz. In der implizierten Gegenüberstellung steckt jedoch eine Art unüberbrückbarer agnostizistischer Graben zwischen Lehrmeinung und Wahrheit.[111] Verbal wie ikonisch wird der Wahrheitsbegriff damit zugleich in ein theologisches Beziehungsfeld gerückt und die Wahrheit dem Glauben unterstellt. Diese Grundsätze waren Staatsräson, für die landesherrliche Universität von satzungsmäßiger Verbindlichkeit[112] und in der Landeskirche institutionalisiert, die von jener reaktionären neulutherischen Orthodoxie beherrscht wurde, die mit Krabbe und Philippi ihre maßgeblichen Vertreter auch unter der Professorenschaft hatte.[113]

In Krabbes Festrede zur Einweihungsfeier hieß es, dass die Wahrheit als Erkenntnisziel der Wissenschaft *ihren letzten Grund und ihr ewiges Ziel in der...*

---

[110] Die Justitia trägt als Attribut eine Tafel mit einer Waage und der Inschrift „XII TABULAE", dem Hinweis auf das 12-Tafel-Gesetz, jener altrömischen Rechtssammlung, die die Grundlage alles vor der Begründung eines modernen bürgerlichen Rechts liegenden feudalständischen Rechtswesens war. Also hier ein betont regressives Moment.

[111] Von den vier ursprünglich zur Auswahl vorgeschlagenen Inschriften stammten zwei von Krabbe:

Deus est veritas et vita,
Deus fons verae sapientiae

und zwei von dem Altphilologen Fritzsche:

Sine doctrina vita est quasi mortis imago,
Sapere aude.

Bernhard Wandt verdankt der Verfasser den Hinweis auf dessen Vermutung, es handele sich bei dem am Bau verwendeten Spruch, dessen Autor nicht bekannt ist, um eine Zusammenziehung von Gedanken Krabbes und Fritzsches im Sinne eines Kompromisses.

[112] Nach den Universitätsstatuten von 1837 hatte die Universität Rostock *die althergebrachte Bestimmung, die reine Lehre der heiligen Schrift nach den Grundsätzen der unveränderten Augsburgischen Confession ... in sich aufzunehmen und zu verbreiten* (nach Bernhard WANDT: Kanzler, Vizekanzler und Regierungsbevollmächtigte der Universität Rostock 1419-1870. Phil. Diss. (MS) Rostock 1969, S. 260).

[113] Erinnert sei an die Haltung, die beide im Fall des liberalen Theologen Baumgarten bezogen, vgl. HEITZ (wie Anm. 8), Bd. 1, S. 116-118.

Welt des Glaubens hat, woraus sich allein erkläre, *daß die Kirche wie die Erfahrung aller Jahrhunderte zeigt, zu jeder Zeit alle Gebiete des Wissens befruchtet und ihre Keime gezeitiget hat.*[114] Diese Aussagen korrelieren in gewisser Weise mit der Sprache der Architektur.

Die Giebelfront (Abb. 7) verkehrt bei Beibehaltung der Dreiteilung die Betonung der Mitte durch den halbkreisförmigen Giebelaufsatz: In dieser Mittelachse türmen sich nur Fenster übereinander. Die inhaltlich wichtigen Akzente dagegen sind auf die seitlichen breiteren Wandflächen über dem Fries verlagert. Der praktisch-funktionale Aspekt der Durchfensterung gerät in Widerspruch zur als ästhetisch relevant angesehenen Gliederung der Fassade.

Wie v. Stein die Hauptfassade historisch der spätmittelalterlichen Gründungsperiode zuordnete, so die Seitenfassade zu Humanismus und Reformation, praktisch aber auch zur einst dahinterliegenden Bibliothek.[115] Die Berechtigung dazu sah er nicht nur in der Darstellung der Herzöge, die die Reformation der Universität vollzogen, und der um das Buch- und Bibliothekswesen in Rostock verdienten Nicolaus Marschalk, Nathan Chyträus und Oluf G. Tychsen. Er berief sich dabei auch ausdrücklich auf die dargestellten allegorischen Verkörperungen der Schriftstellerei und Buchdruckerei[116], wie sie im ursprünglichen Programm als Standbilder auf dem Fries vorgesehen waren, aber dort ersetzt worden sind durch die *Historia* und die *Astronomia*. Da v. Stein als verlässlicher Zeuge gelten muss, könnte die Darstellung der *Schriftstellerei* und *Buchdruckerei* nur in der Sgraffito-Dekoration existiert haben.[117]

Abbildung 19
Hauptgebäude
Nordgiebel nicht
überputzter Rest
der Sgrafitti [1983]

Trotz der bedrängten räumlichen Situation an der Hofseite wurde selbst hier nicht auf die Ausbildung einer Fassade als Schaufront im Sinne der monumentalen Mehransichtigkeit des Baukörpers verzichtet (Abb. 20) – ganz im Un-

---

[114] Otto KRABBE: Predigt und Rede bei der Feier der Einweihung des neuen Universitäts-Gebäudes zu Rostock am 27. Januar 1870. Rostock 1870, S. 24.

[115] STEIN (wie Anm. 87), S. 7.

[116] Ebenda.

[117] Leider sind dem Verfasser keine Abbildungen von der Fassade vor dem Übertünchen der Sgraffiti bekannt geworden; Nachforschungen nach den entsprechenden Arbeiten Lohdes sind bisher ohne Erfolg gewesen. An der Giebelseite ist noch ein nicht überputzter Rest sichtbar (Abb. 19).

terschied zu den üblichen älteren und gleichzeitigen Rostocker Baugewohnheiten. Analog zur Hauptfassade konzentriert sich der stark vereinfachte Bauschmuck auf dem Mitteltrakt. Dadurch bezieht sich der Bau vor allem auf die Sichtschneise zwischen dem angepassten Westflügel und dem bis an die Mittelachse herangerückten heutigen Seminargebäude [inzwischen abgerissen].

Abbildung 20
Hauptgebäude Hofseite [2016]

In der Höhe des zweiten und dritten Obergeschosses (Aularückwand) sind die Wandfelder zwischen den Lisenen geputzt und durch sgraffitierte Blendrahmungen geteilt. Im oberen Drittel sind in erhaben gemauerten 8-zackigen Sternformen die Porträtmedaillons mit den Profilbildnissen des Architekten Luckow, des Hofbaurats Willebrand (Abb. 21) und des Bauführers Prahst angebracht. Als Bekrönung dient wie an der Hauptfassade eine Giebelstaffel aus drei Lünetten.

Diese Formkonzentration vor allem in der oberen Zone, die die Giebelhöhen der einstmals angrenzenden und umliegenden Wohnbebauung überragte, ist direkt auf eine monumentale städtebauliche Wirkung berechnet gewesen, mit der wiederum die Einmaligkeit und Bedeutung des Baus herausgehoben werden sollte.

Abbildung 21
Hofseite Porträtmedaillon
Hofbaurat Willebrand

Die Applizierung der drei Porträts an der Rückfront entspringt ganz und gar den den Bau bestimmenden hierarchischen Auffassungen. Dem entspricht selbst die Ausführung als Relief, was gegenüber den vollplastischen Porträts an den Straßenfronten als Ausdruck minderer Rangstellung angesehen werden kann.[118] Mit Renaissanceprinzipien hatte diese Verbannung nichts zu tun.

Gegenüber dem prunkvollen Schaubild der Fassade mit der gleichsam zwingenden Konzentration auf die Mitte, den Eingang hin, stellt die Vorhalle (Abb. 22) eine ursprünglich neutral gemeinte, vermittelnde Raumzone dar. Der fast quadratische, über zwei Geschosse reichende Hallenraum wird durch 4 Säulen in drei Schiffe gegliedert, das links mittlere durch queroblonge Joche breiter als die Seitenschiffe. Der Raum ist nur wenig breiter als lang; das Haupttreppenhaus schließt nicht an und es gibt zu ihm keinerlei Sichtbeziehungen. Dadurch erhält die Halle Verweilraumcharakter, der im Widerspruch zu ihrer tatsächlichen Funktion als Durchgangsraum steht. Ein gewisses Maß an Orientierung erfährt der Raum durch die dem Eingang gegenüberliegenden Arkaden, mit denen sich der Flur des ersten Obergeschosses zur Halle hin öffnet.

Die Neutralität der Vorhalle wurde durch den zurückhaltenden Bauschmuck unterstrichen. Nur einfache, profilgerahmte Felder, wie auch in Treppenhaus und Fluren, gliederten die Wände. Eine großartige Wirkung kam nur durch die mit ornamentaler Terrakottaverblendung geschmückten Säulen[119] und die ebenso hervorgehobenen Gewölberippen zustande, unterstützt von den gemalten Ornamentstreifen der Gurtbögen. Offensichtlich wollte der Architekt auch durch die Maskenkonsolen der Gewölbeanfänger in den 4 Ecken die Halle

---

[118] Seit 1841 erhielten Hofbauräte den Rang in der 8. Klasse der Rangordnung.

[119] Die Idee zu diesen Säulen hat Willebrand sicherlich von den Säulen der Hofdornitz der alten Renaissanceteile des Schweriner Schlosses mitgebracht.

als eine vergleichsweise *niedere* Zwischenzone charakterisieren; bei aller klassizistischen Bändigung ist der Anklang an das Groteskwesen mittelalterlichen Bauschmucks unverkennbar.[120]

Abbildung 22
Hauptgebäude Vorhalle 1870

Die nach den Entwurfszeichnungen von Anfang an mit dem Raum verbundene barocke Atlasuhr, die auf einer auskragenden Konsole unter der Mittelarkade der ersten Etage ihren festen Platz bekam[121], war wohl eher als schmückend und nützlich, kaum aber als etwas Besonderes empfunden worden. Bemerkenswert ist die Einbindung dieser Barockskulptur in eine gerade hier stark von Klassizismen regierte Neorenaissance. Für Willebrands *geschmackvollen Eklektizismus*[122] scheint diese Haltung aber nicht so verwunderlich.

Die bei der relativ geringen Ausdehnung des Raumes ins Auge fallende Mächtigkeit der 4 Säulen mag H. v. Stein dazu verführt haben, von dem *schöne(n) Vestibulum mit seinen wahrscheinlich auch symbolischen 4 Säulen* zu sprechen.[123] Diese

---

[120] Sehr ähnliche, doch weniger klassizisierende Masken befinden sich unter dem Rippenkonsolenschmuck der Gewölbe der Obotritentreppe des Schweriner Schlosses.

[121] Sie befand sich dort bis zum Jahre 1945 und wurde später nach umfassender Restauration im ehemaligen Professorenzimmer provisorisch aufgestellt.

[122] So sinngemäß in Todtenschau (Nekrolog Willebrand). In: Deutsche Bauzeitung 33 (1899), S. 52, 332, 334, hier S. 332, 334.

[123] v. STEIN (wie Anm. 87), S. 14.

Unterlegung eines Symbolgehaltes[124] zeigt die Bedeutung und Wirkung dieser Architektur in den Augen der Zeitgenossen.

Willebrand hat in seiner Einleitung zum Materialien- und Konstenanschlag die asymmetrische und nicht auf Repräsentation ausgerichtete Haupttreppenanlage durch die gebotene Sparsamkeit erklärt.[125]

Die Haupttreppe setzt erst auf der Höhe des ersten Obergeschosses im linken Flügel an. Der ursprüngliche Aufgang[126] dahin begann vom dritten linken Vorhallenjoch aus über 4+18 Stufen und endete in der Flucht der Seitenwand des heutigen ersten Anlaufs der Treppe (Abb. 23). Der Charakter des Treppenhauses wird nicht von seinem Typ bestimmt, sondern von dem Dualismus zwischen den Materialien Stein und Eisen. Der wuchtigen Massivität der Pfeiler und Säulen der Arkadenstellungen an der Flurseite mit ihren z. T. ungeschickten Ecklösungen steht die der niedrigen Kosten wegen verwendete gusseiserne Treppe mit der Schlankheit und teilweise ornamentalen Perforation ihrer Glieder gegenüber. Der Treppenlauf überschneidet die Arkaden zudem so, dass sich auch von daher kein harmonisches Raumbild einstellt. Schinkel hatte mit seinen Gusseisentreppen bei repräsentativen Bauten[127] frühzeitig Möglichkeiten harmonischer Anpassung, ja der Herausstellung der konstruktiven wie dekorativen Eigenschaften des neuen Materials gefunden, die hier leider unverwertet blieben. In der Kombination

Abbildung 23
Hauptgebäude Vorhalle Haupttreppe zum 1. Obergeschoss 1870

---

[124] Vgl. die vier die Empore tragenden Säulen in der Aula, deren Symbolbezüge durch Embleme kenntlich gemacht sind.

[125] UAR (wie Anm. 36), Vorwort zum Materialien- und Kostenanschläge vom 6.4.1866, Anlage 1 zum Schreiben Willebrand an Vizekanzler.

[126] Dieser Aufgang wurde bei dem Umbau 1938 auf wenig glückliche Weise verlegt.

[127] Berlin, Palais Prinz Karl, 1827/28 und Palais Prinz Albrecht, 1830/32.

von Stein- und Eisenarchitektur hielt sich Willebrand wohl eher an das Beispiel der Stülerschen Haupttreppe im Schweriner Schloss.

Abbildung 24
Hauptgebäude Haupttreppe vom
1. zum 2. Obergeschoss 1870

Die zur Decke überleitende Zone war im Entwurf zunächst nur durch ein ornamentiertes Gesimsband und eine Doppelreihe von Pfeifen in der Kehle darüber charakterisiert worden. Ausgeführt wurde ein plastischer Laubgirlandenfries im Gesims und in den Kehlflächen eine geometrische Felderung mit plastischen Rahmungen im Stile heimischer Spätrenaissance (bzw. des Manierismus). In die Bogenzwickel wurden nikenartige Genien, die Palmzweige und Kränze in den Händen trugen, aufstuckiert (Abb. 24). Dieser Schmuck war in den unteren Geschossen durch Kränze mit Bändern in den Zwickeln der Bögen vorbereitet.[128] Das Genienmotiv hat zwar im Historismus große allgemeine Verbreitung gefunden, war aber hier wohl aus der ursprünglichen Kuppelzone der Haupttreppe des Schweriner Schlosses übernommen worden (Abb. 25).[129] Ihren Sinnbezug erhielt diese Bekrönung durch die Büsten antiker Philosophen, Dichter und Schriftsteller, die auf Konsolen in den neun oberen, gleichfalls geometrisch gegliederten Wandfeldern angebracht waren (Abb. 24).[130] Wer die Idee zu dieser Art neuhumanistischer Ruhmeshalle hatte, ist nicht zu sagen. Ihre Anregung aus dem Kreis der Professoren ist möglich, hatte doch der Altphilologe Fritzsche aus anderem Anlass den Vorschlag unterbreitet, auf den Wandfeldern der Aula Gelehrtenbüsten statt der Gemälde

---

[128] FRITSCH (wie Anm. 35), Taf. nach S. 414.

[129] Diese Symbolfiguren finden sich auch auf den Kapitellen des Thronsaales, entweder mit einem Kranz in jeder erhobenen Hand oder Kranz und Palmzweig in den Händen (Abb. 26).

[130] An der Stirnwand befanden sich die Büsten von Sophokles, Homer und Aischylos, daran schloss an der rechten Seitenwand Vergil an. Über die noch dargestellt Gewesenen geben die Abbildungen keine Auskunft.

anzubringen. Möglicherweise könnte diese Bedeutungsanhebung des Treppenhauses als Ersatzlösung für die nicht zustande gekommenen Gestaltungen in der Aula gedacht gewesen sein.

Die sich durch die zwei obersten Geschosse und die gesamte Gebäudetiefe erstreckende Aula ist bereits durch die Größe und die Markierung vom Außenbau her als repräsentativster Raum gekennzeichnet (Abb. 27 und 28).

Die Wände sind durch komposite Kolossalpilaster gegliedert, die nur an der Emporenseite aussetzen, über der dunkel getäfelten unteren Zone folgen in der Höhe der Pilasterstühle Wandfelder, deren Spiegel mit graubunter Marmorimitation verziert sind. Die hochrechteckigen Wandfelder darüber haben in plastisch ornamentierter, teilweise vergoldeter Rahmung die einstmals zur Aufnahme der Wandbilder vorgesehenen, neutral weiß getünchten Spiegel, während die umgebende Restfläche die gleiche rote Marmorimitation wie die Säulen zeigt. Der Fries, in der Achse der Pilaster mit kleinen, paarweise verbundenen Pilasterhermen unterteilt, trägt zwei mal drei bzw. zwei mal fünf mit achsialsymmetrischen, intensiv polychromierten Arabesken gefüllte Felder. In deren Mitte befinden sich die von Theodor Fischer-Poisson[131] geschaffenen überlebensgroßen Medaillonporträts von 16 bedeutenden Professoren der Alma mater.

Die farbige Stimmung des Raumes, der ehemals durch ein großes, die mittleren drei Deckenfelder einnehmendes Oberlicht sowie das riesige

Abbildung 25
Schloss Schwerin Kuppelzone der Haupttreppe

Abbildung 26
Schloss Schwerin Kapitell des Thronsaales

---

[131] Theodor Fischer (F.-Poisson) 1817-1873, Schüler des Schweriner Hofmalers Schumacher und von E. Bendemann an der Dresdener Akademie. Arbeitete für das Schweriner Schloss (u. a. Porträts und Porträtkopien für den Ahnensaal). Schuf neben Porträts religiöse und Genrebilder.

Abbildung 27
Hauptgebäude Aula 1870

Rundbogenfenster der Stirnwand beleuchtet wurde, war und ist von großer Intensität.[132] Entscheidend für diese kostbare Wirkung ist die reiche Ornamentvergoldung (Brüstungsfelder, Rahmungen, Decke) und teilweise intensives Zusammenwirken mit Rot und Weiß. Rot sind auch die belgischen Marmor imitierenden, in hervorragender Scagliolatechnik über Holzkernen gearbeiteten Portikussäulen und die 4 paarweise zusammenstehenden Säulen, die die Empore tragen, sowie die ihnen zugeordneten Wandpilaster. Zu den bestimmenden Farbakzenten gehörten auch die goldenen Rahmen der Fürstenporträts, die die Wandfelder links und rechts des Fensters dekorierten und selbst Prunkarchitekturen im Kleinen darstellten. Dazu kam das Rot der Fensterportiere, golden ornamentiert.

Das Fenster selbst, in Grisaillefarben gehalten wegen der Raumbeleuchtung, spielte für die Farbigkeit des Raumes keine Rolle. Aber die Erscheinung des vollen großherzoglichen Wappens in der transzendierenden Wirkung des durchscheinenden Lichtes war eines der bedeutendsten inhaltlichen Momente im Raume, Zeichen der Allgegenwärtigkeit des Herrscherhauses und des Gottesgnadentums.

Vor allem aber bestimmt das auffällige Architekturmotiv des großen Portikus auf beiden Seiten des Saales in der Mitte der Längswände den Tenor des Raumes.

Vorgestellte Säulen tragen einen wenig vorspringenden Balkon, der in der Wandebene von einem Feld mit gebündelten Pilastern, Rundbogen und geradem Sturz darüber gerahmt wird. Zwischen den Pilasterkapitellen und dem Sturz vermitteln Standbilder, die Bogenzwickel sind von Kränzen gefüllt. Dieses Loggi-

---

[132] Heute, nach der fortgeschrittenen Restauration der Polychromie, zeigt sie eine intensive, schwere Süße der Farben in der Ornamentik der Frieszone und im Gebälk, die ursprünglich sicher auf die ungünstigere Beleuchtung im Schatten des umlaufenden originalen Deckenstreifens und ohne jede zusätzliche künstliche Lichtquelle berechnet war.

enmotiv gibt dem Saal eine funktional neuartige Bestimmung, denn eine Benutzung dieser hervorgehobenen Logen widerspräche dem Geist des akademischen

Abbildung 28
Hauptgebäude Aula Südwand [Entwurf H. Willebrand]

Ritus. Ob nun einst von praktischer oder als architektonische Pathosformel von nur ästhetischer Bedeutung – das Motiv ist aus dem Schlossbau übertragen. Es ist eine vereinfachende Variation über die portikusartig gestalteten Wandabschnitte des ehemaligen Goldenen Saales im Schweriner Schloss.[133]

Nachdem die Dekoration der Aula durch Wandbilder abgelehnt worden war, wird Willebrand die ursprünglich als einfache Tragefiguren konzipierten Gestalten neben den Bögen kurzerhand in die Allegorien der vier Fakultäten umgewandelt haben. Es stehen über dem nördlichen Portal Theologia und Justitia, über dem südlichen Philosophia und Medicina. Die Gestalten sind ausdrucksärmer als ihre Pendants an der Fassade und in den Attributen verschieden.

Eine Art Architravverkröpfung über den Emporensäulen diente zur Anbringung der Fakultätssymbole, wie sie auf den Siegeln verwendet wurden, in der Reihenfolge Theologie (Lamm mit Kreuzesfahne), Jurisprudenz (Greif), Medizin (Äskulapstab) und Philosophie (Kreuz).

---

[133] Siehe die Farbabbildung bei: Renate KRÜGER: Schwerin und sein Schloß. Kulturhistorische Skizze. Schwerin 1979, S. 37.

Abbildung 29 a
Aula Pilasterstuhlfüllungen
Knieende mit Keule
Weisheit oder Klugheit, Stärke,
Sapientia oder Fortitudo

Abbildung 29 b
Aula Pilasterstuhlfüllungen
Prudentia (?) in der Aula mit Eule

Bezüge zum Akademischen fanden sich noch in dem von Willebrand entworfenen Kathedergestühl, dessen Rückwand die Darstellung vom großen Universitätssiegel zierte. Auch auf den Pilasterstühlen wurde die zunächst neutrale Ornamentik umformuliert in zwei alternierende Lösungen, einmal mit einer knieenden weiblichen Figur, die in einen Spiegel blickt, neben sich eine Eule, das andere Mal mit einer Knieenden, die eine Keule in der Linken hält, hinter sich stilisierte Eichenbäumchen (Abb. 29 a und b). Ob es sich hier um Weisheit (oder Klugheit) und Stärke, Sapientia und Fortitudo, handeln sollte, ist bei dieser verblas[s]en[d]en spätklassizistischen Auffassung des allgemeinen Ornamentzusammenhangs, der schmückend eher als bedeutungsträchtig war, kaum noch von Belang. Grundsätzlich entscheidend war die Verwandlung des Charakters der Aula in einen höfisch orientierten Festsaal durch wesentliche Architekturmotive und Dekorationselemente.[134]

---

[134] Vgl. dazu Jürgen ZÄNKER: Die architektonische Selbstdarstellung der Universität Tübingen. Die „Neue Aula" von 1841/45 und ihre Erweiterung von 1928/31. In: Wem gehört die Universität? Untersuchungen zum Zusammenhang von Wissenschaft u. Herrschaft anläßl. d.

Bildungs- und Wissenschaftsbauten des 19. Jahrhunderts sind zunächst bürgerliche Bauaufgaben, von der Entwicklung bürgerlichen Denkens und der kapitalistischen Produktionsverhältnisse erst postulierte, dann diktierte Notwendigkeiten. Die Universität ist jedoch ein Bündel an Funktionen, deren geschichtlich eigenartige Entwicklung als spät- oder nachmittelalterliche Landesuniversität es nicht zu einer typologisch fixierten Baugestalt kommen ließ.[135] Die Subsumtion unter die Bauaufgabe *Schulen* erscheint nicht sehr hilfreich, wenn dann von keiner neuen Bauaufgabe des 19. Jahrhunderts mehr gesprochen wird, sondern nur noch von neuen Quantitäten. Der Verweis aus der Not der Geschichte heraus auf *Schloßbauten des Barock und Kasernen als die zweckmäßigsten Bautypen* ist aber für das Verständnis der Universitätsbauten von mehrfacher Bedeutung.[136] Tatsächlich gibt es in den letzten vier Dezennien (bei Einbeziehung der technischen Hochschulen) eine Entwicklung, die zum Typ des *Wissenschaftsschlosses* führt, einem repräsentativen, barocken Schlössern vor allem in Zügen der äußeren Struktur verwandten Gebäudekomplex, in dem möglichst viele Disziplinen und Funktionen sinnvoll vereinigt sind. Musterbeispiele dafür sind das Züricher Polytechnikum von G. Semper (1859-1867), das Polytechnikum München von G. Neureuther (1866-1877) und H. v. Ferstels neue Wiener Universität (1873-1883). An diesen Bauten kommt es auch zu großen bildkünstlerischen Wissenschaftsprogrammen resp. zu Programmen, die den alten idealen Museumsgedanken durch ihre Bezüge wieder aufnehmen. Dieser Typus verkörpert eine integrale Endform, die durch die immer raschere Wissenschaftsentwicklung

---

500jähr. Bestehens d. Universität Tübingen. Hrsg. v. Martin DOEHLEMANN. Lahn-Gießen 1977, S. 67-88, hier S. 73 zum Universitätsneubau Tübingen 1841–45, wo Ausmaß, Lage und Dekoration der Aula ebenfalls den Vergleich zum Thron- und Festsaal des Feudalschlosses hervorrufen.

[135] Konrad RÜCKBROD: Das bauliche Bild der abendländischen Universität in den ersten fünfhundert Jahren ihres Bestehens unter dem Einfluß des Bautyps Kollegium. Stuttgart 1972, S. 96 f., stellt als charakteristisch für die spätmittelalterlichen deutschen Landesuniversitäten fest, dass sie als obrigkeitliche Gründungen dennoch zunächst (architektonisch) Provisorien waren, deren Einnistung im Stadtorganismus mit allen Zufälligkeiten vor sich ging, während späteres Bestreben dahin lief, ein Hauptgebäude als zentrales Aula-, Hörsaal- und Bibliotheksgebäude, auch für Verwaltungs- und Beratungsräume einzurichten, das sich zumeist aus dem Artistenkollegium entwickelte.

[136] HELAS (wie Anm. 81), S. 269.

sich auflösen musste zugunsten separater baulicher Hüllen für Spezialfunktionen und Differenzierungen.[137]

In Rostock schloss man sich diesem Entwicklungstrend mangels Voraussetzungen nicht an. Obwohl es eine vormärzlich optimistische Vorgabe in dem Gesamtprojekt Demmlers von 1842 gab, das auf weniger entwickelter Stufe eine solche Universalfunktion zu umfassen gedacht, lehnte man diese Pläne ihrer pragmatisch-funktionellen Unzulänglichkeit wegen ab. Stattdessen kehrte man zurück zum Funktionstyp des Hauptgebäudes, der vorwiegend repräsentative und zentrale Institutionen und Funktionen bergen resp. erfüllen konnte, darunter nicht zuletzt die von der Architektur selbst ausgehende Funktion der dynastischen Repräsentation.

Es mochte auch die Konsequenz aus der historischen Entwicklung sein, durch die die Landesuniversitäten sich in *abgelegten* Bauten einrichten mussten,[138] dass es zu keiner Ausbildung eines eigenen Bautyps kam, sich schlossbauähnliche Züge dagegen schon vor der Begründung der genannten *Wissenschaftsschlösser* durchsetzten.

Andererseits haben vor allem im Vormärz entstandene Universitätsneubauten stärkere Verwandtschaft mit Museumsbauten. Das ist sicher vom Identisch-Setzen von öffentlicher wissenschaftlicher oder Kunstsammlung mit Museum substantiell wie in Bezug auf die sie bergende Architektur her zu verstehen. Zudem gehörten akademische Sammlungen u. U. zu den Keimzellen späterer Seminare und Institute.

In Rostock prägte sich das deutlich in den geplanten Bauten Severins und Demmlers aus.

Andere Universitätsbauten des 19. Jahrhunderts erhielten wie Rostock durch den Entstehungscharakter, die *Verleihung* durch den Landesherrn, einen unübersehbaren Zug herrscherlicher Repräsentation.[139]

Obwohl auf einer originellen Stiladaption fußend, steht der Gebäudetyp dem, was Stüler mit seinem Universitätsneubau für Königsberg/Pr. (1857-1862)

---

[137] Gerade darin lag natürlich auch ein Moment ideeller Aufwertung der alten Hauptgebäude, was bei der starken Traditionsverhaftung der bürgerlichen Universität von großer Bedeutung ist, nicht nur in diesem Falle.

[138] In Erlangen z. B. diente bis zur Errichtung des neuen Kollegienhauses 1886-1889 ein Schloss als Haupt- und Kollegiengebäude, die umgebaute Schlosskirche ab 1840 als akademisches Museum mit naturwissenschaftlichen Sammlungen, Instituten und Hörsälen.

[139] Die Literatur darüber ist spärlich, kritische Akzentuierungen zur Universitätsbaugeschichte finden sich allenfalls bei links orientierten BRD-Autoren, so bei ZÄNKER (wie Anm. 134) zu Tübingen. Das übrige ist aus den nicht sehr zahlreichen und qualitätsvollen Abbildungen nur unscharf habhaft zu machen.

schuf (Abb. 30), sehr nahe. Stüler entwickelte unter erklärter Bezugnahme auf den Stil oberitalienischer Renaissance und die Ziegelbauweise der preußischen Orden und des mittelalterlichen Kirchenbaus einen Bau, der auch von gelagerten

Abbildung 30
Universität Königsberg 1857-1862 [Postkarte vor 1945]

Flügeln, Mitteltrakt mit leichter Vertikaltendenz und Heraushebung durch die Konzentration des bildnerischen Schmucks, die Verwendung des Terrakottafrieses als Gliederungs- und Schmuckelemente bestimmt ist und ein verwandtes, wenn auch reicheres Bildprogramm vorträgt.[140]

In der Autorenrezension seines Baus[141] findet man vertraute Begründungen. Da wird der Ziegelbau als *nationale Bauart* bezeichnet, die Renaissancearchitektur dient zugleich als Hinweis *auf die Zeit der Stiftung der Universität*.

---

[140] Dass sich, wie Eva BÖRSCH-SUPAN: Berliner Baukunst nach Schinkel 1840-1870. München 1977 (Studien zur Kunst des 19. Jahrhunderts 25), S. 139, behauptet, Stüler am Fürstenhof zu Wismar orientierte, aber dessen Ornamentik gewissermaßen im Sinne der klassischen oberitalienischen Renaissance korrigierte, ist ebenso möglich, wie bei Willebrand ja umgekehrt eine entsprechende Rücksicht auf venezianische Ursprünge anzunehmen ist.

[141] STÜLER (wie Anm. 64).

Selbstverständlich geben *für die Ausschmückung mit Bildwerken ... die Bezeichnung der Bestimmung des Gebäudes, die Darstellung der Stifter und ausgezeichneten früheren Lehrer... geeignete Vorwürfe* ab.[142]

Willebrand war mit dem Bau Stülers ein Vorbild in die Hand gegeben, dessen typologische Bedeutung über der völlig anderen Richtung, die Willebrand mit seinem Fassadendekor einschlug, nicht übersehen werden darf.

Die historischen Renaissance-Adaptionen in der deutschen Architektur sind ausgehend von den Leistungen Sempers (und stark auf deren ideale, utopische Zielsetzungen fixiert), primär als progressiver Ausfluss und überhöhte Selbstdarstellung bürgerlicher Entwicklung angesehen worden. Für die spezielle Rezeption der deutschen Renaissancearchitektur, die nach 1870 einsetzte und mit der forcierten kapitalistischen Entwicklung und der nationalen Bedeutung der Reichseinigung für die Bourgeoisie in Zusammenhang gebracht wurde, hat man das Schweriner Schloss als frühestes, eine Art Musterbeispiel angezogen.

Es erhebt sich die Frage, ob eine progressive Bedeutung der Neorenaissance auch im Falle des Rostocker Universitätsgebäudes behauptet werden kann und ob auch für diesen in die Nähe des Schweriner Schlosses gehörenden Bau die Rezeption der deutschen Renaissance gleichsam als Ausdruck von Nationalbewusstsein interpretierbar ist.

Willebrands Erläuterungen zu den Entwurfsrissen sprechen von einem *adoptierten* Stil, verweisen auf die *lokal dem Lande Mecklenburg eigentümliche* Formenbildung, auf Herzog Johann Albrecht, der in diesem Stile seine Schlösser Schwerin, Wismar und Gadebusch baute, und resümieren: *In Bezug auf jenen großen Reformator des Landes und Restaurator der Universität wurde dieser Stil gewählt.*[143] Was nachträglich gern als national in einem stillschweigend gesamtnationalen Sinne gesehen wurde, war noch im Mecklenburg des Norddeutschen Bundes kurz vor 1866 nichts als erklärter Lokalpatriotismus feudal-ständischer Prägung.[144] Anders gewiss ist es mit der präzisen Begründung der Stilwahl, mit dem dynastischen Stil, dem Bezug auf Johann Albrecht, was ja beim

---

[142] Ebenda, Spalte 10.

[143] UAR (wie Anm. 36), Schreiben Ministerium an Vizekanzler vom 16. 12. 1865: 1. Beischluß Vortrag Willebrand v. 12. 12. 1865 (Erläuterung zu den Bauentwurfsrissen).

[144] Das schließt an das an, was LISCH (wie Anm. 44), S. 609-638, von der großen Wichtigkeit des Thronsaales des Schweriner Schlosses und der ihn umgebenden Räume *für das Vaterland, für vaterländische Denkmäler und vaterländische Kunst* sagte. Es ist die konsequente Fortführung der Argumentation von 1853 für den als Vorbild u. a. zu Grunde liegenden Wismarer Fürstenhof: *ein ausgezeichnetes Musterbild eines echt vaterländischen Baues*, dessen Stil man *in Wahrheit einen mecklenburgischen nennen* könne. Georg Christian Friedrich LISCH: Über

Schweriner Schloss bereits eine gewichtige Rolle gespielt hatte, wenn es auch als Argumentation erst allmählich entwickelt wurde.[145]

Trotz der an Details schon z. T. vorgeführten Abhängigkeit vom Schweriner Schloss bestimmt den Rostocker Universitätsbau eine völlig andere, selbständige Konstellation. Einmal ist der Bau eine fürstliche Donation, er wird verliehen wie ein Orden, er repräsentiert herrscherliche Gewalt als Gottesgnadentum und bedient sich dazu der abgewandelten, den neuen Zwecken modal und funktional angepassten, z. T. aus dem Schlossbau übertragenen Formen, deren hierarchischer Charakter im Gegensatz zum akademischen Zweck steht. Der Rückbezug auf die Renaissance des Johann-Albrecht-Stils muss vom Herrscher, Stifter und Bauherrn aus als Übertragung einer formal bewährten, mit einer Aura versehenen Herrschaftsarchitektur angesehen werden. Dahinter stand dann die Stilschöpfung eines großen Vorfahren, der mit der Einführung der Reformation den neuen Reichtum des Fürstenhauses und der weltlichen Feudalität und damit Macht begründet hatte; wobei dieser Akt durch die wissenschaftliche Bildung Johann Albrechts noch aufgewertet erscheinen konnte.

Für die bürgerlichen Elemente der Universität wie für andere bürgerliche Kräfte, die am Zustandekommen dieses bedeutungsvollen Baus beteiligt oder von ihm betroffen waren, konnte oder musste dieses Stilgewand etwas anderes bedeuten. In den Augen der Stadt Rostock z. B. war Johann Albrecht ein gefährlicher Gegner ihrer Autonomie und Privilegien gewesen, und so mochte der Bau alles in allem als ein Affront aufgefasst worden sein. Innerhalb des Kreises der mit der Entstehung des Baus Befassten sind ebenfalls differenzierte Haltungen eingenommen worden.

Der Rückbezug auf den Johann-Albrecht-Stil konnte akzeptiert werden in einer Art interesselosen Wohlgefallens an der Baugestalt und dem bloß schmückenden Dekor, der zudem klassizistisch gereinigt und *verbessert* war. Diese Haltung versagte sich weitgehend der bildnerischen Ausgestaltung. Darin kann ein passives Moment des Widerstands gegen die Absichten der herrscherlichen Selbstdarstellung liegen, das aber vielleicht auch nur die Art der Repräsentation meint, also geschmacklicher Natur ist. Der Rückbezug konnte akzeptiert werden aus bürgerlichem Verständnis für die bedingt progressive Rolle des Herzogs als

---

das Schloß zu Schwerin. In: Archiv für Landeskunde in den Großherzogtümern Mecklenburg 3 (1853), S. 449-466, hier S. 452.

[145] Nach Dieter DOLGNER: Die nationale Variante der Neurenaissance in der deutschen Architektur des 19. Jahrhunderts. In: WZ Hochsch. f. Architektur und Bauwesen Weimar 20 (1973) 2, S. 155-166, hier S. 155, lag dieser Renaissanceadaption kaum theoretische Reflexion zugrunde, sie entstand vielmehr *unvermittelt, aus einer konkreten Situation, aus bestimmten lokalen Gegebenheiten.*

Reformator und als Wiederhersteller der Universität. Das scheint die Haltung einer breiteren Universitätsöffentlichkeit und die Lischs gewesen zu sein, wofür sein Versuch spricht, ein Bildprogramm an der Fassade zu installieren, in dem sich auch bürgerliche Aufklärung manifestierte. Ohne Einschränkung wird man seine bürgerliche Haltung jedoch nicht sehen dürfen. Solche Programme besaßen auch eine apologetische Tarnfunktion.[146] Und sicher war Lischs Arbeit eine im direkteren Sinne dienende, so dass aus ihr allenfalls ein Kompromiss zu entspringen vermochte.[147]

Willebrands Verhältnis zu dieser Frage scheint neutralistisch gewesen zu sein. Er stand zu seiner Arbeit eher wie ein Handwerker, dem es auf die materielle Qualität bei der Schaffung verlangter Eigenschaften ankam.

Aus seinen Worten spricht eher Lisch als er selbst, und es erschien ihm nicht wichtig zu bemerken, wie weit vom erklärten stilistischen Ausgangspunkt weg seine Rezeption ihn geführt hatte, die er bezeichnenderweise auch *Adoption* (und nicht *Adaption*) benannte.

Der vom Bauherrn beabsichtigte Repräsentationscharakter der Architektur spiegelt sich bei einer indirekten Thematisierung des Baus (resp. des Bauens) in der Darstellung einer Episode der Einweihungsfeier auf einem Relief des Schweriner Reiterdenkmals des Großherzogs (Abb. 18). Der Bau ist hier zwar nur Folie, steht aber an diesem Ort immerhin stellvertretend für alles unter seiner Ägide an öffentlichen Bauten Geschaffene. Aus der Sicht vom Beginn der 1890er Jahre rückwärts ist die Szenerie der Darstellung der Beziehung des Fürsten zur geistigen Elite seines Landes in erster Linie zu begreifen als Ausdruck sich aufgeklärt gebender Jovialität, die eine gewisse, formenverschleifende Annäherung an das Bürgertum wünscht. Der Grund, der das besser ermöglichte, war zweifelsohne der gemeinsame Boden der kapitalistischen Produktionsverhältnisse. In dieser Richtung hat die Zeit den Großherzog auch als Bauherrn gesehen. Sie betonte seine *echt fürstliche Lust am Bauen und Freude am Gebauten*, da er *nicht etwa nur aus Liebe zur Kunst oder gar nur zu seines Namens Gedächtnis* baute, *vielmehr, wo es das Bedürfnis des ihm anvertrauten Landes erforderte*, wobei er *dies Bedürfnis in seinem weitesten Umfange und nach der tiefsten Bedeutung seines Sinnes* auffasste.[148] Damit ist auch der Schweriner

---

[146] So könnte wenigstens aus Lischs Programmen für den Schweriner Schlossbau gefolgert werden, wo er, beim Thronsaal, allzu unrealistisch Herrschereigenschaften und Landeseigentümlichkeiten allegorisieren lässt, wobei die alte Idee des Fürstenspiegels hier sicher keine Rolle mehr spielte, auf die man sich positivierend berufen könnte. Wohl aber ist eine bürgerliche Entwicklung seines Denkens von einer Bauaufgabe zur anderen möglich.

[147] Lischs weltanschauliche Positionen müssten aus seinen Schriften eruiert werden.

[148] Alle Zitate v. STEIN (wie Anm. 87), S. 3.

Schlossbau nachträglich noch einmal gerechtfertigt und der Großherzog gegen die bauwütigen Potentaten des 17. und 18. Jahrhunderts (deren Bauen ja eine Form der Schatzbildung darstellte) ebenso abgesetzt wie etwa gegen einen so verrückten und verschwendungssüchtigen Zeitgenossen wie Ludwig II. von Bayern.

Das Universitätshauptgebäude war der erste Bau der Neorenaissance in Rostock,[149] aber kein Initialbau, da er gegen die bürgerliche Bautradition der Stadt errichtet wurde und dort noch mehr als ein Jahrzehnt nachfolgelos, in fremdartiger Prächtigkeit gegen einen kühlen Spätklassizismus und selbst die sparsamen spätbarocken fürstlichen Bauten des Platzes stand. Die Rostocker bürgerliche Architektur der Zeit repräsentierte sich z. B. in der nach dem Entwurf des Stadtbaudirektors Klitzing 1862-1864 aufgeführten damaligen Großen Stadtschule. Dieser Bau war kein Ausklang; die konservative Architekturauffassung hielt sich in Rostock als Ausdruck der zäh verteidigten ständischen Positionen des großbürgerlichen Patriziats. Demgemäß war auch der Geschmack ihrer einzelnen Vertreter bestimmt. Noch 1867 entwarf der Berliner Architekt Richard Lucae für den Senator Prieß eine Villa im Stile einer späten Schinkelnachfolge. Auch die Rostocker Wohnbauten nach der Jahrhundertmitte trugen bis hin zu den Anfängen mehrstöckiger Mietshäuser noch lange klassizistisch orientierten Fassadendekor. Erst in den 1880er Jahren wurden Wohnbauten und öffentliche Gebäude, darunter einige Universitätskliniken, in einer Neurenaissance unterschiedlichster Stilprägung gebaut, der aber jeder lokale Traditionsbezug fehlte.

Die unmittelbare Folgenlosigkeit dieses Baus für die Rostocker Architekturentwicklung liegt in seinem exzeptionellen Habitus begründet. Er ist als Herrschaftsarchitektur der Stadt gleichsam aufgezwängt worden und konnte schon deshalb nicht zum Vorbild taugen.[150]

---

[149] Willebrand hatte bereits 1856, also noch vor der offiziellen Einweihung des Schweriner Schlosses, das Herrenhaus (Schloss) Matgendorf bei Laage im Renaissancestil errichtet.

[150] Hier muss ein kurioser später Versuch genannt werden, durch einen Rückgriff und eine Expansion diesem Stil zu neuer Bedeutung zu verhelfen: Auf einer Zeichnung des Baudirektors Wachenhusen vom Juli 1915 (Abb. 31) wird die Idee vorgeführt, die Fassade des Neuen Museums der des Hauptgebäudes stilistisch anzupassen und durch eine 4-jochige Arkade (begehbar und mit skulpturengeschmückter Balustrade) an Stelle der vorderen Mauer des Klosterbezirks eine Verbindung zu einem rechts vom ehemaligen Oberappellationsgericht Demmlers gelegen gedachten Neubau (?) zu schaffen. Die durch Kolossalfenster und große Standbildnischen ohne Rücksicht auf die ursprüngliche Fassadengliederung und den eigentümlichen Fragmentcharakter im Sinne einer Prunkarchitektur umgestaltete Front ist im Jahre 1915 ein fast unbegreiflicher Anachronismus. Nichts anderes als ein reaktionärer chauvinistischer Taumel, vielleicht genährt durch bestimmte Kriegserfolge des deutschen Imperialismus im Sommer 1915, kann so etwas gezeugt haben. Der Entwurf visiert sicher das Jubiläumsjahr

Abbildung 31
Entwurf für die Fassade des Neuen Museums
von Baudirektor Wachenhusen 1915

Neuere Überlegungen zum Historismus haben *neben der Bestimmung des ideologischen Anliegens ... die Bemessung der Ernsthaftigkeit des Historisierens* als *Weg, um Kriterien für den künstlerischen Wert historischer Werke zu gewinnen,* bezeichnet.[151] Nun sind der Bautypus (soweit man von einem solchen sprechen kann) und das hierarchische Prinzip der Gliederung und der Anordnung des Bildschmucks der Fassade überwiegend mit regressiven Bedeutungen beladen, die von der progressiven wissenschaftsgeschichtlichen Bedeutung eines Teils der Darstellungen nicht aufgewogen zu werden scheinen. Unabhängig davon, welche Interessen sich hier vor allem geltend machen, handelt es sich aber trotz der Begrenztheit der Sicht weder um ein zu bloßem Interesse an der Geschichte

---

1919 an. Er ist auch undenkbar ohne eine dem Architekten eigene konservative Metierauffassung, die Wachenhusen schon mit seinem Neurenaissance-Sparkassenbau in der Schwaanschen Straße von 1912 demonstrierte.

[151] Peter H. FEIST: Historismus – ein grundlegendes Prinzip der Kunst im 18. und 19. Jahrhundert. In: Kunstwissenschaftliche Beiträge 5, 1-5. Beilage zur Zsch. Bildende Kunst 28 (1980), S. 3.

abgeflachtes Geschichtsbewusstsein noch um eine Degeneration der *weltanschauliche(n), inhaltliche(n) Motivation des Rückgriffs zum Gefallen am formalen Reiz des Altertümlichen.*[152]

Die Schwierigkeit der Kriterienfindung zeigt sich allerdings darin, dass der beschworene Johann-Albrecht-Stil nur als eine Art *großflächiger* Anregung angesehen werden kann. Willebrand hat bewusst im Sinne des bürgerlichen Grundsatzes von der Verbesserungsfähigkeit, den auch Lisch bereits anlässlich des Schweriner Schlossbaues vorgebracht hatte,[153] nur die den Eindruck der Fassaden bestimmenden Gliederungselemente des alten Stils, die Fensterformen und das Wirkungsprinzip der Terrakotten benutzt. Der Formenapparat ist italianisierend, die Ornamentik dazu klassizistisch beruhigt. Im Inneren setzt, mit Ausnahme der Vorhalle, die Anregung durch die heimische Renaissance aus; stattdessen erfolgt ein entscheidender Rückgriff auf den prunkenden Spätklassizismus der Stülerschen Innenarchitekturen des Schweriner Schlosses.

Spätestens hier hat man sich zu erinnern, wie sich das Historismus-Problem durch die Abhängigkeit des Hofbaurats Willebrand von diesem ja ohne Zweifel für bedeutender zu haltenden Vorbild kompliziert. Neben die Frage nach der Qualität tritt damit noch die nach der Originalität. Die Betrachtung muss hier aussetzen. Solange weder die Geschichte des Schlossbaus geschrieben noch ein Überblick über Willebrands sonstige Leistungen vorhanden ist, lässt sich nicht angeben, ob er hier Eigenes fortentwickelt oder fremde Leistungen epigonal verarbeitet hat.

Im Gegensatz zu seiner in der älteren Literatur wohlwollend bis sehr gut ausfallenden Einschätzung[154] zeigen seine Entwurfsarbeiten zum Schweriner-Schloss,[155] überwiegend innenarchitektonischer Natur, ihn als einen trockenen und mit untergeordneten Räumen befassten Entwerfer, während die Entwürfe zu den komplexen Ausgestaltungen der großen Prunkräume fast ausschließlich das Werk Stülers waren.

---

[152] Ebenda.

[153] LISCH 1853 (wie Anm. 144), S. 463 f. spricht davon, dass das alte Haupttreppenhaus (die sog. Obotritentreppe) *in der alten Form, wenn auch in den Verzierungen und den einzelnen Gliederungen geistreicher und geschmackvoller wiederaufgebaut* und *mehr sinnreich mit Beziehung auf den ganzen Schloßbau geschmückt* werde.

[154] So Nekrolog Willebrand (wie Anm. 122) und Walter JOSEPHI: Das Schweriner Schloß. Rostock 1924 (Mecklenburgische Bilderhefte 2), S. 19, der Willebrand gar als *geistige(n) Schöpfer des Schweriner Schlosses in seiner heutigen Erscheinung* bezeichnete.

[155] Bezugnahme auf die Bestände des Staatsarchivs Schwerin [Landeshauptarchiv Schwerin].

Daraus können zwar pauschale Schlüsse gezogen, aber keine differenzierten Wertungen abgeleitet werden. Selbst als epigonale Leistung wäre das Universitätsgebäude noch bemerkenswert durch Sicherheit und relative Geschlossenheit der architektonischen Gesamtauffassung der einzelnen Teile und Räume wie durch die hohe Handwerkskultur der Verarbeitung. Denn die Delegation dieses Baus als Herrschaftssymbol war so gründlich inszeniert, dass vom Hofbaurat an über die Bildhauer und den Maler bis zum verantwortlichen Stukkateur der Hof die beim Schlossbau bewährten Kräfte gleich mitlieferte.

Abbildungsnachweise

Abbildung 1
Ersatzbau für das Weiße Kolleg Entwurf Severin 1824
Privatarchiv Peter Palme

Abbildung 2
Entwurf eines neuen Museums zu Rostock von E. Biscamp 1833 Fassade
Privatarchiv Peter Palme

Abbildung 3
Entwurf eines neuen Museums zu Rostock von E. Biscamp 1833 Grundrisse
Privatarchiv Peter Palme

Abbildung 4
Entwurf für ein neues Universitätsgebäude von Demmler 1842
Privatarchiv Peter Palme

Abbildung 5
Das Neue Museum 1844
Foto Universität Rostock ITMZ 2016

Abbildung 6 a-d
Hochreliefs von Galilei, Descartes, Linné und Guericke
Foto Universität Rostock ITMZ 2016

Abbildung 7
Entwurf für das Universitätsgebäude von Willebrand 1865
LHAS 12.3-2 Finanzministerium, Abteilung Hochbau, Mappe 4

Abbildung 8
Entwurf für das Universitätsgebäude von Willebrand 1865 Nordgiebel
LHAS 12.3-2 Finanzministerium, Abteilung Hochbau, Mappe 4

Abbildung 9
Entwurf [?] Lünettenfeld der Emporenrückwand der Aula *Poetica*
UAR 1.02.0 RXI A 23

Abbildung 10
Deckenlünette im Sagenzimmer des Schweriner Schlosses
Privatarchiv Peter Palme

Das Rostocker Universitätshauptgebäude im 19. Jahrhundert 85

Abbildung 11
Kapitell der Portalsäule am Hauptgebäude
Foto Universität Rostock ITMZ 2016

Abbildung 12
Tugenden Justitia und Prudentia am Hauptgebäude mit Eule
Foto Universität Rostock ITMZ 2016

Abbildung 13
Hauptgebäude Mittelrisalit
LHAS 12.3-2 Finanzministerium, Abteilung Hochbau, Mappe 4

Abbildung 14
Hauptgebäude Hauptfassade
LHAS 12.3-2 Finanzministerium, Abteilung Hochbau, Mappe 4

Abbildung 15
Hauptgebäude Hauptfassade rechts vom Mittelrisalit
LHAS 12.3-2 Finanzministerium, Abteilung Hochbau, Mappe 4

Abbildung 16
Hauptgebäude Hauptfassade Detail am Mittelrisalit: Albrecht V.
Foto Universität Rostock ITMZ 2016

Abbildung 17
Hauptgebäude Hauptfassade Detail Mittelrisalit und links anschließender Flügel aquarellierte Zeichnung [Anm. 98]
Privatarchiv Peter Palme

Abbildung 18
Reiterdenkmal des Großherzogs Schwerin: Einweihungsfeier des Universitätshauptgebäudes
Foto Universität Rostock ITMZ 2014

Abbildung 19
Hauptgebäude Nordgiebel nicht überputzter Rest der Sgrafitti [1983]
Privatarchiv Peter Palme

Abbildung 20
Hauptgebäude Hofseite
Foto Universität Rostock ITMZ 2016

Abbildung 21
Hauptgebäude Hofseite Porträtmedaillon Hofbaurat Willebrand
Foto Universität Rostock ITMZ 2016

Abbildung 22
Hauptgebäude Vorhalle 1870
LHAS 12.3-2 Finanzministerium, Abteilung Hochbau, Mappe 4

Abbildung 23
Hauptgebäude Vorhalle Haupttreppe zum 1. Obergeschoss 1870
LHAS 12.3-2 Finanzministerium, Abteilung Hochbau, Mappe 4

Abbildung 24
Hauptgebäude Haupttreppe vom 1. zum 2. Obergeschoss 1870
LHAS 12.3-2 Finanzministerium, Abteilung Hochbau, Mappe 4

Abbildung 25
Schloss Schwerin Kuppelzone der Haupttreppe
Privatarchiv Peter Palme

Abbildung 26
Schloss Schwerin [?] Kapitell des Thronsaales
Privatarchiv Peter Palme

Abbildung 27
Hauptgebäude Aula 1870
LHAS 12.3-2 Finanzministerium, Abteilung Hochbau, Mappe 4

Abbildung 28
Hauptgebäude Aula Südwand [Entwurf H. Willebrand]
UAR 1.02.0 RXI A 23

Abbildung 29 a
Aula Pilasterstuhlfüllungen Knieende mit Keule Weisheit oder Klugheit, Stärke, Sapientia oder Fortitudo
Foto Universität Rostock ITMZ 2016

Abbildung 29 b
Aula Pilasterstuhlfüllungen Prudentia [?] in der Aula mit Eule
Foto Universität Rostock ITMZ 2016

Abbildung 30
Universität Königsberg 1857-1862
Postkarte vor 1945

Abbildung 31
Entwurf für die Fassade des Neuen Museums von Baudirektor Wachenhusen 1915
Privatarchiv Peter Palme

Hinweis der Herausgeber

Der Text von Peter Palme blieb im Wesentlichen unverändert; er wurde an die neue Rechtschreibung angepasst und Druckfehler sind bereinigt. Die Anmerkungen sind nach den Regeln dieses Bandes umgestaltet. Die Abbildungen wurden in den Text integriert und, soweit möglich, technisch auf den neuesten Stand mit Nachweis der aktuell gültigen Herkunft gebracht. Abbildungen, die nicht mehr in Archiven oder Bibliotheken nachweisbar waren, sind mit der Provenienz „Privatarchiv Peter Palme" bezeichnet.

Vorbild für Hermann Willebrands Rostocker Universitätsgebäude: Der Johann-Albrecht-Stil am Schweriner Schloss und am Wismarer Fürstenhof im 16. und 19. Jahrhundert

VON ERNST MÜNCH

Es gab eine ganze Reihe von Gründen, die Hermann Willebrand (1816-1899)[1] bewogen haben werden, als wichtige Vorbilder für die Architektur des an Stelle des abgerissenen Weißen Kollegs tretenden neuen Universitätsgebäudes repräsentative fürstliche Bauten der zweiten Hälfte des 16. Jahrhunderts aus Schwerin, Wismar und Gadebusch auszuwählen, deren charakteristischer Stil später nach dem ältesten der damals regierenden mecklenburgischen Fürsten, Herzog Johann Albrecht I. (1525-1576)[2], benannt wurde.

Mit der Regierungszeit dieses bedeutenden Renaissancefürsten verbanden sich wichtige Ereignisse, Vorgänge, Veränderungen und Entwicklungen in der mecklenburgischen Landesgeschichte insgesamt, in der bedeutendsten mecklenburgischen Stadt Rostock und nicht zuletzt auch in der einzigen Universität des Landes. Als eifriger Lutheraner hatte Johann Albrecht maßgeblichen Anteil am Sieg der Reformation in Mecklenburg wenige Jahre nach seinem Regierungsantritt.[3] Außenpolitisch übte er in diesem Sinne auch Einfluss weit über die Landesgrenzen Mecklenburgs hinaus aus. Innenpolitisch konnte er im sich formierenden Ständestaat Mecklenburg wenigstens das Unabhängigkeitsstreben Rostocks – wenn auch erst nach jahrelangem erbitterten Kampf – niederringen. Und als Bildungspolitiker, als Mäzen von Wissenschaft, Kunst und Kultur

---

[1] Olaf BARTELS: Hermann Willebrand, in: Andreas RÖPCKE (Hrsg.): Biographisches Lexikon für Mecklenburg, Bd. 8. Schwerin 2016, S, 328-331.

[2] Lutz SELLMER: Johann Albrecht I., in: Sabine PETTKE (Hrsg.): Biographisches Lexikon (wie Anm. 1), Bd. 1. Rostock 1995, S. 134-137.

[3] Eike WOLGAST: Die Reformation in Mecklenburg, Rostock 1995. DERS.: Die Herzöge als Not- und Oberbischöfe der mecklenburgischen Landeskirche. In: Helge BEI DER WIEDEN (Hrsg.): Menschen in der Kirche. 450 Jahre seit Einführung der Reformation in Mecklenburg. Rostock 2000, S. 29-64.

wurde er u.a. nicht nur zum Namensgeber für den schon genannten Architekturstil, sondern auch zum zweiten *Gründer (Erneuerer)* der Rostocker Universität[4], die damals – ebenso wie ihr *Erneuerer* Johann Albrecht – weit über Mecklenburg hinaus wirkte.

Immerhin hat Ernst Boll, der gegenüber dem mecklenburgischen Fürstenhaus und dessen Repräsentanten durchaus nicht unkritische Verfasser einer bis heute nicht übertroffenen Gesamtdarstellung der mecklenburgischen Landesgeschichte, die Zäsur zwischen den beiden Bänden dieses Werkes mit dem Tod Johann Albrechts (1576) gesetzt. Boll zufolge endete damals die außenpolitische Wirksamkeit Mecklenburgs.[5] Wenige Jahre nach dem Erscheinen der Bollschen Gesamtdarstellung Mecklenburgs, als insbesondere nach dem preußisch-deutschen Sieg über den „Erbfeind" Frankreich der Nationalismus im neuen Wilhelminischen Reich teilweise chauvinistische Züge annahm, betrachteten Gesamt- bzw. Überblicksdarstellungen der mecklenburgischen Geschichte den Tod Johann Albrechts gar als Ende der deutschen Herrschaft über die Ostsee, die seit der Blütezeit der Hanse *unser war*.[6]

Es war sicherlich ebenfalls kein Zufall, dass eine der wichtigsten und umfangreichsten Arbeiten der ersten Jahrzehnte aus dem 1865 gegründeten Historischen Seminar der Universität Rostock die 1885 erschienene Monographie des damaligen Rostocker Lehrstuhlinhabers für Geschichte Friedrich Schirrmacher über Herzog Johann Albrecht I. war, die allerdings in ihrer Sympathie für den Herzog mitunter die nötige und mögliche Objektivität vermissen ließ.[7]

---

[4]So die Formulierung etwa bei Otto VITENSE: Mecklenburgischen Geschichte. Berlin und Leipzig 1912, S. 131, Anm. 1, der – unter großzügiger Übergehung des Anteils der Stadt Rostock – als erste bzw. wirkliche Gründer die Herzöge Johann IV. und Albrecht V. sowie als dritten Gründer Großherzog Friedrich Franz II. bezeichnet. Ähnlich auch Hans W. BARNEWITZ: Mecklenburgische Geschichte. Leipzig 1928, S. 64.

[5]Ernst BOLL: Geschichte Meklenburgs mit besonderer Berücksichtigung der Culturgeschichte. Zweiter Theil. Neubrandenburg 1856, S. 1-2. Hans W. BARNEWITZ: Geschichte (wie Anm. 4), S. 41, formulierte in diesem Zusammenhang euphorisch: *Wohl drei Jahrhunderte hat es gedauert, bis wieder eine ähnliche Zeit der Blüte und des Glückes heraufzog.*

[6]August RUDLOFF (Hrsg.): Bilder aus der Mecklenburgischen Geschichte, 3. Aufl. Berlin und Leipzig (1914), S. 44 (Zitat) und 72.

[7]Friedrich Wilhelm SCHIRRMACHER: Johann Albrecht I. Herzog von Mecklenburg. 2 Bde., Wismar 1885. Kritisch hierzu Gerhard HEITZ/Ernst MÜNCH: Die Bedeutung von Friedrich Lisch für die mecklenburgische Landesgeschichte, in: G. C. Friedrich Lisch (1801-1883). Ein großer Gelehrter aus Mecklenburg, Lübstorf 2003, S. 43, Anm. 61. Nicht von ungefähr weist

Ohne Zweifel war dem Wirken Johann Albrechts Provinzialität fremd. Das galt nicht nur für seine praktische (Macht)politik, sondern auch für seine Bildungs- und Kunstideale. Konnte es also für die Konzeption eines Gebäudes für eine jahrhundertealte Universität, die ihr „goldenes Zeitalter"[8] einer Ausstrahlung weit über Stadt und Land hinaus gerade unter jenem Herzog begann, in der Geschichte ein besseres Vorbild geben als Johann Albrecht und die nach ihm benannte Architektur? Denn auch sie orientierte sich einerseits an historischen, namentlich antiken Vorbildern und andererseits damit zwangsläufig an geografischen Räumen, die aus der Enge, um nicht zu sagen Provinzialität Mecklenburgs in europäische Dimensionen führten.

Als besonders repräsentative Beispiele dieses Johann-Albrecht-Stils[9] gelten die Schlossbauten in Schwerin (Abbildung 1) und Gadebusch (Abbildung 2) sowie der Fürstenhof (Abbildung 3) in Wismar. Zwar hatte man die architektonische Qualität dieses Stils spätestens im 19. Jahrhundert erkannt und gewürdigt[10], doch schützte dies nicht vor Eingriffen, die sich aus dem damals modernen Kunstempfinden ergaben. Sie waren am wenigsten weitgreifend am Gadebuscher Schloss bei der Restaurierung von 1903[11], über dessen Baugeschichte Frank Braun in diesem Band berichtet, deutlicher noch am Wismarer Fürstenhof bei der schon durch Friedrich Schlie[12] scharf kritisierten Restaurierung von 1878

Niklot KLÜßENDORF: Friedrich Wilhelm Schirrmacher, in: Sabine PETTKE (Hrsg.): Biographisches Lexikon (wie Anm. 1), Bd. 2, Rostock 1999, S. 232-237, hier S. 234, auf die besondere Förderung dieser Schirrmacherschen Arbeit durch den damaligen Großherzog selbst hin.

[8]Matthias ASCHE: Von der reichen hansischen Bürgeruniversität zur armen mecklenburgischen Landeshochschule. Das regionale und soziale Besucherprofil der Universitäten Rostock und Bützow in der Frühen Neuzeit (1500-1800). 2. Aufl. Stuttgart 2010. S. 56-63.

[9]Der Johann Albrecht Stil. Terrakotta-Architektur der Renaissance und des Historismus. Schwerin 1995.

[10]Grundlegend nach wie vor Friedrich SCHLIE: Die Kunst- und Geschichts-Denkmäler des Großherzogtums Mecklenburg-Schwerin. Bd. 2. Schwerin 1898, S. 186-202, 481-487 und 601-620.

[11]Frank BRAUN: Untersuchungen zur Baugeschichte des Gadebuscher Schlosses. Ein Vorbericht. In: Architektur, Kunst- und Kulturgeschichte in Nord- und Westdeutschland 4 (1994), S. 135-144, hier S. 137.

[12]Friedrich SCHLIE: Kunst- und Geschichts-Denkmäler (wie Anm. 10), S. 194-202.

und am stärksten am Schweriner Schloss, das 1845 bis 1857 seinen Neubau erlebte, dem viele *Zeugnisse aus der Vergangenheit durch Unverständnis* zum Opfer fielen.[13]

Abbildung 1
Schweriner Schloss von der Seeseite

---

[13]Renate KRÜGER: Das Schweriner Schloss. Residenz und Denkmal. Neuausgabe Rostock 2012, S. 90.

Vorbild für Hermann Willebrands Rostocker Universitätsgebäude 91

Abbildung 2:
Gadebuscher Schloss

Abbildung 3
Wismarer Fürstenhof

Abbildung 4
Schweriner Schloss, Bischofshaus

Abbildung 5:
Schweriner Schloss, Neues Langes Haus

Dass in diesen Neubau immerhin Bauten – wenn auch in veränderter Form – aus der Zeit Johann Albrechts einbezogen wurden, hatte vor allem zwei Gründe: Erstens ordneten sie sich gut in die Gesamtwirkung des historisierenden Neubaus ein. Zweitens erwiesen der Bauherr Großherzog Friedrich Franz II. und seine Baumeister – namentlich Georg Adolph Demmler (1804-1886) und Hermann Willebrand – nicht zuletzt auch durch die Meinungsäußerung Gottfried Sempers (1803-1879) hiermit der besonderen Qualität des Johann-Albrecht-Stils, dessen Namensgeber und seiner Zeit ihre Reverenz. Diese Bauteile ursprünglich aus der zweiten Hälfte des 16. Jahrhunderts befinden sich im Ostteil des Schlosses in Gestalt des nach dem Administrator des Schweriner Bistums, Herzog Magnus III. (1509-1550)[14], benannten ehemaligen Bischofshauses (Abbildung 4) und des Neuen Langen Hauses (Abbildung 5) mit der Hofdornitz sowie der Schlosskapelle, wobei für die beiden ersteren Baukörper insbesondere

---

[14] Ebenda, S. 20; Eike WOLGAST: Magnus III. In: Sabine PETTKE (Hrsg.), Biographisches Lexikon (wie Anm. 1). Bd. 2. Rostock 1999, S. 162-165.

die Fassadengestaltung, für die beiden letzteren namentlich die innere Raumgestaltung von Bedeutung waren. Hermann Willebrand hat durch seine Aufmessung bzw. Fassadenabwicklung[15] aus dem Jahre 1844 die äußere Ansicht dieser Gebäude vor dem anschließenden Neubau festgehalten, erhielt dadurch zugleich aber auch genaue Kenntnisse, die für seine künftigen Arbeiten von Bedeutung werden konnten.

Die Arbeiten am Schweriner Schloss sowie am Fürstenhof in Wismar unter Johann Albrecht begannen parallel eingangs der 1550er Jahre.[16] Diese zeitliche Parallele wies auch etliche inhaltliche Gemeinsamkeiten auf, indem schon bestehenden Gebäuden umfangreiche Neubauten hinzugefügt wurden, die untereinander in vielen Details insbesondere der Fassadengestaltung übereinstimmten. Auch ein Motto Johann Albrechts I. fand sich sowohl in Wismar wie in Schwerin: *IS GOT MIT VNS WOL KANN WIDDER VNS.*[17] (Abbildung 6)

Der Religiosität des Herzogs entsprach wohl ebenfalls der große Fries auf der Hofseite des Neuen Hauses des Fürstenhofes mit dem biblischen Gleichnis vom verlorenen Sohn, das mit seinen Festszenen (Abbildung 7) auch einen direkten Bezug zum Neubau (Hochzeit des Herzogs) aufwies.[18] Gemeinsam mit dem antiken Thema des

Abbildung 6
Wismarer Fürstenhof, Motto Johann Albrechts I.

---

[15]Siehe hierzu die Abbildung bei Friedrich SCHLIE: Kunst- und Geschichts-Denkmäler (wie Anm. 10), nach S. 602 und bei Ralf WEINGART: Vom Wendenwall zur Barockresidenz. In: Schloss Schwerin. Inszenierte Geschichte in Mecklenburg. München und Berlin 2009, S. 8-58, hier S. 10-11.

[16]Renate KRÜGER: Schweriner Schloss (wie Anm. 13), S. 148 (Zeittafel); Der Fürstenhof zu Wismar. Schwerin 2005, S. 151 (Zeittafel); Der Johann Albrecht Stil (wie Anm. 9), S. 175-177 (Zeittafel).

[17]Friedrich SCHLIE: Kunst- und Geschichts-Denkmäler (wie Anm. 10), S. 199 und 603; Ralf WEINGART: Wendenwall (wie Anm. 15), S. 18.

[18]Horst ENDE: Fürstenhof Wismar. In: Der Johann Albrecht Stil (wie Anm. 9), S. 37-47, hier S. 42.

Frieses an der Straßenseite des Fürstenhofes, den Szenen aus dem trojanischen Krieg (Abbildung 8), finden sich beide Themen auch an den Schweriner Schlossbauten zur Zeit Johann Albrechts wieder.[19] Sie widerspiegeln mit der christlichen Überzeugung einerseits und der Bewunderung für die Antike andererseits die beiden geistigen Fixpunkte des Herzogs.[20]

Abbildung 7
Wismarer Fürstenhof, Fries Gleichnis vom verlorenen Sohn

Sowohl in Schwerin wie in Wismar ist das Bestreben Johann Albrechts deutlich spürbar, die Vorgängerbauten unter anderen seines Onkels, Herzog Heinrichs V. (1479-1552)[21], jeweils aus dem Anfang des 16. Jahrhunderts in ihrer architektonischen Pracht zu übertreffen. Dem standen Unterschiede hinsichtlich der Funktion beider Objekte gegenüber. In Schwerin handelte es sich um die Residenz des erst seit wenigen Jahren regierenden jungen Herzogs, in deren Ausgestaltung er alsbald die Konkurrenz seines Bruders Ulrich (1527-1603)[22] in Gestalt des Schlosses in Güstrow zu spüren bekam, mit dem er sich zähneknirschend 1555/56 auf eine faktische Landesteilung einigen musste.

Nebenbei bemerkt: Eine gewisse Fortsetzung dieser Konkurrenz kann man im Neubau des Gadebuscher Schlosses anfangs der 1570er Jahre unter dem dritten Herzogsbruder Christoph (1537-1592)[23] sehen, der nach seinen erfolglosen (außen)politischen Abenteuern im Baltikum sein Dasein widerwillig in der mecklenburgischen Provinz ohne Beteiligung an der Landesherrschaft fristen musste und dafür wenigstens ein repräsentatives Gebäude erstrebte, das in vielen

---

[19]Ebenda, S. 43; Ralf WEINGART: Wendenwall (wie Anm. 15), S. 24.

[20]Ralf WEINGART: Wendenwall (wie Anm. 15), S. 25 mit Anm. 91.

[21]Lutz SELLMER: Heinrich V. In: Sabine PETTKE (Hrsg.): Biographisches Lexikon (wie Anm. 1), Bd. 1, S. 116-120.

[22]Lutz SELLMER: Ulrich III. In: Sabine PETTKE (Hrsg.): Biographisches Lexikon (wie Anm. 1), Bd. 1, S. 231-235.

[23]Lutz SELLMER: Christoph von Mecklenburg. In: Sabine PETTKE (Hrsg.): Biographisches Lexikon (wie Anm. 1), Bd. 1, S. 48-51.

Details wiederum den Vorbildern des Bruders Johann Albrecht in Schwerin und Wismar folgte.

Doch zurück zu diesem ältesten Bruder Johann Albrecht: In der im Vergleich mit Schwerin bedeutenden und Hansestadt Wismar handelte es sich um einen in seinen äußeren Dimensionen bescheideneren Hof des Landesherrn für gelegentliche Aufenthalte, damals insbesondere für die dynastisch wichtige Hochzeit Johann Albrechts mit einer Tochter des Herzogs von Preußen.

Dass der Herzog nicht nur Initiator der Neubauten – im Falle Schwerins auch von Umbauten älterer Gebäudeteile – war, sondern auch direkt in die Planung und Durchführung eingriff, steht wohl außer Zweifel. Dieser Eindruck wird aber noch dadurch verstärkt, dass uns

Abbildung 8
Wismarer Fürstenhof, Fries Trojanischer Krieg

die Planer der jeweiligen Schweriner und Wismarer Gebäude namentlich nicht exakt bekannt sind; erst für Gadebusch sieht dies mit Christoph Haubitz anders aus. Daher bedeutet der Begriff Johann-Albrecht-Stil auch eine gewisse Notlösung bzw. Ersatzbezeichnung. Immerhin ist für die Errichtung des Wismarer Baus die Mitwirkung der beiden Lübecker Gabriel von Aken und Valentin von Lyra überliefert, für Letzteren auch beim Schweriner Schloss.[24] Noch wichtiger

---

[24] Beatrice BUSJAN: Briefe, Akten, Inventare – Der Wismarer Fürstenhof im Licht der schriftlichen Überlieferung. In: Fürstenhof (wie Anm. 16), S. 10-45, hier S. 16; Ralf WEINGART: Wendenwall (wie Anm. 15), S. 14.

– gerade auch für die späte Wirkung auf Hermann Willebrand – ist der Name eines dritten Lübecker Meisters, der mit seinen berühmten Arbeiten alle drei Bauten als *Schlüsselwerke der mecklenburgischen Renaissance*[25] vereinheitlichte: Statius von Düren.[26] Seine bräunlich-roten Terrakotten (Abbildung 9)

Abbildung 9
Gadebuscher Schloss, Terrakotten

wurden zu einem der Markenzeichen des Johann-Albrecht-Stils. Insbesondere als Friese, Medaillons und Fensterschmuck sind sie Ähnlichkeiten, die schon auf den ersten Blick beim Vergleich der Bauten in Schwerin, Wismar und Gadebusch mit dem Hauptgebäude der Rostocker Universität ins Auge fallen, insbesondere auch durch ihren kontrastvollen Gegensatz zu dem hellen Grundton der verputzten Fassadenflächen.[27]

Ein direkter Bezug des Johann-Albrechts-Stils zum Ursprungsland der Renaissance ergibt sich nicht nur aus der angenommenen Mitwirkung der berühmten italienischen Baumeisterfamilie Parr[28], u.a. Johann Baptista Parr, an

---

[25]Manfred LISSOK: Statius von Düren. In: Landeskundlich-historisches Lexikon Mecklenburg-Vorpommern. Rostock 2007, S. 145.

[26]Thomas BROCKOW: Terrakotten: Entwicklung und Herstellung – Probleme der Erhaltung. In: Der Johann Albrecht Stil (wie Anm. 9), S. 145-172, hier S. 150.

[27]Bernd WURLITZER: Mecklenburg-Vorpommern, 3. Aufl., Köln 1993, S. 30-31; Peter PALME: Das Rostocker Universitätshauptgebäude und seine Vorgeschichte im 19. Jahrhundert. Betrachtungen zur Bau- und Kunstgeschichte. In: Beiträge zur Geschichte der Wilhelm-Pieck-Universität Rostock, H. 3 (1983), S. 4-49, hier S. 18. Siehe auch in diesem Band, S. 23-86.

[28]Gerd BAIER: Familie Parr. In: Andreas RÖPCKE: Biographische Lexikon (wie Anm. 1). Bd. 5. Rostock 2009, S. 226-235.

Neubauten des Schweriner Schlosses, sondern insbesondere auch durch die Analogien der dreiachsigen rundbogigen Giebelabschlüsse (Welsche Giebel)[29], wie sie etwa aus Venedig bekannt sind, und sich in Schwerin sowie – allerdings erst wieder nach der Rekonstruktion Ende des 19. Jahrhunderts[30] – in Gadebusch, nicht jedoch in Wismar, wiederfinden. Man vergleiche dies mit der dreiteiligen Giebelgestaltung (sowohl an der Vorder- wie an der Hofseite) des Mittelrisalits (Abbildung 10) über dem Hauptportal des Rostocker Universitätshauptgebäudes und man wird sofort erkennen, woher Willebrand auch in diesem wichtigen Detail seine Anregungen nahm.

Typisch dreiteilig bzw. -bahnig ist neben der typischen Giebelgestaltung ebenfalls die Gestaltung der Fenster (Abbildung 11) sowohl in Schwerin wie in Wismar, wobei in diesem Falle Gadebusch die abweichende Ausnahme bildet.[31] Allerdings waren diese dreiteiligen Fenster in Wismar bis zur Restauration von 1878 nur noch in wenigen Exemplaren auf der Hofseite des Gebäudes erhalten, wie ältere Abbildungen (vor 1878) zeigen.[32] Erst die Restauration durch Carl Luckow hat sie, die seit der Schwedenzeit umgebaut wurden[33],

Abbildung 10: Rostocker Universitätshauptgebäude Giebel Mittelrisalit

---

[29]Ralf WEINGART: Wendenwall (wie Anm. 15), S. 19-20.

[30]Frank BRAUN: Untersuchungen (wie Anm. 11), S. 138.

[31]Ebenda, S. 137.

[32]Georg Christian Friedrich LISCH: Mecklenburg in Bildern. Hrsg. von Hanno LIETZ und Peter-Joachim RAKOW. Bremen 1994, S. 123 (Hofseite um 1844); Horst ENDE: Fürstenhof Wismar (wie Anm. 18), S. 44 (Hofseite um 1860).

[33]Friedrich SCHLIE: Kunst- und Geschichts-Denkmäler (wie Anm. 10), S. 194 spricht von einer *Verunstaltung* der Fassade, insbesondere der Fenster.

Abbildung 11
Schweriner Schloss
Dreibahniges Fenster

durchgängig wiederhergestellt. Für den Neubau des Schweriner Schlosses gilt demgegenüber: Abbildungen des alten Schlosses – u.a. aus der bekannten Serie von Aquarellzeichnungen „Schlossansichten" von Theodor Schloepke (1812-1878)[34]– lassen erkennen, dass auch am Bischofshaus sowie am Neuen Langen Haus rechteckige Fenster dominierten.[35] Erst durch die Umbauten seit 1845 wurden hier an beiden Gebäuden durchgängig die so charakteristisch gewordenen dreibahnigen *Fenster mit Segmentbogenabschluss* hergestellt.[36] Diese Fensterform wurde in der Folgezeit zu einem Merkmal etlicher Bauten auch Hermann Willebrands, etwa des

---

[34]Hela BAUDIS: Theodor Schloepke. In: Andreas RÖPCKE (Hrsg.): Biographisches Lexikon (wie Anm. 1). Bd. 5. Rostock 2009, S. 293-299, hier S. 295; Renate KRÜGER: Schweriner Schloss (wie Anm. 13), S. 90.

[35]Siehe etwa die Abbildungen in: Das Schloss zu Schwerin, Berlin 1869, (S. 3), (Abbildung 4 und 6) (Hofansichten); Friedrich SCHLIE: Kunst- und Geschichtsdenkmäler (wie Anm. 10), nach S. 602 (nach der Aufmessung durch Hermann Willebrand), S. 625 (Altes Schloss von Osten, nach Schloepke); Dirk HANDORF: Restauration durch Restaurierung. Vom Umgang mit Historischer Bausubstanz beim Neubau des Schweriner Schlosses 1842-1857. In: 150 Jahre Schloss Schwerin. Beiträge zur Bau- und Nutzungsgeschichte. Schwerin 2009, S. 32-54, hier S. 36 (Abbildung 7); Ralf WEINGART: Wendenwall (wie Anm. 15), S. 10-11, 19, 20. Eva BÖRSCH-SUPAN: Der Schlossbau unter der Leitung von Friedrich August Stüler. In: Schloss Schwerin (wie Anm. 15), S. 140, hebt ausdrücklich für den Neubau des Thronsaals im ehemaligen Bischofshaus sowie den ganzen Flügel *rundbogige, von einem Segmentbogen überfangene Drillingsfenster* als Übernahme *nach historischem Vorbild des Fürstenhofes in Wismar* hervor.

[36]Dirk HANDORF: Restauration (wie Anm. 35), S. 50; Ralf WEINGART: Wendenwall (wie Anm. 15), S. 168 (Anm. 47).

Schweriner Gymnasiums „Fridericianum" (Abbildung 12) oder des großherzoglichen Land- bzw. Sommerschlosses in Raben Steinfeld.[37] Auch Willebrands ehemaliger Berliner Lehrmeister und späterer Vorgesetzter beim Schweriner Schlossbau Friedrich August Stüler (1800-1865) hatte sich von der Fenstergestaltung des Wismarer Fürstenhofes etwa beim Hauptgebäude der Königsberger Universität inspirieren lassen, das wiederum wenige Jahre später für Willebrands Universitätsgebäude in Rostock von Bedeutung werden sollte.[38]

In Rostock bestimmen die dreibahnigen Fenster mit Segmentbogenabschluss das Aussehen der Hauptfassade in zwölf der insgesamt fünfzehn Achsen. Hat man der Restaurierung des Fürstenhofes 1878 durch Luckow eine gewisse

Abbildung 12
Schweriner Gymnasium

---

[37]Beatrix DRÄGER: Die Rezeption des „Johann-Albrecht-Stils": Staatsbauten des 19. Jahrhunderts. In: Der Johann Albrecht Stil (wie Anm. 9), S. 123-144, hier S. 130-132; Hermann Willebrand. Wege zum Historismus in Mecklenburg. Schwerin 2000, S. 20; Olaf BARTELS: Der Architekt Hermann Willebrand 1816-1899. Hamburg 2001, S. 58-59.

[38]Olaf BARTELS: Architekt (wie Anm. 37), S. 68; Peter PALME: Universitätshauptgebäude (wie Anm. 27), S. 23 und 43, in diesem Band S. 48 und 77.

Sterilität durch die Vereinheitlichung der Fassadengestaltung nachgesagt[39], so gilt dies für die Hauptfassade des Rostocker Baus wohl nicht in gleichem Maße. Dem wirken insbesondere der reich gestaltete Mittelrisalit samt Hauptportal, die vom zweiten und dritten Obergeschoss abweichende Gestaltung des Sockelgeschosses und des ersten Obergeschosses sowie die reichhaltige Sgrafitto-Dekoration entgegen. Hingegen wirkt die viel einfacher gestaltete Hoffassade deutlich nüchterner.

Die fünfzehn Achsen des Hauptgebäudes entsprechen übrigens wohl nicht zufällig der Achsenzahl der Vorderfront seines Vorgängers, des Weißen Kollegiums.[40] Ansonsten ähnelt der langgestreckte Baukörper des Hauptgebäudes den Gebäuden des Gadebuscher Schlosses und des Neuen Hauses des Wismarer Fürstenhofes, die allerdings erheblich weniger Achsen aufweisen.

Zu den mehr oder weniger direkten Vorbildern aus dem Schweriner Schloss für Willebrands Rostocker Hauptwerk zählen weiterhin die nach zwei entsprechenden Skulpturen am Eingang benannte „Obotritentreppe" am Hofeingang des Neuen Langen Hauses sowie die mit Terrakotten geschmückten Pfeiler in der Hofdornitz.[41] Erstere finden sich im Hauptportal bzw. Mittelrisalit, Letztere in den Pfeilern der Vorhalle des Rostocker Baus wieder. Hierbei bildete auf jeden Fall wiederum die Neugestaltung[42] der Obotritentreppe[43] im Zuge des Neubaus des Schweriner Schlosses und nicht deren unter Johann Albrecht errichteter Vorgängerbau[44] das unmittelbare Vorbild für den Rostocker Bau. Gleiches gilt auch für die Pfeiler in der Hofdornitz.[45] Ähnlich wie die Vorhalle mit ihren Pfeilern lässt im Innern des Universitätshauptgebäudes sein zentraler

---

[39] Horst ENDE: Fürstenhof (wie Anm. 18), S. 46.

[40] Adolf Friedrich LORENZ: Die Universitäts-Gebäude zu Rostock und ihre Geschichte. Rostock 1919, S. 65, Abbildung 22.

[41] Hierzu auch Peter PALME: Universitätshauptgebäude (wie Anm. 27), S. 18-19 und S. 47 mit Anm. 119, in diesem Band S. 48 und 68.

[42] Dirk HANDORF: Restauration (wie Anm. 35), S. 51 (Abbildung 29); Renate KRÜGER: Schweriner Schloss (wie Anm. 13), S. 53 (Abbildung)

[43] Zum Namen „Obotritentreppe" siehe: Das Grossherzogliche Schloss in Schwerin II. In: Friedrich WEDEMEYER: Album Mecklenburgischer Schlösser und Landgüter. Leipzig o.J., S. 5.

[44] Dirk HANDORF: Restauration (wie Anm. 35), S. 36 (Abbildung 7).

[45] DERS.: Konservieren und Erneuern – Johann Albrechts Schweriner Schloßgebäude im 19. Jahrhundert. In: Der Johann Albrecht Stil (wie Anm. 9), S. 67-82, hier S. 72 und 79 (Abbildung unten); Ralf WEINGART: Wendenwall (wie Anm. 15), S. 26.

Raum, die Aula, eine *Abhängigkeit vom Schweriner Schloss*[46] deutlich erkennen: Das betrifft insbesondere deren Wandgestaltung[47] ähnlich derjenigen des im 1913 beim Schweriner Schlossbrand vernichteten „Goldenen Saales"[48], der erst durch den Neubau des Schlosses im 19. Jahrhundert entstanden war.

Eine weitere Analogie zwischen diesem Neu- bzw. Umbau des Schweriner Schlosses und dem Universitätsgebäude besteht in dem Figurenschmuck mit konkreten Persönlichkeiten in Gestalt von Reliefs, Skulpturen und Büsten an den Fassaden. Während bei der Restaurierung des Wismarer Fürstenhofes 1878 eine größere Zahl originaler Terrakotten wieder verwendet wurden als früher angenommen[49], stieg die Zahl der Terrakottamedaillons beim Neu- und Umbau in Schwerin Mitte des 19. Jahrhunderts erheblich. So fehlten sie bis dahin an der Seeseite des Bischofshauses völlig.[50]

Sowohl in Schwerin wie in Rostock vereinigte man in den Porträts Akteure der Vergangenheit und der Gegenwart des jeweiligen Neubaus. An der Hofseite des Neuen Langen Hauses samt Obotritentreppe waren dies Herzog Johann Albrecht I. samt Gattin sowie weitere damalige Angehörige des herzoglichen Hauses. Die Seeseite des Neuen Langen Hauses war Hauptvertretern des großherzoglichen Hauses sowie den am Neubau des Schlosses beteiligten Baumeistern, Künstlern, Wissenschaftlern und Mitgliedern der Baukommission vorbehalten. An der Seeseite des Bischofshauses, das u.a. den „Thronsaal" des Großherzogs beherbergt, prangen entsprechend hierzu die Porträts europäischer und deutscher Monarchen, die in mehr oder weniger enger Beziehung zu Großherzog Friedrich Franz II. standen.[51]

In Rostock wurden die Porträts der drei Baumeister des Hauptgebäudes auf die Hoffassade verwiesen. Die Hauptfassade sowie die Straßenfassade nach Norden waren an prominenter Stelle den nicht weniger als sechs (!) fürstlichen

---

[46]Peter PALME: Universitätshauptgebäude (wie Anm. 27), S. 23, in diesem Band S. 73.

[47]Ebenda, S. 22, in diesem Band. S. 72.

[48]Renate KRÜGER: Schweriner Schloss (wie Anm. 13), S. 122-126 und S. 120-121 (Abbildung).

[49]Bettina GNEKOW und Günther FAUST: Denkmalpflegerische Aspekte der Restaurierung des Fürstenhofes Wismar (1996-2002). In: Fürstenhof (wie Anm. 16), S. 78-103, hier S. 90.

[50]Dirk HANDORF: Restauration (wie Anm. 35), S. 70 und 74; Ralf WEINGART: Wendenwall (wie Anm. 15), S. 20.

[51]Dirk HANDORF: Restauration (wie Anm. 35), S. 70-71 und S. 74.

„Gründern" bzw. „Erneuerern" der Universität aus dem 15., 16. und 19. Jahrhundert vorbehalten. (Abbildung 13 bis 18)[52] Hinzu kamen neben sieben berühmten Rostocker Gelehrten aus dem 16. bis 19. Jahrhundert noch der Bischof von Schwerin sowie der erste Universitätsrektor und ein Bürgermeister der Gründungszeit, ergänzt durch den großherzoglichen Vizekanzler der Universität und den zuständigen großherzoglichen Minister am Vorabend des Neubaus. Neben den Skulpturen mecklenburgischer Fürsten schmückten statt der beiden namengebenden „Obotriten" an der Obotritentreppe des Schweriner Schlosshofes die Hauptfassade des Rostocker Universitätsbaus antikisierende weibliche Allegorien der vier klassischen Fakultäten Theologie, Jurisprudenz – beide als in der traditionellen Rangordnung wichtigste Fakultäten am Mittelrisalit –, Medizin und Philosophie jeweils an den Enden der Hauptfassade, ergänzt durch zwei weitere an der Nordfassade speziell für die Geschichtsschreibung sowie die Astronomie, die jeweils charakteristisches Zubehör (ein Kreuz, eine Waage samt den Zwölf-Tafel-Gesetzen, eine aus einer Schale trinkende Schlange, ein Textkonvolut, Schreibutensilien, einen Sternenglobus) in Händen halten (Abbildung 19 bis 24).[53]

Entsprechend dem Charakter des Gebäudes nahmen am Schweriner Gymnasium Fridericianum statt der Landesherren oder der Allegorien der Fakultäten bzw. Wissenschaften Statuen von Martin Luther und Philipp Melanchthon, dem Praeceptor Germaniae, den Platz über dem Hauptportal (Abbildung 25) ein.[54]

Fassen wir zusammen:

Von den drei *Schlüsselwerken* der mecklenburgischen Renaissance, den Schlössern in Schwerin und Gadebusch sowie dem Fürstenhof in Wismar, hat ohne Zweifel das Schweriner Schloss den stärksten Einfluss auf die Planung und

---

[52] Die Abbildungen 13-18 befinden sich im Anhang Fassade: Rostocker Universitätshauptgebäude, Skulpturen bzw. Porträtmedaillons der Herzöge bzw. Großherzöge Johann III. (bzw. IV.): Abbildung 14; Albrecht V.: Abbildung 15; Johann Albrecht I.: Abbildung 36; Ulrich III.: Abbildung 37; Friedrich Franz I.: Abbildung 20 und Friedrich Franz II.: Abbildung 21.

[53] Die Abbildungen 13-18 befinden sich im Anhang Fassade: Rostocker Universitätshauptgebäude, Allegorien der Theologia: Abbildung 29; Jurisprudenz: Abbildung 30; Medicina: Abbildung 28; Philosophia: Abbildung 31; Historia: Abbildung 38 und Astronomia: Abbildung 39.

[54] Olaf BARTELS: Architekt (wie Anm. 37), S. 72 und 75.

Gestaltung des Rostocker Universitätshauptgebäudes hauptsächlich durch Hermann Willebrand ausgeübt. Dies kann auch nicht verwundern. Willebrand, der sowohl zu Zeiten der Bauleitung Demmlers wie Stülers maßgeblich[55] – um es sehr zurückhaltend zu formulieren – am Neu- bzw. Umbau des Schweriner Schlosses beteiligt gewesen war, kannte naturgemäß wie kein Zweiter sowohl das alte als auch das neue Schloss in Schwerin.

Ebenso wenig überraschend dürfte es außerdem sein, dass Willebrand für sein Rostocker Hauptwerk primär an dem hauptsächlich von ihm mitgeschaffenen Neu- und Umbau als an der im 19. Jahrhundert nur noch stark verändert erhaltenen ursprünglichen Form der Bauteile des Schweriner Schlosses aus der Zeit von Herzog Johann Albrecht I. anknüpfte.

Abbildung 25
Schweriner Gymnasium, Skulpturen über dem Hauptportal

---

[55]Olaf BARTELS: Georg Adolph Demmler, Hermann Willebrand und der Umbau des Schweriner Schlosses. In: Schloss Schwerin (wie Anm. 15), S. 58-77.

Abbildungen

Abbildung 1: Schweriner Schloss von der Seeseite
Abbildung 2: Gadebuscher Schloss
Abbildung 3: Wismarer Fürstenhof
Abbildung 4: Schweriner Schloss, Bischofshaus
Abbildung 5: Schweriner Schloss, Neues langes Haus
Abbildung 6: Wismarer Fürstenhof, Motto Johann Albrechts I.
Abbildung 8: Wismarer Fürstenhof, Fries Gleichnis vom verlorenen Sohn
Abbildung 8: Wismarer Fürstenhof, Fries Trojanischer Krieg
Abbildung 9: Gadebuscher Schloss, Terrakotten
Abbildung 10: Rostocker Universitätshauptgebäude, Giebel Mittelrisalit
Abbildung 11: Schweriner Schloss, Dreibahniges Fenster
Abbildung 12: Schweriner Gymnasium

Abbildung 13 bis 18: Rostocker Universitätshauptgebäude, Skulpturen bzw. Porträtmedaillons der Herzöge bzw. Großherzöge Johann III. (bzw. IV.), Albrecht V., Johann Albrecht I., Ulrich III., Friedrich Franz I. und Friedrich Franz II.

Abbildung 19 bis 24: Rostocker Universitätshauptgebäude, Allegorien der Theologia, Jurisprudenz, Medicina, Philosophia, Historia und Astronomia

Abbildung 25: Schweriner Gymnasium, Skulpturen über dem Hauptportal

Abbildungsnachweis: Abbildung 1: Kersten Krüger 2016, alle anderen: Universität Rostock, IT- und Medienzentrum 2013

Untersuchungen zur Baugeschichte des Gadebuscher Schlosses[1]

VON FRANK BRAUN

Einleitung

Das Gadebuscher Schloss (Abb. 1) prägt heute als Hauptgebäude die Bebauung des sogenannten „Schlossbergs", eines mittelalterlichen Burgwalls am Rande der Gadebuscher Altstadt. Das Schloss wurde bis 1990 als Internat für die Erweiterte Oberschule genutzt, die von 1949 bis 1980 in verschiedenen Nebengebäuden auf dem Schlossberg untergebracht war. Nach der Aufgabe dieser Nutzung entschloss sich die Stadt Gadebusch, Rechtsträger für den gesamten Bereich des Schlossbergs, für das Schloss mit seinen unmittelbaren Anbauten eine Bestandsaufnahme und Bauuntersuchung zur Vorbereitung einer Instandsetzung und Umnutzung in Auftrag zu geben[2]. Dadurch bot sich in den Jahren 1992 bis 1994 die Gelegenheit zu umfangreichen Voruntersuchungen im Gebäude und zu ergänzenden Recherchen im Mecklenburgischen Landeshauptarchiv, die eine Reihe von neuen Befunden und Erkenntnissen zur Baugeschichte des Schlosses offengelegt haben. Im Folgenden soll ein kurzer Überblick über wichtige Ergebnisse dieser Untersuchungen gegeben werden.

---

[1] Dieser Beitrag wurde bereits 1994 in der Zeitschrift AKK. Architektur, Kunst- und Kulturgeschichte in Nord- und Westdeutschland, Heft 4 (1994), S. 135–144, erstmals veröffentlicht. Leider hat das Schloss in der Zwischenzeit zwar Eigentümerwechsel erlebt, der Zustand ist aber weitestgehend unverändert. Der Beitrag wird daher an dieser Stelle inhaltlich ohne Änderungen abgedruckt – der schon 1994 formulierte Abschluss gilt auch mehr als 20 Jahre später noch uneingeschränkt!

[2] Die Bestandsuntersuchung wurde zwischen 1992 und 1994 im Büro des Verfassers im Auftrage der BIG Städtebau GmbH Mecklenburg-Vorpommern (Treuhänderischer Sanierungsträger der Stadt Gadebusch) bearbeitet. Das verformungsgetreue Aufmaß wurde von Susanne Dräger unter Mitarbeit von Ulrich Jedelhauser, Ursula Markfort, Gerhard Scholz und Henryk Stutz gezeichnet. Horst Stutz (Gadebusch) stellte umfangreiches Material zur Verfügung und gab viele wertvolle Hinweise.

Abbildung 1
Schloss Gadebusch mit Remise (links) und Küchenanbau (rechts) von Süden (2014)

Forschungsstand

Das Gadebuscher Schloss zählt zu den wichtigsten Bauzeugnissen herrschaftlicher Renaissance-Architektur in Mecklenburg und war (mit den stilistisch verwandten Bauten des Fürstenhofs in Wismar und des Schweriner Schlosses) bereits vor über 150 Jahren erstmals Gegenstand einer (hauptsächlich auf der Auswertung schriftlicher Quellen beruhenden) baugeschichtlichen Würdigung durch G. C. F. Lisch[3], der in den Jahren 1845 und 1852 zwei weitere kleine Veröffentlichungen zu diesem Themenkreis publizierte[4]. Nahezu alle jüngeren

---

[3] Georg Christian Friedrich LISCH: Geschichte der fürstlichen Residenz-Schlösser zu Wismar, Schwerin und Gadebusch. In: Jahrbücher des Vereins für mecklenburgische Geschichte und Altertumskunde V (1840), S. 1 – 73.

[4] DERS.: Die Schlösser zu Wismar und Schwerin und deren Baumeister. In: Ebenda X (1845), S. 320; und DERS.: Beiträge zur Geschichte des Renaissance-Ziegelbaus in Mecklenburg aus der Mitte des 16. Jahrhunderts. In: Ebenda XVII (1852), S. 388 – 390.

Veröffentlichungen nehmen auf diese Arbeiten Bezug[5] und beschäftigen sich besonders intensiv mit der äußeren Gestaltung des Gadebuscher Baus, der an beiden Traufseiten und an der westlichen Giebelseite durch Friese und Pilaster aus Terrakottaplatten mit unterschiedlichen Motiven gegliedert wird (Abb. 1)[6].

Baustruktur und Nutzung des Burgwalls im Mittelalter und in der frühen Neuzeit

Archäologische Untersuchungen zur Bebauungsstruktur und Nutzung des Gadebuscher Burgwalls im Mittelalter und in der frühen Neuzeit sind bisher nicht durchgeführt worden. Nach den Angaben von G. Stange[7] lässt sich eine Besiedlung, vermutlich auch eine Befestigungsanlage anhand von Keramikfunden bereits für die slawische Zeit nachweisen. Das für die 1. Hälfte des 13. Jahrhunderts erstmals archivalisch belegte *castrum* wird gegen Ende des 13. und Anfang des 14. Jahrhunderts als fürstliche Residenz, anschließend bis in das 16. Jahrhundert nur noch als Nebenresidenz genutzt.[8] Die ältesten Informationen, aus denen auf die mittelalterliche Baustruktur der Burganlage rückgeschlossen werden kann, liefern Inventare des späten 16. und frühen 17. Jahrhunderts, die neben dem alten und dem neuen Haupthaus (siehe unten) unter anderem eine Toranlage mit Zwingern und Zugbrücke, einen massiven runden Turm (Bergfried, Anfang

---

[5] So zum Beispiel auch das Denkmälerinventar von Friedrich SCHLIE: Die Kunst- und Geschichtsdenkmäler des Großherzogthums Mecklenburg-Schwerin. II. Band. Schwerin 1898, S. 481–487.

[6] Vgl. hierzu Fritz SARRE: Der Fürstenhof zu Wismar und die norddeutsche Terrakotta-Architektur im Zeitalter der Renaissance. Berlin 1890. Eva ZENGEL: Studien zur Schloßbaukunst des 16. Jahrhunderts in Mecklenburg. Ein Beitrag zur Geschichte der Terrakottendekoration der Renaissance. Diplomarbeit Universität Rostock 1958 (masch. schr.); Nils RÜHBERG: Das Schloß in Gadebusch. Aspekte der Baugeschichte und Denkmalpflege. In: Mitteilungen des Instituts für Denkmalpflege – Arbeitsstelle Schwerin Nr. 25 (1979), S. 400–408.

[7] Günther STANGE: Zur Frühgeschichte und Geschichte des Gadebuscher Burgwalles und seiner Baulichkeiten. In: Zwischen Maurine und Wallensteingraben. Heimatkalender für das nordwestliche Mecklenburg 1966, S. 115 – 126.

[8] Angaben nach SCHLIE (wie Anm. 5), S. 457 ff.

des 19. Jahrhunderts abgebrochen[9]) sowie verschiedene Wirtschafts- und Stallgebäude erwähnen[10]. Die heute vorhandenen Baulichkeiten entstammen (abgesehen vom Hauptgebäude selbst) dem 18., 19. und 20. Jahrhundert[11].

Im Zusammenhang mit der Rückkehr Herzog Christophs, Bruder der Herzöge Johann Albrecht und Ulrich, aus Livland und dessen Übernahme des Bistum Ratzeburg sowie der Ämter Gadebusch und Tempzin im Jahre 1569[12] erfolgte ein durchgreifender Neubau des Hauptgebäudes unter Einbeziehung von Teilen eines Vorgängerbaus, die noch heute am östlichen Giebel deutlich zu erkennen sind[13]. Die Gestaltung des Neubaus lehnte sich eng an die Bauten des Fürstenhofs in Wismar und des Schweriner Schlosses an, die allerdings bereits um 1555 vollendet wurden. Als Baumeister für den Gadebuscher Bau wird Christoph Haubitz genannt, der zwischen 1549 und 1584 in den Diensten Herzog Albrechts nachzuweisen ist[14].

---

[9] Vgl.: Schloß Gadebusch. Sonntagsbeilage der Mecklenburgischen Zeitung, Nr. 43 vom 25. Oktober 1891.

[10] Angaben nach LISCH (wie Anm. 3), S. 65 f.

[11] Am westlichen Rand des Schlossbergs, rechtwinklig zum Hauptgebäude die Remise von 1817/18 (d), in Verlängerung dieser Achse die ehemalige Schul- und heutige Verwaltungsbaracke (nach 1949), östlich an das Hauptgebäude anschließend der so genannte *Küchenanbau* (wohl Mitte des 18. Jahrhunderts), am östlichen Rand des Schlossbergs das ehemalige Museumsgebäude (wohl 1. Hälfte 19. Jahrhundert), am südlichen Rand des Schlossbergs der Schulergänzungsbau (1963/64).

[12] Angaben nach SCHLIE (wie Anm. 5), S. 461.

[13] Vgl. hierzu STANGE (wie Anm. 7) sowie RÜHBERG (wie Anm. 6). Eine detaillierte Untersuchung des Ostgiebels erfolgte bisher nicht. Auch Teile des Kellers dürften noch dem Vorgängerbau zuzuordnen sein (vgl. Abb. 3 und 4). Über den Umfang der Verwendung weiterer Teile des Vorgängerbaus, zum Beispiel in der nördlichen Traufseite und in den Treppenhauswänden, können bisher keine gesicherten Aussagen gemacht werden.

[14] Angaben nach SCHLIE (wie Anm. 5), S. 481.

Abbildung 2: Treppenturm vor der Restaurierung
Anfang des 20. Jahrhunderts (1903)

Die äußere Gestalt des Neubaus von 1570 bis 1573

Auffällig an dem Gadebuscher Neubau von 1570/71 (d) bzw. 1572/73 (d)[15] ist die im Detail deutlich von den knapp 20 Jahre älteren Bauten in Wismar und Schwerin abweichende Gestaltung. An dem langrechteckigen, dreigeschossigen Gadebuscher Bau mit einem seitlich an der südlichen Traufwand gelegenen und etwas vorspringenden Treppenturm fehlt die Dreiteilung der Fenster; die Portale am Treppenturm sind hingegen sehr viel figurenreicher gestaltet und zeichnen sich besonders durch die tryptichonartig über dem Architrav angeordneten Tonplatten mit der Darstellung des Sündenfalls, der Kreuzigung und der Auferstehung aus. Andererseits fällt in Gadebusch die wesentlich sorglosere und unsauberere Ausführung der Außenwandgliederungen auf; Pilaster und Brüstungen sind zum Teil sehr grob mit Teilen von Terrakottaplatten dekoriert. Als Lieferant für die Platten wird auch in Gadebusch noch die Werkstatt des Statius von Düren in Lübeck angenommen, obwohl die Existenz seiner Werkstatt für die Zeit um 1570 nicht mehr sicher nachgewiesen ist[16].

Heute kommt dem Gadebuscher Bau aus kunstgeschichtlicher Sicht eine besondere Bedeutung zu, weil große Teile der Bausubstanz des 16. Jahrhunderts trotz einer durchgreifenden Umgestaltung des Äußeren Anfang des 20. Jahrhunderts erhalten blieben, während die Fassaden der Bauten in Wismar und Schwerin im 19. Jahrhundert fast vollständig erneuert wurden. In Gadebusch wurde in den 1890er Jahren durch den Hagenower Landbaumeister Hamann zwar eine *Wiederherstellung* der Fassaden vorbereitet, die umfangreiche Rekonstruktionen der Giebelabschlüsse über dem Treppenhaus und dem westlichen Giebel beinhaltete (Abb. 2), jedoch die vorhandenen unbeschädigten Terrakotten in situ beließ[17]. Die von Hamann vorgesehenen Arbeiten wurden seinerzeit Prof. Dr. A.

---

[15] Nach den Ergebnissen der 1993 vom Ordinariat für Holzbiologie der Universität Hamburg durchgeführten dendrochronologischen Untersuchung muss die in der Literatur meistens mit 1570/71 angegebene Bauzeit bis in das Jahr 1573 ausgedehnt werden, da die im Dachwerk entnommenen datierbaren Proben das Fälldatum „Winter 1572/73" ergaben. Lediglich RÜHBERG (wie Anm. 6, S. 401) hatte bisher auf einen weiteren Beleg für eine längere Bauzeit im Gebäude hingewiesen: im Treppenhaus über der Haupteingangstür findet sich ein Stuckband mit der Inschrift *1572*.

[16] Zusammenfassung der Diskussion bei RÜHBERG (wie Anm. 6), S. 401. Zu Statius von Düren vgl. John EIMERS: Die Werkstatt des Statius von Düren. In: Nordelbingen 3 (1924), S. 133, 277.

[17] Zeichnungen zu den geplanten Arbeiten im Landesamt für Denkmalpflege Mecklenburg-Vorpommern (Schwerin).

Haupt in Hannover zur Begutachtung vorgelegt und stießen dort auf Ablehnung[18], weil seiner Meinung nach für die geplante *Verschönerung* zahlreiche Details unpassend gestaltet und die Voruntersuchungen zur Baugeschichte nicht in der erforderlichen Gründlichkeit vorgenommen worden waren. Trotz einiger Änderungen an den ursprünglichen Entwürfen wurde die Umgestaltung der Fassaden dann aber doch ausgeführt; die neu eingebauten Terrakotten sind durch die eingestempelte Jahreszahl *1903* kenntlich gemacht. Das ursprünglich nur mit einem sehr dünnen, einer Schlämme ähnelnden Kalkputz überzogene Außenmauerwerk[19] wurde im Rahmen dieser Arbeiten mit einem bis zu 2 cm dicken Kalk- und Kalkzementputz überzogen, der in den 1970er und 1980er Jahren in mehreren Abschnitten erneuert wurde. Untersuchungen an den Fassaden zu Veränderungen an Öffnungen usw. sind daher zerstörungsfrei zurzeit nicht möglich.

Innenstruktur, Nutzung und Ausstattung

Die in den beiden Jahren 1992/1993 durchgeführten Untersuchungen haben gezeigt, dass auch im Schlossinneren noch in erheblichem Umfang Bausubstanz des Neubaus von 1570-73 erhalten ist. Neben dem Treppenhaus mit Rippengewölben und Stuckornamenten zählen dazu in erster Linie die Deckenkonstruktion über dem Erdgeschoss (Holzbalkendecke mit Einschub aus Lehmwickeln und unterseitigen Resten von Bemalung), die auf einem mächtigen hölzernen Unterzug aufliegt, Teile der Decken über dem 1. und 2. Obergeschoss sowie das eichene Dachwerk, das als Kehlbalkendach mit doppelter Kehlbalkenlage konstruiert ist; in jedem zweiten Gebinde stehen Spitzsäulen, die in Längsrichtung durch zwei Riegelketten miteinander verbunden und durch aufgeblattete Langstreben ausgesteift sind[20] (Abb. 3 und 4).

---

[18] Wiedergabe des Schriftverkehrs bei ZENGEL (wie Anm. 6) im Anhang.

[19] Freundlicher Hinweis der Restauratoren A. Seiffert u. A. Najewitz (Wismar), die am und im Gebäude umfangreiche Voruntersuchungen durchgeführt haben.

[20] In einigen Gebinden ohne Spitzsäule stehen Ständer, die nicht zimmermannsmäßig in das Dachwerk eingebunden, sondern seitlich mit Schmiedenägeln an Riegeln und Kehlbalken befestigt sind. Zwei dieser Ständer konnten ebenfalls auf 1572/73 (d) datiert werden und sind somit der ursprünglichen Dachkonstruktion zuzuordnen.

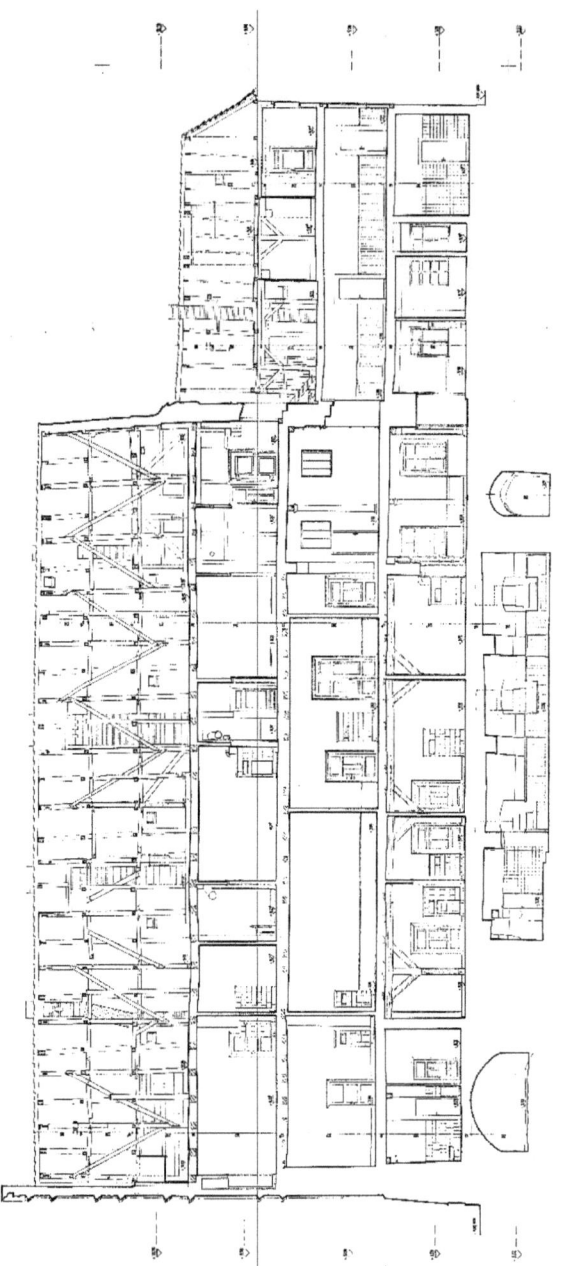

Abbildung 3:
Längsschnitt
Hauptgebäude
(Tuschezeichnung
des Aufmaßes,
1994, im
Original Maßstab
1:50)

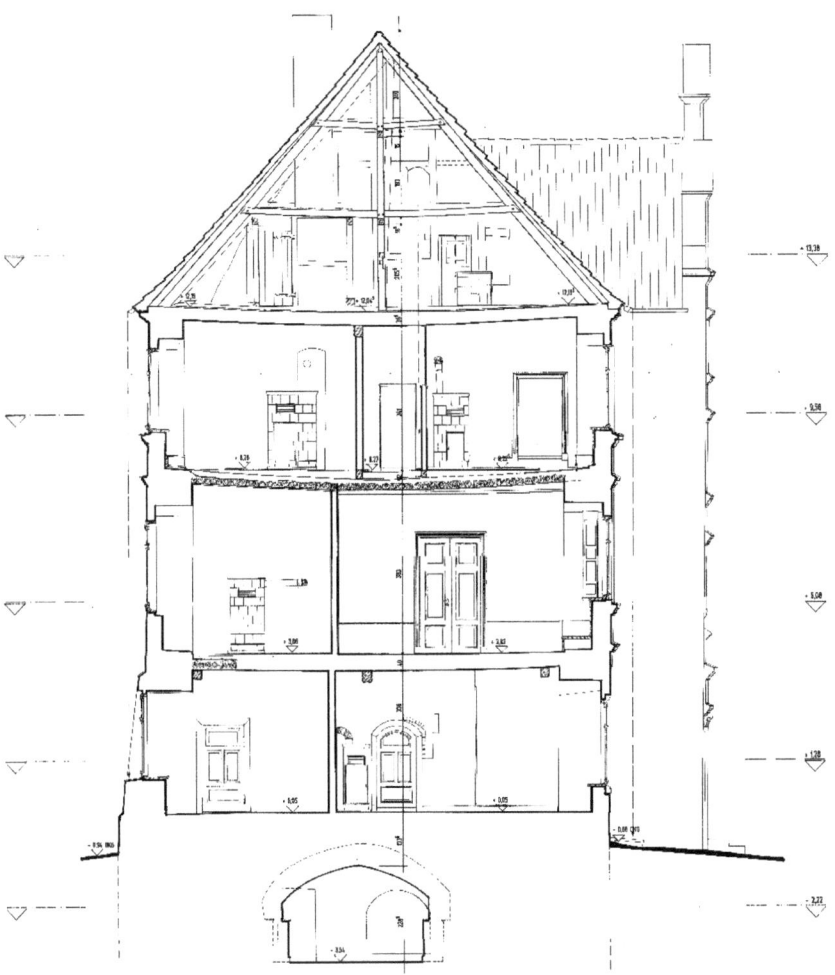

Abbildung 4
Querschnitt Hauptgebäude
(Tuschezeichnung des Aufmaßes, 1994,
im Original Maßstab 1:50)

Die heutigen Raumstrukturen und die Ausstattung sind zum großen Teil Umbauten des 19. Jahrhunderts zuzuordnen, insbesondere dem *Durchbau* des Schlosses zum Amtsgericht in den Jahren 1878/79[21], nach dem das Erdgeschoss von der Amtsverwaltung Gadebusch, das 1. Obergeschoss als Wohnung des 1. Beamten und das 2. Obergeschoss als Amtsgericht genutzt wurde; an der Nordseite wurde ein neues Treppenhaus mit direktem Zugang von außen sowie ein weiterer Ausgang angelegt, um *vollständig getrennte Benutzung für den dienstlichen, wie den privaten Gebrauch der Räume zu gewinnen*[22]. Im 20. Jahrhundert wurden (abgesehen von Neufassungen an Decken, Wänden, Fenstern und Türen) nur wenige Eingriffe vorgenommen, unter anderem der mit der Einrichtung von Bädern für die Internatsnutzung verbundene Einbau von Stahlbetondecken in kleineren Deckenabschnitten sowie der Einbau leichter Trennwände, abgehängter Decken usw.

Über die Nutzung und Raumaufteilung des Schlosses im 16. und 17. Jahrhundert wissen wir bisher nur wenig. Herzog Christoph hat das neue Gebäude knapp 20 Jahre genutzt. Nach seinem Tod am 3. März 1592 erhielt seine zweite Frau Elisabeth, Tochter König Gustavs I. von Schweden, die Ämter Gadebusch und Tempzin zum Leibgedinge; sie kehrte allerdings 1597 nach Schweden zurück. Die Ämter fielen an das mecklenburgische Fürstenhaus zurück. Erst im Jahre 1608 trat Herzog Johann Albrecht II. die Erbschaft der Ämter an und residierte mit seiner Frau Margarethe Elisabeth (Tochter Herzog Christophs) im Schloss Gadebusch.

Inventare aus den Jahren 1603 und 1611 geben zwar Aufschluss über die Raumstruktur des Schlosses in dieser Zeit, müssen aber sorgfältig analysiert werden, da die Folge der Räume oftmals nicht eindeutig nachvollzogen werden kann[23]. So wurde der in den Inventaren verzeichnete, beinahe eine komplette Etage des Neubaus einnehmende *lange große Saal* in der Literatur stets dem Erdgeschoss zugeordnet, den beiden Obergeschossen die Privaträume des Herzogs und seiner Frau. Wechsel in der Spannrichtung der (vollständig erhaltenen)

---

[21] Kostenanschlag und Schriftverkehr hierzu im Landeshauptarchiv Schwerin (LHAS), Domanialamt Gadebusch – Rehna, Nr. 1294

[22] LHAS (wie Anm. 21), p. 5 des Kostenanschlags.

[23] LHAS, Altes Archiv - Internum, Hofstaatssachen, Fürstliche Schlösser und Häuser, Nr. 180 u. 187. Die Transkription der Inventare übernahm Hans-Georg Kaack (Ratzeburg), dem für Diskussion und Interpretation der Ergebnisse gedankt wird. Die Inventare werden schon von LISCH (wie Anm. 3) und ZENGEL (wie Anm. 6) ausgewertet. Auch Hamann (vgl. oben Anm. 17 u. 18) bezieht die Inventare in seine Überlegungen ein, rekonstruiert allerdings die Raumstrukturen des 16. Jahrhunderts sehr frei auf der Grundlage der von ihm noch vorgefundenen Raumstrukturen des 19. Jahrhunderts.

Balkenlage über dem Erdgeschoss und Reste einer (vermutlich dem Neubau 1570-1573 zuzuordnenden) Querwand im Erdgeschoss, die als Auflager für Deckenbalken (im Bereich des Wechsels der Spannrichtung) erforderlich war, geben aber Anlass zu der Vermutung, dass im Erdgeschoss lediglich ein kleinerer Saal, der große Festsaal jedoch (wie in vergleichbaren Schlössern dieser Zeit) im 1. Obergeschoss gelegen haben könnte. Darauf deuten neben der im 1. Obergeschoss um 50 cm größeren Deckenhöhe auch die (nach partiellen Freilegungen von Fußböden und Deckenverkleidungen offengelegten) starken Verformungen der Deckenbalken über dem 1. und 2. Obergeschoss hin, die bis zu 25 cm durchhängen. Offensichtlich wurde das Dachwerk als Hängewerk für diese beiden Decken ausgebildet, da die Ableitung der Lasten nach unten im 1. Obergeschoss aufgrund fehlender bzw. nicht erwünschter Längswände oder Unterzüge nicht möglich war; ausgerissene Holzverbindungen im Dachwerk zeigen, dass diese Konstruktion offensichtlich nicht funktioniert hat. Die bei der Bauuntersuchung festgestellten Schäden werden sogar schon 1659 beschrieben (Abb. 5)[24]; sie wurden durch den Einbau neuer Balken 1661/1662 (d) in der Balkenlage über dem 1. Obergeschoss allerdings nur unzureichend behoben, denn auch diese Balken biegen sich heute wieder bis zu 25 cm durch. Befunde zur Art der Befestigung der Deckenbalkenlage am Dachwerk liegen noch nicht vor; zurzeit sind lediglich Abdrücke von Bandeisen an allen Spitzsäulenfüßen oberhalb der Deckenkonstruktion zu erkennen.

---

[24] LHAS, Altes Archiv – Internum, Hofstaatssachen, Fürstliche Schlösser und Häuser, Nr. 171. Dort heißt es in einem Protokoll einer Besichtigung des Schlosses am 17. November 1659 durch den Lübecker Baumeister Casper Walter unter Punkt 4: *Daß dach undt Sparwerck ... ist noch zimblich, aber die balcken unter den spahren, und in den mittelsten logamentern, deren 58 stücke, seindt gantz durchgebogen, undt entzwey, wie auch 8 oder 10 spahren müßen künfftig neu eingebracht werden.*

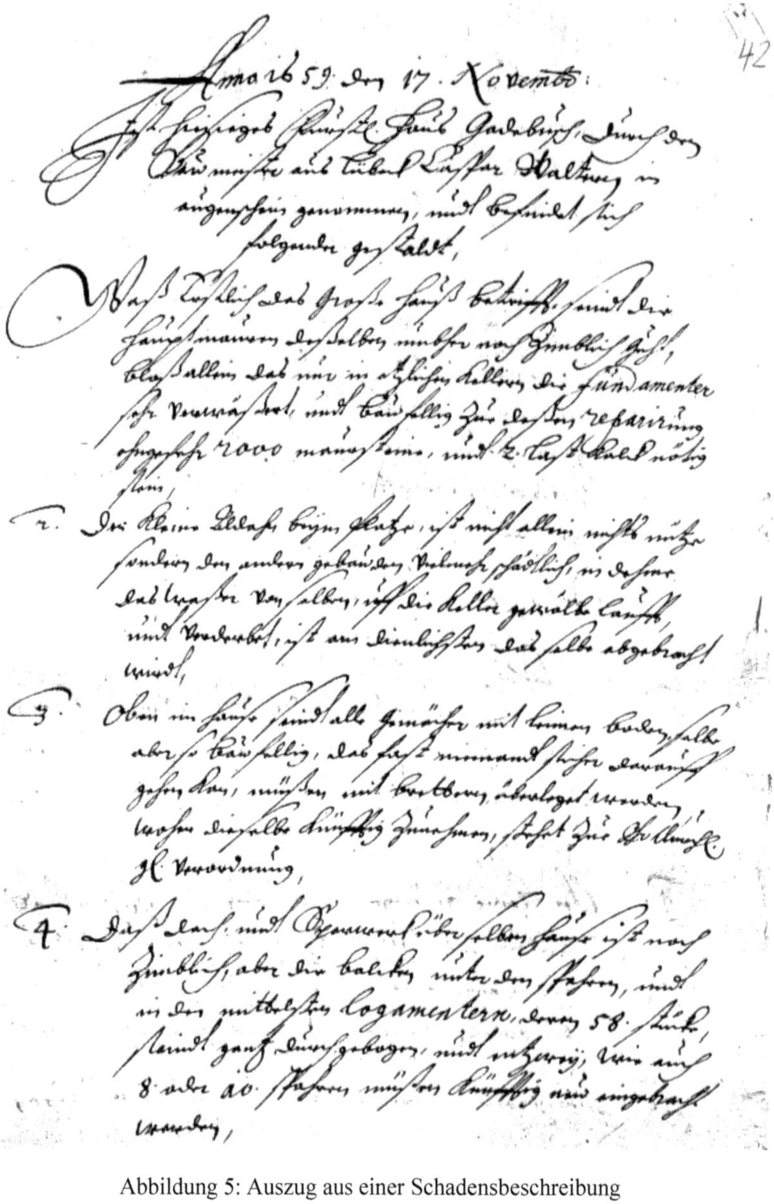

Abbildung 5: Auszug aus einer Schadensbeschreibung vom 17. November 1659

Über die weitere Entwicklung der Raumstruktur des Schlosses im 17. und 18. Jahrhundert lassen uns sowohl die Quellen als auch die bisherigen Befunde weitestgehend im Dunklen. Hinweise aus dem frühen 18. Jahrhundert deuten aber auf eine frühzeitige Teilung der Schlossnutzung hin: in einem Brief des Gadebuscher Amtmanns Busch an Herzog Carl Leopold vom 26. Januar 1714 heißt es, *daß ich* (also der Amtmann, d. Verf.) *den ersten Stock, samt der untersten Küche, Keller und einigen andern Cammern im Besitz und Gebrauch haben solte, das Obere Stock Werck aber solte allemahl Vor der Hochfürstl. Herrschafft reserviret werden und frey bleiben, wann dieselbe etwa anhero Kommen möchten*[25].

Ausblick

Für die weitere Zukunft des Gadebuscher Schlosses ist zu hoffen, dass es gelingen wird, ein angemessenes Nutzungskonzept für diesen, für die Stadt Gadebusch so wichtigen Bereich zu finden, das die bereits bekannten und die zu erwartenden Baubefunde im Boden und im Aufgehenden respektiert und sinnvoll integriert. Vertiefende und baubegleitende archäologische und bauarchäologische Untersuchungen, verbunden mit einer Auswertung der umfangreichen schriftlichen Quellen, können zu einer detaillierten Darstellung der Entwicklung vom mittelalterlichen Gadebuscher Burgwall zum neuzeitlichen „Schlossberg" in seiner heutigen Gestalt führen.

Abbildungsnachweis:

Abb. 1: Schloss mit Remise (links) und Küchenanbau (rechts) von Süden (2014) (Universität Rostock, IT- und Medienzentrum)

Abb. 2: Treppenturm vor der Restaurierung Anfang dieses Jahrhunderts (1903) (Stadtarchiv Gadebusch)

Abb. 3: Längsschnitt Hauptgebäude M 1:200, Tuschezeichnung des Aufmaßes, 1994, Original Maßstab 1:50 (Susanne Dräger)

Abb. 4: Querschnitt Hauptgebäude M 1:200, Tuschezeichnung des Aufmaßes, 1994, Original Maßstab 1:50, (Susanne Dräger)

Abb. 5: Auszug aus einer Schadensbeschreibung vom 17. November 1659 (LHAS, wie Anm. 24)

---

[25] LHAS, Altes Archiv – Internum, Hofstaatssachen, Fürstliche Schlösser und Häuser, Nr. 172.

Ehre des Landesherrn und Zierde der Stadt
Die Entstehung des Universitätshauptgebäudes im politischen Kräftespiel 1865–1870

VON ERNST MÜNCH

Nach quälenden, sich über Jahrzehnte hinziehenden, von vielen Rückschlägen begleiteten Ansätzen erfolgte die Errichtung des Universitätshauptgebäudes[1] in Rostock dann doch relativ zügig. Die Geschichte seines Baus ähnelte daher sehr der auch zeitlich fast parallel verlaufenden Begründung des Deutschen Reiches, die nur ein Jahr später ihren Abschluss erlebte.

Diese Parallele wurde bereits den Zeitgenossen bewusst. Sie hat beispielhaft in der Würdigung des „Landesvaters", Großherzog Friedrich Franz II. (1823-1883)[2] von Mecklenburg-Schwerin, ihren beredten Ausdruck gefunden: An seinem von Ludwig Brunow (1843-1913)[3] geschaffenen martialischen Reiterstandbild (1893 errichtet) im Garten des Schweriner Schlosses werden auf Sockelreliefs zwei Taten seiner Herrschaft gewürdigt – seine aktive militärische Mitwirkung im deutsch-französischen Krieg von 1870/71 sowie die Errichtung des Rostocker Universitätshauptgebäudes.[4] (Abbildung 1 und 2)

Die auf diese Weise unübersehbar verdeutlichte Beziehung von Politik und Wissenschaft war daher auch dem 19. Jahrhundert geläufig. Dementsprechend beeinflusste sie ebenfalls die Geschichte der Universitätsgebäude – im positiven Sinne in Gestalt von Neubauten, im negativen Sinne jedoch auch in Gestalt des Verfalls oder des Abrisses von Gebäuden.

---

[1] Nach wie vor in vielerlei Hinsicht grundlegend Peter PALME: Das Rostocker Universitätshauptgebäude und seine Vorgeschichte im 19. Jahrhundert. Betrachtungen zur Bau- und Kunstgeschichte. In: Beiträge zur Geschichte der Wilhelm-Pieck-Universität Rostock, H. 3 (1983), S. 4-49. Jetzt auch in diesem Band, S. 23-86.

[2] René WIESE: Friedrich Franz II. In: Biographisches Lexikon für Mecklenburg. Bd. 4. Hrsg. von Sabine PETTKE. Rostock 2004, S. 57-65.

[3] Volker PROBST: Ludwig Brunow. In: Biographisches Lexikon für Mecklenburg. Bd. 8. Hrsg. von Andreas RÖPCKE. Schwerin 2016, S. 46-50.

[4] Hierzu zuletzt Bernd KASTEN: Der Einzug der mecklenburgischen Truppen in Schwerin am 14. Juni 1871 in Bild und Wirklichkeit. In: Mecklenburgische Jahrbücher 125 (2010), S. 251-266, hier S. 260.

Abbildung 1
Denkmal
Friedrich Franz II. Schwerin

Abbildung 2
Sockelrelief Denkmal Friedrich Franz II. Schwerin
(Eröffnung des Universitätsgebäudes)

Neben der leidigen Kosten- und Finanzierungsfrage ging es hierbei immer auch um die Fragen des politischen Prestiges sowie politischer Macht und deren Demonstration, die nicht etwa nur die Förderung der Wissenschaft im Auge hatte.

Bis 1827 setzte sich die Landesherrschaft diesbezüglich in erster Linie mit der Stadt Rostock ins Benehmen, die seit Jahrhunderten, bestätigt nochmals im Erbvertrag von 1788, eine Mitherrschaft über die Universität in Form eines Kompatronats ausübte.

So gern sich sowohl Landesherr als auch Stadt mit der „Academie" als Zierde ihrer Herrschaft schmückten, so sehr meinte die Universität selbst Ursache zu Klagen über ihre Finanzausstattung zu haben. Das betraf nicht nur die Personalkosten für die Lehrkräfte, sondern in erster Linie eben auch die Gebäude der Universität.

Nicht nur der historische Vorgängerbau[5] des heutigen Hauptgebäudes, das nach der Gründung der Universität im Jahre 1419 ihr zur Nutzung übergebene Gebäude des großen oder philosophischen Kollegiums, 1565 abgebrannt und 1567, also fast genau 300 Jahre vor dem Hauptgebäude neu errichtet und seit spätestens 1649 den Namen „Weißes Kollegium" (Abbildung 3) tragend,

---

[5] Ernst MÜNCH: Die alten Rostocker Universitätsgebäude im Lichte der städtischen Quellen. In: Ebenda, S. 175-198, hier S. 179-180.

hätte hiervon ein leidvolles Lied singen können, in dem viel von Niedergang, Verfall und Zweckentfremdung über Jahrzehnte hinweg die Rede gewesen wäre. Noch schlimmer erging es dem nur wenige Meter von ihm entfernten Großen Auditorium oder Lectorium[6], dem ehemaligen Rathaus der Neustadt, das seinen altehrwürdigen Platz mitten auf dem Markt der Neustadt hatte. Als sich die Stadt anfangs des 19. Jahrhunderts den repräsentativen Neubau des Mönchentores im klassizistischen Stile leistete, monierten Rektor und Konzil der Universität, dass die Stadtväter demgegenüber für die dringend erforderliche Renovierung des Großen Auditoriums kein Geld ausgeben wollten. So fiel es schließlich 1819 – im Jahr des 400jährigen Universitätsjubiläums – dem Abriss zum Opfer. Als dann im Februar 1823 nach handgreiflichen Auseinandersetzungen mit dem großherzoglichen Militär fast die gesamte Rostocker Studentenschaft kurzzeitig nach Bützow auszog und einen Verruf[7] über ihre *alma mater* aussprach, wurde wieder einmal, wie mehrfach seit dem Anfang bis zur Mitte des 19. Jahrhunderts, das drohende Gespenst einer Schließung der Universität an die Wand gemalt.

Abbildung 3
Das Weiße Kolleg 1858 (nach Adolf Friedrich Lorenz)

Durch die Aufhebung des Kompatronats der Stadt Rostock und die entsprechende Umgestaltung zur Landesuniversität 1827 schien sich nicht nur eine Vereinfachung der Zuständigkeiten und der Verwaltung, sondern auch ein gewisser Aufschwung der Universität abzuzeichnen. Zwar kam es noch immer nicht zu dem seit längerem gewünschten Neubau oder zumindest doch einer grundlegenden Renovierung des „Weißen Kollegs". Immerhin erfolgte noch im

---

[6] Ebenda, S. 184-185.

[7] Universitätsarchiv Rostock (UAR), R V C41 Verrufserklärung gegen die Universität Rostock durch eine Studentenversammlung in Bützow 1823.

selben Jahre nach Plänen des damals bedeutendsten mecklenburgischen Baumeisters Carl Theodor Severin (1763-1836)[8] der Anbau des sogenannten Bibliotheksflügels an der Südseite des „Weißen Kollegs", der bis heute Bestandteil des späteren Hauptgebäudes geblieben ist. (Abbildung 4)

1833/34 erfolgte als nächster, eher bescheidener Schritt die Errichtung des relativ unscheinbaren Hofgebäudes[9] (auch Gartenhaus genannt, 2006 abgerissen) als chemisches Labor (Abbildung 5) hinter dem „Weißen Kolleg". Es signalisierte zweierlei: Erstens den wachsenden Stellenwert der modernen Naturwissenschaften und zweitens das Streben nach Konzentration der Universitätsgebäude um ihr Zentrum am damaligen Blücherplatz.

Abbildung 4
Anbau Bibliotheksflügel 2016

Abbildung 5
Hofgebäude: Chemisches Labor, Anatomie, Physikalisches Institut, Seminargebäude
2005

Dieses Streben nach Konzentration war jedoch keineswegs die einzige Ursache, für universitäre Neubauten möglichst an den Standort des „Weißen Kollegs" und seines Hofes anzuknüpfen. Sicherlich spielte hierbei auch die historische Tradition als ältestes Gebäude (bezogen auf den Vorgängerbau des „Weißen Kollegs") der Universität und ihrer jahrhundertealten Geschichte eine Rolle. Noch wichtiger waren aber praktische Zwänge: Jedes Ausweichen auf neue Bauplätze innerhalb Rostocks bedeutete Verhandlungen mit der Stadt, die über

---

[8] Gerd BAIER: Carl Theodor Severin. In: Biographisches Lexikon. Bd. 8 (wie Anm. 3), S. 281-285.
[9] Gisela BOECK u.a.: Vom Collegium zum Campus. Orte Rostocker Universitäts- und Wissenschaftsgeschichte. 2. Aufl. Rostock 2010, S. 24-25. Siehe auch: Reinhard MAHNKE; Fedor MITSCHKE: 100 Jahre Physikalisches Institut 1910-2010. Rostock 2010 (Beiträge zur Geschichte der Universität Rostock 28), S. 19, 22.

die entsprechenden Grundstücke verfügte. Das dürfte auch einer der Gründe dafür sein, dass das Hauptgebäude bis heute nicht mit der Bebauung in der Kröpeliner Straße in einer Flucht steht, sondern das benachbarte ehemalige Bolzendahlsche Haus etwas vorspringt, was architektonisch und aus der Sicht des Stadtbildes nicht überzeugt.[10] (Abbildung 6)

Abbildung 6
Das Bolzendahlsche Haus in der Kröpeliner Straße, links das Hauptgebäude 2016

Schon seit dem 18. Jahrhundert gab es Überlegungen, das räumlich unzulängliche „Weiße Kollegium" zu erweitern. Als möglicher Bauplatz bot sich der südlich anschließende Rosengarten des Klosters zum Heiligen Kreuz an. Erhalten geblieben ist ein entsprechender Entwurf von Jean-Laurent Le Geay (ca. 1710-ca. 1786), dem Schöpfer des Barocksaals.[11] Die damaligen Zeitläufte erlaubten 1792 jedoch nur Renovierung und Umbau des „Weißen Kollegs" selbst nach der Aufhebung der Gegenuniversität in Bützow.

Im 19. Jahrhundert traten dann angesichts der nach wie vor bestehenden Unzulänglichkeiten des „Weißen Kollegs" – neben immer wieder beklagter innerer Baufälligkeit und Unansehnlichkeit seiner langen, aber schmucklosen Hauptfassade wurde die sehr geringe Breite bzw. Tiefe[12] des Gebäudes beanstandet – neben Vorschläge zur bloßen Erweiterung des Baus oder die Errichtung von Nebengebäuden immer mehr Pläne eines völligen Neubaus samt Erweiterung

---

[10] Siehe etwa die Abbildung bei Olaf BARTELS: Der Architekt Hermann Willebrand 1816-1899. Hannover 2001, S. 71.

[11] Freundliche Auskunft von Frau Sigrid Puntigam (Landesbibliothek Schwerin).

[12] Etwa in der Stellungnahme des Rostocker Länderei-Kollegiums an Bürgermeister und Rat vom 27. Januar 1841: Archiv der Hansestadt Rostock (AHR), 1.1.3.14.222 Abtretung eines Teiles des Blücherplatzes und des kleinen Katthagens an die Universität zum Bau eines neuen Museums 1840-1842, Quadrangel 2.

vom Klostergarten im Süden bis an die Einmündung der Kröpeliner Straße im Norden. Einen ersten Plan hierfür hatte bereits 1824 Carl Theodor Severin vorgelegt.[13]

Seit den 1830er Jahren kaprizierte sich dann die Planung zunächst auf ein primär für die mehr und mehr an Bedeutung gewinnenden Naturwissenschaften zu errichtendes neues „Museum" südlich des „Weißen Kollegs".

Festere Gestalt gewann dies Vorhaben unter dem neuen Großherzog Paul Friedrich (1800-1842)[14] und seinem neuen Hofbaumeister Georg Adolf Demmler (1804-1886)[15]. Als „graue Eminenz" wirkte auch in diesem Bereich der großherzogliche Regierungsbeauftragte für die Universitätsangelegenheiten, Vizekanzler Karl Friedrich von Both (1789-1875). Er verhandelte seit Ende 1840 erfolgreich mit der Stadt über die Abtretung von Teilen des Blücherplatzes sowie des Kleinen Katthagens für das geplante „Neue Museum" auf dem ehemaligen Klosterrosengarten, um dem Neubau eine architektonisch bessere Anbindung an das „Weiße Kolleg" und einen größeren Hofraum zu verschaffen. Eine bereits früher geplante Erwerbung des Klosterrosengartens war an den aus Sicht der Universität überhöhten Forderungen der Domina des Klosters für die Abtretung dieses Areals gescheitert. Mit der Planung des Museums wurde bereits die Absicht erkennbar, diesen Neubau lediglich als Südflügel eines neuen, größeren Universitäts(haupt)gebäudes anstelle des „Weißen Kollegs" zu betrachten, zu welchem neben dem Hauptteil ein dem Südflügel gleicher Nordflügel an der Ecke zur Kröpeliner Straße gehören sollte. Einen entsprechenden Entwurf legte Demmler spätestens 1842 vor. Die Stadt hatte 1841 der Abtretung kleiner Grundstücksstreifen zugunsten des Neubaus mit der aufschlussreichen Begründung zugestimmt, dass durch ihn die Verbindung der „Academie" mit der Stadt befestigt, er ihr zur Zierde gereichen und vielen ihrer Bürger und Einwohner Verdienst geben würde.[16]

Doch zunächst beschränkte sich die Bautätigkeit auf die Errichtung des „Neuen Museums" im Jahre 1844, also des gedachten Südflügels des neuen Hauptgebäudes. (Abbildung 7) Die vier Porträtmedaillons Galileo Galileis

---

[13] Beatrix DRÄGER: Die Rezeption des „Johann-Albrechts-Stils". Staatsbauten des 19. Jahrhunderts. In: Der Johann Albrecht Stil. Terrakotta-Architektur der Renaissance und des Historismus. Ausstellungskatalog, Schwerin 1995, S. 123-144, hier S. 126.

[14] René WIESE: Paul Friedrich. In: Biographisches Lexikon für Mecklenburg. Bd. 5. Hrsg. von Andreas RÖPCKE. Rostock 2009, S. 236-239.

[15] Margot KREMPIEN: Georg Adolph Demmler. In: Biographisches Lexikon. Bd. 5 (wie Anm. 14), S. 117-127.

[16] AHR, 1.1.3.14.222 (wie Anm. 12), Quadrangel 2 und 3.

(1564-1642), René Descartes' (1596-1650), Otto von Guerickes (1602-1686) und Karl von Linnés (1707-1778) in der Mitte des ersten Obergeschosses antizipierten programmatisch neben dem künftigen Nutzungszweck des „Neuen Museums" im Sinne der aufkommenden Naturwissenschaften auch deren Pioniere, die mit dem Historismus der Gebäudearchitektur harmonierten, sowie den ambitionierten Anspruch der mecklenburgischen Landesuniversität, in den europaweiten Wissenschaftsdiskurs einbezogen zu sein.

Abbildung 7
Neues Museum 2016

Wenngleich der Demmlersche Entwurf des Jahres 1842 für ein monumentales, die gesamte Westseite des Blücherplatzes einnehmendes Gebäude künstlerisch auch nicht ohne Probleme war, so ist es sicherlich in vielerlei Hinsicht zu bedauern, dass die erst Jahrzehnte später vollendete Errichtung des Hauptgebäudes zu einem bis heute auf den ersten Blick erkennbaren architektonischen Bruch zwischen dem „Neuen Museum" von 1844 und dem Hauptgebäude von 1869/70 geführt hat. Darüber kann auch nicht hinwegtäuschen, dass das Hauptgebäude wenigstens in der Bauflucht, in der Geschosszahl, den Fensterfronten sowie der Gebäudehöhe dem älteren Bau angepasst wurde.

Dieser architektonische Bruch hatte eine ganze Reihe von Ursachen, die primär mit der zeitlichen Unterbrechung der universitären Bautätigkeiten von mehr als zwei Jahrzehnten zwischen 1844 und 1866/67 korrelieren.

Neben der Konzentration des neuen Großherzogs Friedrich Franz II. zunächst auf die Bauten am Schweriner Schloss ist hier besonders der gravierende Einschnitt durch die Revolution von 1848/49 zu nennen, die sowohl für die Universität insgesamt als auch für ihre Bautätigkeiten personelle wie sachliche Auswirkungen zeitigte oder – in der Diktion von Rektor und Konzil im Jahre 1865 – „die Ungunst der bald darauf eintretenden Zeitverhältnisse, namentlich auch die Bewegung des Jahres 1848 und die daran sich knüpfenden Folgen".[17]

---

[17] Landeshauptarchiv Schwerin (LHAS), 5.12. – 7/1 Mecklenburg-Schwerinsches Ministerium für Unterricht, Kunst, geistliche und Medizinalangelegenheiten, Nr. 938, Quadrangel 120: Rektor und Konzil an den Großherzog, Rostock, 3. Dezember 1865.

Am deutlichsten zeigte sich dies am Wechsel des mecklenburg-schwerinschen Hofbaumeisters, der auch für die Errichtung des Hauptgebäudes zuständig war: An die Stelle des wegen seiner politischen Haltung während der Revolution ausgeschiedenen Demmlers trat 1851 Hermann Willebrand (1816-1899).[18] Sein Dienstherr, Großherzog Friedrich Franz II., der während der Revolution eine sehr inkonsequente, widersprüchliche und nicht gerade glückliche Rolle gespielt hatte, saß nunmehr, nicht zuletzt in Anlehnung an das aufstrebende Preußen wiederum sicher im Sattel und bemühte sich im Innern um seinen Ruf als Landesvater, u.a. auch als Mäzen der Wissenschaften und repräsentativer Bautätigkeit.[19] An der Universität selbst war der zahlenmäßig kleine, aber äußerst aktive Kreis während der Revolution politisch wirksamer Professoren wenige Jahre später bestraft und aus dem Dienst entlassen worden. Zu ihnen zählte Karl Türk (1800-1887)[20], der 1839 maßgeblich die vom Vizekanzler von Both angeregte Ehrenpromotion für Georg Christian Friedrich Lisch (1801-1883) vereitelt hatte, dem er 1834 in der Bewerbung um die Stelle als Archivar am Geheimen und Hausarchiv in Schwerin unterlegen war.[21] Wie sehr sich durch das Scheitern der Revolution die Zeiten und Verhältnisse auch an der Universität Rostock verändert hatten, zeigte der zweite, nunmehr erfolgreich verlaufende Anlauf zur Ehrenpromotion von Lisch im Jahre 1849, als Türk durch sein exponiertes Engagement in der Revolution seinen Einfluss an der Universität bereits weitgehend eingebüßt hatte.[22] Nicht von ungefähr wurde kein anderer als Lisch dann für den Bau des Hauptgebäudes neben Willebrand zum maßgeblichen Ideengeber.

Jedoch erst 1864 kam hierfür durch einen Besuch des Großherzogs an der Universität der Stein ins Rollen. Ende des Jahres benannte ein diesbezügliches Pro Memoria von Rektor und Konzil an den Landesherrn die Baufälligkeit des „Weißen Kollegs" sowie den gewachsenen Raumbedarf als Hauptgründe für einen Neubau. Nach einem Baugutachten aus dem Anfang des Jahres 1865 wurde

---

[18] Zu seinem Schaffen: Hermann Willebrand. Wege zum Historismus in Mecklenburg, Schwerin 2000; Olaf BARTELS: Der Architekt (wie Anm. 10); DERS.: Hermann Willebrand. In: Biographisches Lexikon, Bd. 8 (wie Anm. 3), S. 328-331.

[19] René WIESE: Orientierung in der Moderne. Großherzog Friedrich Franz II. von Mecklenburg in seiner Zeit. Bremen 2005.

[20] Helge BEI DER WIEDEN: Karl Türk. In: Biographisches Lexikon für Mecklenburg, Bd. 1. Hrsg. von Sabine PETTKE. Rostock 1995, S. 225-230.

[21] Peter-Joachim RAKOW: Georg Christian Friedrich Lisch. In: Biographisches Lexikon für Mecklenburg. Bd. 3. Hrsg. von Sabine PETTKE. Rostock 2001, S. 149-160, hier S. 152.

[22] Zu den Vorgängen um Lisch 1839 und 1849 siehe Angela HARTWIG: Die Ehrenpromotion von Georg Christian Friedrich Lisch an der Philosophischen Fakultät der Universität Rostock. In: Mecklenburgische Jahrbücher 117 (2002), S. 163-170.

Kurs genommen auf einen Abriss des „Weißen Kollegs" und einen Neubau an seiner Stelle, nachdem die zwischenzeitlich nochmals kurz erörterten Alternativen einer bloßen Renovierung des alten Gebäudes oder die Errichtung zweier Gebäude – eventuell auch an anderer Stelle – rasch verworfen worden waren.

Wenige Wochen später bestimmte der Großherzog Hermann Willebrand als zuständig für den architektonischen Bauentwurf und Friedrich Lisch für die Vorschläge zur bildlichen Ausschmückung des neuen Gebäudes. Willebrand legte seinen Entwurf noch Ende des Jahres 1865 vor.

Die maßgebliche Einbeziehung von Friedrich Lisch, der damals führenden mecklenburgischen Kapazität u.a. auf den Gebieten der Landesgeschichte und der Denkmalpflege, machte von vornherein deutlich, welcher Stellenwert der historischen Tradition für die Ausgestaltung des zu errichtenden Universitätshauptgebäudes zugedacht war. Zugleich ergab sich aus der Schirmherrschaft des regierenden Landesherrn für dieses Bauvorhaben und die Stellung der Rostocker *alma mater* seit 1827 als Landesuniversität zwangsläufig die Ausrichtung ihrer Geschichte auf die überragende Position des mecklenburgischen Fürstenhauses. Nicht von ungefähr erfolgte die Grundsteinlegung nach dem Abriss des „Weißen Kollegs" im Jahre 1866 demonstrativ im Umfeld des 25jährigen Herrschaftsjubiläums des Großherzogs am 12. März 1867. In der Konsequenz dieser Ausrichtung auf das Fürstenhaus lag auch der allerdings letztlich gescheiterte Vorschlag von Rektor Otto Krabbe (1805-1873)[23], dem neuen Universitätsgebäude den Namen des Großherzogs („Friderico-Francisceum") zu geben.[24]

Die Präsenz des Fürstenhauses erwies sich dennoch sowohl in der Architektur als auch in der Ausgestaltung des Gebäudes allgegenwärtig. Ihre Betonung war sicherlich einer der Gründe, weshalb Willebrand nicht das „Neue Museum" Demmlers von 1844, an dem er mit hoher Wahrscheinlichkeit selbst bereits mitgewirkt hatte[25], als architektonischen Anknüpfungspunkt für den Anbau eines ihm entsprechenden repräsentativen Mittelteils und eines Nordflügels wählte, sondern bewusst den Bruch zwischen der eher unspezifisch historisierenden Architektur des „Neuen Museum" und derjenigen des neuen Hauptgebäudes vollzog. Er stieß hierbei offenbar kaum auf Widerstand, während die

---

[23] Helge BEI DER WIEDEN: Otto Carsten Krabbe. In: Biographisches Lexikon. Bd. 3 (wie Anm. 21), S. 129-135.

[24] UAR, 1.02.0, R XI A 17 Neubau des Universitätshauptgebäudes 1864-1886: 10. Fortsetzung der 18. Missive, Rostock, 5. Juni 1866. Intern bzw. umgangssprachlich hatte die Universität bereits früher einmal nach Friedrich Franz, allerdings dem Urgroßvater, geheißen, siehe etwa AHR, 1.1.3.14.121 Rätliche Professoren der Medizin: Rostock, 1. Dezember 1797.

[25] So die Vermutung von Olaf BARTELS: Der Architekt (wie Anm. 10), S. 102.

Vorschläge Lischs zur bildlichen Ausgestaltung des Gebäudes Gegenstand lebhafter Diskussionen zwischen allen am Bau maßgeblich beteiligten Kräften wurden, insbesondere zwischen Willebrand, Lisch, Vizekanzler von Both, der Baukommission der Universität und nicht zuletzt dem Großherzog selbst und seiner Regierung.

Die Spezifik der architektonischen Ausrichtung des neuen Gebäudes auf die Bedeutung des mecklenburgischen Fürstenhauses bestand in der Hereinnahme des sogenannten Johann-Albrechts-Stils (u.a. mit seinen typischen Terrakotten) durch Willebrand in die allgemeineren Gestaltungselemente der Neorenaissance, wie sie damals weit über Mecklenburg hinaus in Mode waren. So lassen sich deutliche Parallelen des Rostocker Baus zu dem von Willebrands ehemaligem Berliner Lehrer Friedrich August Stüler für das preußische Königsberg 1857/62 geschaffenen neuen Universitätsgebäude[26] erkennen. Historisch vorbildhaft wirkten für Willebrand in Mecklenburg Bauten des 16. Jahrhunderts, wie etwa Teile des Schweriner Schlosses (1555)[27], an dessen Neu- und Umbau 1842-1857 Willebrand selbst maßgeblich mitwirkte[28], der Fürstenhof in Wismar (1553-1555)[29], dessen nicht immer verständnisvolle Restaurierung 1877/78 durch den zuvor am Rostocker Universitätshauptgebäude beteiligten Carl Luckow (1828-1885) vorgenommen wurde[30], sowie das Schloss in Gadebusch (1570-1573)[31]. Ihr Bauherr[32], Herzog Johann Albrecht I. (1525-1576)[33], dem der Johann-Albrecht-Stil seinen Namen verdankte, stand hierbei in den Augen nicht nur Willebrands für die maßgeblich durch diesen Fürsten und dessen jüngeren

---

[26] Siehe die Abbildung bei Peter PALME (wie Anm. 1), S. 43 (in diesem Band S. 77) und Beatrix DRÄGER (wie Anm. 13), S. 129.

[27] Der Johann Albrecht Stil (wie Anm. 13).

[28] Olaf BARTELS: Der Architekt (wie Anm. 10), S. 31-51.

[29] Matthias ZAHN: Baugeschichtliche Untersuchungen am Fürstenhof in Wismar. In: Der Fürstenhof zu Wismar. Schwerin 2005, S. 55-77, hier S. 61-66.

[30] Béatrice BUSJAN: Briefe, Akten, Inventare – Der Wismarer Fürstenhof im Licht der schriftlichen Überlieferung. In: Der Fürstenhof (wie Anm. 29), S. 11-45, hier S. 33-35.

[31] Hierzu Frank BRAUN: Untersuchungen zur Baugeschichte des Gadebuscher Schlosses. Ein Vorbericht. In: Architektur, Kunst- und Kulturgeschichte in Nord- und Westdeutschland, 5. Jg., H. 4 (1994), S. 135-144. Siehe auch seinen Beitrag in diesem Band, S. 105-117.

[32] Gadebusch wurde zwar für den jüngeren Herzogsbruder Christoph umgebaut. Der Umbau folgte aber den früheren Beispielen in Schwerin und Wismar.

[33] Lutz SELLMER: Johann Albrecht I. In: Biographisches Lexikon für Mecklenburg, Bd. 1 (wie Anm. 20), S. 134-137.

Bruder und Mitregenten bzw. Nachfolger, Herzog Ulrich III. (1527-1603)[34], initiierte Erneuerung des Universität Rostock im Geiste der Reformation, die ausgangs des 16. Jahrhunderts das „goldene Zeitalter"[35] der bisherigen Universitätsgeschichte auslöste. Willebrand und Lisch sowie alle anderen für die Gestalt des neuen Hauptgebäudes einflussreichen Kräfte waren sich einig darin, dass es in diesem Verständnis über die Rolle des Fürstenhauses für die Geschichte der Universität Rostock drei „Gründungs-„ bzw. „Neugründungs"phasen gegeben hätte: Die erste umfasste die eigentliche Gründung 1418/19, die zweite die eben benannte Johann-Albrecht-Zeit im 16. Jahrhundert und die dritte – nicht zuletzt, aber nicht nur aus Reverenz gegenüber dem damaligen Landesherrn – die Erneuerung durch Friedrich Franz I. (1756-1837)[36] und Friedrich Franz II. im 19. Jahrhundert. Ungeachtet aller Auseinandersetzungen um die Gestaltung und Platzierung der Fürstenstandbilder und -porträts am bzw. im neuen Hauptgebäude im Einzelnen führte dies zu einem in sich konsequenten Ergebnis: Lediglich die beiden „Gründungs"herzöge Johann IV. (gestorben 1422) und Albrecht V. (gestorben 1423), die beiden herzoglichen „Erneuerer" des 16. Jahrhunderts, Johann Albrecht I. und Ulrich III. sowie der großherzogliche „Erneuerer" aus dem 19. Jahrhundert, Friedrich Franz II., fanden dort als Standbilder an den Fassaden bzw. als Ganzporträts in der Aula ihren Platz. Hinzu kamen noch die beiden Medaillons mit den Köpfen Friedrich Franz I. und Friedrich Franz II. über dem Hauptportal am Mittelrisalit. Deutlicher konnte die den Landesherren beigemessene überragende Rolle für die Entstehung, Geschichte und insbesondere die mehrfach notwendig gewordene Erneuerung, um nicht zu sagen Wiedergeburt der Rostocker *alma mater* kaum demonstriert werden. Untermauert wurde diese Betonung der Landesherrschaft durch Porträtmedaillons der für die Landesuniversität in der großherzoglichen Regierung besonders zuständigen Personen, den Minister August Wilhelm Ferdinand von Schröter (1799-1865) und Vizekanzler Both an der Hauptfassade über dem Hauptportal (Abbildung 8 und 9)[37] bzw. der für den Neubau direkt Verantwortlichen, Hofbaurat Willebrand,

---

[34] Lutz SELLMER: Ulrich III. In: Ebenda, S. 231-235.

[35] Zu dieser „Blütezeit" siehe Matthias ASCHE: Von der reichen hansischen Bürgeruniversität zur armen mecklenburgischen Landeshochschule. Das regionale und soziale Besucherprofil der Universitäten Rostock und Bützow in der Frühen Neuzeit (1500-1800). 2. Aufl. Stuttgart 2010, S. 56-63.

[36] Ernst MÜNCH: Friedrich Franz I. In: Biographisches Lexikon für Mecklenburg. Bd. 6. Hrsg. von Andreas RÖPCKE. Rostock 2011, S. 108-116.

[37] Zu den Abbildungen 8-14 und 16-23 siehe Band 2, Anhang Fassade, S. 63-88.

Architekt Carl Luckow und Bauführer Adolf Prahst (1829-1919), an der Hofseite der Fassade. (Abbildung 10 bis 12)
Gegenüber namentlich den genannten Fürsten traten alle anderen für die Universität, ihre Entstehung und Entwicklung wichtigen Kräfte bzw. Institutionen demgegenüber mit Abstand deutlich zurück. Die Geistlichkeit, die in Gestalt des Bischofs von Schwerin die Gründung der Universität mitbeantragte und in der des Papstes schließlich diesen Antrag genehmigte, erhielt als Teilskulptur des Bischofs von Schwerin mit seinem Hirtenstab einen ehrenvollen Platz über dem Hauptportal des Gebäudes. (Abbildung 13) Lisch hatte vorgeschlagen, auch den Abt des Zisterzienserklosters Doberan sowie den Prior der Kartause in Marienehe als in katholischer Zeit geistliche Aufsichtskräfte für die Universität abzubilden. Dieser Vorschlag wurde verworfen, vermutlich weil er die katholischen Anfänge der Universitätsgeschichte zu stark betont hätte.

Noch zäher erwies sich das Ringen der für das Hauptgebäude planend Verantwortlichen um die Darstellung der Rolle der Stadt Rostock, deren Bedeutung für die Geschichte der Universität bis 1827 bei sachlicher Betrachtung derjenigen der Landesherren zumindest ebenbürtig war.[38] Jedoch waren die oben angedeuteten Verhältnisse in den 1860er Jahren nicht so, dass man ernsthaft eine gebührende Berücksichtigung oder Darstellung dieser Bedeutung der Stadt für die Universität hätte erwarten oder gar durchsetzen können. Vizekanzler von Both hätte am liebsten die Rolle der Stadt völlig unter den Tisch fallen lassen, da sie nach seiner extremen Meinung der Universität stets nur geschadet hätte. Es gereicht hingegen der Universität sehr zur Ehre, dass aus ihrer Mitte auf eine zumindest minimale Würdigung der Stadt gedrungen wurde. So lässt das Porträtmedaillon eines der Rostocker Bürgermeister, Heinrich Katzow (gestorben nach 1428) (Abbildung 14), aus der Gründungszeit der Universität – immerhin am Hauptportal des Gebäudes – wenigstens erahnen, dass auch die Stadt von Bedeutung für die Universitätsgeschichte war. Der zähe und endlose Streit um diese Frage, der Rolle einerseits der Landesherren, andererseits der Stadt Rostock für die Universität, begann alsbald nach deren Entstehung und durchzieht deren Geschichte bis auf den heutigen Tag. Auch das Grundstück des Universitätshauptgebäudes bzw. seiner Vorgängerbauten wurde in diesen Streit wiederholt einbezogen. Friedrich Lisch hatte bereits in seinem populärsten Werk,

---

[38] Neuerdings stark hervorgehoben durch Marko A. PLUNS: Die Universität Rostock 1418-1563. Eine Hochschule im Spannungsfeld zwischen Stadt, Landesherren und wendischen Hansestädten. Köln, Weimar, Wien 2007.

„Mecklenburg in Bildern" (erschienen 1842-1845)³⁹, gestützt u.a. auf einen Eintrag in der Universitätsmatrikel aus dem Jahre 1566, den 1565 abgebrannten Vorgängerbau des späteren „Weißen Kollegs" als ehemaligen Hof des Bischofs von Schwerin bezeichnet. Unausgesprochen, vermutlich aber keineswegs unbeabsichtigt, suggerierte dies einen schon immer vorhandenen besonderen Stellenwert dieses Grundstücks und Gebäudes, der weit über denjenigen eines bloßen städtischen oder städtebürgerlichen Objekts hinauszugehen schien. Als sich dann beim Abriss des „Weißen Kollegs" 1866 noch ein Bülowscher Wappenstein (Abbildung 15) fand⁴⁰, also jenes uradligen mecklenburgischen Geschlechts, aus dem besagter Bischof Ende des 14. Jahrhunderts stammte, wurde er geradezu wie ein Reliquie behandelt und fand einen Ehrenplatz – bis heute – an gut sichtbarer Stelle an der Außenwand des neuen Hauptgebäudes.

Die städtische Gegenposition legte wenige Jahrzehnte später der erste wissenschaftliche Stadtarchivar Rostocks, Karl Koppman (1839-1905)⁴¹, dar. Er schoss hierbei allerdings genauso über das Ziel hinaus wie auf der anderen Seite Lisch und Otto Krabbe, indem Koppmann seinerseits nun anfangs generell bestritt, dass der Vorgängerbau überhaupt jemals im Besitz eines Bischofs von Schwerin gewesen wäre.⁴² Wenig später korrigierte Koppmann diese Behauptung ausdrücklich, konnte aber im Zusammenhang damit nachweisen, dass dieser Besitz durch den Bischof lediglich eine Episode und das besagte Grundstück

Abbildung 15
Wappenstein von Bülow
Hauptgebäude Seitenflügel Hof

---

³⁹ Georg Christian Friedrich LISCH: Mecklenburg in Bildern. Neu hrsg. von Hanno LIETZ und Peter-Joachim RAKOW. Bremen 1994, S. 102.

⁴⁰ Hierzu Georg Christian Friedrich LISCH: Zur Geschichte des Universitätshauses zu Rostock oder Weißen Collegii. In: Jahrbücher des Vereins für mecklenburgische Geschichte und Altertumskunde 31 (1866), S. 96-107.

⁴¹ Karsten SCHRÖDER: Karl Koppmann. In: Biographisches Lexikon für Mecklenburg. Bd. 3 (wie Anm. 21), S. 124-128.

⁴² Karl KOPPMANN: Die Kollegien-Gebäude der Universität und die Rathäuser der Altstadt und Neustadt. In: Beiträge zur Geschichte der Stadt Rostock 2/4 (1899), S. 85-97, hier S. 89-94.

und Gebäude bis zur Gründung der Universität über die längste Zeit im Besitz Rostocker Bürger gewesen war und auf diesem Wege schließlich an die Universität gelangte.[43] Dass auch dies damals keine rein akademische und lediglich eine ferne historische Vergangenheit berührende Diskussion darstellte, zeigte die Tatsache, dass die Stadt Rostock anlässlich der Verhandlungen um den Bau des neuen Hauptgebäudes sowie den damit verbundenen Austausch des ehemaligen Pedellenhauses gegen das Bolzendahlsche Haus in der Kröpeliner Straße sehr zum Missfallen des Großherzogs auf ihr herkömmliches Heimfallrecht an den Grundstücken bzw. Gebäuden pochte, falls die Universität zukünftig aufgehoben oder verlegt würde.[44]

Aus anderen, eher formalen denn inhaltlichen Gründen als hinsichtlich der Bedeutung der Stadt für die Universität machte den für den Neubau des Hauptgebäudes Verantwortlichen die Frage zu schaffen, welche Angehörigen der Universität selbst durch entsprechende Abbildungen gewürdigt werden sollten.

Ursprünglich sahen sowohl Friedrich Lisch als auch Hermann Willebrand, wie entsprechende Entwürfe zeigen[45], auch für die Hauptfassade eine größere Zahl von Gelehrten vor, die dort durch eine Abbildung gewürdigt werden sollten – etwa in der Zahl, wie dies dann in der Aula mit ihren 16 Porträtmedaillons geschah. Übereinstimmung bestand auch darin, dass sowohl alle klassischen vier Fakultäten als auch – in Entsprechung zur äußeren Gestalt des Hauptgebäudes – besonders Gelehrte aus der Blütezeit der Universitätsgeschichte, also der zweiten Hälfte des 16. Jahrhunderts, Berücksichtigung zu finden hätten. Mit Recht setzte sich schließlich die Ansicht durch, dass bezüglich der Fassadengestaltung ein „Weniger" ein „Mehr" darstellen würde, daher begrenzte man die Zahl der dortigen Professorenporträts auf je einen bedeutenden Vertreter der vier Fakultäten: den Theologen und Universalgelehrten David Chytraeus (1531-

---

[43] DERS.: Der Hof Bischof Friedrichs von Bülow. In: Ebenda 3/2 (1900), S. 117-118.

[44] AHR, 1.1.3.14.214 Abbruch des „Weißen Kollegs" und des anstoßenden Eckhauses und Bau eines neuen Universitätsgebäudes 1866, Quadrangel 1 und 8.

[45] LHAS, 10.9 – L/6 Nachlass Georg Christian Friedrich Lisch, Nr. 225: Unmaßgebliche Ansichten über die Verzierungen des künftigen Universitäts-Gebäudes zu Rostock; zu Willebrands anfänglichem Entwurf siehe die Abbildungen bei Peter PALME (wie Anm. 1), S. 32 und Beatrix DRÄGER (wie Anm. 13), S. 121.

1600)⁴⁶, den Juristen Ernst Cothmann (1557-1624)⁴⁷, den Mediziner Jacob Bording (1511-1560)⁴⁸ sowie (für die philosophische bzw. ehedem Artistenfakultät) den Philologen Johannes Caselius (1533-1613) (Abbildung 16 bis 19) (ergänzt durch den ersten Rektor Petrus Stenbeke (gestorben nach 1419) (Abbildung 20) sowie einen der Rostocker Bürgermeister zur Gründungszeit, Heinrich Katzow, zu beiden Seiten des Eingangsportals) und drei mit dem frühen Buchdruck in Rostock und der Geschichte der Rostocker Universitätsbibliothek eng verbundenen Professoren, den Humanisten und Inhaber einer frühen Buchdruckerei Nikolaus Marschalk (1470-1525)⁴⁹, den Philologen und eigentlichen Begründer der Universitätsbibliothek sowie der Großen Stadtschule Nathan Chytraeus (1543-1598)⁵⁰ und den Orientalisten sowie Universitätsbibliothekar Oluf Gerhard Tychsen (1734-1815)⁵¹ an der Nordfassade, dem sogenannten Bibliotheksflügel. (Abbildung 21 bis 23) Damit wurde einerseits zwar eine originäre, enge Beziehung zwischen dem Hauptgebäude selbst und den abgebildeten Gelehrten dokumentiert, andererseits jedoch – etwa im Vergleich mit den am „Neuen Museum" porträtierten Gelehrten und auch mit etlichen Vorschlägen Lischs – eine gewisse Provinzialität bezüglich der Universitätsgeschichte und ihrer Einbettung in die allgemeine Wissenschaftsgeschichte. Überdies ist für alle an der Haupt- und Nordfassade abgebildeten Gelehrten eine ausgesprochene Nähe zu dem bzw. den jeweiligen regierenden Landesherren bezeichnend.

Dieser zumindest bis zu einem gewissen Grade verengte Gesichtskreis trat noch deutlicher an den Tag in etlichen der 16 Porträtmedaillons in der Aula des Hauptgebäudes. Hierbei verkörperte David Chytraeus, der als einziger Gelehrter sowohl an der Hauptfassade als auch in der Aula abgebildet wurde (Abbildung 24),⁵² als Hauptrepräsentant der theologischen Fakultät gemeinsam mit

---

⁴⁶ Rudolf KELLER: David Chytraeus. In: Biographisches Lexikon für Mecklenburg. Bd. 3 (wie Anm. 21), S. 36-42.

⁴⁷ Malte BISCHOFF: Ernst Cothmann. In: Biographisches Lexikon für Mecklenburg, Bd. 1 (wie Anm. 20), S. 52-55.

⁴⁸ Werner TEICHMANN: In: Ebenda, S. 36-39.

⁴⁹ Michael BISCHOFF: Nikolaus Marschalk. In: Biographisches Lexikon. Bd. 7. Hrsg. von Andreas RÖPCKE, Rostock 2013, S. 203-208.

⁵⁰ Thomas ELSMANN: Nathan Chytraeus. In: Biographisches Lexikon für Mecklenburg, Bd. 2. Hrsg. von Sabine PETTKE. Rostock 1999, S. 69-81.

⁵¹ Niklot KLÜSSENDORF: Oluf Gerhard Tychsen. In: Biographisches Lexikon für Mecklenburg, Bd. 6 (wie Anm. 36), S. 276-280.

⁵² Zu den Abbildungen 24-33 siehe Band 2, Anhang Aula, S. 89-101.

denjenigen der drei übrigen Fakultäten mit jeweils größeren Medaillons durchaus eine überregionale Ausstrahlung der *alma mater rostochiensis* namentlich im 16. Jahrhundert, wobei für letztere drei sogar die Wirksamkeit außerhalb Rostocks quellenmäßig besser bezeugt erscheint als in ihrer Rostocker Zeit. Das betrifft den Juristen Johann Oldendorp (ca. 1488-1567), den Mediziner Johannes Cornarius (1500-1558) sowie den Historiker Albert Krantz (1448-1517)[53]. (Abbildung 25 bis 27) Von den jeweils drei übrigen Repräsentanten jeder Fakultät auf kleineren Porträtmedaillons lässt sich eine überregionale Wirksamkeit aus heutiger Sicht auch noch etwa für den den modernen Naturwissenschaftler vorwegnehmenden Joachim Jungius (1587-1656) oder den Botaniker Heinrich Friedrich Link (1767-1851) (Abbildung 28 bis 29) konstatieren. Etliche Professoren kamen ungeachtet zumeist eher nur regionaler Bedeutung offenbar wegen ihrer ausgesprochenen Nähe zur Landesherrschaft zu der Ehre, unter die 16 in der Aula porträtierten Gelehrten zu gelangen. Das gilt etwa für den Mathematiker Peter Johannes Hecker (1741-1835), den Juristen Adolf Dietrich Weber (1758-1817) sowie den Mediziner Samuel Gottlieb Vogel (1750-1837)[54]. (Abbildung 30 bis 32) Während für drei Fakultäten hier der Grundsatz beachtet wurde, Repräsentanten vom 15. bis in das damals aktuelle 19. Jahrhundert zu berücksichtigen, endete für die theologische Fakultät diese Reihe bemerkenswerterweise bereits sehr früh mit Heinrich Müller (1631-1675)[55] (Abbildung 33) im 17. Jahrhundert. Ganz verzichtete man auch im neuen Hauptgebäude nicht auf die Darstellung von Geistesgrößen absoluten Ranges. Gab es jedoch bei den vier Berühmtheiten an der Fassade des benachbarten Neuen Museums von 1844 immerhin einen eindeutigen Bezug zu den aufsteigenden Naturwissenschaften auch in Rostock, so blieb die Verbindung der im Treppenhaus aufgestellten Büsten von neun Koryphäen des antiken Griechenlands und Roms – Aristoteles (384-322 v.u.Z.), Platon (427-347 v.u.Z.), Homer (8. Jahrhundert v.u.Z.), Sophokles (ca. 496-406 v.u.Z.), Demosthenes (384-322 v.u.Z.), Aeschylus (525-456 v.u.Z.), Virgil (70-19 v.u.Z.), Cicero (106-43 v.u.Z.) und Seneca (4 v.u.Z.-65 u.Z.) (Abbildung 34 bis 42)[56] – zur Rostocker Universitätsgeschichte doch eher unspezifisch. Wie schwer man sich insgesamt mit der programmatischen

---

[53] Rainer POSTEL: Albert Krantz. In: Biographisches Lexikon für Mecklenburg, Bd. 4 (wie Anm. 2), S. 132-138.

[54] Werner TEICHMANN: Samuel Gottlieb Vogel. In: Biographisches Lexikon für Mecklenburg, Bd. 2 (wie Anm. 50), S. 251-255.

[55] Helge BEI DER WIEDEN: Heinrich Müller. In: Biographisches Lexikon für Mecklenburg. Bd. 1 (wie Anm. 20), S. 170-174.

[56] Zu den Abbildungen 34-42 siehe Band 2, Anhang Hauptgebäude allgemein, S. 43-62.

Ausschmückung des Hauptgebäudes tat, zeigte die Tatsache, dass außer den beiden großen Wandflächen an der Stirnseite der Aula, die den „Stifter" der Universität (Herzog Johann III. bzw. IV.) und ihren „Erneuerer" (Großherzog Friedrich Franz II.) abbildeten (Abbildung 43), die übrigen großen Wandflächen bis auf den heutigen Tag ohne die dafür eigentlich vorgesehenen Gemälde mit bedeutenden Szenen aus der Universitäts- bzw. mit ihr verbundenen Landesgeschichte geblieben sind, über deren Auswahl keine Einigkeit erzielt werden konnte.

Abbildung 43
Aula: Herzog Johann III. bzw. IV. (links) und Großherzog Friedrich Franz II. (rechts)

Die Anfänge des Baugeschehens erfolgten anfangs sehr zügig und planmäßig. Mitte Januar 1866 teilte Vizekanzler von Both der Stadt mit, dass die Arbeiten im kommenden Frühjahr beginnen sollten, und im Februar ging der Rostocker Magistrat davon aus, dass dieser Beginn zu Ostern liegen würde.[57] Tatsächlich geschah dies damals durch den Abbruch des altehrwürdigen „Weißen Kollegs". Der Weitsicht des Rektors Otto Krabbe ist es zu danken, dass dies Gebäude kurz vor seinem Abriss für die Nachwelt auf einer Photographie festgehalten wurde. Sehr modern mutet in diesem Zusammenhang an, dass angesichts der notwendigen Verkleinerung des Blücherplatzes wegen des größeren Umfangs des neuen Universitätsgebäudes im Vergleich zum „Weißen Kollegium" das 1. Quartier des Rostocker Hundertmännerkollegiums davor warnte, bei dieser Gelegenheit die Anlagen auf dem Blücherplatz durch das Fällen von

---

[57] AHR 1.13.14.214 (wie Anm. 44), Quadrangel 1 (15. Januar 1866) und 3 (12. Februar 1866).

Bäumen oder das Dämmen – heute würde man sagen die Versiegelung – der Fläche zu beeinträchtigen.[58]

Ein Hauptproblem, die interimistische Unterbringung der Bibliothek aus dem „Weißen Kolleg", wurde gelöst, indem die benachbarte Klosterkirche (Abbildung 45) hierfür Verwendung fand.[59]

Abbildung 44
Klosterkirche zum Heiligen Kreuz

Eine gewisse Verunsicherung für das Baugeschehen brachte dann kurzzeitig der preußisch-österreichische Krieg im Frühsommer 1866.

Von der Grundsteinlegung im März 1867 war der Neubau bis zum Sommer 1867 schon weit fortgeschritten. Bereits im August 1867 äußerte sich ein enger Freund Georg Christian Friedrich Lischs, der Wismarer Friedrich Crull, recht kritisch über das Äußere der Hauptfassade. Crull sah darin eine Verschlimmbesserung des Johann-Albrechts-Stils. Ihm missfielen die „Sohlbänke" des Erdgeschosses und der oberen Etagen sowie die Unterzüge der Säulen.[60]

---

[58] Ebenda, Quadrangel 5 (12. Januar 1866).

[59] Karl-Heinz JÜGELT: Die Wiedereinweihung der Klosterkirche zu Rostock am 10. Dezember 1899. In: Beiträge zur Geschichte der Stadt Rostock 23 (1999), S. 135-172, hier S. 139-144.

[60] LHAS, 10.9. – L/6 (wie Anm. 45), Nr. 586: Friedrich Crull an Friedrich Lisch, Wismar, 30. August 1867.

Nach dem Richtfest am 8. November 1867 verzögerte sich das weitere Baugeschehen merklich. Das ursprüngliche Ziel, das Gebäude anlässlich des 450. Jubiläums der Universität am 12. November 1869 einzuweihen, wurde daher aufgegeben.

Dies erfolgte dann endlich am 27. Januar 1870. Damit erhielt Rostock eines der Hauptwerke der mecklenburgischen Neorenaissance.

Verzeichnis der Abbildungen

Abbildung 1
Denkmal Friedrich Franz II. Schwerin
https://de.wikipedia.org/wiki/Reiterdenkmal_Friedrich_Franz_II.#/media/File:Schwerin_Friedrich_Franz_II.jpg (07.10.2016)

Abbildung 2
Sockelrelief Denkmal Friedrich Franz II. Schwerin (Eröffnung des Universitätsgebäudes)

Abbildung 3
Weißes Kolleg
Adolf Friedrich LORENZ: Die Universitätsgebäude und ihre Geschichte. Rostock 1919, Abb. 22 Weißes Kolleg 1858 Vorderansicht

Abbildung 4
Seitenflügel (zum Hof) Universitätshauptgebäude

Abbildung 5
Hofgebäude: Chemisches Labor, Anatomie, Physikalisches Institut, Seminargebäude 2005 (2006 abgerissen)

Abbildung 6
Das Bolzendahlsche Haus in der Kröpeliner Straße, links das Hauptgebäude 2016

Abbildung 7
Neues Museum

Abbildung 8
Minister von Schröter Anhang Fassade Abbildung 26

Abbildung 9
Vizekanzler von Both Anhang Fassade Abbildung 25

Abbildung 10
Hofbaumeister Hermann Willebrand Anhang Fassade Abbildung 44

Abbildung 11
Architekt Carl Luckow Anhang Fassade Abbildung 45

Abbildung 12
Bauführer Adolf Prahst Anhang Fassade Abbildung 43

Abbildung 13
Bischof von Schwerin Anhang Fassade Abbildung 11

Abbildung 14
Bürgermeister Heinrich Katzow Anhang Fassade Abbildung 13

Abbildung 15
Wappenstein von Bülow Universitätshauptgebäude Seitenflügel (Hof)

Abbildung 16
Theologe David Chytraeus Anhang Fassade Abbildung 33

Abbildung 17
Jurist Ernst Cothmann Anhang Fassade Abbildung 34

Abbildung 18
Mediziner Jacob Bording Anhang Fassade Abbildung 32

Abbildung 19
Philologe Johannes Caselius Anhang Fassade Abbildung 35

Abbildung 20
Rektor Petrus Stenbeke Anhang Fassade Abbildung 12

Abbildung 21
Nikolaus Marschalk Anhang Fassade Abbildung 41

Abbildung 22
Nathan Chytraeus Anhang Fassade Abbildung 42

Abbildung 23
Oluf G. Tychsen Anhang Fassade Abbildung 40

Abbildung 24
Theologe David Chytraeus Anhang Aula Abbildung 8

Abbildung 25
Jurist Johann Oldendorp Anhang Aula Abbildung 12

Abbildung 26
Mediziner Johannes Cornarius Anhang Aula Abbildung 16

Abbildung 27
Historiker Albert Krantz Anhang Aula Abbildung 20

Abbildung 28
Mathematiker Joachim Jungius Anhang Aula Abbildung 21

Abbildung 29
Botaniker Heinrich F. Link Anhang Aula Abbildung 23

Abbildung 30
Mathematiker Peter J. Hecker Anhang Aula Abbildung 22

Abbildung 31
Jurist Adolf D. Weber Anhang Aula Abbildung 14

Abbildung 32
Mediziner Samuel G. Vogel Anhang Aula Abbildung 18

Abbildung 33
Theologe Heinrich Müller Anhang Aula Abbildung 11

Abbildung 34 Aristoteles
Abbildung 35 Platon
Abbildung 36 Homer
Abbildung 37 Sophokles
Abbildung 38 Demosthenes
Abbildung 39 Aeschylus
Abbildung 40 Virgil
Abbildung 41 Cicero
Abbildung 42 Seneca
Die neun Philosophen und Dichter Anhang Hauptgebäude allgemein Abbildung 14

Abbildung 43
Herzog Johann III. (bzw. IV.) Anhang Aula Abbildung 2 (Ausschnitt) und
Großherzog Friedrich Franz II. Anhang Aula Abbildung 2 (Ausschnitt)

Abbildung 44
Klosterkirche zum Heiligen Kreuz

Abbildungsnachweis: Außer Abbildung 1 und 3 alle Abbildungen Universität Rostock IT- und Medienzentrum

Pläne und Raumprogramme für das Hauptgebäude 1833-1989

VON KERSTEN KRÜGER

Wer ein Haus baut, merkt häufig bald, dass es zu klein wird, er muss ausbauen, anbauen, neu bauen. So erging es auch unserer Universität seit dem frühen 19. Jahrhundert. Mit dem Ende des Kompatronats 1827 war die Universität eine Landesuniversität, und die Landesherren, die Großherzöge von Mecklenburg, später die republikanischen Regierungen, sorgten für den Ausbau der Gebäude, die den expandierenden Wissenschaften Raum geben sollten. Für die Darstellung dieses ständigen, wiewohl nicht immer zügigen Prozesses werden hier als wichtigste Quellen die überlieferten Pläne herangezogen. Der für unseren Zusammenhang älteste stammt aus dem Jahr 1833 und zeigt die Grundrisse der Universitätsgebäude am Blücherplatz (heute Universitätsplatz).[1] Das Weiße Kolleg, erbaut 1566, bildete das Hauptgebäude der Universität, an das 1827-1829 bereits der Flügelanbau, auch Bibliotheksflügel genannt, angebaut worden war. Karzer und Wohnhaus der Pedelle befanden sich am westlichen Ende des Hofes (auf dem Plan oben). Nördlich (auf dem Plan rechts) an der Ecke zur Kröpeliner Straße stand eine Regentie. Als neues Gebäude war am westlichen Ende des Hofes das Chemische Laboratorium geplant, das 1838 errichtet wurde.[2] Im Süden (links auf dem Plan) grenzte das Weiße Kolleg an die Straße des Kleinen Katthagen, jenseits davon lagen Gärten, die zum Kloster zum Heiligen Kreuz gehörten.

Dunkelgrün eingefärbt war ein Garten – der Rosengarten –, den die Universität für einen Erweiterungsbau, das Neue Museum, erwerben wollte. Bereits 1820 fanden darüber Verhandlungen mit dem Klosterpropst statt, doch zunächst ohne Ergebnis. Erst zwei Jahrzehnte später gelang der Ankauf, bestätigt vom

---

[1] Situations-Plan von den zur hiesigen Academie gehörenden Gebäuden Rostock im May 1833. Landeshauptarchiv Schwerin (künftig LHAS) 5.12-7/1 Mecklenburg-Schwerinsches Ministerium für Unterricht, Kunst, geistliche und Medizinalangelegenheiten Nr. 945. Alle hier behandelten Pläne sind im Anhang Pläne, S. 102-147 wiedergegeben, der von 1833 auf S. 102.

[2] LHAS 5.12-7/1 Mecklenburg-Schwerinsches Ministerium für Unterricht, Kunst, geistliche und Medizinalangelegenheiten Nr. 945: Verzeichnis des Grundbesitzes der Universität Rostock vom 31. März 1908. Siehe auch: Gisela BOECK u. a.: Vom Collegium zum Campus. Orte Rostocker Universitäts- und Wissenschaftsgeschichte. 2. Aufl. Rostock 2010, S. 24.

Landesherrn am 13. April 1841.[3] Auf diesem Grundstück wurde kurz darauf das Neue Museum errichtet. Es sollte den Anfang eines neuen Hauptgebäudes bilden, das sich bei Abbruch des Weißen Kollegs bis zur Kröpeliner Straße erstreckt hätte (Abbildung 1). Doch wurde dieser Plan nicht umgesetzt.

Abbildung 1
Entwurf für ein Hauptgebäude 1843 Zeichnung von Adolf Friedrich Lorenz

Abbildung 2
Das Weiße Kolleg Rekonstruktionszeichnung von Adolf Friedrich Lorenz

---

[3] LHAS (wie Anm. 2): Diarium gehalten Rostock den 8. Februar 1840 (Abschrift) und Vize-Kanzellariat an das Großherzogliche Ministerium Abteilung für Unterrichts-Angelegenheiten zu Schwerin vom 30. April 1906, unterzeichnet: v. Buchka, Kaiserlicher Wirklicher Geheimer Legationsrat.

So blieb das Weiße Kolleg (Abbildung 2) weiterhin das Hauptgebäude der Universität. Für das Jahr 1858 liegen Rekonstruktionszeichnungen der Fassaden und Grundrisse von Adolf Friedrich Lorenz vor.[4] Betrat man das Weiße Kolleg, lagen im Erdgeschoss rechts (nördlich) der Diele ein Vorzimmer, ein Lesezimmer und ein Bibliothekszimmer bescheidener Größe. Hinzu kamen ein Raum für Dissertationen und ein Dienstzimmer für den Bibliothekar. Linker Hand (südlich) befanden sich das Konzilzimmer und ein kleiner Hörsaal, der über einen Gang erreichbar war. Von diesem Gang aus gelangte man in den vor 1833 errichteten Flügelanbau (oder Bibliotheksflügel) in zwei Hörsäle. Daran schloss sich die Wohnung des Pedells mit Zugang vom Hof an; dazu gehörten Diele, Küche, Wohnstube und Schlafstube. Westlich reichte der Flügelanbau bis an die Grenze zu benachbarten Gärten. Im Erdgeschoss war eine Durchfahrt als Zuwegung vom Katthagen zum Innenhof gebaut. Von hier aus führten Eingänge in zwei weitere Hörsäle, die bis an die Wohnung des Pedells reichten, aber von dort nicht zu betreten waren.

In das erste Obergeschoss gelangte man über den Treppenaufgang und kam in den weiträumigen Bibliothekssaal. Davon abgetrennt waren das Arbeitszimmer des Bibliothekars mit dem Konsistorialarchiv und ein Raum als Münzkabinett mit Platz für Manuskripte. Von hier führten einige Stufen in den Flügelanbau. Dort war ebenfalls ein großer Bibliothekssaal eingerichtet. Es hat den Anschein, als hätte der Bau für die bibliothekarischen Bedürfnisse der Universität ausgereicht, während Hörsäle knapp bemessen waren. Für Seminarräume bestand kein Bedarf, da die Institute der Fächer noch nicht gebildet waren.

Dennoch wurde es bald wieder zu eng. Ein Lageplan aus dem Jahr 1865 zeigt die inzwischen eingetretenen Veränderungen und deutet die Planung für ein neues Hauptgebäude anstelle des Weißen Kollegs an.[5] Noch standen das Weiße Kolleg und der Flügelanbau unverändert, aber westlich war auf dem Gebiet eines Nachbargartens die Zootomie errichtet worden und in das Chemische Laboratorium von 1833 war die Anatomie eingezogen. Das Neue Museum bestand schon seit über 20 Jahren; zwischen ihm und dem Weißen Kolleg verlief der Kleine Katthagen. Die Fluchtlinie des Neuen Museums stimmte nicht mit der des Weißen Kollegs überein, sondern ragte zum Blücherplatz hin einige Meter darüber hinaus. Ihre Verlängerung nach Norden deutete die Baulinie des geplanten neuen Hauptgebäudes an, die – so die Aufschrift auf dem Plan – bereits mit der Stadt Rostock schon früher vereinbart worden war. Nach Bewilligung

---

[4] Anhang Pläne, S. 103.
[5] Anhang Pläne, S. 106.

durch den Landesherrn und die Regierung lag der Plan des Architekten Hermann Willebrand 1865 vor.

Abbildung 3
Entwurf für das Hauptgebäude von Hermann Willebrand 1865

Abbildung 4
Atlas im Foyer

Die Ausführung des Baus geschah zügig, so dass das Gebäude 1870 eingeweiht werden konnte.[6] Der Architekt hatte ein nicht nur schönes, sondern auch zweckmäßiges und großzügig bemessenes Gebäude geplant und errichten lassen.[7] Wer es betrat, erlebte ein eindrucksvolles zweigeschossiges, repräsentativ gestaltetes Foyer; den Blickfang bildete die Figur des Atlas, der – Symbol auch für die Wissenschaft – mit Kraft die Welt trägt. Heute steht hier die meistwissende griechische Göttin Metis. Rechter Hand im Nordflügel befand sich das räumlich sehr gut ausgestattete Archiv, das Platz für das allgemeine Archiv der Universität, ein Fakultätsarchiv sowie das Konsistorialarchiv, dazu – in einem besonderen Raum – für Manuskripte bot. Hinter dem Foyer lagen Toiletten und ein Lagerraum für Brennmaterial, weil das Gebäude

---

[6] Einzelheiten bei HOLLACK, Hauptgebäude, in diesem Band S. 185-220.

[7] Die Grundrisse befinden sich im Anhang Pläne, S. 107-110.

zum Teil noch mit Öfen beheizt wurde. Linker Hand führte eine breite Treppe in den Südflügel (heute wiederhergestellt) in das erste Obergeschoss.

Unterhalb dieser Haupttreppe war im Südflügel die Wohnung des Oberpedells eingerichtet: mit vier Zimmern zum Blücherplatz; Küche, Kinder- und Mädchenstube (diese fensterlos) zum Hof. Der Haupteingang zu dieser Wohnung befand sich in der Durchfahrt zum Kleinen Katthagen, die hier den Abschluss des neuen Gebäudes im Erdgeschoss bildete und an das Neue Museum grenzte. Eine Verbindung zum Neuen Museum gab es hier ebenso wenig wie in den anderen Stockwerken.

Über den breiten Treppenaufgang gelangte man in das erste Obergeschoss des Südflügels. Am südlichen Ende – an das Neue Museum grenzend, doch ohne Durchgang dorthin – verfügte das Akademische Gericht über zwei Räume, die Gerichts- und die Parteienstube. Nach Aufhebung der universitären Gerichtsbarkeit konnte der Rektor hier 1879 mit seinem Sekretariat einziehen.[8] Sonst war das erste Obergeschoss das Reich der Universitätsbibliothek. Zwei Lesesäle – einer für Professoren, der andere für Studenten – waren zum Blücherplatz hin eingerichtet (heute Rektorat). Über eine Galerie, an der drei Diensträume der Bibliothekare lagen, erreichte man den Nordflügel mit Bücherausgabe und Büchermagazin. Die Trennung von Magazin und Lesesälen folgte französischem Vorbild, sie erbrachte bessere Raumnutzung und damit höhere Aufstellungskapazität für Bücher.

Eine an der Hofseite und an den Flügelanbau grenzende weitere Haupttreppe führte in das zweite Obergeschoss, das der Selbstverwaltung und der Lehre gewidmet war. Zum Blücherplatz hin lagen zwei Räumen für das Konzil sowie ein Raum für Fakultätssitzungen und Disputationen – an das Neue Museum grenzend. Zum Hof hin befanden sich zwei kleine Auditorien (im heutigen Sinne Übungsräume). Der geräumige Flur führte in die Aula, die den Mittelteil des Gebäudes im zweiten und dritten Obergeschoss einnahm. Hinter der Aula im Nordflügel befanden sich ein kleines Auditorium und das Büchermagazin.

Das dritte Obergeschoss beherbergte zwei Auditorien zum Blücherplatz hin sowie – an das Neue Museum grenzend – ein Dienstzimmer und eine Seminarbibliothek. Ein weiteres Auditorium lag auf der Hofseite. Eine der Logen der Aula war von hier zu erreichen. Jenseits der Aula im Nordflügel waren das Münzkabinett und ein weiterer Teil des Büchermagazins untergebracht.

---

[8] Universitätsarchiv Rostock (künftig UAR) 1.02.0, R XI A 17: Neubau des Universitätshauptgebäudes 1864-1886, Mobiliar für das Zimmer des Rectors, Rostock, den 18. Sept. 1879, Johs. Bachmann. Das Tapezieren des Zimmers sollte bis Ostern 1880 ausgesetzt werden.

Westlich an das Hauptgebäude schloss sich der Flügelanbau an, der im Erdgeschoss die Wohnung des Famulus, später des zweiten Pedells enthielt. Sie war durch einen separaten Eingang vom Hof aus zu erreichen, eine innere Verbindung zum Hauptgebäude bestand nicht. Auch diese Wohnung war geräumig und umfasste drei Wohn-, und ein Dienerzimmer zum Kleinen Katthagen hin, Stall, Speisekammer, Küche und Mädchenstube auf der Hofseite. Am westlichen Ende dieses Gebäudeteils führte eine Durchfahrt vom Kleinen Katthagen in den Hof des Hauptgebäudes.

Das erste Obergeschoss des Flügelanbaus war vom Hauptgebäude aus über eine kleine Treppe zu erreichen. Hier befanden sich – erschlossen durch einen Flur auf der Seite zum Kleinen Katthagen – vier Hörsäle, von denen einer eine landwirtschaftliche Sammlung aufnehmen konnte. Der frühere weiträumige Bibliothekssaal an dieser Stelle war für Zwecke der Lehre umgebaut worden. Das zweite Obergeschoss war ebenfalls vom Hauptgebäude aus zugänglich. Hier sollten drei Karzerräume entstehen, die trotz Aufhebung der akademischen Gerichtsbarkeit noch für die Bestrafung kleinerer Delikte benötigt wurden. Den größten Teil dieses Geschosses nahm ein Lagerraum für Brennmaterial ein, der aber auch für die Lagerung von Sammlungen zur Verfügung stehen sollte. Der darüber liegende Dachboden blieb baulich ungenutzt.

Für die Universität stellte dieses Gebäude einen großen Gewinn dar. Die Schwerpunkte darin waren sinnvoll verteilt: Repräsentation, Selbstverwaltung, Lehre, Bibliothek und Archiv. Aber bald wurde es zu eng darin, und die wachsenden Bedürfnisse eines von ihnen, insbesondere der Bibliothek, konnten nur zu Lasten eines anderen befriedigt werden. Opfer hatte vor allem das Archiv zu bringen. So wurden 1897 Archivräume in Lesesäle verwandelt, Archivalien in einen Kellerraum verbracht, der für sachgerechte Lagerung nicht geeignet war. Selbst wenn es in einem Bericht des Landesarchivars Grotefend 1908 hieß, nun seien mit elektrischem Licht und Zentralheizung die Zustände verbessert, gab es 1926 immer noch Klagen über den schlechten Zustand des Universitätsarchivs.[9]

Den wachsenden Bedürfnissen der Universität hatte vorher das 1844 errichtete Neue Museum entsprechen müssen. Den Entwurf erstellte Georg

---

[9] Angela HARTWIG: Das Gedächtnis der Universität. Das Universitätsarchiv Rostock von 1870 bis 1990. Rostock 2010, S. 81, 101.

Adolph Demmler. Die Nutzung der Räume für Sammlungen und Naturwissenschaften für die Zeit vor 1880 rekonstruierte Adolf Friedrich Lorenz.[10]

Abbildung 5
Das Neue Museum Rekonstruktionszeichnung von Adolf Friedrich Lorenz

Im Erdgeschoss des Gebäudes lag links vom Eingang die Wohnung des Hausmeisters mit fünf Räumen. Auf der rechten Seite befanden sich vier chemische Labore. Über die Treppe an der Hofseite gelangte man in das erste Obergeschoss. Hier war auf der linken Seite das Physikalische Institut untergebracht, die anderen Räume dienten der Chemie mit einem Hörsaal und drei weiteren Laboren. Das zweite Obergeschoss beherbergte einen Hörsaal gegenüber dem Treppenhaus und die zoologische Sammlung in zwei großen Räumen mit Zugang zum Hörsaal. Über die Nutzung des dritten Obergeschosses ist nichts bekannt.

Änderungen traten bald ein, dokumentiert in entsprechenden Grundrissen aus dem Jahr 1906.[11] Physik und Chemie zogen 1880 aus und erhielten neue

---

[10] Die Pläne befinden sich im Anhang Pläne, S. 111-114.
[11] Die Pläne befinden sich im Anhang Pläne, S. 115-118.

Räume in Gebäuden auf dem Hof des Hauptgebäudes.[12] Im Neuen Museum blieb im Erdgeschoss die Wohnung des Hausmeisters links vom Eingang erhalten. Von den Räumen rechts des Eingangs dienten die drei zum Hof hinausgehenden und der fensterlose Flur als Lager für Vorräte, Feuerungsmaterial sowie geologische Materialien. Die zwei am Blücherplatz gelegenen sowie der Vorraum an der Eingangshalle erhielt 1906 die Medizinalkommission und gab dafür ihren Raum im Hauptgebäude auf.[13]

Im ersten Obergeschoss war gegenüber dem Treppenhaus ein Hörsaal eingerichtet, an den links das Dienstzimmer des Institutsdirektors mit Fenstern zum Blücherplatz anschloss. Er hatte direkten Zugang zur Mineralogischen Sammlung, die im Nachbarraum mit Blick auf den Hof untergebracht war. Auf der rechten Seite befanden sich eine Garderobe, ein mineralogisches Laboratorium und zwei Räume für Praktikanten der Geologie. Das zweite Obergeschoss war mit fünf Räumen fast ganz der Geologie mit Schwerpunkt Mecklenburg gewidmet. Neben einer allgemeinen geologischen Sammlung fanden hier Objekte der Flözformation, des Quartärs und des Diluvialgeschiebes ihren Platz. Ein kleines Arbeitszimmer sollte die zoologische Sammlung – vermutlich einen Teil – aufnehmen.

Das dritte Obergeschoss gehörte seit 1889 der archäologischen Sammlung und dem Münzkabinett. Vier miteinander verbundene Räume – drei am Blücherplatz, einer zum Hof weisend – standen der archäologischen Sammlung zur Verfügung. Ein Hörsaal für die Archäologie war rechter Hand – an das Hauptgebäude grenzend und zum Hof hinaus weisend – eingerichtet.[14] Für das

---

[12] LHAS 5.12-7/1 Mecklenburg-Schwerinsches Ministerium für Unterricht, Kunst, geistliche und Medizinalangelegenheiten Nr. 945: Verzeichnis des Grundbesitzes der Universität Rostock vom 31. März 1908.

[13] Mitteilung des Ministeriums an Vizekanzler Gerhard von Buchka vom 10. Februar 1906. Ebenda Nr. 946, Akte 6. Zu von Buchka siehe Gerhard von Buchka: Catalogus Professorum Rostochiensium: URL: http://purl.uni-rostock.de/cpr/00000004 (22.02.2016). Die Medizinalkommission hatte 1902 den Hörsaal 10 erhalten. UAR 1.02.0, R XI A 21, Nr. 38, S. 1. Die nummerierten Aktenstücke liegen in diesem Paket nicht nach ihren Nummern geordnet. Der Hörsaal 10 lag neben dem Hörsaal 9 im 3. Obergeschoss des Hauptgebäudes – siehe den Umbauplan von 1906 im Anhang Pläne, S. 118.

[14] Am 18. Februar 1889 teilte Vizekanzler von Lieberherr dem Ministerium mit, das archäologische Institut ziehe in das Neue Museum ein. Professor Körte wünsche die Erweiterung der archäologischen Sammlung im gesamten dritten Obergeschoss. Das sei möglich, weil die zoologische Sammlung ausziehe und *nur noch die nicht gerade sehr wertvollen ausgestopften Vögel verblieben* seien, für die anders gesorgt werden könne. Daraufhin bewilligte das Ministerium für die Herstellung der Räume 600 Mark und für Inventar 500 Mark. Im Dezember

Münzkabinett stand nur ein kleiner Raum rechts neben der Treppe zur Verfügung; es erscheint etwas stiefmütterlich behandelt. Mit Aufnahme der Sammlungen wurde das Neue Museum seinem Namen gerecht, nur die Medizinalkommission passte nicht in dieses Bild. Sie gehörte übrigens nicht zur Universität, sondern war eine staatliche Einrichtung.

Seit dem ausgehenden 19. Jahrhundert verschärfte sich die Raumsituation an der Universität Rostock wie auch an anderen Universitäten. Einerseits differenzierten sich die wissenschaftlichen Fächer und gründeten eigene Institute oder Seminare mit eigenen Fachbibliotheken in besonderen Räumen, die nicht zu den zentralen Universitätsbibliotheken gehörten. Hier wurden fachspezifische Lehrveranstaltungen unter Heranziehung der dort aufgestellten Bücher gehalten. Andererseits stieg die Zahl der Studierenden. Die Knappheit der Räume entwickelte sich zu einem Studienhindernis. In diesem Zusammenhang erstellte die Universität Rostock im Sommer 1914 in einer Eingabe an das zuständige Ministerium eine Tabelle der Entwicklung der Anzahl der Studierenden seit 1864 in Rostock und an anderen Universitäten.[15] Rostock gehörte zu den kleinen Universitäten und wollte in der Konkurrenz nicht wegen Mangels an Räumen zum Schlusslicht werden. Von 1864 hatte sich die Gesamtzahl der Studierenden von 150 bis 1894 mehr als verdoppelt, bis 1905 mehr als vervierfacht und bis 1914 fast verfünffacht. Der dramatische Anstieg betraf vor allem die Medizin und die mathematisch-naturwissenschaftlichen Fächer, in denen sich die Zahl von 1864 bis 1914 verzehnfacht hatte. Zahlreiche Neu- und Umbauten von Universitätsgebäuden hatten dem Ansturm in etwa gerecht werden können, was an dieser Stelle nicht näher behandelt werden kann. Das Hauptgebäude, in dem hauptsächlich die Studierenden der Theologischen, der Juristischen und der philosophisch-philologischen Fächer der Philosophischen Fakultät in ihrem Studium ausgebildet wurden, war nicht erweiterbar. Hier jedoch waren die Zahlen ebenfalls gestiegen, von 103 im Jahr 1864 auf 164 im Jahr 1894 und hatten sich bis 1905 mit

---

1889 waren die Umbauten für die geologische und die archäologische Sammlung ausgeführt. Eine förmliche Übergabe war nicht möglich, weil der Institutsdirektor *längst Besitz ergriffen hatte*. Ebenda Nr. 946, Akten 2-4. Otto Friedrich Maximilian von Liebeherr, Vizekanzler 1870-1896: Catalogus Professorum Rostochiensium: URL: http://purl.uni-rostock.de/cpr/00000003 (22.02.2016). Zu Prof. Gustav Körte siehe: Catalogus Professorum Rostochiensium: URL: http://purl.uni-rostock.de/cpr/00002492 (22.02.2016).

[15] UAR 1.02.0, R XI A 21, Nr. 21. Die Aktenstücke sind in diesem Paket nicht nach Nummern sortiert. Ergänzungen nach dem Personalverzeichnis 1905, S. 37.

238 mehr als verdoppelt und bis 1914 auf 391 fast vervierfacht. Der mit der Expansion der Fächer verbundene höhere Raumbedarf wurde durch die wachsende Zahl der Studierenden sowie die leicht erhöhte Zahl der Hochschullehrer noch verschärft.

Tabelle 1
Zahl der Studierenden in Rostock nach Fakultäten 1864, 1894, 1905 und 1914

Fakultäten Zahl der Studierenden	1864	1894	1905	1914
Theologische Fakultät	43	47	59	55
Juristische Fakultät	53	97	98	104
Medizinische Fakultät	38	120	132	418
Philosophische Fakultät a Philosophisch-Philologische Fächer	7	20	162	232
Philosophische Fakultät b Mathematisch-Naturwissenschaftliche Fächer	9	152	213	200
Gesamtzahl	150	436	664	1.009
Gesamtzahl ohne Medizin und Mathematisch-Naturwissenschaftliche Fächer	103	164	238	391

Erste Versuche zur baulichen Erweiterung des Hauptgebäudes sind für das Jahr 1899 belegt. Den Umbau der Hörsäle im dritten Obergeschoss billigte das Konzil und *beauftragte [am 12. Mai 1899] den Rector mit Abfassung eines Promemorias zu Gunsten der Erweiterung der Universität durch eine Verlängerung des Seitenflügels.*[16] In zögerlicher Reaktion verlangte das Ministerium im Jahr 1902 für den Vizekanzler einen Dienstraum im Erdgeschoss rechts neben dem Foyer einzurichten; die dort gelagerten Bücher könnten *in einem Abteil des Dachgeschosses untergebracht werden.* Zwei weitere Räume seien durch Umbau des Flügelanbaus zu gewinnen, ein dritter durch Verlegung des Karzers im zweiten Obergeschoss des Hauptgebäudes.[17]

Eine umfassende Verbesserung der Raumverhältnisse beantragen Rektor und Konzil im Juni 1905. Die Vorlage hatte der Oberpedell Anthon, der zugleich

---

[16] UAR 1.02.0, R XI A 21, Nr. 18. Die Aktenstücke sind in diesem Paket nicht nach Nummern sortiert.

[17] Ebenda, Nr. 22: Großherzogliches Justiz-Ministerium an Rector der Landesuniversität Rostock am 15. Januar 1902. Der Raum für den Vizekanzler ist in der Umbauskizze von 1906 im Erdgeschoss mit der Nummer 6 bezeichnet, der Karzer im zweiten Obergeschoss mit der Nummer 14. Siehe Anhang Pläne, S. 115 und 117.

als Hausverwalter tätig war, vorbereitet. Einleitend wurde auf das Jahr der Einweihung des Hauptgebäudes verwiesen. Damals habe es 158 Studierende gegeben, davon 37 in der Medizin, 6 in der Pharmazie und Chemie. Es seien 35 Universitätslehrer tätig gewesen, davon 12 in der Medizin, ein Dozent in der Chemie. Nach Abzug der Medizin und Chemie sowie der Pharmazie ergäben sich 115 Studierende und 22 Universitätslehrer der anderen Fächer. Studierende der Naturwissenschaften nutzten das jetzige geologische Institut und das Hygienische Institut auf dem Universitätshof. Es seien mithin 100 Studierende und höchstens 20 Lehrer für die Auditorien im Hauptgebäude verblieben.

Nach Ausweis des Personalverzeichnisses vom Sommersemester 1905 seien es 664 Hörer und 62 Dozenten. Zur Medizin gehörten 132 Studierende und 22 Lehrer. Zu den Naturwissenschaften gehörten etwa 210 Studierende, die philosophische und philologische Vorlesungen im Hauptgebäude hörten, mithin nicht abgezogen werden könnten. Für das Hauptgebäude sei daher mit 530 Studierenden und 27 Dozenten zu rechnen. Die Zahl der Studierenden habe sich also mehr als verfünffacht. Zwar sei die Zahl der Auditorien mit dem Staatswissenschaftlichen und dem Romanisch-Englischen Seminar gewachsen, aber durch Abgabe des Auditoriums 10 an die Medizinalkommission (49 m²) vermindert. *Die dadurch erregten Übelstände sind geradezu unerträglich.* Mehrere Auditorien seien wegen Hitze im Sommer nur zeitweise nutzbar. Sie seien zudem oft überbelegt. Im Mathematischen Seminar sei die Quästur untergebracht, *so dass an manchen Tagen 50-60 Studierende den Raum anfüllen und die Luft verpesten.* Etwas weiter heißt es: *Für die Amtsgeschäfte der Dekane ist kein Raum vorhanden. Sie müssen also die Aktenschränke in ihre Wohnung nehmen und dort die Studierenden empfangen, was für beide Teile wenig erwünscht ist.* Der Rektor habe mit seinem juristischen Beisitzer nur ein gemeinsames Dienstzimmer, das der Beisitzer verlassen müsse, wenn der Rektor vertrauliche Gespräche führe.[18]

Die Universität forderte die Vermehrung sowohl der Hörsäle wie der Räume für Seminare. Die vorhandenen sieben Hörsäle wurden den erforderlichen elf gegenübergestellt. Die gleiche Zahl galt für die Seminare. Sie sind hier in den Tabellen 2 bis 5 zusammengefasst.[19]

---

[18] UAR 1.02.0, R XI A 21, Nr. 38, Universität Rostock an das Grossherzogliche Ministerium, Abteilung für Unterrichts-Angelegenheiten, unterschrieben vom Rektor und den Mitgliedern des Konzils, 27. Juni 1905, *abges*[andt] *3/7.05.* 12 Seiten Maschinenschrift, S. 3-6, 8.

[19] Ebenda. Die Geschosse und Raumnummern beziehen sich auf die Umbauskizze von 1906 im Anhang Pläne, S. 116 f.

Tabelle 2 Hörsäle der Universität im Hauptgebäude 1905

Nr.	Größe m²	Hörer Zahl	Geschoss	Raum
8	67	64	2 OG	5
6	52	36	2 OG	10
7	52	36	3 OG	10
1	49	35	1 OG	17
9	41	32	3 OG	6
3	42	28	1 OG	15
2	28	14	1 OG	16

Summe: 7 Hörsäle für 245 Hörer.

Tabelle 3 Bedarf an Hörsälen im Hauptgebäude 1905

Hörsäle Zahl	Hörer Zahl
1	150
1	64
2	36
2	32
1	35
1	28
2	20
1	14

Summe: 11 Hörsäle für 467 Hörer.

Es standen für 245 Hörer Plätze in sieben Hörsälen von ungleicher Größe, die von 64 bis 14 m² reichte, zur Verfügung. Auf den ersten Blick konnte das rechnerisch im Vergleich zu den 238 Studierenden, die das Hauptgebäude frequentierten, als ausreichend erscheinen, vorausgesetzt sie verteilten sich zur gleichen Zeit entsprechend der Kapazität der Hörsäle auf die Lehrveranstaltungen. So aber waren die Verhältnisse nicht. In einigen Fächern fanden regelmäßig Vorlesungen mit über 90 Teilnehmern statt, so dass die Kapazität der Hörsäle nicht ausreichte. Daher meldete die Universität vor allem den Bedarf für einen großen Hörsaal für 150 Studierende an und darüber hinaus zehn weitere in der Größe der vorhandenen von 64 bis 14 Plätzen. Die Zahl der insgesamt 467 Plätze erscheint allerdings überhöht, denn das wäre fast die Verdoppelung des Ist-Zustandes von 1905 gewesen.

Für die Seminare führte die Universität an, es seien sieben im Hauptgebäude untergebracht, im Einzelnen die Archäologische Sammlung (im Neuen Museum) sowie das Romanisch-Englische, das Staatswissenschaftliche, das Historische, das Klassisch-Philologische, das Mathematische (mit Quästur) und das Theologische Seminar. Hier fanden 238 Studierende Platz (Tabelle 4). Für drei weitere Seminare und eine Sammlung hingegen fehlten angemessene Räume, und zwar für das Deutsch-Philologische, das Historische für mittlere und neuere Geschichte, das Historische für Alte Geschichte, das Geographische und das Philosophische Seminar. Die Archäologische Sammlung benötige zwei größere und einen kleinen Saal zusätzlich. Die Differenzierung der Fächer zeigt sich klar in dieser Aufzählung. Für sie sollten 130 neue Plätze für Hörer geschaffen werden (Tabelle 5).

Tabelle 4 Seminare im Hauptgebäude 1905

Nr.	Seminar	Größe m^2	Hörer Zahl	Geschoss	Raum
1	Archäologische Sammlung	47	30	3 OG*	5
2	Romanisch-Englisches Seminar	45	24	2 OG	13
3	Staatswissenschaftliches Seminar	49	24	2 OG	15
4	Historisches Seminar	31	20	2 OG	8
5	Klassisch-Philologisches Seminar	31	20	3 OG	7
6	Mathematisches Seminar und Quästur	47	15	2 OG	12
7	Theologisches Seminar	44	15	EG	14

Summe Hörer: 238   * Im Neuen Museum.

Tabelle 5 Bedarf an Räumen für Seminare 1905

Nr.	Seminar	Räume Zahl	Hörer Zahl
1	Klassisch-Philologisches Seminar	2 Räume 2 OG 6 und 7	
2	Romanisch-Englisches Seminar	Bisheriger Raum 2 OG 13	
3	Deutsch-Philologisches Seminar	1 Raum	30
4	Historisches Seminar für Mittlere und Neuere Geschichte	1 Raum	40
5	Historisches Seminar für Alte Geschichte	1 Raum	30
6	Geographisches Seminar	1 Raum	30
7	Philosophisches Seminar	1 Raum	30
8	Staatswissenschaftliches Seminar	Bisheriger Raum 2 OG 15	
9	Mathematisches Seminar	Bisheriger Raum 2 OG 12	
10	Archäologische Sammlung	2 Säle und ein kleiner Saal	
11	Theologisches Seminar	Bisheriger Raum EG 14	

Zusätzliche Plätze für Hörer: 130.

Tabelle 6 Amtsräume der Universität 1905 im Hauptgebäude (ohne Bibliothek)

Amtsraum	Geschoss	Raum
Aula	2 OG	1
Konzilzimmer	2 OG	5
Vorzimmer zum Konzil	2 OG	6
Fakultätenzimmer	2 OG	7
Sekretariatszimmer	1 OG	9
Rektoratszimmer	1 OG	10

Die nicht der Lehre dienenden Amtsräume waren knapp bemessen: sechs an der Zahl. Die Aula war feierlichen Anlässen vorbehalten. Der akademischen Selbstverwaltung standen das Konzilzimmer mit Vorzimmer und das Fakultätenzimmer zur Verfügung. Der Rektor nahm ein recht kleines Zimmer ein mit dem größeren davor gelegenen Sekretariat. Für nichtuniversitäre Zwecke wurde der erwähnte Raum der Medizinalkommission (3 OG 7) genutzt und in einem ehemaligen Karzer stand die Kreisteilmaschine (2 OG 14).[20]

Ein Jahr später reichte die Universität dem Ministerium Umbau- und Umnutzungsskizzen für das Hauptgebäude ein, in welche geschossweise die vorgenommenen oder vorgesehenen Veränderungen eingetragen waren.[21] Im Erdgeschoss blieb der Bereich des Vestibüls unverändert. Aber in den Nordflügel war 1902 die Rendantur eingezogen; nun sollte der Vizekanzler folgen. Zudem wurden hier drei Lesezimmer eingerichtet – alles zu Lasten des Archivs, dem nur noch ein Raum zur Verfügung stand. Auf die Rückfrage des Ministeriums im März 1908, wo denn die Fakultätsakten nun lagerten, antworteten Rektor und Konzil, die Akten seien auf dem Hausboden untergebracht, doch könne das nur ein Provisorium sein.[22] Im Südflügel hatte der Oberpedell weiterhin seine Dienstwohnung inne. Im Flügelanbau hatte hingegen der zweite Pedell seine

---

[20] Bedeutung und Funktion der Kreisteilmaschine wurden nicht erläutert; sie kam 1910 in das neue Gebäude der Physik. UAR 1.02.0, R XI A 21, Nr. 51, Anlage zu Nr. 51, erste Seite. Zur Kreisteilmaschine siehe jetzt: Reinhard MAHNKE: Die Kreisteilmaschine als Instrument der Physik. Kalenderblatt Oktober 2016: http://www.mathnat.uni-rostock.de/geschichte/kalenderblatt/kalenderblatt-oktober-2016/ (21.09.2016).

[21] LHAS 5.12-7/1 Mecklenburg-Schwerinsches Ministerium für Unterricht, Kunst, geistliche und Medizinalangelegenheiten Nr. 952, hier im Anhang Pläne, S. 115.

[22] UAR 1.02.0, R XI A 21, Nr. 34 und 36. Siehe auch LHAS 5.12-7/1 Mecklenburgisches Ministerium für Unterricht, Kunst, geistliche und Medizinalangelegenheiten 944 Nr. 944, Akte Nr. 26, Blatt 110-112. Siehe auch HARTWIG (wie Anm. 9).

Dienstwohnung aufgeben mussten und war auf einen kleinen Raum beschränkt. In die frei gewordenen Räume war 1897 die von Prof Schuchardt[23] gegründete Universitäts-Poliklinik für Nerven- und Gemütskranke eingezogen.[24] Einen großen Raum erhielt das Theologische Seminar.

Im ersten Obergeschoss gab es im Bereich des Foyers keine Veränderungen. Hier hatten die Bibliothekare weiterhin ihre Diensträume inne. Im Nordflügel befanden sich die Bücherausgabe und das Büchermagazin. Der Südflügel beherbergte unverändert zwei Lesezimmer (für Professoren und für Studenten), das Rektorat mit Sekretariat sowie den Dienstraum für den Oberbibliothekar. Im Flügelanbau befanden sich vier Hörsäle, von denen der erste der Theologie und der Jurisprudenz zugewiesen wurde, der zweite der Jurisprudenz, der Philologie und der Medizin und der dritte wiederum der Theologie. In den vierten sollte die Quästur einziehen.

Im zweiten Obergeschoss befand sich die über zwei Geschosse reichende Aula über dem Foyer. Der Nordflügel wurde durch die Bibliothek eingenommen. Im Südflügel reihten sich das Konzilzimmer, das Vorzimmer und das Fakultätenzimmer auf der Seite des Blücherplatzes aneinander. Das südlich anschließende Prüfungszimmer sollte nun das Historische Seminar oder die geographische Sammlung werden. Letztere ist mit schwarzer Tinte eingetragen und stellt, wie der Plan von 1912[25] zeigt, die letztlich gültige Entscheidung dar. Im Flügelanbau waren Veränderungen vorgesehen. Hier sollte am Ende des Baus entweder die Quästur (Eintragung in schwarzer Tinte) oder das Seminar für Mittlere und Neuere Geschichte (Eintragung mit Bleistift) unterkommen. Nach Ausweis des Plans von 1912 kam das Seminar für Geschichte hierher. Daran anschließend in Richtung auf das Hauptgebäude folgten in den früheren Karzern das Romanisch-Englische Seminar, der Raum für die Kreisteilmaschine und das Staatswissenschaftliche Seminar.

Das dritte Obergeschoss nahm im Bereich des Foyers die Aula mit gläsernem Oberlicht ein, auf beiden Seiten mit je einer Loge versehen. Im Nordflügel befand sich das Bibliotheksmagazin und im Raum davor entweder das Münzkabinett oder der Platz für Manuskripte. Nach dem Plan von 1912 diente dieser Raum zur Aufbewahrung der Manuskripte. Im Südflügel standen die Hörsäle 8

---

[23] Fedor Schuchardt: Catalogus Professorum Rostochiensium: URL: http://purl.uni-rostock.de/cpr/00001834 (25.02.2016).

[24] UAR 1.02.0, R XI A 21, Nr. 38, S. 1 f.

[25] Erstellt von Distriktbaumeister F. Wachenhusen, überliefert sind das erste bis dritte Obergeschoss, nicht das Erdgeschoss; Anhang Pläne, S. 127-129.

– für die Jurisprudenz und Philologie – und 9 – für die Jurisprudenz, die Philologie und die Theologie zur Verfügung. Der Hörsaal 7, für Jurisprudenz und Philologie vorgesehen, sollte, so die Eintragung mit Bleistift, alternativ das Rechtshistorische Seminar aufnehmen. Nach dem Plan von 1912 blieb es aber beim Hörsaal 7. An das Neue Museum grenzend waren das Seminar für Klassische Philologie und das Seminar für Alte Geschichte eingetragen, alternativ das Deutsch-Philologische Seminar, das hier jedoch laut Plan von 1912 nicht einzog. Die Wand zum Neuen Museum sollte an dieser Stelle durchbrochen werden um durch eine Tür Zugang zur dort untergebrachten Archäologischen Sammlung zu schaffen.

Nach dem Plan von 1906 blieben zwei Seminare ohne eigene Räume: das Deutsch-Philologische und das Philosophische. In den Reinzeichnungen der Grundrisse von 1912 wurde das bestätigt. Ganz unerträglich scheinen die Raumverhältnisse denn doch nicht gewesen zu sein. Entlastung durch Raumgewinn ergab sich darüber hinaus durch den Neubau des Physikalischen Instituts, der 1910 bezogen wurde. Damit stand das frei gewordene alte Physikalische Institut[26] zur Umnutzung für Seminare zur Verfügung.

Fig. 24. Die Anatomie auf dem Hofe des Universitätsgebäudes, 1844–1878.

Abbildung 6
Das Seminargebäude auf dem Hof der Universität 1878

Fortan hieß es Seminargebäude. Die Nutzungen waren wechselvoll. 1834 als Chemisches Laboratorium erbaut, diente es zugleich als physikalisches Kabinett und als Anatomie, seit 1880 als Physikalisches Institut sowie 1881-1887 als Hygienisches Institut. Professor Gottfried Kümmell unterhielt

---

[26] Einzelheiten siehe: Reinhard MAHNKE: Die Universitätsgebäude der Physik. In: Reinhard MAHNKE; Fedor MITSCHKE: 100 Jahre Physikalisches Institut 1910-2010. Rostock 2010 (Beiträge zur Geschichte der Universität Rostock 28), S. 19-30.

hier das physiko-chemische Laboratorium bis zum Bau der neuen Physik 1910.[27] Im Jahr 1894 war das Gebäude durch einen Anbau erweitert worden, aber im Verzeichnis des Grundbesitzes der Universität Rostock vom 31. März 1908 wurde es bereits als „Abbruchsgebäude" bezeichnet,[28] vermutlich weil es Überlegungen gab an seiner Stelle einen Erweiterungsbau des Hauptgebäudes zu errichten. Aber es kam anders. Nach Auszug der Physik fanden hier 1912 die im Hauptgebäude nicht hinreichend versorgten Seminare Platz, 1968 sogar wieder Labore der Physik und Chemie. Schließlich wurde das Gebäude 2006 abgerissen, ohne dass die Universität Überfluss an Räumen gehabt hätte.

Am 16. Juni 1910 stellten Rektor und Konzil den Antrag, *das Grossherzogliche Ministerium wolle dies Gebäude uns für Vorlesungs- und Seminarzwecke überweisen und die Universitätsbaubehörde beauftragen, die erforderlichen baulichen Veränderungen und Einrichtungen sobald als irgend möglich in Angriff zu nehmen, damit dieselben für das kommende Wintersemester bereits benutzt werden können.*[29] Zwar überwies das Ministerium am 10. August das alte Physikalische Institut der Universität *zur Benutzung als Nebenhaus des Universitätsgebäudes* und erhob – mit Ausnahme des vorgesehenen Sprechzimmers für Professoren – keine Bedenken gegen den vorgelegten Verteilungsplan,[30] nur ließ die Finanzierung der nötigen Umbauarbeiten auf sich warten. Oberpedell und Hausverwalter Anthon teilte am 1. Oktober 1910 dem Rektor mit, er habe Kostenanschläge über 14.350 Mark am 12. September eingereicht und am 3. Oktober habe das Vizekanzellariat beim Ministerium um Beschleunigung ersucht, eine Antwort sei jedoch nicht eingegangen. Da das Semester am Sonnabend, 15. Oktober beginne, sei auf Benutzung der neuen Räume nicht zu rechnen. Für das am 1. Oktober errichtete Rechtshistorische Seminar gebe es daher keine Räume.[31]

---

[27] Gottfried Kümmell: Catalogus Professorum Rostochiensium: URL: http://purl.uni-rostock.de/cpr/00003513 (24.02.2016)

[28] LHAS 5.12-7/1 Mecklenburg-Schwerinsches Ministerium für Unterricht, Kunst, geistliche und Medizinalangelegenheiten Nr. 945, Akte Nr. 44.

[29] UAR 1.02.0, R XI A 21, Nr. 51: Universität Rostock an das Grossherzogliche Ministerium. Abteilung für Unterrichts-Angelegenheiten Schwerin. Betrifft Das alte physikalische Institut. Mit 1 Anlage und 9 Skizzen. Die Anlage ist nicht paginiert. Die Skizzen fehlen, auch im LHAS.

[30] Ebenda, Nr. 57.

[31] Ebenda, Nr. 59

Auf der vom Hausverwalter Anthon erstellten Grundlage vom 24. Januar 1910[32] hatten Rektor und Konzil am 16. Juni einen sechs Seiten umfassenden Vorschlag für Umzüge im Hauptgebäude und die Nutzung des künftigen Seminargebäudes beschlossen.[33]

Tabelle 7 Hörsäle der Universität im Hauptgebäude 1912

Nr.	Vorlesungen	Hörer	Geschoss	Raum
1	Juristische Vorlesungen	35	1 OG	18
2	Juristische und andere Vorlesungen	14	1 OG	17
3	Theologische Vorlesungen	28	1 OG	16
6	Philologische und andere Vorlesungen	43	2 OG	11
8	Historische und andere Vorlesungen	64	3 OG	8
9	Philologische, Juristische, Historische Vorlesungen	33	3 OG	9

Summe 6 Hörsäle für 217 Hörer

Die Hörsäle des Hauptgebäudes sollten fächerspezifisch, wie hier in Tabelle 7 dargestellt, genutzt werden. Sie boten Platz für 217 Hörer. Das war gegenüber dem Stand von 1905 eine Verminderung um 21 Plätze. Im Seminargebäude kam jedoch ein großer Hörsaal mit 100 Plätzen hinzu, so dass insgesamt eine Zunahme um 79 Hörerplätzen auf 317 erreicht wurde. Üppig war das nicht, aber immerhin mit einem Drittel mehr als ein Tropfen auf den heißen Stein.

Von den Seminaren verblieben die Archäologische Sammlung sowie das Klassisch-Philologische Seminar und das Seminar für Alte Geschichte im Hauptgebäude an ihren Standorten. Das Geographische Seminar sollte ausziehen, sein Raum Prüfungszimmer werden. Das Seminar für Mittlere und Neuere Geschichte befand sich in der früheren archäologischen Sammlung, jetzt Geographische Sammlung.[34] Es sollte in die Räume des Mathematischen Seminars und des Deutsch-Philologischen Seminars (in den Plänen 1906 und 1912 vermutlich aktuell: Romanisches und Englisches Seminar) kommen.[35] Seminarübungen konnten ohne sommerliche Sonnenhitze im nach Norden gelegenen

---

[32] Ebenda, Nr. 41.
[33] Wie Anm. 29.
[34] Umbauskizze 1906, Anhang Pläne, S. 117, 2. Obergeschoss (OG), Raum 8, Reinzeichnung 1912, Anhang Pläne, S. 128, 2. Obergeschoss, Raum 6.
[35] 1906: 2 OG, Räume 12 und 13; 1912, Räume 13 und 14.

Raum stattfinden.[36] Das Staatwissenschaftliche Seminar erhielt zusätzlich den Raum der Kreisteilmaschine.[37] Das Juristische Seminar wurde im Hörsaal 7 untergebracht, der damit seine Funktion als Hörsaal mit 36 Plätzen einbüßte.[38]

Die Quästur sollte in den früheren Raum des Seminars für Mittlere und Neuere Geschichte verlegt werden.[39] Das Zimmer sei bequem zugänglich an der Haupttreppe belegen, benötige aber noch einen Tresor: *Vor allem muss auch ein Geldschrank beschafft werden, worin die täglichen Einnahmen eingeschlossen werden können. Jetzt nimmt der Quästor die Beträge des Abends mit in seine Wohnung.*[40]

Wirklichen Zugewinn für die Seminare brachte das ehemalige Physikalische Institut, nur konnten die erforderlichen Umbauten nicht über Nacht geschehen und dauerten bis ins Jahr 1911. Im März 1911 erstellte der Regierungsbauführer Oeding ein ausführliches *Inventar des Nebengebäudes zur Universität zu Rostock,* das der Geheime Baurat Schlosser – er hatte die Umbauskizzen von 1906 gezeichnet – mit unterschrieb. Es umfasst 26 Seiten detaillierter Baubeschreibung – einschließlich des noch 1900 errichteten Stalls (3,0 x 3,60 Meter) – und war mit vier Plänen der neuen Nutzungen versehen.[41] Der erste ist ein Lageplan (nicht eingenordet), der das Seminargebäude mit seinem Anbau von 1894 auf dem Hof des Hauptgebäudes zeigt. Die anderen Pläne dokumentieren die neue Raumverteilung.[42] Von einem „Abbruchsgebäude" konnte mithin keine Rede mehr sein. Das Erdgeschoss (dieser Plan ist eingenordet) betrat man von Osten vom Hauptgebäude aus. Linker Hand befand sich das Mathematische Seminar, daran anschließend der große Hörsaal mit, wie erwähnt, 100 Plätzen. Es folgten – im Uhrzeigersinn – drei Archive: der Philosophischen, der Medizinischen und der Theologischen Fakultät. Die provisorische Lagerung der Akten fand damit ihr geordnetes Ende. Daran schlossen sich ein Wartezimmer für Professoren und ein „reserviertes Zimmer" an, über das Universität und Ministerium kontrovers verhandelt hatten. Als Sprechzimmer der Professoren geplant und

---

[36] 1906: 2. OG, Raum 13; 1912 Raum 14.
[37] 1906: 2 OG, Raum 14; 1912 Raum 15.
[38] 1906: 3 OG, Raum 10; 1912 Raum 14.
[39] 1906: 2 OG, Raum 9; 1912 Raum 8.
[40] UAR 1.02.0, R XI A 21, Nr. 51. 5. Seite.
[41] LHAS 5.12-7/1 Meckenburg-Schwerinsches Ministerium für Unterricht, Kunst, geistliche und Medizinalangelegenheiten Nr. 952, darin Nr. 241, Blatt 31-48.
[42] Nebengebäude der Universität 1911, Anhang Pläne, S. 123-126.

vom Ministerium abgelehnt, sollte es – nach Wunsch der Universität – Garderobenraum oder Damenzimmer werden. Auch das fand keine Billigung des Ministeriums, so dass es als *Zimmer reserviert und nicht zur Verfügung der Universität gestellt* wurde.[43]

Im Obergeschoss fanden vier Seminare Platz in eigenen Räumen: ausgehend vom Treppenhaus das Deutsch-Philologische, das Englische, das Romanische – beide endlich voneinander getrennt – und schließlich das Geographische mit einem eigenen Direktorenzimmer und einem großen Seminarraum. Im Dachgeschoss befanden sich zwei Dachkammern, die später durch das Deutsch-Philologische Seminar genutzt werden sollten.

Der dringendste Bedarf für die betroffenen Fächer schien damit abgedeckt, aber schon in ihrem Antrag vom 16. Juni 1910 auf Überlassung des Seminargebäudes hatten Rektor und Konzil abschließend hervorgehoben, damit werde *nur eine vorläufige Besserung in den Verhältnissen eintreten. [...] Eine wirkliche dauernde Besserung wird erst eintreten, wenn ein neues Gebäude für die Universitätsbibliothek geschaffen worden ist.*[44] Ein Entwurf für die neue Universitätsbibliothek von Adolf Friedrich Lorenz ist aus dem Jahr 1917 überliefert. Es sollte ein Anbau an das Neue Museum in südlicher Richtung werden. Aber dieser Entwurf hatte keine Realisierungschance.[45]

---

[43] UAR 1.02.0, R XI A 21, Nr. 57 und 60: Schreiben des Ministeriums an Vizekanzlariat vom 10. August 1910 und 9. Februar 1911.

[44] Wie Anm. 29, 6. Seite.

[45] Zu einem vorausgehenden Entwurf des Baudirektors Wachenhusen von 1915 siehe PALME, in diesem Band, S. 81, Anm. 150 und Abb. 31.

Abbildung 7
Bibliotheksanbau am Neuen Museum Entwurf von Adolf Friedrich Lorenz 1917

Die Raumnot der Universitätsbibliothek bestand fort und verschärfte sich nach dem Krieg weiter. Überlegungen für einen Neubau, nun jedoch auf dem Hof des Hauptgebäudes unter Abriss des Seminargebäudes, kamen in der Mitte der 1920er Jahre in Gang. Entwürfe sind nicht überliefert. Aber am 13. Juli 1927 wandte sich der Regierungsbevollmächtigte, wie der Vizekanzler Gerhard von Buchka nun hieß, an das Ministerium und empfahl das gesamte Projekt sogleich auszuführen, da der – offenbar vorgelegte – Kompromissvorschlag zu wenig Ersparnis bringe.[46] Wenige Tage später schrieb der zuständige Referent im Ministerium, Dr. Krause, an den Regierungsbevollmächtigten: *Im Archiv befinden sich wertvolle Urkunden*, beim Erweiterungsbau der Universitätsbibliothek sei zu erwägen, ob sich ein *kleiner, wenigstens feuer- und diebstahlsicherer Raum für die Zepter und die wertvollen Urkunden pp. schaffen ließe.* Er bat um Prüfung

---

[46] LHAS 5.12-5/1 Meckenburg-Schwerinsches Ministerium der Finanzen Nr. 8832, Akte Nr. 51.

mit dem Hochbauamt und rechtzeitige Beantragung der Mittel. Der Neubau der Universitätsbibliothek schien ernst gemeint zu sein. Im September 1928 teilte das Ministerium dem Hochbauamt in Rostock mit, für den Bibliotheksneubau seien 380.000 Mark im Haushalt eingestellt, alternative Skizzen zeigten eine günstigere Alternative, die sich auf 200.000 Mark belaufe.[47] Den Vorschlag des Hochbauamts vom 30. Januar 1929, die zwischen dem Hauptgebäude und dem Neuen Museum bestehende Durchfahrt zum Kleinen Katthagen zu schließen um auch im Erdgeschoss eine direkte Verbindung zwischen den beiden Bauten zu schaffen, lehnte das Ministerium ab. Die Begründung lautete, die Durchfahrt werde als Zugang zum Bibliotheksneubau benötigt.[48] Noch Anfang November 1929 fand eine Besprechung über den Neubau statt,[49] aber danach verlieren sich die Spuren in den Akten. Im September 1930 beantragte das Hochbauamt 1.700 Mark für Fahrradständer in der Durchfahrt. Sie blieb also offen, führte aber nicht zu einer neuen Bibliothek.[50] Diese dürfte Opfer der finanziellen Engpässe im Zuge der Wirtschaftskrise geworden sein. Bis zum Bau des neuen Büchermagazins – an anderer Stelle südlich des Palais – sollten weitere acht Jahre vergehen.

Der Bedarf an Räumen, nicht nur für die Bibliothek, sondern für Seminare und Hörsäle der Universität bestand während der Weimarer Republik unvermindert fort. Zwar hatte die Universität in ihrem Jubiläumsjahr einige neue Professuren und mit dem Palais auch zusätzliche Räumlichkeiten erhalten, aber die Zahl der Studierenden stieg in der Folgezeit stark an und machte die Enge der Verhältnisse deutlich spürbar. Schon kurz vor Beginn und während des Ersten Weltkrieges hatten Universität und Ministerium über Erweiterungsbauten verhandelt. So teilte das Ministerium am 15. Mai 1914 dem Vizekanzler mit, über einen Neubau der Universitätsbibliothek könne erst verhandelt werden, wenn der Bedarf an Unterrichts- und Seminarräumen nachgewiesen werde; die Aufstellung des Hausverwalters Anthon vom 21. August 1911 sei unzureichend. Auch den erneuten Bericht der Universität vom 20. August 1914 wies das Ministerium vier Tage später zurück und stellte bei überzeugend nachgewiesenem Bedarf entweder einen Anbau für Unterrichtsräume – nach Vorschlag des Bau-

---

[47] Ebenda, Nr. 57.
[48] Ebenda, Nr. 70.
[49] Ebenda, Nr. 60 und 61.
[50] Ebenda, Nr. 86.

direktors Wachenhusen vom 14. Dezember 1912 – in Aussicht oder die Verlegung der Bibliothek aus dem Universitätsgebäude.[51] Daraufhin reichte Baudirektor Wachenhusen am 12. Februar 1915 über den Rektor eine fünfseitige Tabelle über die Räume der Universität ein, unterteilt in Spalten für die vorhandenen, die erforderlichen und die durch spätere Erweiterung zu gewinnenden.[52] Danach waren 36 Dienst- und Seminarräume vorhanden, aber 52 würden benötigt und weitere acht sollten später hinzukommen. An Hörsälen gab es sieben mit 345 Plätzen, der Bedarf belaufe sich auf 16 Hörsäle für 400-450 Studierende. Für den Fall eines Neubaus für die Bibliothek wurde ein Lesesaal mit 200 Arbeitsplätzen als Bedarf angemeldet. Das waren ausgesprochen mutige Forderungen, auf die eine Antwort des Ministeriums nicht überliefert ist. Sie dürfte sich durch den Kriegsverlauf auch erübrigt haben.

Nach dem Krieg zeigten sich die Raumprobleme wieder in aller Deutlichkeit. Rektor Staude[53] wandte sich am 15. März 1919 an den Geheimen Ministerialrat Krause in Schwerin mit der Bitte um Abhilfe. Es fehle an Hörsälen; so hätten die Professoren Bernhöft,[54] Haff[55] und Haymann[56] – es waren Juristen – zwischen 132 und 142 Hörern, Erhardt[57] – Philosoph – und Ehrenberg[58] – Staatswissenschaftler 73 und 140 Zuhörer. Im Palais oder im Ständehaus sollten entsprechende Räume zur Verfügung gestellt werden. Das mochte zunächst Abhilfe bringen, reichte aber auf Dauer nicht aus. Umbaupläne zur Gewinnung von Räumen sind ab 1925 überliefert. Zur baulichen Ergänzung des Seminargebäudes durch Aufstockung wurden im Februar 1925 – statt der beantragten 9.000 –

---

[51] UAR 1.02.0, R XI A 21, Nr. 40 und 24.

[52] Ebenda, Nr. 41: Übersicht über die jetzt vorhandenen und künftig zu schaffenden Räume der Universität zu Rostock.

[53] Otto Staude (Mathematik): Catalogus Professorum Rostochiensium:
URL: http://purl.uni-rostock.de/cpr/00001126 (04.03.2016).

[54] Franz Bernhöft (Jura): Catalogus Professorum Rostochiensium:
URL: http://purl.uni-rostock.de/cpr/00000568 (04.03.2016).

[55] Franz Haymann (Jura): Catalogus Professorum Rostochiensium:
URL: http://purl.uni-rostock.de/cpr/00003397 (04.03.2016).

[56] Karl Haff (Jura): Catalogus Professorum Rostochiensium:
URL: http://purl.uni-rostock.de/cpr/00003398 (04.03.2016).

[57] Franz Erhardt (Philosoiphie): Catalogus Professorum Rostochiensium:
URL: http://purl.uni-rostock.de/cpr/00002119 (04.03.2016).

[58] Richard Ehrenberg (Staatswissenschaften): Catalogus Professorum Rostochiensium:
URL: http://purl.uni-rostock.de/cpr/00001868 (04.03.2016).

5.000 Mark bewilligt.[59] Zum Bau kam es jedoch nicht, weil der zuständige Minister später sein Einverständnis versagte und die Verhinderung anordnete.[60]

Tabelle 8
Besetzung der Hörsäle im Wintersemester 1928/29

Gebäude	Hörsaal	Plätze
Seminargebäude		70-80
Hauptgebäude	1 a	50-60
Hauptgebäude	1	40-50
Hauptgebäude	2	12
Hauptgebäude	3	25-30
Hauptgebäude	4	35-40
Hauptgebäude	6	35-40
Hauptgebäude	7	35-40
Hauptgebäude	8	70-80
Palais		60
Zoologisches Institut		Keine Zahlen
Tierseuchenamt		Keine Zahlen

Summe 12 Hörsäle mit 432- 492 Plätzen

Parallel zu den Verhandlungen über den Neubau der Universitätsbibliothek beschloss das Konzil der Universität am 26. Oktober 1928 eine neue Raumverteilung im Hauptgebäude und im Neuen Museum.[61] Zur Unterstützung dieses als Antrag an das Ministerium gesandten Beschlusses erstellte Oberbaurat Wachenhusen im Dezember 1928 eine Liste über die Belegung der Hörsäle im Wintersemester 1928/1929. Sie wies in zwölf Hörsälen eine Frequenz von 430 bis knapp 500 Plätzen aus, wobei für das Zoologische Institut und das Tierseuchenamt keine Zahlen vorlagen (Tabelle 8).[62] Das war gegenüber dem Stand von 1912 (Tabelle 7) mehr als eine Verdoppelung, doch reichten die Plätze immer noch nicht für die gestiegene Zahl der Studierenden. Die Aufstellung enthielt auch die Stundenpläne für diese Hörsäle, ebenso Umbaupläne[63] sowie Kostenvoranschläge.

---

[59] LHAS 5.12-5/1 Mecklenburgisches Ministerium der Finanzen 8832, Nr. 18 und 29.

[60] Ebenda, Nr. 67. Das Schreiben ist nicht datiert, vermutlich vom November 1928, da es sich auf eine Verfügung vom 5. November bezieht, die für 1928 erwähnt wird in: ebenda, Nr. 69.

[61] Ebenda, Nr. 66. Vorausgegangene Empfehlung der Kommission zur Verteilung der Räume vom 19. Oktober 1928: UAR 1.02.0, R XI A 21, Nr. 14; Mitglieder: Rektor Prof. Dr. Honcamp, Abgeordnete jeder Fakultät, Professoren von Walter, Walsmann, Rosenfeld, Furch sowie Oberbaurat Wachenhusen.

[62] LHAS 5.12-5/1 Mecklenburgisches Ministerium der Finanzen 8832, Nr. 69 zusammen mit Plänen und Kostenvoranschlägen.

[63] Die Pläne befinden sich im Anhang Pläne, S. 130-135.

Die Umbaupläne verdienen nähere Betrachtung. Im Erdgeschoss des Hauptgebäudes sollte es wenige Veränderungen geben. Das Foyer umfasste weiterhin das Vestibül und dahinter Toiletten und den Raum für Brennmaterial. Im Nordflügel befanden sich unverändert die Räume für den Vizekanzler und die Rendantur sowie Lesesäle und das Archiv. Im Südflügel wohnte der Oberpedell. Das entsprach der Nutzung des Jahres 1906 und 1912.[64] Die Nutzung im Flügelanbau hingegen sollte sich wandeln. Die Psychiatrische Poliklinik war für den Umzug in das Neue Museum vorgesehen; in ihre Räume sollte – im zweiten Plan – die Juristische Fakultät einziehen, in zwei Räume zunächst das Theologische Seminar, im zweiten Plan die Wirtschaftshilfe für Studenten. Konnte der zweite Pedell zunächst sein Dienstzimmer behalten, wurde diese Nutzung im zweiten Plan gestrichen.

Das Neue Museum war für die Aufnahme der Psychiatrischen Poliklinik mit sieben Räumen vorgesehen: zwei Wartezimmer, zwei Untersuchungszimmer, je ein Schwesternzimmer, Labor und Elektrisierzimmer. Damit hätte sich die Klinik sehr verbessert, doch scheiterte dieses Vorhaben an den mangelnden Finanzen

Im ersten Obergeschoss blieben Foyer und Nordflügel, wie bisher der Bibliothek vorbehalten. Im Südflügel sollte ein Durchgang zum Neuen Museum geschaffen werden, weil die für das Erdgeschoss des Neuen Museums vorgesehene Psychiatrische Poliklinik in sich geschlossen sein musste und keinen Aufgang in das erste Geschoss des Neuen Museums zuließ. Weil der neue Durchgang das Rektorat von seinem Sekretariat getrennt hätte, sollte es in den Hörsaal I a umziehen, der ursprünglich als Lesesaal für Professoren und Studenten, dann als Arbeitsraum nur für Studierende gedient hatte. Neue Trennwände sollten die funktionale Trennung der beiden Räume optimieren. Das sind übrigens die Räume, welche das Rektorat bis heute innehat. Das aufzugebende Rektorat stand für eine andere Nutzung zur Verfügung. Im Flügelanbau verblieb es bei den Hörsälen I bis III, hinzu kam ein weiterer Hörsaal im Raum der Quästur, die anderswo unterzubringen war.

In Neuen Museum bekam das Seminar für Mathematik vier Diensträume und einen Hörsaal zugewiesen. Im Anschluss daran erhielt das Englische Seminar drei Räume.

---

[64] Der Plan für das Erdgeschoss des Hauptgebäudes (ohne Flügelanbau) 1912 ist, wie erwähnt, nicht überliefert. Die Nutzung entsprach jedoch der von 1906, da 1928 keine Veränderungen eingetreten waren.

Für das dritte Obergeschoss waren nur wenige Veränderungen vorgesehen. Im Bereich des Foyers und des Nordflügels befanden sich die Aula und die Bibliothek. Im Südflügel hatten das Konzilzimmer mit Vorzimmer und das Fakultätenzimmer ihren angestammten Platz. Anstelle der geographischen Sammlung (1912) war ein Prüfungszimmer eingerichtet. Der Hörsaal VI – vorher IV – war weiterhin vorhanden. Im Flügelanbau verblieben das Seminar für Mittlere und Neuere Geschichte sowie das Staatswissenschaftliche Seminar. Dazwischen lagen ein Seminarraum, genutzt durch die Geschichte und ein Dienstzimmer ohne Festlegung der Funktion.

Im Neuen Museum entstanden zwei Hörsäle, der größere mit einer Säule in der Mitte – es war der berühmte Hörsaal 218, der auch heute mit Säule besteht, freilich an etwas anderer Stelle. Der Zugang war nur über das interne Treppenhaus des Neuen Museums möglich, nicht direkt vom Hauptgebäude aus. Drei Räume bekam das Romanische Seminar, genau entsprechend den Räume des Englischen Seminars ein Stockwerk tiefer.

Für das dritte Obergeschoss ist kein Plan überliefert, nur die Empfehlung der Kommission vom 19. Oktober 1928,[65] nach der dort ein Raum für das Mecklenburgische Wörterbuch von Prof. Hermann Teuchert[66] bereitgestellt werden sollte. Sonst trat dort offenbar keine Änderung ein. Foyer und Nordflügel wurden durch die Aula und die Bibliothek eingenommen, im Südflügel befanden sich, wie 1912, drei Hörsäle, die Seminare für Klassische Philologie und Alte Geschichte sowie die Archäologische Sammlung – letztere im Neuen Museum mit Zugang vom Hauptgebäude aus.

Die Pläne der Universität ließen sich allerdings nicht ohne Einschränkungen verwirklichen. In seiner Stellungnahme an das Finanzministerium vom 17. Dezember 1928, unterzeichnet vom Oberbaurat Wachenhusen, befürwortete das Hochbauamt Rostock zwar die Verlegung des Rektorats in den Hörsaal I a, riet aber von einem Umzug der Psychiatrischen Poliklinik in das Neue Museum ab. Die Universität habe daran kein eigenes Interesse und könne die mit der gewünschten Ausstattung der Räume verbundenen Kosten nicht tragen. Das sei vielmehr Sache des Medizinalministeriums. Hingegen hätten die Einrichtung neuer Hörsäle zusammen mit dem Durchgang vom Hauptgebäude

---

[65] Wie Anm. 61.

[66] Hermann Teuchert: Catalogus Professorum Rostochiensium: URL: http://purl.uni-rostock.de/cpr/00002127 (09.03.2016).

in das Neue Museum Vorrang. Ebenso wurde der Ausbau des Dachgeschosses des Neuen Museums als Observatorium befürwortet.[67]
In seiner Entscheidung vom 8. Februar schränkte das Finanzministerium die Vorhaben weiter ein.[68] Die Verlegung der Psychiatrischen Poliklinik müsse *bedauerlichst zur Kostenersparung noch hinausgeschoben werden*, mithin könne die Juristische Fakultät nicht in den Flügelanbau einziehen und die Kosten dafür entfielen. Der Ausbau des Daches im Neuen Museum könne *gleichfalls noch zurückgestellt werden*. Auch die Verlegung des Rektorats könne *auf spätere Zeit verschoben werden*. Es müsse *vorläufig in Kauf genommen werden, dass Rektorat und Sekretariat durch den neu anzulegenden Verbindungsgang getrennt bleiben*. Das Zimmer 13[69] im ersten Obergeschoss solle zum Sekretariat hinzugenommen werden, das Zimmer 14 *vorläufig Hörsaal* bleiben. Weitere Einsparungen seien möglich, etwa dass *...Waschbecken mit fließendem Wasser in den Professorenzimmern nicht notwendig sind*. Die Endsumme des Kostenvoranschlages dürfte sich damit auf 25.000 Reichsmark verringern und sei aus den Mitteln für die – inzwischen aufgegebene – Aufstockung des Seminargebäudes von 37.400 Reichsmark zu entnehmen. Die jetzt abgelehnten Vorhaben seien für den Haushalt 1930 erneut zu beantragen.

Beim Rektorzimmer wartete die Universität nicht so lange, sondern handelte. Am 14. Mai teilte der Rektor Oberbaurat Wachenhusen mit, das neue Rektorzimmer sei fertiggestellt, doch sei der Fußboden in schlechtem Zustand, daher bitte er um neuen Linoleumbelag. Er erhielt die lakonische Antwort, Mittel für Linoleum seien nicht vorhanden, die Ausbesserung des Fußbodens erscheine nicht dringend: *Wenn der Raum ausmöbliert ist, wird diese* [schadhafte] *Stelle auch kaum ins Auge fallen.*[70] Damit gab sich die Universität aber nicht zufrieden.

---

[67] LHAS 5.12-5/1 Mecklenburgisches Ministerium der Finanzen 8832, Nr. 69: Meckl.-Schwer. Hochbauamt Rostock an das Meckl. Schwer. Finanzministerium, Hochbauabteilung, Schwerin vom 17. Dezember 1929.

[68] Ebenda, zu [Nr.] 69, vom 8. Februar 1929; dort auch die folgenden Zitate: Finanzministerium an das Hochbauamt Rostock, den Regierungsbevollmächtigten der Universität, Abschrift der Bezirksstaatskasse Rostock, dem Minister für Unterricht mit Bitte um Mitunterzeichnung, der Finanzabteilung zur Zustimmung, dass die Mittel für Aufstockung des Seminargebäudes für Zwecke der Herrichtung des früheren geologischen Instituts verwendet werden. Gleichfalls überliefert: UAR 1.02.0, R XI A 21, Nr. 34: Mecklenburgisches Finanzministerium, Hochbauabteilung an den Regierungsbevollmächtigten an der Universität Rostock, Abschrift an Rektor und Konzil vom 23. Februar 1929.

[69] Siehe den Plan im Anhang Pläne, S. 131, erstes Obergeschoss.

[70] UAR 1.02.0, R XI A 21, beide Aktenstücke ohne Nr.

Rektor und Konzil wandten sich am 31. Mai 1929 an das Mecklenburgische Ministerium für Unterricht und teilten auch hier mit, Umbau und Fertigstellung des Hörsaals I a zum Rektorzimmer sei abeschlossen. Nur sei der Fußboden schadhaft, daher die Bitte um Sondermittel für einen *einfarbigen Haargarnläufer* oder Linoleum. Bei Linoleum werde kein Teppich nötig sein. Der alte sei nur 2 x 3 Meter groß, also zu klein und *schon sehr abgetreten und schadhaft.*[71] Dann kam das begehrte Linoleum, wie das Hochbauamt später in einem Schreiben den Rektor in anderer Sache beiläufig erwähnte.[72]

Der Fußbodenbelag des Rektorzimmers mag als Kennzeichen für die finanzielle Enge und die Kleinteiligkeit der Diskussionen und Verhandlungen gelten, und daran änderte sich in den Folgejahren wenig. Als Schlüssel für die Regelung der Raumprobleme erwies sich immer wieder die Bibliothek mit ihrem wachsenden Flächenbedarf. Da es keine neuen Räume gab, behalf sich die Universität durch Konzilsbeschluss vom 28. Mai 1930[73] mit einem Ringtausch von Seminaren, um der Bibliothek das zweite Obergeschoss des Flügelanbaus zur Verfügung stellen zu können. Dort befanden sich das Wirtschaftswissenschaftliche – früher Staatswissenschaftliche – und das Historische Seminar. Ersteres sollte in das Palais kommen. Das Historische Seminar sollte in das Romanische Seminar ziehen, das Romanische Seminar in das Kriminalistische Seminar, das Kriminalistische Seminar[74] in das Palais. Das Wörterbuch hatte mit dem Englischen Seminar zu tauschen. Offen blieb, ob das Romanische Seminar in das Kriminalistische Seminar oder in das Wörterbuch einziehen würde und dementsprechend das Englische Seminar in die anderen Räume oder umgekehrt. Die Beteiligten sollten sich einigen. Es ist nicht überliefert, ob die Umzüge so stattfanden. Für die folgenden Jahre sind lediglich kleinere Verbesserungen der Raumnutzungen belegt. So wurden 1932 durch Übersiedlung des Philosophischen Seminars in das Palaisgebäude im Seminargebäude zwei Räume frei. Einer sollte Hörsaal, der andere Professoren-Arbeitszimmer werden. Für die Einrichtung mit Tischen und Stühlen bewilligte

---

[71] Ebenda, ohne Nr.

[72] Ebenda, Nr. 37.

[73] Ebenda, Nr. 46.

[74] Laut Beschluss der für die Verteilung von Räumen vom 19. Oktober 1928 sollte das Kriminalistische Seminar im zweiten Obergeschoss des Neuen Museums den Raum erhalten, der auf dem Plan (Anhang Pläne, S. 134) als Hörsaal ausgewiesen ist. Das wurde offenbar umgesetzt. UAR 1.02.0, R XI A 21, Nr. 14.

das Ministerium für Unterricht 400 Reichsmark.[75] Zwei Jahre später stellte der Rektor dem Geographischen Seminar einen Raum im Seminargebäude zur Verfügung.[76]

Die große Lösung, und zwar die Errichtung eines neuen Bibliotheksgebäudes, kam erst 1937 in Gang. Im ersten Schritt wurde das neue Büchermagazin auf dem Hof des Palaisgebäudes gebaut und 1938 fertiggestellt. Anschließend sollte ein Bibliotheksbau vom Magazin bis zum Blücherplatz (heute Universitätsplatz) für die Verwaltung der Universitätsbibliothek und für Lesesäle errichtet werden. Dazu kam es allerdings bis heute nicht. Immerhin brachte der Auszug der Bücher einen erheblichen Raumgewinn für das Hauptgebäude mit sich.

Der im zweiten Schritt bis 1939 durchgeführte Umbau des Hauptgebäudes sollte zugleich einen städtebaulichen Akzent setzen, wie ein Lageplan aus dem Jahr 1938 zeigt.[77] Danach sollte der Nordflügel des Hauptgebäudes im Erdgeschoss zur Kröpeliner Straße hin durch Arkaden für Fußgänger geöffnet werden, um den Verkehr auf dieser Straße etwas zu entlasten. Dadurch hätte die Universität eine Nutzfläche von mindestens zwei Dienstzimmern eingebüßt. Im Gegenzug war im Süden die Auflassung des Kleinen Katthagens als Straße vorgesehen, und zwar vom Neuen Museum bis zum westlich gelegenen Wendeplatz mit einem Baum in der Mitte. Dieser Straßenabschnitt sollte dem Hof des Hauptgebäudes zugeschlagen werden, ebenso ein Teil des Wendeplatzes. Damit war die öffentliche Durchfahrt zwischen dem Hauptgebäude und dem Neuen Museum verzichtbar und ließ sich zu einem direkten inneren Durchgang im Erdgeschoss umbauen. Allein dieses Vorhaben kam zur Ausführung – die Arkaden und die Schließung des Kleinen Katthagen blieben auf dem Papier, was auch aus heutiger Sicht kaum zu bedauern ist. Der Kleine Katthagen wurde um das Neue Museum südlich herumgeführt und war über die Zufahrt des Klosters Hl. Kreuz erreichbar. Der Baum auf dem Wendeplatz blieb, inzwischen ist es ein neu gepflanzter.

Über Umbau und Nutzungsänderungen des Hauptgebäudes fand am 16. August 1937 eine erste Verhandlung zwischen dem Hochbauamt, dem Regierungsbevollmächtigten, dem Rektor und den Dekanen statt, deren

---

[75] Ebenda, Nr. 20 und 21.

[76] Ebenda, Nr. 31.

[77] Der Plan befindet sich im Anhang Pläne, S. 141.

Ergebnis Rektor Brill[78] zwei Monate später innerhalb der Universität mit Bitte um Stellungnahme weitergab.[79] Die meisten Veränderungen sind in einem Plan vom 17. September 1937 dargestellt.[80] Im Erdgeschoss des Foyers sollten im rückwärtigen Teil die sanitären Anlagen erweitert und erneuert werden. Für den Nordflügel war vorgesehen, dass neben dem Dienstzimmer des Pförtners aus dem Lesesaal mit Schreibnische ein Erfrischungsraum, aus der Bücherausgabe eine Küche mit Anrichte und Büffet werden sollte. Ganz im Norden (auf dem Plan rechts), an die Kröpeliner Straße grenzend, war der Laubengang vorgesehen. Im Südflügel gab es nun keinen Platz mehr für die Wohnung des Pedells. An seine Stelle zog die Verwaltung der Universität mit einem Schalterraum und fünf Kassenräumen ein. Das Achiv erhielt zwei fensterlose Gelasse, die an den Flügelanbau grenzten. Auf der Hofseite waren Toiletten für Professoren vorgesehen. In das erste Obergeschoss sollte der Regierungsbevollmächtigte mit Dienstraum und Sekretariat im unmittelbaren Anschluss an das Rektorat einziehen.

Für die zu räumenden Büchermagazine des ersten bis dritten Obergeschosses waren nach diesem Plan in jedem Geschoss vier Hörsäle mit insgesamt 324 Plätzen und ein Professorenzimmer vorgesehen. Nach den Festlegungen vom August 1937 sollten stattdessen alle alten Hörsäle aufgegeben und an die Seminare verteilt werden. Die damit angestrebte klare Trennung zwischen den Bereichen der Lehre in den Hörsälen und der forschungsbezogenen Ausbildung in den Seminaren mochte auf den ersten Blick vernünftig erscheinen, aber wirtschaftlich war sie eigentlich nicht, denn schon die in den neuen Hörsälen geschaffene Zahl von 972 Plätzen – eine Verdoppelung gegenüber 1928[81] – war sehr hoch gegriffen. Zudem wären kaum vertretbare Kosten für die Einrichtung der neuen und für den Umbau der alten Hörsäle entstanden. Die bei Verwirklichung dieser Planung gegebene und vorgesehene

---

[78] Ernst Brill: Catalogus Professorum Rostochiensium:
URL: http://purl.uni-rostock.de/cpr/00003341 (10.03.2016).

[79] UAR 1.02.0, R XI A 21, Nr. 108: Der Mecklenburgische Landrat des Kreises Rostock. An S. Magnifizenz den Rektor der Universität Seestadt Rostock. Betr. Verteilung der Räume im Univ.-Hauptgebäude und Nebengebäude. 16. August 1937. Dazu Nr. 2: Der Rektor Dr. Brill: vervielfältigtes Rundschreiben an Prof. Friedrichs, Schulze, Hohl [gestrichen], Stolberg-Wernigerode, Maybaum, Weisgerber [gestrichen], Flemming, Thierfelder und Diller [gestrichen]: Plan der Raumverteilung. 4. Oktober 1937.

[80] Anhang Pläne, S. 136-140.

[81] Siehe oben Tabelle 8.

Möglichkeit, den Flügelanbau, aus dem die Psychiatrische Poliklinik auszuziehen hatte, abzureißen, wirkt wenig realitätsbezogen.[82] Dennoch war der Umbau des Hauptgebäudes ernst gemeint. Kostenvoranschläge für die geplanten Umbauten sind vom Oktober 1937[83] überliefert und ein knappes Jahr später bewilligte das Mecklenburgische Staatsministerium insgesamt 43.800 Reichsmark hierfür.[84] Entgegen den Bewilligungen folgte die Bauausführung erneuerten Plänen vom Juli 1939[85] – nach Fertigstellung des neuen Bücherspeichers. Im Erdgeschoss blieb das Foyer unverändert. Der Nordflügel wurde präzisiert. Pförtner und Hausmeister behielten ihre Räume. Die gesamte Fläche bis zum Laubengang nahm der Erfrischungsraum mit Anrichte ein. Der Laubengang sollte mit zwei Schaukästen und zwei Telefonzellen ausgestattet werden, beide öffentlich von der Kröpeliner Straße her zugänglich. Der Südflügel erfuhr eine substantielle Veränderung, indem die alte Haupttreppe abgerissen und durch eine neue an der für das Archiv vorgesehenen Stelle – an den Flügelanbau grenzend – ersetzt wurde. Das Archiv musste sich mit einem geradezu winzigen Raum ohne Fenster begnügen. Damit entstand ein breiter Gang an den Räumen der Verwaltung vorbei bis in das Neue Museum. Erst durch die Sanierung am Beginn des 21. Jahrhunderts kam es zur Wiederherstellung der alten Haupttreppe. Im ersten bis dritten Obergeschoss verzichtete man auf die große Zahl der Hörsäle. Es blieb bei einem Hörsaal je Geschoss. Die verbleibenden Flächen wurden als Dienstzimmer, vermutlich für Seminare eingerichtet. Nur für das dritte Obergeschoss ist im Plan der Einzug des Kunsthistorischen Seminars vermerkt.

---

[82] *Der Flügel am Katthagen, der dann nach Hinausverlegung der Nervenpoliklinik* [vermutlich nach Gehlsdorf] *geräumt ist, steht von diesem Augenblick an zum Abbruch. Nach seinem Abbruch erhält das Treppenhaus des Hauptgebäudes ausreichende Belichtung.* UAR 1.02.0, R XI A 21, Nr. 2.

[83] LHAS 5.12-5/1 Meckenburg-Schwerinsches Ministerium der Finanzen Nr. 8832, Akte Nr. 98. Kostenanschläge *über den Einbau von Hörsälen in das Uni. Hauptgebäude (Bestehender Bücherspeicher); zum Durchbau des Erdgeschosses im Universitätshauptgebäude, zur Schaffung von Archiv- und Verwaltungsräumen mit Küche, Laubengang zur Erweiterung der Fahrbahn an der Kröplinerstrassse; über den Durchbau der Closettanlagen im Hauptgebäude der Universität Rostock.* 21. Oktober 1937.

[84] UAR 1.02.0, R XI A 21, ohne Nr.: Mecklenburgisches Staatsministerium, Abt. Finanzen (Hochbauamt) an Kuratorium der Universität am 13. September 1938.

[85] Anhang Pläne, S. 142-149.

Tatsächlich kamen die Bauarbeiten zügig in Gang. Noch am 7. Juli 1939 bewilligte das Staatsministerium die zweite Rate für die Herstellung der sanitären Anlagen, aber am 19. August 1939 erging die Streichung aller Mittel für den Universitätsbau – ganz sicher im Zuge der Kriegsvorbereitungen.[86] Zu diesem Zeitpunkt waren, ablesbar am späteren Baubestand, die Umgestaltung des Foyers (sanitäre Anlagen) und des Südflügels (neue Haupttreppe, Verwaltungsräume) fertiggestellt, ebenso die Einrichtung der drei oberen Stockwerke im Nordflügel. Im Erdgeschoss des Nordflügels war noch nichts geschehen. Erfrischungsraum und Laubengang wurden nicht verwirklicht. Der Flügelanbau blieb stehen. Auch aus heutiger Sicht wird man es kaum bedauern.

Zusammen mit den Umbauten wurde das Hauptgebäude auch im Innerern renoviert. Schon im Juli 1937 teilte der Regierungsbevollmächtigte Dehns[87] dem Rektor mit, nach der Herrichtung der Eingangshalle sollten auch Flure, Treppenhäuser und Seminare renoviert werden. Dabei mahnte er statt angeklebter Zettel sollten dann Anschlagstafeln angebracht werden. Auch innerhalb der Institute und Seminarräume solle der Grundsatz *Schönheit der Arbeit* gelten.[88] Über das neue Aussehen der Eingangshalle berichteten die Mecklenburgischen Monatshefte 1939. Der Verfasser schrieb dazu: *Im Universitätshauptgebäude selbst wurde eine würdige Eingangshalle mit der Büste des Führers geschaffen.*[89] (Abbildung 8). Gleichzeitig war die Aula verändert worden. Das Oberlicht, das Tageslicht und bei Dunkelheit elektrisches Licht hineinließ, wurde durch Ergänzung der Kassettendecke verschlossen, wie die Abbildung 9 ausweist – es ist die einzig erhaltene Quelle. Das dürfte jedoch weniger der *Schönheit der Arbeit* gedient haben als kriegsvorbereitender Verdunklung zum Schutz vor Bomben. Von der

Abbildung 8
Foyer des Hauptgebäudes 1939

---

[86] LHAS 5.12-5/1 Mecklenburg-Schwerinsches Ministerium der Finanzen Nr. 8832, Akte Nr. 107 und 113.
[87] Otto Dehns: Catalogus Professorum Rostochiensium:
URL: http://purl.uni-rostock.de/cpr/00000014 (10.03.2016).
[88] UAR 1.02.0, R XI A 21, Nr. 96 vom 3. Juli 1937.
[89] Paul SCHULZE: Einiges aus der Geschichte der Universität Rostock 1933-1939. In: Mecklenburgische Monatshefte 1939, S. 285-289. Hier S. 285, und S. 288.

Decke herabhängende neue Lampen sollten die Aula nun erleuchten (Abbildung 10).

Abbildung 10
Aula mit alten Leuchtern
nach 1937

Abbildung 9
Gerüst in der Aula unter der
Lichtdecke um 1937

Über das weitere Schicksal des Hauptgebäudes gibt es kaum Nachrichten. Im Juni 1941 protestierte der Rektor mit Erfolg gegen die Verwendung als Kaserne mit dem Hinweis, dass das gerade renovierte Gebäude durch das Militär ruiniert werden würde.[90] Bombenschäden am Hauptgebäude seit 1942 hielten sich in Grenzen; es sind einige Reparaturrechnungen überliefert.[91] Nach dem Krieg konnte die Universität das Gebäude nach kurzer Zeit wieder einnehmen. Da es so gut wie unbeschädigt war, geschahen vermutlich fürs erste keine baulichen Veränderungen.

Die Quellenlage für das Hauptgebäude in der Nachkriegszeit der SBZ wie später der DDR ist ausgesprochen dürftig. Weder im Univesitätsarchiv noch im Landesarchiv finden sich Akten zur Bauerhaltung oder zu Umbauten. Das hat

---

[90] LHAS 5.12-5/1 Mecklenburg-Schwerinsches Ministerium der Finanzen Nr. 8832.
[91] Ebenda, Nr. 8833.

wahrscheinlich mit der frühen Zentralisierung aller Hochschulangelegenheiten in der SBZ und seit 1949 der DDR zu tun. Bis zur Gründung der DDR war die Deutsche Verwaltung für Volksbildung für die Hoch- und Fachschulen in der SBZ zuständig, danach das Ministerium für Volksbildung mit einer eigenen Hauptabteilung für die Hoch- und Fachschulen. Mit Gründung des Staatssekretariats für Hochschulwesen wurden ihm die Universitäten unterstellt, ein Jahr später auch die Fachschulen. Erst 1958 trug die Namensänderung in Staatssekretariat für Hoch- und Fachschulwesen dieser Kompetenzerweiterung Rechnung. Seit 1967 stieg es zum Ministerium für Hoch- und Fachschulwesen auf. Hier fielen alle Entscheidungen der Lehre und der Forschung sowie der Investitionen für die Hochschulen der DDR.

Für die Bauerhaltung und die Bauinvestitionen unterhielt das Staatssekretariat – später das Ministerium – eigene Bauverwaltungen vor Ort an den Hochschulstandorten, so auch in Rostock: die *Bauverwaltung des Staatssekretariats für das Hoch- und Fachschulwesen an der Universität Rostock* als gesonderte Behörde mit eigenem Stempel und eigener Aktenführung. Doch sind die Akten – sie müssen sehr umfangreich sein – bis auf ganz wenige Stücke im Rostocker Universitätsarchiv nicht überliefert, genauer: nicht zugänglich. Sie müssen im Archiv des Ministeriums im Bundesarchiv in Berlin liegen, aber weder im Bestand DR 2 – Ministerium für Volksbildung –, noch im Bestand 3 – Ministerium für Hoch- und Fachschulwesen –, noch im Bestand R 300 – Investitionsbüro beim Ministerium für Bildung und Wissenschaft – sind Bauakten erreichbar, wie Recherchen in den Findmitteln und auch vor Ort im Bundesarchiv ergaben. Hier liegt eine Aufgabe zukünftiger Forschung, wenn die Bestände erschlossen sind.

Einige Aktenstücke sind jedoch aus dem Umfeld der Vorbereitung des 550jährigen Jubiläums der Universität im Rostocker Universitätsarchiv erhalten, vermulich weil Gremien der Universität zur Beratung herangezogen wurden. Bereits am 13. November 1963 hatte der Senat über die Umgestaltung der Aula im Universitätshauptgebäude zu befinden.[92] Die Aula sollte als Auditorium maximum genutzt werden und vor allem dem Physikalischen und dem Mathematischen Institut als großer Hörsaal zur Verfügung stehen. Neben technischen Verbesserungen sollte die architektonische Gestaltung verändert werden. Hierzu waren zwei Varianten ausgearbeitet worden:

---

[92] UAR 1.02.0, R 3030: Vorlage für die Beratung des Senats der Universität Rostock über bauliche Maßnahmen zur Vorbereitung der 550-Jahrfeier.

1. Völlige Modernisierung der Aula und des Konzilzimmers nach Vorschlägen des Architekten Hiel-Rostock;[93]
2. Restaurierung der Aula ohne grundsätzliche Veränderung der architektonischen Gestaltung nach Vorschlägen des Instituts für Gebäudelehre der TU Dresden.

Die Kosten wurden alternativ mit 280.000 oder 225.000 Mark veranschlagt (Tabellen 9 und 10).

Tabelle 9 Kostenschätzung 1963 Variante 1: Umbau der Aula

Position	Arbeit und Ausstattung	TDM
A	bauliche Veränderung in der Aula und im Konzilzimmer	120
B	neue Luftheizungsanlage	15
C	neue Aulabeleuchtung	10
D	Rundfunkverstärkeranlage	70
E	neue Bestuhlung für 320 Plätze	31
F	neue Möblierung für Konzilzimmer	14
G	bauliche Umgestaltung Haupttreppenhaus	20
Summe		280

Tabelle 10 Kostenschätzung 1963 Variante 2: Restaurierung der Aula

Position	Arbeit und Ausstattung	TDM
A	bauliche Restaurierung der Aula und im Konzilzimmer	65
B	neue Luftheizungsanlage	15
C	neue Aulabeleuchtung	10
D	Rundfunkverstärkeranlage	70
E	neue Bestuhlung für 320 Plätze	31
F	neue Möblierung für Konzilzimmer	14
G	bauliche Umgestaltung Haupttreppenhaus	20
Summe		225

Die Finanzierung müsse nach den gesetzlichen Bestimmungen aus dem Investitionsplan zur Erweiterung der Grundmittel erfolgen. Im Perspektivplan des Staatssekretariats seien bis 1967 hierfür keine Mittel vorgesehen. Daher

---

[93] Die in der Vorlage erwähnten Anlagen, vermutlich Pläne, fehlen. Sie dürften an das Ministerium gegangen sein.

seien für die Baudurchführung in den Jahren 1967 75.000 und 1968 150.000 Mark erforderlich und zu beantragen, vorweg für die Ausarbeitung von Aufgabenstellung und der Ausführung des Projektes 1965 10.000 und 1966 15.000 Mark.

Inhaltlich konnte man sich noch nicht einigen. In ihrem Kommentar führte die Bauverwaltung aus, dass man der Variante 2 den Vorzug geben solle, *da völlig modernisierte Räumlichkeiten in keinem harmonischen Zusammenhang mit dem Gebäude stehen würden und weil diese Variante noch gewisse Traditionen ausdrückt.* Bevor durch den Senat eine endgültige Entscheidung gefällt werde, solle man das Institut für Kunstgeschichte der Universität in diese Angelegenheit einschalten.[94] Das Sitzungsprotokoll vom 4. Dezember 1963 vermerkt zur Umgestaltung der Aula im Universitätshauptgebäude:

Da weder die Variante 1 noch die Variante 2 Zustimmung findet, muss möglichst eine Sachverständigenmeinung eingeholt werden. Die Bauverwaltung wird beauftragt, mit den zuständigen Einrichtungen in Schwerin, Dresden, Rostock und dem Kunsthistorischen Institut Verbindung aufzunehmen. Im Januar soll die abschliessende Diskussion erfolgen. Ein Ergebnis ist nicht überliefert.[95]

Aber eine andere Stellungnahme gab Rektor Schick[96] Ende Januar 1964 ab. Er schrieb an Staatssekretär Gießmann,[97] die Aula der Universität befinde sich in einem Zustand, der den Erfordernissen des Universitätsjubiläums und späterer Jahre bestimmt nicht mehr gerecht werde. Es seien zwei Vorschläge unterbreitet worden: Modernisierung der Aula und Nutzbarkeit zugleich als Auditorium maximum oder Restauration, dann aber nur beschränkt verwendbar. *Nach gründlichen Überlegungen haben wir uns für die erste Variante entschieden.* Der Kostenaufwand werde sich nach grober Schätzung auf etwa 350.000 Mark belaufen.[98]

Über eine Entscheidung des Staatssekretariats oder ausgeführte Baumaßnahmen liegen keine Nachrichten vor. Vermutlich geschah nichts, denn im Mai

---

[94] Wie Anm. 92.

[95] Ebenda.

[96] Rudolf Schick: Catalogus Professorum Rostochiensium: URL: http://purl.uni-rostock.de/cpr/00002034 (17.03.2016).

[97] Ernst-Joachim Gießmann: https://de.wikipedia.org/wiki/Ernst-Joachim_Gießmann (16.03.2016).

[98] Wie Anm. 92.

1967 befasste sich der Senat der Universität wiederum mit der Planung von Um- und Neubauten, die bis zur 550-Jahrfeier 1969 fertiggestellt werden sollten. Im Auftrag des Rektors hatte eine Senatskommission eine zwölf Seiten umfassende Vorlage erstellt.[99] Unter Punkt 13 war in Bezug auf das Hauptgebäude vorgesehen:[100]

- *Die unschönen Anschlagtafeln in der Eingangshalle müssen entfernt werden.*
- *Für Ausstellungen in der Eingangshalle sind gut gestaltete Vitrinen, Tische und Tafeln anzuschaffen.*
- *Die Hoffassade des Hauptgebäudes sowie die Fassade des Seminargebäudes und des Gebäudes der Abteilung Sprachen müssen dringend instandgesetzt werden.*
- *Der Hof hinter dem Hauptgebäude bietet einen unerfreulichen Anblick. Die Holzschuppen sollten möglichst abgebrochen werden. Die Massivschuppen sind zu reparieren. Die unbefestigten Hofflächen sind mit Gehwegplatten zu belegen. Die Grünflächen bedürfen der Erneuerung.*

Die Aula kam im Zusammenhang mit den Mittelanforderungen zur Sprache, nicht inhaltlich in Bezug auf die Art der Restaurierung. Der Senat empfahl, dass bis zum Jubiläum *einige für die Universität Rostock hochschulpolitisch besonders wichtige Investitionsvorhaben durchgeführt werden.* Entsprechende Bauanträge seien 1966 dem Staatssekretär für das Hoch- und Fachschulwesen unterbreitet worden, im Einzelnen:

1. Neubau Mensa Südstadt
2. Neubau Internatshochhaus Südstadt
3. Baubeginn Komplexbau Math. Nat. Fakultät - Südstadt
4. Rekonstruktion Aula Universitätshauptgebäude
5. Neubau Sporthalle Südstadt
6. Umgestaltung Klosterkomplex.

---

[99] Ebenda. Der Kommission gehörten an: Prof. Dr. Schick: Vorsitzender, Prof. Dr. Benckert: Theolog. Fakultät, Prof. Dr. Schott: Math. Nat. Fakultät, Prof. Dr. Poppe: Landw. Fakultät, Dr. med Schill: Med. Fakultät, Dr. Vietinghoff: Phil. Fakultät und Dipl. Jurist Görnemann: Ing. Oek. Fakultät sowie Oberingenieur Reichstein als Sekretär. Die Kommission hatte am 30.09. und 01.10.1966 eine Besichtigung der Gebäude vorgenommen.

[100] Ebenda, Blatt 5.

Für den Punkt 4, die Rekonstruktion der Aula im Hauptgebäude seien 1968 245.000 Mark erforderlich, davon 75.000 Mark an Baukosten. Zugleich wurde zugestanden, dass die Punkte 5 und 6 – der Neubau der Sporthalle mit 1,2 Millionen und die Umgestaltung des Klosterkomplexes mit 638.000 Mark – bis 1970 nicht zu erreichen seien.

Eine Reaktion auf diesen Antrag ist wiederum nicht überliefert. Ohne Zweifel fanden Umgestaltungen, auch in der Aula statt. Hinweise darauf lassen sich einer besonderen Quellengruppe entnehmen: den Fotos von Veranstaltungen in der Aula. Die offenbar 1937 installierten Lampen – nach Abdeckung des Oberlichts – sind in der Abbildung 10 dokumentiert. Aus dem Jahr 1967 ist die erste Konzilssitzung unter gegenüber 1937 erneuerten Leuchten und auf älterem Gestühl überliefert (Abbildung 11). Neue, damals avantgardistische Leuchten – senkrecht hängende Glasstäbe mit Glühbirnen – und erneuertes Gestühl zeigen die Fotos von der Festveranstaltung zur 550-Jahrfeier der Universität aus dem Jahr 1969.[101] Einiges war in der Aula also geschehen, wiewohl keine radikale Moder-

Abbildung 11
Erste Konzilssitzung 1967

nisierung. Die Beleuchtung änderte sich bis 1983 nicht, hingegen wurde die Bestuhlung gediegen erneuert, wie die Abbildung 12 belegt. Die klassischen, aus Messing gefertigten Kronleuchter, die sehr gut zur prunkvollen Aula passen und sie auch heute zieren, finden sich erstmals auf einem Foto vom 8. Mai 1984 (Abbildung 13), einer Festveranstaltung der Gesellschaft für Deutsch-Sowjetische Freundschaft am Jahrestag des Sieges über den Faschismus. Das Gestühl

---

[101] UAR 8.03.2 – Fotos Veranstaltungen: 550-Jahrfeier; Festveranstaltung der DSF 1969, Nr. 008959. Ähnlich Studentenkonferenz der Sektion Biologie 1969, Nr. 001141.

Pläne und Raumprogramme 1833-1989 179

Abbildung 12
Sondervorlesung
„Rostocker Dialog" 1983

Abbildung 13
Festveranstaltung der Gesellschaft für Deutsch-
Sowjetische Freundschaft am 8. Mai 1984

blieb bis zur jüngsten Sanierung erhalten.[102] Mit dieser Ausstattung der Aula war die Denkmalpflege der DDR im eher konservativen Bewahren traditioneller Bausubstanz angekommen.

Über die Raumnutzungen des Hauptgebäudes nach dem Krieg gibt es kaum Nachrichten. Zwar sind in den Vorlesungsverzeichnissen – soweit es sie gab – die Institutionen und Seminare der Universität mit ihrem Standort angegeben, aber nur mit dem Gebäude, nicht mit den Raumnummern. Zufällig sind aus dem Jahr 1962 Raumpläne des Hauptgebäudes erhalten, doch ohne Bele-

---

[102] Siehe dazu UAR 8.03.2 – Fotos Veranstaltungen: Leitungsdelegation der Universität Kuweit an der Wilhelm-Pieck-Universität am 25. April 1985, Nr. 006647.

gungsverzeichnis, die sich durch Angaben von Zeitzeugen teilweise konkretisieren lassen.[103] Danach gab es im Erdgeschoss im Bereich des Foyers – Eingangshalle und sanitäre Anlagen – und des Nordflügels – Pförtner, Hausmeister, Universitätsarchiv – gegenüber 1939 keine Veränderungen. Im Südflügel hatte seit 1955 der Prorektor für Studienangelegenheiten seine Diensträume, ab 1968 der Prorektor für wissenschaftliche und kulturelle Beziehungen, später das Direktorat für Internationale Beziehungen. Im Neuen Museum war im Erdgeschoss das Institut für Mathematik untergebracht, nachfolgend 1964 das Rechenzentrum der Universität.

Im ersten Geschoss des Hauptgebäudes hatte oberhalb des Foyers in den drei zum Hof hinausgehenden Räumen um 1959 noch die Universitätsbibliothek Dienststellen. In zwei dieser Räume zog 1965 die Universitätsparteileitung (UPL) der SED ein. Den dritten nahm vorübergehend der Prorektor für Gesellschaftswissenschaften von 1963 bis 1965 ein, danach die UPL. Im Nordflügel hatte der Prorektor für Gesellschaftswissenschaften zwei weitere Räume bis 1965 inne. In vier Räumen hatte die Landwirtschaftliche Fakultät um 1959 ihren Sitz. In einem weiteren Zimmer amtierte der Prorektor für Prognose, später umbenannt für Naturwissenschaften und Technik. Im Südflügel befand sich das Rektorat an der Stelle wie seit 1930, in die zwei anschließenden Räume zog 1965 der Prorektor für Gesellschaftswissenschaften ein. Nach der Dritten Hochschulreform erhielt der Wissenschaftliche Rat ein Dienstzimmer mit Ausblick zum Hof, das lange Zeit als Rektorzimmer gedient hatte. Im Flügelanbau war das Institut für Theoretische Physik untergebracht. Im Neuen Museum befanden sich zwei Hörsäle und Diensträume des Instituts für Mathematik, die zum Teil 1964 ebenfalls als Rechenzentrum der Universität eingerichtet wurden.

Im zweiten Obergeschoss nahm die Aula den Bereich des Foyers ein. Im Nordflügel hatte die Universitätsgewerkschaftsleitung (UGL) der Gewerkschaft Wissenschaft seit 1960 fünf Räume inne. Auf den gleichen Flur zog 1967 das Institut für Altertumswissenschaften mit der Klassischen Archäologie und Philologie sowie der Alten Geschichte ein, und zwar im Austausch mit der Mathematik, die ihre Räume im Neuen Museum konzentrieren wollte. Mit der Dritten Hochschulreform 1969 wurde das Institut für Altertumswissenschaften aufge-

---

[103] Siehe Anhang Pläne, S. 150-155. Für die Bereitstellung danke ich auch an dieser Stelle Herrn Holger Kotermann vom Dezernat 3, Technik, Bau und Liegenschaften der Universität Rostock. Für die Zuweisung von Raumnutzungen danke ich den Herren Kollegen Georg Moll, H. Kreienbring und Konrad Zimmermann.

löst; die Klassische Archäologie und Philologie sowie die Alte Geschichte gelangten an die Sektion Geschichte. Diese Bereiche behielten vier ihrer ursprünglich sieben Räume; in zwei der freigeräumten zog das Projekt Jugendbewegung/FDJ-Geschichte der Sektion Geschichte ein, der dritte wurde Verfügungsraum für die Aula.

Im Südflügel befand sich, wie schon immer, das Konzilzimmer mit Vorzimmer. In einem Eckraum zum Hof hatte das Institut für Kunstgeschichte seinen Sitz. Den Flügelanbau nahmen Seminarräume ohne Bindung an bestimmte Fächer ein. Im Neuen Museum lagen zwei große Hörsäle, darunter der legendäre 218, zusätzlich noch vier Räume für ein Seminar, dessen Fachrichtung jedoch nicht überliefert ist.

Im dritten Obergeschoss nahm den Bereich des Foyers der obere Bereich der Aula ein, deren zwei Logen vom Nordflügel und vom Südflügel betreten werden konnten. Im Nordflügel war der Bereitschaftsdienst untergebracht, dazu die Rechentechnik unter Verschluss, das heißt hier standen besonders leistungsfähige Rechner, die unter Umgehung der Cocom-Listen, der Boykottlisten der NATO, beschafft worden waren. Bis 1967 hatten die Altertumswissenschaften hier noch einen Raum inne. Im Südflügel waren dem Justitiar ein Dienstzimmer, der FDJ-Hochschulgruppenleitung zwei Räume zugewiesen. An das Neue Museum grenzend verfügten die Altertumswissenschaften bis 1967 über einen Raum, der zusammen mit drei, nur von hier aus zugänglichen Räumen im Neuen Museum eine räumliche Einheit für das Institut bildete. Dann zog – im Austausch gegen Räume im Nordflügel des zweiten Obergeschosses – die Mathematik hier ein, die ihr Fach im Neuen Museum zu konzentrieren wünschte. Die Altertumswissenschaften verblieben an ihrem neuen Standort – 1969 eingeschränkt durch die Dritte Hochschulreform und 1991 erweitert nach Wiederbegründung des Instituts für Altertumswissenschaften – bis zu ihrem Auszug im Jahr 2004.

Laut den Vorlesungsverzeichnissen hatte auch die Gesellschaft für Deutsch-Sowjetische Freundschaft ihren Sitz im Hauptgebäude. Ein bestimmter Raum lässt sich allerdings nicht ermitteln. Zeitzeugen verweisen auf ihre Hauptgeschäftsräume in der August-Bebel-Straße.

Für die Folgezeit liegen keine Informationen über Änderungen am Bau oder in der Nutzung vor. Es ist nicht anzunehmen, dass Dramatisches geschah. Wie Fotos des Bildhauers Axel Peters – vermutlich aus dem Jahr 1990 – belegen, hatte die Fassade des Hauptgebäudes, insbesondere mit ihren Schmuckelementen, witterungsbedingte Schäden erlitten.[104] Die durchaus dramatische Hochschulerneuerung seit 1990 konnte daran nicht gleich etwas ändern, doch wurden von 1991 bis 1996 Fassade und Dach des Hauptgebäudes instandgesetzt, die Fenster erneuert. Die Grundsanierung des Gebäudes musste warten, sie fand von 2006 bis 2013 statt und hatte das Ziel, so weit, wie nach modernen Erfordernissen möglich, den Zustand der Bauzeit unter denkmalpflegerischen Grundsätzen wiederherzustellen. Das ist Gegenstand auch des folgenden Beitrages von Emanuel Hollack sowie der Zeitzeugenberichte der beiden Bauleiter, Holger Kotermann und Uwe Sander. Die aktuellen Grundrisse zusammen mit dem Verzeichnis der Nutzungen befinden sich im Anhang.[105]

Abbildungen und Tabellen

Abbildungen

Abbildung 1
Entwurf für ein Hauptgebäude 1843 Rekonstruktionszeichnung von Regierungsbaumeister Adolf Friedrich Lorenz im November 1918
LHAS 12.3-6/2 Werknachlass Lorenz, Adolf Friedrich, Mappe 13 Nr. 33. Das Blatt mit den Rekonstruktionszeichnungen für ein neues Hauptgebäude und die Fassade des Neuen Museums ist mit Bleistift durchstrichen und handschriftlich als *ungültig unvollendet* bezeichnet. Dennoch hat es Informationswert. Vgl. auch PALME: Universitätshauptgebäude, in diesem Band S. 30, dort als Entwurf Demmlers von 1842 bezeichnet. Der Originalentwurf ist nicht auffindbar.

Abbildung 2
Das Weiße Kolleg Rekonstruktionszeichnung von Regierungsbaumeister Adolf Friedrich Lorenz im September 1917
LHAS 12.3-6/2 Werknachlass Lorenz, Adolf Friedrich, Mappe 13 Nr. 26. Vgl. auch Adolf Friedrich LORENZ: Die Universitätsgebäude und ihre Geschichte. Rostock 1919, Abb. 22.

Abbildung 3
Entwurf für das Hauptgebäude von Hermann Willebrand 1865
LHAS 13.3-2 Finanzministerium, Abteilung Hochbau Mappe 4, Nr. 2/2: Rostock Façade am Blücherplatz H. Willebrand C. Luckow.

Abbildung 4
Atlas früher im Foyer, jetzt in der Universitätsbibliothek BB1 in der Südstadt
Foto: Achim Bötefür 2014.

---

[104] UAR Fotosammlung ohne Signatur: Zustandsfotos vieler Schäden von *axel peters bildhauer 2551 behnkenhagen up de villa*.

[105] Anhang Pläne, S. 162-165.

Pläne und Raumprogramme 1833-1989 183

Abbildung 5
Das Neue Museum Rekonstruktionszeichnung von Adolf Friedrich Lorenz
LHAS 12.3-6/2 Werknachlass Lorenz, Adolf Friedrich, Mappe 13 Nr. 32. Vgl. auch Adolf Friedrich LORENZ: Die Universitätsgebäude und ihre Geschichte. Rostock 1919, Abb. 31.

Abbildung 6
Das Seminargebäude auf dem Hof der Universität 1878
UAR Bildersammlung ohne Signatur.

Abbildung 7
Bibliotheksanbau am Neuen Museum Entwurf von Adolf Friedrich Lorenz 1917
LHAS 12.3-6/2 Werknachlass Lorenz, Adolf Friedrich, Mappe 13 Nr. 34.

Abbildung 8
Foyer des Hauptgebäudes 1939
Paul SCHULZE: Einiges aus der Geschichte der Universität Rostock 1933-1939. In: Mecklenburgische Monatshefte 1939, S. 285-289 hier S. 285.

Abbildung 9
Gerüst in der Aula unter der Lichtdecke 1937
Lichtbildwerkstätte Margarethe Brauer Rostock [Reproduktion] 23.11.1955
UAR Fotosammlung ohne Signatur.

Abbildung 10
Aula mit alten Leuchtern nach 1937
Vermutlich ebenfalls Lichtbildwerkstätte Margarethe Brauer
UAR Fotosammlung ohne Signatur.

Abbildung 11
Erste Konzilssitzung 1967 unter erneuerten Leuchten und auf älterem Gestühl
UAR 8.03.2 - Fotos Veranstaltungen Nr. 001199.

Abbildung 12
Sondervorlesung mit Ulrich Pech „Rostocker Dialog" am 30. April 1983 unter modernisierten Leuchten aus Glasstäben mit Glühbirnen und mit neuem Gestühl
UAR 8.03.2 - Fotos Veranstaltungen Nr. 00 006419.

Abbildung 13
Festveranstaltung der Gesellschaft für Deutsch-Sowjetische Freundschaft am 8. Mai 1984 unter Kronleuchtern
UAR 8.03.2 - Fotos Veranstaltungen Nr. 00 007464

Tabellen

Tabelle 1
Zahl der Studierenden nach Fakultäten 1864, 1894, 1905 und 1914
UAR 1.02.0, R XI A 21, Nr. 21. Die Aktenstücke sind in diesem Paket nicht nach Nummern sortiert. Ergänzungen nach dem Personalverzeichnis 1905, S. 37.

Tabelle 2
Hörsäle der Universität im Hauptgebäude 1905
UAR 1.02.0, R XI A 21, Nr. 21.

Tabelle 3
Bedarf an Hörsälen im Hauptgebäude 1905 UAR 1.02.0, R XI A 21, Nr. 21.

Tabelle 4
Seminare im Hauptgebäude 1905
UAR 1.02.0, R XI A 21, Nr. 21.

Tabelle 5
Bedarf an Räumen für Seminare 1905
UAR 1.02.0, R XI A 21, Nr. 21.

Tabelle 6
Amtsräume der Universität 1905 im Hauptgebäude (ohne Bibliothek)
UAR 1.02.0, R XI A 21, Nr. 21.

Tabelle 7
Hörsäle im Hauptgebäude 1910
UAR 1.02.0, R XI A 21, Nr. 51, Anlage zu Nr. 51, erste Seite; LHAS 5.12-7/1 Mecklenburg-Schwerinsches Ministerium für Unterricht, Kunst, geistliche und Medizinalangelegenheiten Nr. 952: Grundrisse des Hauptgebäudes 1912, hier Anhang Pläne S. 127-129. Die Geschoss- und Raumnummern beziehen sich auf diesen Plan.

Tabelle 8
Besetzung der Hörsäle im Wintersemester 1928/29
LHAS 5.12-5/1 Mecklenburgisches Ministerium der Finanzen Nr. 8832, Akte Nr. 69 vom 17. Dezember 1928.

Tabelle 9
Kostenschätzung 1963 Variante 1: Umbau der Aula
Vorlage für die Beratung des Senats der Universität Rostock über bauliche Maßnahmen zur Vorbereitung der 550-Jahrfeier vom 13.11.1963
UAR 1.02.0, RA 330

Tabelle 10
Kostenschätzung 1963 Variante 2: Restaurierung der Aula
UAR wie Tabelle 9

Der Bau des Hauptgebäudes 1867-1870

VON EMANUEL HOLLACK

Einleitung

Menschen *weiden die Früchte* [der Weisheit] *nicht bei Geburt ab, sondern* [nur] *einen Hauch an Verstand. Die aufrichtigste Wissensbegierde ist der Zugang zur Weisheit – non nativitatis despactunt fructus, sed intelligentiae spiritum, eandem cujus intitium verissima est diciplinae concupiscentia.* Papst Martin V. leitete mit diesem erkenntnistheoretischen Grundsatz seine Stiftungsurkunde 1419 für die Universität Rostock ein.[1] Neugierde ist aller Wissenschaft Anfang, könnte man heute sagen, und das passt hervorragend zum seit 1994 gültigen Leitspruch unserer Universität: TRADITIO ET INNOVATIO.[2] Auch ihr Hauptgebäude von 1870 darf als Gestaltung dieses Leitspruchs gelten: erbaut im traditionellen Stil der mecklenburgischen Renaissance, beherbergt es die Wissenschaft als ständige Innovation, die der Neugier entspringt.

Die Universität nutzte bis in die Mitte des 19. Jahrhunderts den Gebäudebestand, welcher im 15. und 16. Jahrhundert erworben wurde und nutzbar war. Dieser wurde sogar im 18. und zu Beginn des 19. Jahrhunderts durch Abrisse und Übergänge in landesherrschaftlichen oder städtischen Besitz verringert. Erst der Bau des Neuen Museums an das Weiße Kolleg und insbesondere der Bau des Hauptgebäudes signalisierten eine Wende hinsichtlich der universitären Gebäudeausstattung.[3] Die Universität Rostock gehört heute zu den schönsten Universitäten der Welt; zumindest hat sie es in die Top-15 einer

---

[1] Susi-Hilde MICHAEL: Recht und Verfassung der Universität Rostock im Spiegel wesentlicher Rechtsquellen 1419-1563. Teil 2: Quellen. Rostock 2013 (Rostocker Studien zur Universitätsgeschichte 24), S. 5, Zeile 14-16 und S. 7, Zeile 16-18. Siehe auch: http://www.uni-rostock.de/fileadmin/UniHome/Geschichte/Statuten_1419/Stiftungsbulle1419_hilde_michael.pdf (02.06.2016).

[2] Geprägt vom damaligen Pressesprecher Dr. Karl-Heinz Kutz. – Zeitzeugengespräch mit Dr. Karl-Heinz Kutz am 23. April 2010. In: Kersten KRÜGER (Hrsg.): Universitätsgeschichte und Zeitzeugen. Die Verwaltung der Universität Rostock und Nachträge. Rostock 2011 (Rostocker Studien zur Universitätsgeschichte 15, Teilband 1), S. 100-130, hier S. 122.

[3] Angela HARTWIG; Ernst MÜNCH: Die Universität Rostock. Geschichte der „Leuchte des Nordens" in Bildern. Erfurt 2008, S. 75.

Liste der britischen Ausgabe der Onlinezeitung *Huffington Post* geschafft. Damit steht sie als eine von vier kontinentaleuropäischen Hochschulen mit in einer Reihe mit der imposanten Architektur alter englischer Universitäten wie Cambridge und Oxford, aber auch mit beeindruckenden Gebäuden in Moskau, Peking, Sidney und Virginia.[4] Das Hauptgebäude der Universität Rostock gibt sich jedoch nicht bürgerlich-hanseatisch und gleicht eher einem Schloss oder einem fürstlichen Repräsentationsbau. Das ist sicher auch der Grund, warum das Hauptgebäude bei Touristen ein beliebtes Fotomotiv ist. Angesichts des bevorstehenden 600jährigen Jubiläums der Universität war es angebracht, das Hauptgebäude im mecklenburgischen Neorenaissance-Stil zu sanieren und den baulichen Zustand von 1870 – soweit möglich – wiederherzustellen. Der Abschluss der Arbeiten gab den Anlass zur vorliegenden Darstellung.

Die Bestandsaufnahme wird durch die relativ ungünstige Quellenlage erschwert. Zum einen sind Akten unvollständig oder fehlen ganz, zum anderen sind sie auf das Universitätsarchiv in Rostock[5] sowie das Landeshauptarchiv in Schwerin[6] verteilt. Die einzigen Quellen für die Sanierungsarbeiten von 2009 bis 2013 bilden Zeitzeugengespräche mit den bauleitenden Ingenieuren Holger Kotermann und Uwe Sander. Literatur zur Baugeschichte des Hauptgebäudes ist rar. Es liegen die Studien von Adolf Friedrich Lorenz[7] bis zum Stand von 1919 und von Peter Palme[8] bis zum Jahr 1983 vor. Zur Wiedereröffnung nach der Sanierung des Hauptgebäudes 2013 erschien ein Sammelband von Andrea Bärnreuther.[9]

---

[4] Universität Rostock – eine der 15 schönsten Universitäten der Welt. In: Universität Rostock, Akademisches Jahrbuch. Rostock 2013, S. 110.

[5] Universitätsarchiv Rostock (künftig UAR) 1.02.0 R XI A 17, Band 1 und 2: Neubau des Universitätshauptgebäudes 1864-1886.

[6] Landeshauptarchiv Schwerin (künftig LHAS) 13.3-2 Mappe 4: Grundrisse und Bilder des Gebäudes.

[7] Adolf Friedrich LORENZ: Die Universitäts-Gebäude zu Rostock und ihre Geschichte. Rostock 1919. S. 62 - 74.

[8] Peter PALME: Das Rostocker Universitätshauptgebäude und seine Vorgeschichte im 19. Jahrhundert. Betrachtungen zur Bau- und Kunstgeschichte. In: Beiträge zur Geschichte der Wilhelm-Pieck-Universität. Heft 3. Rostock 1983, S. 4–49. Wiederabdruck in diesem Band, S. 23-86.

[9] Andrea BÄRNREUTHER; Wolfgang SCHARECK (Hrsg.): 6 vor 600. Zur Wiedereröffnung des Hauptgebäudes der Universität Rostock. Petersberg 2013 (Auf dem Weg zum Doppeljubiläum 1218 - 1419 Bd. 1).

Vom Weißen Kolleg zum Hauptgebäude

Am früheren Hopfenmarkt, dem heutigen Universitätsplatz, befanden sich bereits 1419 das Auditorium Magnum, das ehemalige Neustädtische Rathaus, sowie das Collegium Philosophicum, welches 1566 durch das Weiße Kolleg ersetzt wurde. Durch Vertrag vom 17. März 1827 zwischen dem Großherzog Friedrich Franz I. und der Stadt Rostock endete das 1563 begründete Kompatronat über die Universität. Damit wurde sie eine Landeseinrichtung. Die Zuständigkeiten vereinfachten sich und es ergab sich die Aussicht auf eine positive Weiterentwicklung der Universität, die angesichts expandierender Wissenschaften ebenso angebracht wie erforderlich war. Als Kennzeichen hierfür können neue Tätigkeiten auf baulichem Gebiet gelten. Alte Baupläne wurden wieder entdeckt und alle Disziplinen der Universität drängten auf Ausdehnung der ihnen zu eng bemessenen Räume.[10]

Die Planungen richteten sich anfangs vor allem auf die rasch an Bedeutung gewinnenden Naturwissenschaften. Die Arbeiten am Weißen Kolleg beschränkten sich zunächst auf den Anbau des sogenannten Bibliotheksflügels – oder Flügelanbaus – an der Westseite nach den Plänen des mecklenburgischen Baumeisters Carl Theodor Severin (1763–1836) zwischen 1827 und 1829. Dieser Bibliotheksflügel ist bis heute Bestandteil des späteren Hauptgebäudes. Eine Renovierung des Weißen Kollegs blieb jedoch aus.[11]

Im Jahr 1834 erreichte Professor Helmuth von Blücher (1805–1862)[12] die Eröffnung eines chemischen Labors hinter dem Weißen Kolleg.[13] Daran wird die steigende Bedeutung der modernen Naturwissenschaften baulich sichtbar. Auch an der Planung des Neuen Museums südlich des Weißen Kollegs ist diese Entwicklung erkennbar. Ursprünglich sollte dieser Neubau als Südflügel nur die erste Bauetappe eines neuen, größeren Gebäudes sein und später das Weiße

---

[10] LORENZ (wie Anm. 7), S. 62.

[11] PALME (wie Anm. 8), S. 5, in diesem Band S. 26. – Ernst MÜNCH: Der Stadt zur Zierde und dem Landesherrn zur Ehre. Zur Entstehung des Hauptgebäudes und zum Beziehungsgeflecht der Universität Rostock im 19. Jahrhundert. In: BÄRNREUTHER; SCHARECK (wie Anm. 9), S. 30; in diesem Band, S. 121 f.

[12] Helmuth von Blücher: Catalogus Professorum Rostochiensium: URL: http://purl.uni-rostock.de/cpr/00002431 (07.06.2016).

[13] Gisela BOECK: Die Geschichte der Chemie an der Universität Rostock. In: Traditio et Innovatio – Zur Geschichte der Universität Rostock – 600 Jahre Traditio et Innovatio. Heft 2. Rostock 2010, S. 39.

Kolleg ersetzen. Von diesem Entwurf ist nur noch die Fotografie eines signierten und mit dem Jahr 1842 datierten Fassadenrisses erhalten.[14] Obwohl der spätere Entwurf für das neue Hauptgebäude dem 'Neuen Museum' in der Bauflucht, der Geschosszahl, den Fensterfronten sowie der Gebäudehöhe angepasst wurde, unterscheiden sich beide Gebäude voneinander. Ursache war der Wechsel im Amt des mecklenburg-schwerinschen Hofbaumeisters von Georg Adolf Demmler zu Hermann Willebrand (1816–1899)[15] im Jahr 1851. In der nach der Revolution von 1848/1849 stabilisierten politischen Lage bemühte sich Großherzog Friedrich Franz II. um die Förderung der Wissenschaften. Als Landesvater und Dienstherr der Universität konnte er das durch repräsentative Bautätigkeit verwirklichen.[16] Anlässlich seines Besuchs in Rostock am 27. Juli 1864 wies der damalige Rektor auf den schlechten Zustand des Weißen Kollegs hin und drängte auf einen Neubau. Eine ausführliche Begründung gab die Universität in einer Denkschrift vom 3. Dezember 1864.[17]

Im daraufhin eingeholten Gutachten des Landesbaumeisters Wachenhusen vom 6. Februar 1865 wurde der schlechte Zustand des Weißen Kollegs bestätigt. Darin heißt es:

Ich habe das Gebäude ... untersucht und dabei gefunden, daß das Mauerwerk nicht allenthalben, wie vermuthet wurde, mit Bauschutt ausgefüllt, sondern vorne massiv aus Mauerstein in Kalk auf gemauert, in der hinteren Wand aber mit Schutt ausgefüllt, auch theilweise nur in Lehm gemauert ist. Es mag aber eben so wohl an der mangelhaften Fundamentierung des Gebäudes, als in dem schlechten Mauerverbande desselben gelegen haben, oder durch beides zugleich veranlaßt sein, daß die Umfangswände desselben an manchen Stellen stark ausgewichen und überschoben und deshalb bereits in früherer Zeit an sieben Stellen mit Strebpfeilern versehen sind; auch ist bereits vor 75 Jahren durch die Mitte des Hauptgebäudes eine Bogenwand gezogen, wahrscheinlich ebenso wohl um die auf schadhaften Balken aufgestellten Bücher nicht den ausgewichenen Außenwänden aufzubürden. – Anlangend das Dach und den Dachstuhl, so sind beide im höchsten Grad schadhaft, und erfordert namentlich das Erstere allmählich bedeutende Reparaturkosten. Sparren und Kehlbalken

---

[14] PALME (wie Anm. 8), S. 7, in diesem Band S. 29 f.

[15] Olaf BARTELS: Der Architekt Hermann Willebrand 1816–1899. Hamburg 2001, S. 30; Olaf BARTELS: Hermann Willebrand. In: Biographisches Lexikon für Mecklenburg. Bd. 8. Hrsg. von Andreas RÖPCKE. Schwerin 2016, S. 328-331.

[16] MÜNCH (wie Anm. 11), S. 33 f., in diesem Band S. 126.

[17] PALME (wie Anm. 8), S. 9, in diesem Band S. 36 f.

sind schwach, theils aus altem Holz entnommen, und vom Wurme zerfressen, so daß eine kostenspielige Hauptreparatur binnen kurzer Zeit nicht zu vermeiden sein wird. Auch die Balken, soweit sie zu untersuchen waren, lassen auf schlechte Beschaffenheit schließen, da an vielen Balkenenden bereits Bohlen angebolzt sind, um die verfaulten Balkenköpfe zu ersetzen ... [18]

Zügig wurde noch im selben Jahr der Beschluss über einen Neubau gefasst. Der Großherzog beauftragte am 12. April 1865 den Hofbaurat Hermann Willebrand mit dem Entwurf. Dieser richtete sich stilistisch nach dem Johann-Albrecht-Stil und nach dem Beispiel von Bauten der italienischen Terrakotta-Backsteinrenaissance, zu nennen sind der Wismarer Fürstenhof, die älteren Teilen des Schweriner Schlosses – der Seeflügel – sowie das Schloss Gadebusch.[19] Der Baustil des schon bestehenden Neuen Museums wurde nicht berücksichtigt.[20] Die Baumaßnahmen wurden planmäßig umgesetzt. Am 23. Januar 1866 genehmigte Großherzog Friedrich Franz II. den Neubau des Hauptgebäudes. Die entsprechende Mitteilung, verfasst vom Justizbeamten Hermann von Buchka (1821–1896), lautete:

Das unterzeichnete Ministerium setzt den Rector und das Concil, welches bereits durch den Geheimen Rath Vice Canzler von Both vorläufig Mitteilung von dem Stande der auf den Neubau des Universitätsgebäudes bezüglichen Verhandlungen erhalten haben wird, davon in Kenntnis, daß Seine Königliche Hoheit der Großherzog die Ausführung dieses Neubaues nach dem nunmehr definitiv festgestellten Plane genehmigt und den Beginn des Baues zum nächsten Frühling anzuordnen geruhet haben. Auch haben Seine Königliche Hoheit der Großherzog Sich damit einverstanden erklärt, daß das Capitalvermögen der Universität in Gemäßheit der vom Rector und Concil im Berichte vom 19. März v. J. abgegebenen Erklärung zu dem Bau verwendet werde.[21]

Diese Mitteilung setzt den Bau zum Frühjahr 1866 an. Der Neubau des Universitätshauptgebäudes signalisierte eine Wende hinsichtlich der universitären Gebäudeausstattung, denn erst hierdurch konnte die bis dahin prekäre Raumsituation wirklich verbessert werden.[22]

---

[18] LORENZ (wie Anm. 7), S. 73.

[19] Zum Schloss Gadebusch siehe den Beitrag von Frank Braun in diesem Band, S. 105-117.

[20] LORENZ (wie Anm. 7), S. 74.

[21] Genehmigung des Neubaus durch Großherzog, Mitteilung von Buchka, vom 23. Januar 1866. UAR 1.02.0 R XI A 17.

[22] MÜNCH; HARTWIG (wie Anm. 3), S. 75.

Das Kapital der Universität Rostock musste für diesen Bau verwendet werden. Zur zunächst veranschlagten Gesamtbausumme von 175.655 Reichstalern (Rtl.) hatte die Universität das Mögliche beizutragen, wiewohl Rektor und Konzil darauf hinwiesen, dass *die Einnahmen aus dem noch vorhandenen Capitalvermögen und aus den übrigen Einkünften und Hebungen im Vergleich zu dem landesherrlichen Zuschuß* als *eine kaum in Betracht kommende Summe*[23] gelten müsse. Von universitärer Seite kamen nicht nur die Einkünfte aus dem Rechnungsjahr 1863/1864 in Höhe von rund 5.293 Rtl. zum landesherrlichen Zuschuss von 46.140 Rtl., sondern auch die für diesen Zeitraum belegte Kapitalsumme von insgesamt 65.003 Rtl. hinzu. Dieses machte insgesamt ein Drittel der Baukosten aus.[24]

Willebrand stellte daraufhin am 6. April 1866 an den Vizekanzler Carl Friedrich von Both (1789–1875)[25] ein Muster für die Abrechnung auf. Daraus gehen sowohl die Materialien, Maße sowie auch die Kostenvoranschläge zum Bau des Universitätsgebäudes hervor (Abbildung und Tabelle1). Die Kostenvoranschläge wurden eingehalten. Die Grundsteinlegung fand am 12. März 1867 statt, dem 25jährigen Jubiläum des Regierungsantritts Großherzogs Friedrich Franz II. Hierbei wurde dem Rektor vom Großherzog die von einem Berliner Goldschmied zu diesem Anlass gefertigte goldene Amtskette übergeben, die heute im Universitätsarchiv aufbewahrt wird.[26] Das Richtfest folgte bereits am 8. November 1867. Das weitere Baugeschehen verzögerte sich jedoch. Das ursprüngliche Ziel, das Gebäude anlässlich des 450. Jubiläums der Universität am 12. November 1869 einzuweihen, wurde daher nicht erreicht. Die Einweihung wurde am 27. Januar 1870 gefeiert.

---

[23] Vortrag von Rektor und Konzil an Ministerium. zitiert nach PALME (wie Anm. 8), S. 9, in diesem Band S. 37.

[24] Ebenda.

[25] Carl Friedrich von Both, 1836–1870 Vizekanzler der Universität Rostock: Carl Friedrich von Both: Catalogus Professorum Rostochiensium, URL: http://purl.uni-rostock.de/cpr/00000002 (08.06.2016). Siehe auch: http://www.landesbibliographie-mv.de/REL?PPN=140001042 (20.11.2013).

[26] Eckard OBERDÖRFER, Bianca SCHÜLER: Die Universität Rostock. Greifswald 2008, S. 51, 57.

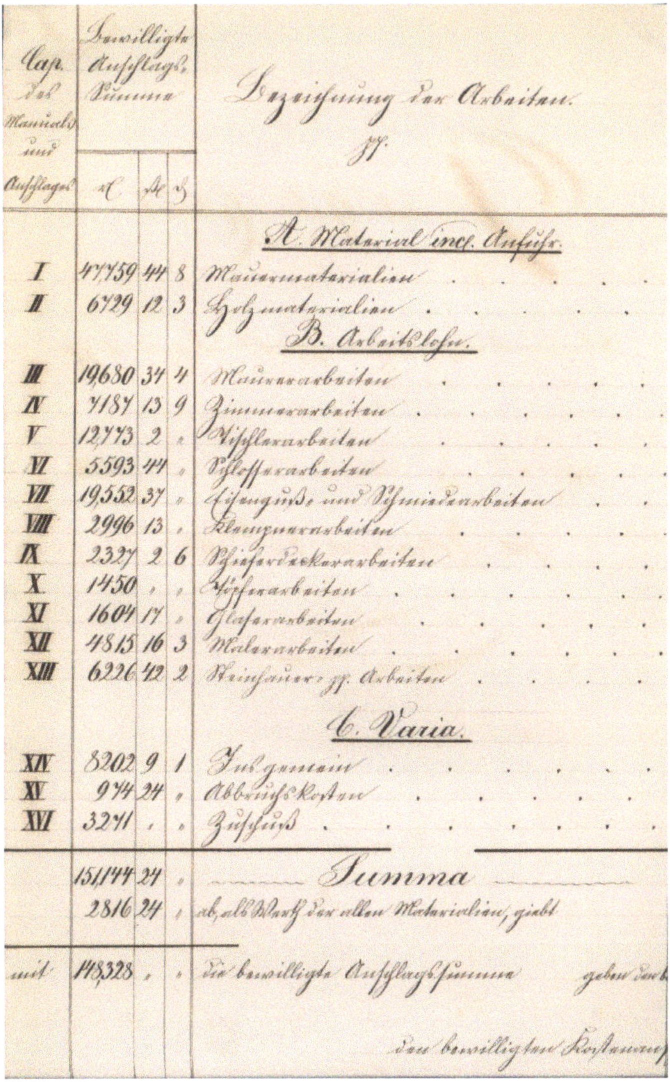

Abbildung 1
Kostenvoranschlag für das Universitätshauptgebäude von
Hermann Willebrand 1866

Tabelle 1
Kostenvoranschlag und Muster für die Abrechnungen von
Hermann Willebrand 1866[27]

Cap. des Manuals und Anschlages	Bewilligte Anschlags Summe			Bezeichnung der Arbeiten pp.
	Rt	sl	۹	A Material incl. Anfuhr
I	47.759	44	8	Mauermaterialien
II	6.729	12	3	Holzmaterialien
				B. Arbeitslohn
III	19.680	34	4	Maurerarbeiten
IV	7.187	13	9	Zimmerarbeiten
V	12.773	2	„	Tischlerarbeiten
VI	5.593	44	„	Schlosserarbeiten
VII	19.552	37	„	Eisenguß- und Schmiedearbeiten
VIII	2.996	13	„	Klempnerarbeiten
IX	2.327	2	6	Schieferdeckerarbeiten
X	1.450	„	„	Töpferarbeiten
XI	1.604	17	„	Glaserarbeiten
XII	4.815	16	3	Malerarbeiten
XIII	6.226	42	2	Steinhauer- pp. Arbeiten
				C. Varia
XIV	8.202	9	1	Insgemein
XV	974	24	„	Abbruchskosten
XVI	3.271	„	„	Zuschuß
	151.144	24	„	Summa
	2.816	24	„	ab, als Werth der alten Materialien, giebt
mit	148.328	„	„	die bewilligte Anschlagssumme

Damit erhielt die Stadt Rostock eines der Hauptwerke der mecklenburgischen Neorenaissance.[28] Mit dem Bau des Universitätshauptgebäudes bekam auch die Universitätsbibliothek einen neuen zentralen Aufbewahrungsort für ihre Bücher. Der gesamte nördliche Flügel diente als Magazin und wird

---

[27] UAR 1.02.0 R XI A 17, Band 2, Nr. 62, Anlage D, an Vizekanzler von Both, datiert 6. April 1866.
[28] MÜNCH (wie Anm. 11), S. 47; in diesem Band S. 137.

deshalb auch als Bibliotheksflügel bezeichnet.[29] Die Rostocker Universitätsbibliothek war damit die erste deutsche Bibliothek, die nach dem Magazinprinzip errichtet wurde.[30]

Der Bau des Hauptgebäudes nach der Baubeschreibung von Hermann Willebrand

Am 23. Januar 1866 verfasste Hermann Willebrand, in Schwerin, ein Muster für die Abrechnungen an den Vizekanzler Friedrich von Both. Darin beschreibt Willebrand die Maße und Ausstattung des Gebäudes wie folgt:

Das nun zu erbauende Universitätsgebäude zu Rostock besteht aus einem Mittelbau (71 [Fuß , künftig wie im Original: '] *2* [Zoll, künftig wie im Original: "] *tief* [= 25 Meter, künftig m] *und 42 ' breit* [= 11,97 m], *bis zum Dache 79 ' hoch* [= 22,59 m]*) und aus zwei Flügeln, jeder an der Vorderfronte-zum Blücherplatz zu-82 ' 3 " lang* [= 31,94 m], *63 ' 2 " tief* [= 22,78 m] *und bis zum Dach 68 ' hoch* [= 19,49 m]. *Der rechte Flügel folgt mit seiner Giebelmauer der allgemeinen Häuserflucht in der Kröpeliner Straße.* […] *Der Maßstab der Grundrisse, Facaden, Schnitte und Balkenlagen ist 10 Fuß-1/2 Zoll Hamb. M.* [= 4,05 m] *Sämmtliche Maaße sind Hamburger Fuß und Zoll.*[31]

Das verwendete Hamburger Fußmaß für Bau- und Werkarbeiten ist dabei kürzer als das im mecklenburg-schwerinschen Gesetz von 1757 festgelegte Maß. Es entspricht 0,286 Meter, das Zoll entsprechend 2,38 Zentimeter.[32] Für die einzelnen Etagen sind folgende Maße festgelegt:

Die Etagenhöhen sind:
von der Kellersohle bis zur Fußboden-Oberkante im Parterre 10 ' [= 2,86 m]
von da bis zur Oberkante des Fußbodens im I Stock = 12 ' [= 3,43 m]
von da bis zur Oberkante des Fußbodens im II Stock = 16 ' [= 4,58 m]
von da bis zur Oberkante des Fußbodens im III Stock = 16 ' [= 4,58 m]

---

[29] Münch; Hartwig (wie Anm. 3), S. 85.

[30] Geschichte der Universitätsbibliothek Rostock. URL: http://www.ub.uni-rostock.de/ub/xAboutUs/hist_ub_xen.shtml (abgerufen am 20.11.2013).

[31] Vorwort aus dem Materialien- und Kostenanschlage zum Bau einer Universität in Rostock. UAR 1.02.2 R XI A 17, Band 2, zu Nr. 62. Dort auch die folgenden Zitate. Die Baubeschreibung Hermann Willebrands ist im Band 2, Anhang Texte, S. 16-20. abgedruckt.

[32] Zoll. In: dtv Lexikon. Band 24. München 2006.

von da bis zur Oberkante des Fußbodens im Dach = 16 ' [= 4,58 m]
Das Vestibül und die darüber gelegene Aula gehen jede durch 2 Geschosse.

Die Fundamenttiefen – wo keine Keller sind – betragen, vom Fußboden des Parterre ab gerechnet, im rechten Flügel 11 ' [= 3,15 m] *im Mittelbau 10 '* [= 2,86 m] *und im linken Flügel 9 '* [= 2,57 m].

Im Bezug auf die verwendeten Materialien, sowie dessen Zweck wird folgendes notiert:

Die Fundamente sind von Felsen in Kalk gemauert und verzwickt, auch mit einer Isolierschicht abgedeckt. Die inneren Kellerscheidemauern sind von Backstein in Kalk aufgeführt.

Die Ringmauern sind im Parterre 3 ' [= 0,86 m] *stark, im I und II Stock 2 1/2 Fuß* [= 0,72 m] *stark, im III Stock und im Dach 2 '* [= 0,57 m] *stark von Backsteinen in Kalk gemauert und beiderseitig geputzt. Der unterste Sockel an den beiden Hauptfacaden ist von Granit, die Fensterbänke im Parterre und im I. Stock ebenda so wie die freistehenden Fensterpfeiler und die Bogenstücke darüber sind von Sandstein, ebenso die Sockel, Basen und Säulenschäfte am Portal des Mittelbaus, die freistehenden Pfeiler und die Architrave, Decken etc. in den Fenstern des Vestibüls, ferner die Kropfstücke des Gurtgesimses zwischen I. und II. Stock auf den Vorlagen, darüber die Sockel mit Fuß- und Deckgesimse zur Aufnahme der Statuen und endlich die Sohlbänke und die Sockel darauf in den Figuren-Nischen, sämmtliche Architekturtheile, als Lisenen, Gesimse und Fenstereinfassungen im II. und III. Stock sind in Formsteinen hergestellt. Die Architectur der Hofseite zeigt die Fenster so wie die Lisenen und Gesimse durchweg in Backstein hergestellt, die Fläche dazwischen geputzt.*

Sämmtliche innere Wände sind massiv von Backstein in Kalk aufgeführt, bis auf einige kleine Wände über der Durchfahrt am Katthagen. Die Bibliothekssäle so wie die Vorplätze dazu sind zwischen eisernen Balken ausgewölbt und erhält das unter dem Dach liegende obere 1/2 Stein starke Gewölbe eine Abdeckung von Asphalt, um bei etwaigem Brande des Dachstuhls die Bibliotheksräume gegen den nachtheiligen Einfluß des Spritzwassers sicher zu stellen. Zu weiterer Erhöhung der Feuersicherheit erhalten die Bibliotheksräume an der Hofseite sowie an der Kröpelinerstraße – die Archivräume der Sicherheit gegen Einbruch wegen ringsherum – eiserne Läden, in allen Stockwerken eiserne Türen.

Die Repositorien in den Bibliotheksräumen werden theils neu gefertigt, theils aus den alten vorhandenen hergestellt und bieten dieselben eine reine Oberfläche von circa 33.500 Quadratfuß [= 2.740 Quadratmeter]. *Außerdem zeigt der Entwurf, auf welche Weise der Raum im Dachboden für die Aufstellung* von Bücher-Repositorien in späteren Jahren ausgenutzt werden kann. Die Einrichtung selbst ist dem Anschlage nicht mit aufgenommen. Die Treppen der Vorplätze in dem Bibliotheksflügel werden im Gerippe von Eisen construirt und werden nur die Trittstufen und die Handläufe von Holz gefertigt.

Das Vestibül des Mittelbaus wird auf 4, aus Formsteinen aufgeführten Säulen eingwölbt und erhält das Gewölbe Rippen aus Formsteinen. Die Räume hinter dem Vestibül im Mittelbau sind im Parterre ebenfalls gewölbt; die Bibliothekar-Arbeitszimmer darüber erhalten gerohrte und geputzte Balkendecken, die Aula gehobelte Balken und in den Zwischenweiten getäfelte Felder, in der Mitte der letzteren befindet sich ein großes Oberlicht.

Die Corridore im linken Flügel sind sämmtlich gewölbt, die Säulen in denselben von Sandstein; die Treppen im Parterre aus Granit, die beiden anderen Etagen-Treppen aus Eisen und Holz construirt. Die Decken der untergeordneten Räume dieses Flügels werden verschalt, gerohrt und geputzt; die Decken in den Lesezimmern, dem Conciliar- und Vorzimmer daneben so wie die in den Auditorien erhalten gehobelte und profilierte Balken, die Zwischenfelder werden geputzt und einfach mit Leinen verziert.

Der Fußboden in den Archiven und dem disponiblen Raum dazwischen wird flach mit Backsteinen ausgelegt und asphaltiert, der Fußboden des Vorplatzes daneben, derjenigen des Vestibüls, der Corridore des linken Flügels und Mittelbaues im I. Stock und derjenige des ersteren im II. Stock werden in Fliesen gelegt. Die Fußböden der übrigen Räumlichkeiten, auch die der Bibliothek erhalten einfache tannene Fußböden bis auf die Aula, welche mit einem Parquet ausgelegt wird.

Außerdem macht Willebrand einen modern wirkenden Vorschlag, wie das Gebäude beheizt und beleuchtet werden soll:

Die Heizung des Gebäudes geschieht theils durch Oefen, theils durch Luft- und Wasserheizung. Für die Erwärmung der Aula ist eine Luftheizung angenommen. Das Vestibül, die Vorplätze und Corridore sowie die Bibliothek-Arbeitszimmer, die Lesezimmer, Conciliar- und Vorzimmer werden mit Wasser erwärmt und geschieht die Heizung der Gerichts- und Parteienzimmer, des Facultäts-Sitzungszimmers und sämmtliche Auditorien durch Öfen mit eisernen Heizkasten.

In den Grundrissen des Entwurfs ist die Anlage einer Gasbeleuchtung in Obacht genommen und ist die Verteilung der Flammen in den Vorplätzen, Corridoren, Lesezimmern, Conciliar- und Vorzimmer sowie in den Auditorien angedeutet; die Beleuchtung der Aula war vermittelst des Oberlichts der Decke beabsichtigt und sollte eine Reihe mit Flammen mit Reverbaren [sic] längs der großen Felder zwischen Oberlicht und Lichtschacht angebracht werden. Da *aber über genannte Anlage keine Entscheidung vorliegt auch nicht feststeht, daß dieselbe überhaupt nothwendig ist oder auch nur gewünscht wird, so sind die Kosten dieser Beleuchtung in dem Anschlage nicht mit aufgenommen.*

Zur Dekoration und Möblierung bemerkt Willebrand Folgendes:

Die Decoration der inneren Wände beschränkt sich in den meisten Räumen, namentlich in allen Vorplätzen auf einfache Linienverzierungen; tapeziert sind die Wohnräume der Pedellenwohnung, die Biblitothekar-Arbeitszimmer. Die Wände der Aula sind dem Zweck des Raumes entsprechend decorirt; eine Wandtäfelung von 5 ' Höhe [= 1,43 m] zieht sich an den Wänden herum, darüber erhebt sich eine Pilaster-Architektur, deren Zwischenräume theils mit Stucco Lustro, theils mit einfachen teppichartigen Mustern ausgefüllt werden. Die ursprünglich intendierten Fresken in den großen Wandfeldern, bestimmt dem genannten Raume eine feierliche Würde zu verleihen, mußten des Kostenpunktes wegen dieser einfachen Decoration weichen. Die eingebauten Balkons und die Galerie daselbst werden von Säulen und Stuckmarmor getragen, welche letztere auf hölzernen Kernen gefertigt sind.

Für Meublierung an Tischen, Stühlen, Vorhängen, Rouleaux etc. ist im Anschlag keine Summe ausgeworfen, indem die Wiederbenutzung der vorhandenen Gegenstände auf eine Zeitlang genügen möchte. Von den Bücherrepositorien in den Biblitohekssälen ist ein Drittheil als neu zu fertigen, zwei Drittheile sowie diejenigen in den Archiven als aus alten vorhandenen herzustellen veranschlagt. Vier Auditorien im linken Flügel sind neu zu meubliren und die Anschaffung von Kathedern, Subsellien, Wandtafeln und Kleiderriegeln in Rechnung gebracht.

Das kleine Auditorium im II. Stock des rechten Flügels sollte dagegen mit vorhandenem Material ausgerüstet werden und sind für Reparaturen an Tischler- und Anstricharbeiten Ansätze gemacht. Die in den Querschnitten angegebenen 5 ' hohen [= 1,43 m] Lamperien sind nicht in den Anschlag aufgenommen, sondern statt derselben einfache Fußleisten berechnet.

Das Dach hat Willebrand folgendermaßen geplant:

Die Dächer sind mit Schiefer einzudecken, die Dichtung der Gräte, der Kählen, des Anschlusses an die verticalen Mauern höherer Gebäudetheile, die Dichtung der Oberlichter, der Dachfenster und der Schornsteinröhren theils in Zink, theils in Kupfer und Blei herzustellen. Sämmtliche Gesimse und Fensterbänke sind mit Doppelkranzblech abzudecken, die freistehenden Architekturtheile in gebranntem Thon, wie die Aufsätze über den Ausmündungen der Ven-

tilationsröhren, die runden Giebel des Mittelbaues und derselbe an der Seitenfaçade so wie die Aerotarien auf dem Hauptgesimse, ferner die kleinen Winkel zwischen genannten runden Giebeln und den Dachflächen sind mit Blei abzudecken und zu dichten.
Das Gebäude wird mit Blitzableitern versehen.

Das Raumprogramm stellte sich Willebrand wie folgt vor:
Der Durchbau des s. g. neuen Flügels – so weit derselbe stehen bleibt, da ein Theil dem Neubau des Hauptgebäudes weichen muß – bezweckt im Parterre die Herstellung einer Wohnung für den Famulus, im 1ten Stock die Anlage von Auditorien und eines Raumes für die landwirtschaftliche Sammlung [Randbemerkung: Facultätszimmer]; im 2ten Stock sind 3 Carcer hergestellt und bleibt ein Bodenraum übrig, welcher für das Erste als Raum für Heizungsmaterial benutzt wird, später durch Ausbau zu sich etwa vernothwendigenden Räumlichkeiten – etwa für Sammlungen – umgeschaffen werden kann. Der Transport des Brennmaterials geschieht durch eine nach dem Hofe hinaus über der Durchfahrt angelegte Windevorrichtung. Zwischen diesem Flügel und dem Neubau ist eine gleiche Vorrichtung vorausgesehen und geht ein Schacht in der starken Trennungsmauer vom Parterre bis in den obersten Boden genannten Flügels; auf den Podesten der Haupttreppe sind Öffnungen angebracht, durch welche das Brennmaterial leicht in die einzelnen Stockwerke zur Heizung der Auditorien etc. aufgefahren werden kann. Die Auditorien im Flügel werden mit vorhandenen Kathedern, Subsellien etc. meublirt und sind auch hierbei für Reparatur an Tischler- und Malerarbeiten Ansätze aufgestellt. Die hohen Lamperien sind ebenfalls im Anschlage gestrichen und durch Fußleisten ersetzt. Zum Ausbau des Flügels sind möglichst die alten vorhandenen Materialien benutzt; die untere Balkenlage bleibt ziemlich unberührt und ist dieselbe bei Abnahme des Daches durch ein Notdach vor Durchweichen durch Regen zu schützen; die zweite Balkenlage wird einige Fuß gesenkt, und werden die alten Sparren zur Herstellung des neuen Daches, welches mit Schiefer einzudecken ist, verwandt.

Nach dieser Baubeschreibung von Hermann Willebrand wurde das Hauptgebäude entworfen und errichtet. Das Raumprogramm ist im Beitrag von Kersten Krüger beschrieben.[33] Der Kostenrahmen war knapp kalkuliert, wurde aber eingehalten. Für die während der Bauzeit notwendigen Ausweichquartiere für Lehre und für die Bibliothek hatte Willebrand keine Kosten angesetzt, wie er abschließend bemerkte.

---

[33] Siehe seinen Beitrag zu den Plänen und Raumprogrammen in diesem Band, S. 141-184.

Es ist schließlich noch zu bemerken, daß im Anschlage auf Provisorien, welche sich durch die Länge der Bauzeit vernothwendigen und die Bauausführung betreffen, genügende Rücksicht genommen ist; dagegen keinerlei Posten ausgesetzt sind für etwaige Provisorien, welche die Lehrzwecke der Universität und Benutzung der Bibliothek betreffen, als für Miethe von Localen oder Beschaffung von Utensilien irgendeiner Art. Weder für die Feierlichkeit einer Grundsteinlegung noch für die Einweihung des Gebäudes sind irgendwelche Ansätze in Rechnung gebracht.

Die Ausschmückung und Gestaltung der Außenfassade

Neben dem räumlichen Gewinn für den Universitätsbetrieb sollte das Hauptgebäude auch ein repräsentativer Gewinn für den Großherzog sein. Dieser Anspruch findet sich in der sehr umfangreichen Gestaltung der Figuren in der Fassade wieder. Der Großherzog bestimmte Hermann Willebrand als zuständig für den architektonischen Bauentwurf und Friedrich Lisch[34] für die Vorschläge zur bildlichen Ausschmückung des neuen Gebäudes. Die Fassade diente als Ehrung der Wissenschaften und der fürstlichen Stifter der Universität. Dass man Friedrich Lisch mit einbezog, verdeutlicht, welche Bedeutung die Ausgestaltung des Universitätshauptgebäudes für die Tradition hatte. Willebrand legte seinen Entwurf noch im Jahre 1866 vor.[35] Die Fassade ist in der Gliederung und im Schmuckprogramm eng an die Fassade des Fürstenhofes in Wismar sowie auch an Teilen des Schweriner Schlosses, an dessen Neu- und Umbau Willebrand mitwirkte, ebenso an die Fassade des Schlosses Gadebusch angelehnt.[36] Sie ist reich mit Sgraffiti und Plastiken geschmückt.

---

[34] Georg Christian Friedrich Lisch: https://de.wikipedia.org/wiki/Georg_Christian_Friedrich_Lisch (14.06.2016). – KRAUSE: Lisch, Georg Christian Friedrich, in: Allgemeine Deutsche Biographie 18 (1883), S. 752-754 [Onlinefassung]; URL: http://www.deutsche-biographie.de/pnd11705884X.html?anchor=adb (14.06.2016). Peter-Joachim RAKOW: Georg Christian Friedrich Lisch. In: Biographisches Lexikon für Mecklenburg. Bd. 3. Hrsg. von Sabine PETTKE. Rostock 2001, S. 149-160.

[35] Hermann WILLEBRAND: Entwurf der Fassade des Hauptgebäudes zum Blücherplatz mit Bildprogramm 1866; Entwurf der Fassade des Hauptgebäudes, Front zur Kröpeliner Straße mit Bildprogramm, 1866. UAR R XI A 17 Band 2.

[36] Siehe hierzu die Beiträge von Frank Braun zu Gadebusch in diesem Band, S. 105-117 und Ernst Münch zu den Vorbildern in diesem Band, S. 87-104.

Die Verhandlungen vom 19. Mai 1866 zwischen dem Geheimen Rat Dr. Carl Friedrich von Both, dem Vizekanzler der Universität aus Rostock, dem Hofbaurat Hermann Willebrand sowie dem Archivrat und Conservator Dr. Georg Christian Friedrich Lisch sahen die Ausschmückung des Universitätsgebäudes wie folgt vor:[37]

Nachdem der Archivrath Dr. Lisch auf die an ihn ergangene Aufforderung einen möglichst weiten und umfassenden und daher der Anwendung leicht zugänglichen Plan zur äußeren Ausschmückung des neuen Universitätsgebäudes zu Rostock entworfen hatte, war dieser dem Herrn Vicekanzler von Both und darauf dem Rev. Concilio der Universität zur Begutachtung und etwaigen Änderung vorgelegt worden. Nachdem deren Erachten resp. am 4. April und 9. April 1866 abgegeben waren, hatte der Herr Geheim-Rath von Both auf heute eine Verhandlung der Obengenannten über diesen Gegenstand in Schwerin angesetzt und einigten sich dieselben in Grundlage sämmtlicher Vorlagen und nach allseitiger, gründlicher Erwägung aller zur Berücksichtigung kommenden Umstände schließlich und einstimmig über die nachfolgende Anordnung der äußeren Ausschmückung des Universitätsgebäudes.

Daraus geht hervor, wie die Hauptfront gestaltet werden sollte. Am Mittelbau sollte über der Pforte *Universitas Litterarum* eingesetzt werden. Dieses wurde jedoch mit den Worten DOCTRINA MULTIPLEX VERITAS UNA (Es gibt viele Wissenschaften, aber nur eine Wahrheit) (Anhang Fassade, Abbildung 10) ersetzt,[38] welches einen Bezug zur Universität herstellt und dem Bau eine sakrale Weihe verleiht. Darüber steht HINRICUS EPISCOPUS ZWERINENSIS (Heinrich [II von Nauen] Bischof von Schwerin[39] (Anhang Fassade, Abbildung 11). Die Geistlichkeit, in Gestalt des Bischofs von Schwerin, erhielt als Teilskulptur mit seinem Hirtenstab einen ehrenvollen Platz über dem Hauptportal des Gebäudes. Dieser hatte die Pläne und den Antrag zur Begründung der Universität Rostock

---

[37] Protokoll der Verhandlung über Ausschmückung des Universitätsgebäudes; Geh. Rat Vizekanzler Dr. von Both, Hofbaurat Willebrand, Archivrat und Conservator Dr. Lisch UAR, 1.02.0 R XI A 17 Band 2, Nr. 75. Der Text befindet sich im Anhang Texte, 9-12.

[38] Protokoll des Konzils über die Inscription für das neue Universitätsgebäude. Einsetzung einer Kommission: Rektor [Karl Bartsch], Professoren Fritzsche, Krabbe, Thierfelder, Muther. UAR 1.02.0 R XI A 17 Band 2, Nr. 103. – Rektor und Concilium an Vizekanzler von Both Mitteilung über Vorschlag der Inschriften vom 20. Dezember 1866. UAR R 1.02.0 XI A 17 Band 2, Nr. 114. Siehe auch hier Abbildung 2 und Anhang Texte, S. 13-15.

[39] Heinrich II. von Nauen:
https://de.wikipedia.org/wiki/Heinrich_II._von_Nauen (15.06.2016).

bei Papst Martin V. am 8. September 1418 gestellt und die Urkunde der Universitätsgründung gesiegelt.

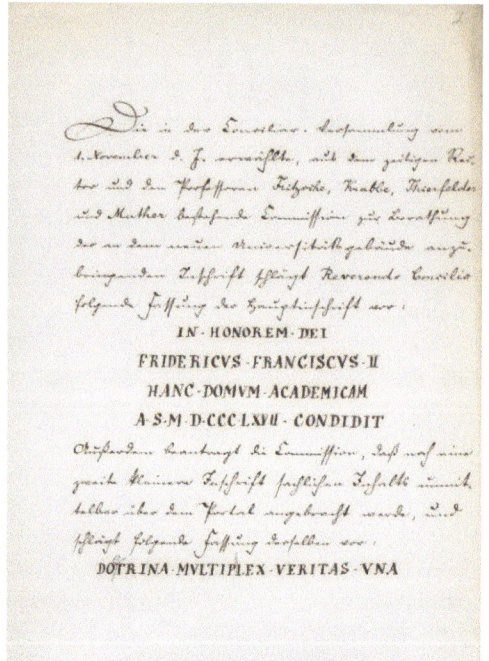

Die in der Conciliar-Versammlung vom 1. November d. J. erwählte, aus dem jetzigen Rector [Bartsch] und den Professoren Fritzsche, Krabbe, Thierfelder und Muther bestehende Commission zur Berathung der an dem neuen Universitätsgebäude anzubringenden Inschrift schlägt Reverendo Concilio folgende Fassung der Hauptschrift vor:
IN HONOREM DEI
FRIDERICUS FRANCISCUS II
HANC DOMUM ACADEMICAM
A S M D CCC LXVII CONDIDIT

Außerdem beantragt die Commission, daß noch eine zweite kleinere Inschrift sachlichen Inhalts unmittelbar über dem Portal angebracht werde, und schlägt folgende Fassung derselben vor

DOCTRINA MULTIPLEX VERITAS UNA

Abbildung 2
Vorschlag der Kommission des Konzils für Inschriften am Hauptgebäude 1866

Im Protokoll des Konzils zur Ausschmückung der Fassade wurde zudem unter Punkt 1 die städtische Repräsentation eingefordert:

Dagegen scheint es ihr [der Kommission] angemessen, daß bei einer die Geschichte der Stiftung in Erinnerung bringenden Ausschmückung auch die an die in ihrer Art einzige Stellung erinnert werde, welche die <u>Stadt</u> zu derselben, und noch bis 1827 zur Universität überhaupt eingenommen hat, und sie proponirt daher, an genannter Stelle die Köpfe desjenigen Rostocker Bürgermeisters, der vorzugsweise an der Stiftung Antheil gehabt hat (Katzow), und etwa des ersten Rectors (M. Stenbecke) anhzubringen. – Die Köpfe an dieser Stelle ganz wegzulassen, scheint ihr überdem aus architectonisch-ästhetischem

Gesichtspunkte nicht wohl thunlich.[40]

Die Aufrisse der Fassaden zum Universitätsplatz und zur Kröpeliner Straße sind im Anhang (Fassade, Abbildung 6-9) wiedergegeben. Im Einzelnen schlug Lisch vor, dass auf der rechten Seite des Bischofs von Schwerin, Heinrichs II. von Nauen, Hermann Bockholt, der Abt des Zisterzienserklosters von Doberan und Conservator der Universität seinen Platz findet. Dieser wurde jedoch durch den ersten, damit auch dem Gründungsrektor, der Universität Rostock Petrus Stenbeke[41] (Anhang Fassade, Abbildung 12) ersetzt. Ebenso wurde auf der linken Seite des Bischofs der Prior von Marienehe, Heinrich Ribbenitz, der Obmann der Universität mit dem damaligen Rostocker Bürgermeister Hinrich Katzow[42] (Anhang Fassade, Abbildung 13) getauscht, um zu zeigen, dass auch die Stadt Rostock von Bedeutung für die Universität war.

In den Nischen zu beiden Seiten des Fensters der Aula stehen die beiden Statuen der Gründungsherzöge und damit herzoglichen Stifter. Auf der rechten Seite ist dies *JOHANN III. HERZOG ZU MEKLENBURG* (Anhang Fassade, Abbildung 14) und auf der linken Seite *ALBRECHT V. HERZOG ZU MEKLENBURG* (Anhang Fassade, Abbildung 15). Zu den Seiten dieser Statuen sind in den Lisenen die damaligen Wappen der Herzöge und des Bischofs eingelassen, wobei auf der rechten Seite von Johann III. beziehungsweise Johann IV. ein geteilter Schild für die Grafschaft Schwerin steht (Anhang Fassade, Abbildung 16) und auf der linken Seite der Stierkopf für Mecklenburg (Anhang Fassade, Abbildung 17). Auf der rechten Seite des Herzogs Albrecht V. ist der Greif (Anhang Fassade, Abbildung 18) für die Herrschaft Rostock, sowie auf der linken Seite das Bischöflich-Schwerinsche Wappen (Anhang Fassade, Abbildung 19). Diese zeigen die Grafschaft Schwerin, das Herzogtum Mecklenburg, die Herrschaft Rostock und das Bistum Schwerin. Über den herzoglichen Stiftern sind in den Rundungen die Erhalter der Universität in großen Brustbildern dargestellt; auf

---

[40] Beratung Rektor und Professoren Röper, Karsten, Thierfelder et subscriptus Mejer über Ausschmückung der Fassade vom 9. April 1866. UAR 1.02.0 R XI A 17 Band 2, Nr. 65. Der gesamte Text befindet sich im Anhang Texte, S. 13-15.

[41] Petrus Stenbeke: Catalogus Professorum Rostochiensium: URL: http://purl.uni-rostock.de/cpr/00001259 (15.06.2016).

[42] Hildegard THIERFELDER: Katzow, Hinrich. In: Neue Deutsche Biographie 11 (1977), S. 339-340 [Onlinefassung]; URL: http://www.deutsche-biographie.de/pnd136520561.html (15.06.2016).

der rechten Seite FRIEDRICH FRANZ I. GROSSHERZOG ZU MECKLENBURG[43] (Anhang Fassade, Abbildung 20) und auf der linken Seite FRIEDRICH FRANZ II. GROSSHERZOG ZU MECKLENBURG[44] (Anhang Fassade, Abbildung 21). Dadurch wird die herausragende Rolle der Landesherren für die Entstehung, Geschichte und insbesondere die mehrfach notwendig gewordene Erneuerung der Universität demonstriert. Die Abbildungen an der Hauptfassade sollen die Beteiligung von Kirche, Staat und der Stadt an der Gründung der Universität symbolisieren.[45]

Darüber in den oberen Fensterbrüstungen ist in der Mitte eine Inschrift mit dem Datum der Grundsteinlegung zu finden: Zur Ehre Gottes gründete Friedrich Franz II. dieses Akademische Haus im Jahre des Erlösers 1867 (siehe oben, Abbildung 2 und Anhang Fassade, Abbildung 22).

Auf der rechten Seite befindet sich das Stiftungsjahr 1419 (Anhang Fassade, Abbildung 23), auf der linken Seite das Jahr der Grundsteinlegung 1867 (Anhang Fassade, Abbildung 24). Im rechten Giebel ist das Portrait von DR. CARL FRIEDRICH VON BOTH (Anhang Fassade, Abbildung 25), von 1836 bis 1870 Vizekanzler der Universität Rostock, ausgeführt. Im linken Giebel entsprechend das Portrait von DR. AUGUST WILHELM VON SCHROETER (Anhang Fassade, Abbildung 26), dem Minister des Großherzogtums Mecklenburg.[46] Im Mittelgiebel befindet sich das volle Großherzogliche Wappen (Anhang Fassade, Abbildung 27). Diese betonen nochmals die Zugehörigkeit der Landesuniversität zur großherzogliche Regierung.

In dem Fries zwischen dem ersten und dem zweiten Stockwerk sind in allegorischen Statuen die vier Fakultäten auf separaten Vorsprüngen repräsentiert. Zum Neuen Museum hin befinden sich die Statue der MEDICINA (Anhang Fassade, Abbildung 28), am Haupteingang, auf der rechten Seite, die Statue der THEOLOGIA (Anhang Fassade, Abbildung 29) und auf der linken Seite die Statue

---

[43] Ernst MÜNCH: Friedrich Franz I. In: Biographisches Lexikon für Mecklenburg. Band 6. Hrsg. v. Andreas RÖPCKE. Rostock 2011, S. 108–116.

[44] René WIESE: Friedrich Franz II. In: Biographisches Lexikon für Mecklenburg. Band 4. Hrsg. v. Sabine PETTKE. Rostock 2004, S. 57–65

[45] HARTWIG; MÜNCH (wie Anm. 3), S. 18.

[46] Wilhelm von Schröter: https://de.wikipedia.org/wiki/Wilhelm_von_Schröter (15.06.2016). – Heinrich KLEINZ: Schröter, August Wilhelm. In: Allgemeine Deutsche Biographie 32 (1891), S. 574 [Onlinefassung]; URL: http://www.deutsche-biographie.de/pnd104066547.html?anchor=adb (15.06.2016).

der *JURISPRUDENZ* (Anhang Fassade, Abbildung 30), am Platz, welcher eigentlich der Philosophie vorbehalten war. Die Statue der *PHILOSOPHIA* (Anhang Fassade, Abbildung 31) ist daher an der Ecke des Nordflügels angebracht, die ursprünglich der Jurisprudenz zugedacht war. Aufgrund fehlender Quellen ist nicht erkennbar, weshalb die Figuren getauscht wurden.

Im Protokoll des Konzils zur Ausschmückung der Fassade wurde unter Punkt 3 festgestellt:

Was die im Friese anzubringenden 14 historischen Köpfe betrifft, so war die Majorität der Deputation derselben Ansicht, welche auch der Herr Vice Canzler ausgesprochen hat, daß sie weggelassen werden möchten. Dagegen eine Minorität sie sowohl als dem Baustyl angemessene Verzierung, als auch ihrer geschichtlichen Bedeutung wegen vertheidigte. Einstimmig aber war man der Meinung, daß, im Falle sie beibehalten werden sollten, die Auswahl zu modificiren sei [47]

Die Zahl der Portrait-Köpfe wurde auf je einen bedeutenden Vertreter des 16. und 17. Jahrhunderts der vier Fakultäten beschränkt, die als Medaillons im Fries ausgeführt wurden. Die Portraits sind gleichmäßig und symmetrisch auf den Fries verteilt. Auf der Seite zum Neuen Museum hin befindet sich der Mediziner *DR. JACOBUS BORDINGUS* (Anhang Fassade, Abbildung 32).[48] Der zweite Kopf im Mittelbau ist der Theologe *DR. DAVID CHYTRAEUS'* (Anhang Fassade, Abbildung 33).[49] Auf der Fassade des Nordflügels befinden sich auf der rechten Seite der Jurist *DR. ERNESTUS COTHMANN* (Anhang Fassade, Abbildung 34).[50]

---

[47] Beratung Rektor und Professoren Röper, Karsten, Thierfelder et subscriptus Mejer über Ausschmückung der Fassade vom 9. April 1866. UAR 1.02.0 R XI A 17 Band 2, Nr. 65, und hier Anhang Texte, S. 13-15.

[48] Jakob Bording: Catalogus Professorum Rostochiensium, URL: http://purl.uni-rostock.de/cpr/00003636 (07.07.2016) – https://de.wikipedia.org/wiki/Jakob_Bording_(1547-1616). – Theodor MUTHER: Bording, Jakob. In: Allgemeine Deutsche Biographie 3 (1876), S. 158 [Onlinefassung]; URL: http://www.deutsche-biographie.de/pnd120936259.html?anchor=adb (15.06.2016).

[49] David Chytraeus: Catalogus Professorum Rostochiensium: URL: http://purl.uni-rostock.de/cpr/00000220 (15.06.2016) – Rudolf KELLER: Chytraeus, David. In: Biographisches Lexikon für Mecklenburg. Band 3. Hrsg. v. Sabine PETTKE. Rostock 2001. S. 36–42.

[50] Malte BISCHOFF: Cothmann, Ernst. In: Biographisches Lexikon für Mecklenburg. Band 1. Hrsg. v. Sabine PETTKE. Rostock 1995. S. 52 – 55. – Ernst Cothmann: Catalogus Professorum Rostochiensium: URL: http://purl.uni-rostock.de/cpr/00000556 (15.06.2016).

Dieser wurde mit dem auf der linken Seite platzierten Philosophen DR. JOHANNES CASELIUS (Anhang Fassade, Abbildung 35)[51] ausgetauscht.[52]

In dem Schmuckprogramm des Seitengiebels, der Nordfassade, wurden in den Nischen die beiden herzoglichen Reformatoren der Universität in Statuen vorgesehen. Auf der rechten Seite steht JOHANN ALBRECHT I. HERZOG ZU MEKLENBURG (Anhang Fassade, Abbildung 36),[53] auf der linken Seite ULRICH HERZOG ZU MEKLENBURG (Anhang Fassade, Abbildung 37).[54] Auf dem Fries sollten auf den Vorsprüngen zu beiden Seiten die allegorischen Figuren der Schriftstellerei zur Rechten und der Buchdruckerei zur Linken dargestellt werden. Diese wurden jedoch durch die Statue der HISTORIA (Anhang Fassade, Abbildung 38) und die Statue der ASTRONOMIA (Anhang Fassade, Abbildung 39) ersetzt. In dem Fries in der Mitte der gesamten Fassade des Bibliotheksflügels befindet sich der Medaillonkopf von DR. OLAV GERH TYCHSEN (Anhang Fassade, Abbildung 40), der nach dem Zusammenschluss der Universitäten Bützow und Rostock zum Oberbibliothekar aufstieg.[55]

Über den herzoglichen Statuen befinden sich, ebenfalls als Medaillonköpfe, zur rechten Seite der herzogliche Rat und Professor extraordinarius DR.

---

[51] Johannes Caselius: Catalogus Professorum Rostochiensium: URL: http://purl.uni-rostock.de/cpr/00003410 (15.06.2016). – Richard NEWALD: Caselius, Johannes. In: Neue Deutsche Biographie 3 (1957), S. 164 [Onlinefassung]; URL: http://www.deutsche-biographie.de/pnd116118547.html (15.06.2016). – Johannes Caselius: https://de.wikipedia.org/wiki/Johannes_Caselius (15.06.2016).

[52] Hermann WILLEBRAND: Entwurf der Fassade des Hauptgebäudes zum Blücherplatz mit Bildprogramm 1866. UAR 1.02.0 R XI A 17, Band 2.

[53] Hildegard THIERFELDER: Johann Albrecht I. In: Neue Deutsche Biographie 10 (1974), S. 499 [Onlinefassung]; URL: http://www.deutsche-biographie.de/pnd100363237.html (16.06.2016); Lutz SELLMER: Johann Albrecht I. In: Biographisches Lexikon für Mecklenburg, Bd. 1. Hrsg. von Sabine PETTKE. Rostock 1995, S. 134-137.

[54] Carl Ludwig GROTEFEND: Ulrich III., Herzog von Mecklenburg. In: Allgemeine Deutsche Biographie 39 (1895), S. 225-226 [Onlinefassung]; URL: http://www.deutsche-biographie.de/pnd102120390.html?anchor=adb (15.06.2016). Lutz SELLMER: Ulrich III. In: In: Biographisches Lexikon für Mecklenburg, Bd. 1. Hrsg. von Sabine PETTKE. Rostock 1995, S. 231-235.

[55] Niklot KLÜBENDORF: Tychsen, Oluf Gerhard. In: Biographisches Lexikon für Mecklenburg. Band 6. Hrsg. v. Andreas RÖPCKE. Rostock 2011, S. 276–280. Oluf Gerhard Tychsen: Catalogus Professorum Rostochiensium: URL: http://purl.uni-rostock.de/cpr/00002935 (15.06.2016).

NICOLAUS MARSCHALCUS (Anhang Fassade, Abbildung 41), ein Gelehrter mit einer Buchdruckerei,[56] und auf der linken Seite *DR. NATHAN CHYTRAEUS* (Anhang Fassade, Abbildung 42), der im Sommersemester 1569 die Universitätsbibliothek begründete.[57]

Auf der Hofseite der Fassade sind drei Medaillons angebracht, welche den *BAUCONDUCTEUR PRAHST* (Anhang Fassade, Abbildung 43),[58] den Verantwortlichen für den Neubau, *HOFBAURAT WILLEBRAND* (Anhang Fassade, Abbildung 44) sowie den *BAUCONDUCTEUR LUCKOW* (Anhang Fassade, Abbildung 45)[59] zeigen.

Der gesamte Bildschmuck der Fassade des Neorenaissancebaus repräsentiert ein streng hierarchisiertes und zugleich territorial geprägtes geschichtliches Selbstverständnis. Die Bildhauer Christian Genschow und insbesondere Gustav Willgohs modellierten den gesamten plastischen Schmuck der Fassade.[60] Die zehn Grisaille-Malereien der Tugenden zwischen den Fenstern des dritten Obergeschosses waren im Entwurf des Schmuckprogramms nicht vorgesehen und kamen wohl erst während der Bauausführung hinzu. Der genaue Zeitpunkt der Planung ist aus den Quellen nicht zu ermitteln.[61]

Es sind die zehn Tugenden in der Reihenfolge von Süden (links) nach Norden (rechts): Pietas, Fides, Probitas, Justitia, Diligentia, Prudentia, Modestia, Patientia, Temperantia und Sapientia. Drei von ihnen gehören zu den Kardinaltugenden: Justitia, Prudentia und Temperantia; die vierte Kardinaltugend Fortitudo fehlt. Die anderen Tugenden an der Fassade sind allgemein religiösen oder weltlichen Charakters.[62] Die Tugenden sind wie aufgehängte Tafeln mit einer

---

[56] Michael BISCHOFF: Marschalk, Nikolaus. In: Biographisches Lexikon für Mecklenburg. Band 7. Hrsg. v. Andreas RÖPCKE. Rostock 2013. S. 203–208. – Heinrich GRIMM: Marschalk, Nikolaus. In: Neue Deutsche Biographie 16 (1990), S. 252-253 [Onlinefassung]; URL: http://www.deutsche-biographie.de/pnd104328886.html (15.06.2016).

[57] Thomas ELSMANN: Chytraeus, Nathan. In: Biographisches Lexikon für Mecklenburg. Band 2. Hrsg. v. Sabine PETTKE. Rostock 1999. S. 69–81. – Nathan Chytraeus: Catalogus Professorum Rostochiensium: URL: http://purl.uni-rostock.de/cpr/00001105 (15.06.2016).

[58] Adolf Prahst: https://de.wikipedia.org/wiki/Adolf_Prahst (16.06.2016).

[59] Carl Luckow: https://de.wikipedia.org/wiki/Carl_Luckow (16.06.2016).

[60] Stefan GLÄSER: Die Universität Rostock. URL: http://www.rostock.city-map.de/02012100/die-universitaet-rostock (20.11.2013).

[61] OBERDÖRFER; SCHÜLER (wie Anm. 27), S. 53.

[62] Die Beschreibung der Tugenden folgt im Wesentlichen: Otto Friedrich BOLLNOW: Wesen und Wandel der Tugenden. Frankfurt am Main 1975.

Girlande darunter dargestellt. Oben auf den Tafeln liegt über der Pietas, Probitas, Diligentia, Prudentia, Patientia und Sapientia ein Löwengreif, über der Fides, Justitia, Modestia und Temperantia eine griechische Sphinx.[63] Unter den Tugenden auf den Girlanden sitzt eine Eule. Es sind Symbole der Stärke und der Weisheit, mit denen der Bezug zur Wissenschaft hergestellt wird.

PIETAS (aus dem Lateinischen: Frömmigkeit, pflichtmäßiges Verhalten, Pflichtgefühl oder Pietät – Anhang Fassade, Abbildung 46) verkörperte im alten Rom ein ehrendes, respektvolles Verhalten, das die Hierarchien achtete. Dabei bezeichnete diese Tugend sowohl den Gehorsam und die Ehrfurcht gegenüber weltlich Höhergestellten, als auch göttlichen Erscheinungen. Erst in der lateinischen Literatur des Mittelalters wurde Pietas weitgehend auf die religiöse Bedeutung beschränkt.

FIDES (Treue, Vertrauen, Redlichkeit, Ehrlichkeit, Zuverlässigkeit oder Beständigkeit – Anhang Fassade, Abbildung 47) bezeichnet die Verlässlichkeit einer Person gegenüber einer anderen, einer Gruppe oder einer Sache. Diese Tugend basiert auf gegenseitigem Vertrauen und Loyalität.

PROBITAS (Redlichkeit, Anstand oder Rechtschaffenheit – Anhang Fassade, Abbildung 48) stellt sowohl eine Tugend als auch eine Charaktereigenschaft einer Person dar, entsprechend den Regeln einer Gemeinschaft gerecht, aufrichtig und loyal zu sein. Der Kern der Redlichkeit ist die Übereinstimmung von Rede und Handeln einer Person. Das findet sich in der Übertragung auf die Wissenschaft wieder, indem diese nur das behaupten darf, was bewiesen und wissenschaftlich nachweisbar ist. Probitas zählt zu den weltlichen Tugenden.

JUSTITIA (Gerechtigkeit – Anhang Fassade, Abbildung 49) gehört zu den Kardinaltugenden der Antike, den herausragenden Tugenden. Bei Aristoteles und Thomas von Aquin wird die Gerechtigkeit dabei nicht nur als eine Charaktertugend verstanden, sondern als stets in Bezug auf andere gerichtet. Zudem zählen auch Wohltätigkeit und Freigiebigkeit zur Gerechtigkeit.

DILIGENTIA (Fleiß, Aufmerksamkeit, Achtsamkeit, Sorgfalt, Umsicht oder Aufmerksamkeit – Anhang Fassade, Abbildung 50) steht für arbeitsame Zielstrebigkeit und für Fleiß. Bis zur Aufklärung wurde Diligentia überwiegend im religiösen Kontext für Sorgfalt gebraucht. Im Speziellen wird darunter eine

---

[63] Der Löwengreif stammt aus der persischen Kultur, die Sphinx aus der ägyptischen, vermittelt durch griechische Tradition. Zum Löwengreif siehe: Jeremy BLACK; Antony Green: Gods, demons and symbols of ancient Mesopotamia, An illustrated dictionary. 2. Aufl. London 1998, Abb. 100, S. 121. Freundliche Mitteilung von Martin Rösel, für die auch an dieser Stelle gedankt sei.

Gewissenhaftigkeit in der Ausübung der Plichten verstanden, die für die Wissenschaft unabdingbar ist. So kann diese Tugend nun eher den weltlichen Tugenden zugeordnet werden.

PRUDENTIA (Klugheit, Einsicht, Kenntnis, Wissen oder auch Erfahrung – Anhang Fassade, Abbildung 51) ist die Fähigkeit zu angemessenem Handeln im konkreten Einzelfall unter Berücksichtigung aller für die Situation relevanten Faktoren, Handlungsziele und Einsichten, die der Handelnde kennen kann. Diese Tugend reiht sich in die Kardinaltugenden ein und wird von Marcus Tullius Cicero in Verbindung mit Weisheit gesetzt. Die Klugheit galt also seit den Anfängen der abendländischen Philosophie als bedeutsame Tugend, zunächst sogar als die wichtigste der Tugenden. Insbesondere Platon sah sie als Voraussetzung für jede Tugend. Klug im Sinne der Tugend ist, wer an die Zukunft denkt und in seinem Handeln die jeweils möglichen Konsequenzen mit einbezieht und somit vorsichtig in Hinsicht auf die Zukunft agiert.

MODESTIA (Bescheidenheit, Mäßigung, Selbstbeherrschung, Besonnenheit, Milde oder Schonung – Anhang Fassade, Abbildung 52) wird als Entsprechung im Sinne von Bescheidenheit gebraucht. Die Zügelung im menschlichen Handeln gilt als innere Harmonie der Seele, welche die Begehrlichkeiten und die Triebe des Menschen mäßigen soll und zählt somit eher zu den weltlichen Tugenden der bürgerlichen Gesellschaft.

PATIENTIA (Geduld, Erleiden, Erdulden oder Ertragen – Anhang Fassade, Abbildung 53) bezeichnet die Fähigkeit zu warten. Dabei erweist sich derjenige als geduldig, der bereit ist, mit ungestillten Sehnsüchten und unerfüllten Wünschen zu leben oder diese zeitweilig bewusst zurückzustellen. Diese Fähigkeit ist eng mit der Fähigkeit zum Hoffen verbunden. Geduldig ist auch, wer Schwierigkeiten und Leiden mit Gelassenheit und Standhaftigkeit erträgt. Dabei wurde Patientia als menschliche Tugend von früheren Kirchenvätern wie Tertullian, Cyprian, Lactantius im 3. und 4. Jahrhundert stark betont.

TEMPERANTIA (Mäßigung, Maßhalten oder Selbstbeherrschung – Anhang Fassade, Abbildung 54) bezeichnet eine der Kardinaltugenden. In der Antike und in der christlichen Tugendethik galt die Mäßigung als eine grundlegende menschliche Tugend. Aristoteles hatte die Tugend als die rechte Mitte bezeichnet, die nach zwei entgegengesetzten Extremen hin überschritten werden kann. Temperantia liegt für Aristoteles also nicht in der letzten Steigerung, sondern im abwägenden Innehalten eines rechten Maßes. Die genaue Bedeutung hängt von dem zugrunde gelegten Menschenbild ab.

SAPIENTIA (Weisheit, Verstand, Einsicht, Klugheit, Lebensweisheit – Anhang Fassade, Abbildung 55) ist vorrangig ein tiefgehendes Verständnis von Zusammenhängen in Natur, Leben und Gesellschaft sowie die Fähigkeit bei Problemen und Herausforderungen die jeweils schlüssigste und sinnvollste Handlungsweise zu erkennen. Diese Tugend wird ebenfalls zu den Kardinaltugenden gezählt.

Die Aula

Über den Flur des zweiten Obergeschosses gelangt man in die Aula, die den Mittelteil des Gebäudes im zweiten und dritten Obergeschoss einnimmt. In ihrer prächtigen Ausstattung ist sie den Sälen des Schweriner Schlosses nachempfunden. Allein schon durch ihre Ausmaße beeindruckt sie. Lange Zeit fanden alle Mitglieder der Universität – Professoren und Studenten – dort Platz. Georg Christian Friedrich Lisch (1801 - 1883), der Archivar, Bibliothekar und Konservator des Großherzogs, hatte – wie für die Fassade – ein Bildprogramm für die Ausschmückung der Aula entworfen. Auf dieser Grundlage entwickelte die Baukommission ein eigenes Schmuckprogramm mit historischen Darstellungen aus der Universitätsgeschichte. Die Mehrheit des Konzils lehnte dieses jedoch ab. Der Großherzog seinerseits war an einer repräsentativen Darstellung seiner selbst interessiert, sei es in bildlicher Darstellung in der Aula oder mit einer Plastik an der Fassade. Die folgende Diskussion führte letztendlich zu einem *in sich konsequenten*[64] Ergebnis durch die Darstellung der beiden Gründungsherzöge an der Fassade. Der großherzogliche Erneuerer, Großherzog Friedrich Franz II., ließ sich nun, entsprechend dem Entwurf Hermann Willebrands (Anhang, Aula Abbildung 1), neben dem Universitätsgründer, Herzog Johann IV., in lebensgroßen Gemälden in der Aula darstellen. Sie befinden sich an den Wandspiegeln neben dem Fenster an der Ostwand (Anhang, Aula Abbildung 2). Die übrigen großen Wandflächen sind ohne die dafür ursprünglich vorgesehenen Gemälde mit bedeutenden Szenen aus der Universitäts- und der mit ihr verbundenen Landesgeschichte geblieben, da über deren Auswahl keine Einigkeit erzielt werden konnte und keine Mittel dafür zur Verfügung standen.

Die 16 Porträtmedaillons der vier Ursprungsfakultäten am Fries der Aula wurden jedoch verwirklicht. Von jeder der vier Fakultäten sind – entsprechend ihrer damaligen Rangordnung Theologie, Jura, Medizin, Philosophie – vier Professoren vertreten. Davon ist jeweils der früheste und zugleich besonders bedeutende Fachvertreter in der Größe des Medaillons hervorgehoben. Die

---

[64] MÜNCH (wie Anm. 11), S. 40; in diesem Band S. 129.

anderen drei erscheinen in kleineren Medaillons. Betritt man die Aula vom Flur des zweiten Obergeschosses aus, wende man den Blick zunächst auf die Ostwand der Aula. Oberhalb des neu gestalteten Fensters befinden sich drei Professorenmedaillons. In der Größe hervorgehoben ist das mittlere mit dem Theologen David Chytraeus. Links von ihm – gegen den Uhrzeigersinn – folgen die drei weiteren Theologen Paul Tarnow– in der Ecke zur Nordwand –, sodann an der Nordwand Johannes Quistorp der Ältere und Heinrich Müller. Die Juristische Fakultät beginnt in der Mitte der Nordwand mit dem in der Größe hervorgehobenen Medaillon von Johann Oldendorp, gefolgt links von ihm durch Ernst Joachim von Westphalen und Adolf Dietrich Weber. Der vierte Jurist, Christian Friedrich Mühlenbruch, ist an der Westwand in der Ecke zur Nordwand angebracht. Links von ihm beginnt die Reihe der vier Mediziner mit Janus Cornarius – in der Größe hervorgehoben – und Simon Pauli. An der Südwand – immer noch gegen den Uhrzeigersinn – geht es weiter mit Karl Georg Lucas Christian Bergmann und Samuel Gottlieb (von) Vogel. In der Mitte der Südwand ist in hervorgehobener Größe Albert Krantz als Vertreter der Philosophischen Fakultät (einschließlich der Mathematik und Naturwissenschaften) dargestellt. An ihn schließen links Joachim Jungius und Peter Johann Hecker an, beide Mathematiker. Den Kreis beschließt Heinrich Friedrich Link an der Ostwand, Vertreter der Naturgeschichte, Botanik und Chemie im Rahmen der Philosophischen Fakultät.

Im Einzelnen handelt es sich um folgende Professoren, wiederum in der Reihenfolge ihrer Fakultäten.

DAVID CHYTRAEUS 1550–1600[65] (Theologie – Anhang Aula Abbildung 8). David Chytraeus wurde am 26. Februar 1530 in Ingelfingen geboren. Er war evangelischer Theologe, Historiker, Schulorganisator und fünfmaliger Rektor der Universität Rostock. Nach seinem Schulbesuch in Gemmingen kam Chytraeus 1539 an das Pädagogium der Universität Tübingen. Im Jahr 1544 ging er als Magister artium nach Wittenberg zu Melanchthon, dann nach Heidelberg, 1547 wieder nach Tübingen und 1548 nach Wittenberg. Er wurde 1550 an das Pädagogium in Rostock für „Catechesis" und humanistische Studien berufen. In den folgenden Jahren bemühte er sich um die Reorganisation der Universität Rostock nach dem Vorbild Wittenbergs. Er war maßgeblich an den theologischen Diskursen seiner Zeit beteiligt, ebenso an der Ordnung

---

[65] David Chytraeus: Catalogus Professorum Rostochiensium, URL: http://purl.uni-rostock.de/cpr/00000220 (22.06.2016). – Rudolf KELLER: Chytraeus, David. In: Biographisches Lexikon für Mecklenburg. Hrsg. v. Sabine PETTKE. Band 3. Rostock 2001, S. 36–42.

reformatorischen Kirchenwesens in Mecklenburg, Österreich, Schweden und in Antwerpen. Chytraeus repräsentierte die neue Verbindung von reformatorischer Kirchlichkeit und humanistischem Wissenschaftsideal; er gestaltete Rostock zum neuen Vorort der lutherischen Orthodoxie. Am 25. Juni 1600 starb er in Rostock.

PAUL TARNOW 1604–1634[66] (Theologie – Anhang Aula Abbildung 9). Paul Tarnow wurde am 28. Juni 1562 in Grevesmühlen geboren. Er war orthodox-lutherischer Theologe und Rektor der Universität Rostock. Nach der Immatrikulation in Rostock im September 1579 konnte Tarnow – wohl wegen fehlender Finanzen – das Studium nicht beginnen. Er besuchte die Güstrower Stadtschule. Auch ein erneuter Studienbeginn in Rostock im Herbst 1580 scheiterte. Im Sommer 1581 begann er schließlich sein Studium in Rostock. Er wirkte 1589 anfänglich als Rektor an der Stadtschule in Parchim und seit 1593 als Rektor in der Stadtschule in Rostock. Hier wurde er 1604 Doktor und Professor der Theologie. Er war Schüler von Caselius und Nachfolger von Chytraeus. Am 6. März 1633 starb er in Rostock.

JOH. QUISTORP D. Ä. 1614–1648[67] (Theologie – Anhang Aula Abbildung 10). Johann Quistorp der Ältere wurde in Rostock am 18. August 1584 geboren. Als Professor und Superintendent zu Rostock war er einer der berühmtesten lutherischen Theologen der Zeit des 30jährigen Krieges. Quistorp besuchte die Große Stadtschule unter Nathan Chytraeus und Paul Tarnow, ging dann nach Berlin auf die Schule zum Grauen Kloster, studierte bis 1604 in Frankfurt an der Oder Philosophie und anschließend in Rostock Theologie. Im Jahr 1613 promovierte er zum Magister und wurde Dozent in der philosophischen Fakultät; 1614 erhielt er vom Rat der Stadt die städtische Professur der Theologie. Quistorp wurde 1616 daneben zum Archidiakon zu St. Marien erwählt und promovierte 1616 zum Doktor der Theologie. In seiner Gemeinde und an der Universität erlangte er einen sehr bedeutenden Einfluss, zehn Mal wurde er Rektor. 1645 wurde er zum Pastor von St. Marien und im selben Jahr zum

---

[66] Paul Tarnow: Catalogus Professorum Rostochiensium, URL: http://purl.uni-rostock.de/cpr/00001367 (22.06.2016). – PAUL TSCHACKERT: Tarnow, Paul. In: Allgemeine Deutsche Biographie 37 (1894), S. 398-399. [Onlinefassung]: URL: http://www.deutsche-biographie.de/pnd100596533.html?anchor=adb.

[67] Johannes Quistorp: Catalogus Professorum Rostochiensium, URL: http://purl.uni-rostock.de/cpr/00001046 (22.06.2016). – Jonathan STROM: Quistorp, Johannes der Ältere. In: Biographisches Lexikon für Mecklenburg. Hrsg. v. Sabine PETTKE. Band 1. Rostock 1995, S. 183 – 188

Stadtsuperintendenten ernannt und 1646 eingeführt. Er starb am 2. Mai 1648 in Doberan.

HEINRICH MÜLLER 1655–1675[68] (Theologie, Griechische Sprache – Anhang Aula Abbildung 11). Heinrich Müller wurde in Lübeck am 18. Oktober 1631 geboren und wuchs in Rostock auf. 1648 begann er in Greifswald das Studium der Theologie, wechselte 1650 nach Rostock, erwarb 1651 den Magistergrad und wurde in die Philosophische Fakultät aufgenommen. 1655 bestand Heinrich Müller die Prüfung für den theologischen Doktorgrad, wurde aber noch nicht promoviert. Der Rostocker Rat übertrug ihm dennoch eine außerordentliche theologische Professur, auf die Heinrich Müller jedoch verzichtete, da der Landesherr als Mitpatron der Universität Einwände geltend machte. 1659 erhielt er die rätliche Professur der griechischen Sprache. 1662 wurde Müller Dekan der Philosophischen Fakultät, bald darauf ordentlicher Professor der Theologie und erster Pastor an St. Marien. Heinrich Müller starb am 23. September 1675 in Rostock.

JOHANN OLDENDORP 1531–1534[69] (Jura – Anhang Aula Abbildung 12). Johann Oldendorp wurde um 1487 in Hamburg geboren. Er war Jurist und zugleich Reformator. Oldendorp studierte seit 1504 Rechtswissenschaft in Rostock. Anschließend folgten Studien an der Universität Köln und der Universität Bologna, wo er 1515 das Lizentiatenexamen ablegte. Er wurde vom Dekan des Hamburger Domkapitels und Ratssyndikus, Albert Krantz, erzogen. 1516 wurde er Professor in Greifswald, 1517 dort Rektor, 1518 wurde er zum Doktor der Rechte promoviert. Oldendorp wirkte von 1521 bis 1526 als „Legum ordinarius" in Greifswald. Sein Kontakt zu den Anhängern Luthers zwang ihn, als Stadtsyndikus und Professor 1526 nach Rostock zu gehen. Dort beteiligte er sich an der Einführung der Reformation, weshalb er 1534 nach Trennung von seiner nicht konvertierten Frau nach Lübeck ausweichen musste, wo er von 1534 bis 1536 als Stadtsyndikus tätig war. 1540 wurde er Professor der Rechte in Marburg und 1541 zum Rektor gewählt. Er starb am 03. Juni 1567 in Marburg.

---

[68] Heinrich Müller: Catalogus Professorum Rostochiensium, URL: http://purl.uni-rostock.de/cpr/00000611 (22.06.2016). – Helge BEI DER WIEDEN: Müller, Heinrich. In: Biographisches Lexikon für Mecklenburg. Hrsg. v. Sabine PETTKE. Band 1. Rostock 199, S. 170–174.

[69] Johannes Oldendorp: Catalogus Professorum Rostochiensium, URL: http://purl.uni-rostock.de/cpr/00003634 (06.07.2016). – Klaus LUIG: Oldendorp, Johannes. In: Neue Deutsche Biographie 19 (1999), S. 514-515. [Onlinefassung]: URL: http://www.deutsche-biographie.de/pnd118736213.html.

E. I. v. WESTPHALEN 1724–1728[70] (Jura – Anhang Aula Abbildung 13). Ernst Joachim von Westphalen wurde in Schwerin am 21. März 1700 geboren. Im Dezember 1715 nahm er das Studium der Rechtswissenschaften an der Universität Rostock auf, ging 1719 an die Universität Halle und 1721 nach Jena, wo er am 26. Juli zum Dr. juris promovierte. 1724 kehrt er nach Rostock zurück, wo er sich als Hofgerichtsadvokat niederließ, zugleich sich aber als Privatdozent an der Universität habilitierte. Hier las er als erster Deutsches Recht und war damit gewissermaßen epochemachend. 1727 wechselte er als Anwalt nach Hamburg. Hier hatte ihn der Herzog Karl Friedrich von Holstein-Gottorf kennen gelernt; er berief ihn am 6. Mai 1730 zum ersten Bürgermeister der Stadt Kiel. Hier starb von Westphalen am 21. März 1759.

AD. DIETR. WEBER 1791–1817[71] (Jura – Anhang Aula Abbildung 14). Adolf Dietrich Weber wurde am 17. Juni 1753 in Rostock geboren und starb ebenfalls in Rostock am 18. November 1817. Er studierte dort Jura unter Quistorp und in Jena unter Christian Wilhelm Franz Walch. Weber kehrte 1773 in seine Vaterstadt zurück und promovierte 1776 in Bützow. Nach kurzem Betrieb der Anwaltschaft begann er bald dort zu lehren. Er wurde 1784 als außerordentlicher Professor der Rechte nach Kiel berufen, wo er 1786 das Ordinariat erlangte. Weber ließ sich 1791 bestimmen, nach Rostock zurückzukehren, wo er dann blieb. Am 4. Juli 1814 wurde er in Rostock noch im Nebenamt zum Vizedirektor des Konsistoriums ernannt.

C. F. MÜHLENBRUCH 1811–1815[72] (Jura – Anhang Aula Abbildung 15). Christian Friedrich Mühlenbruch wurde am 3. Oktober 1785 in Rostock geboren. Nach Schulbesuch in Güstrow und Rostock begann er sein Studium der Rechte 1800 in Rostock und setzte es in Greifswald, Göttingen und Heidelberg

---

[70] Ernst Joachim von Westphalen: Catalogus Professorum Rostochiensium, URL: http://purl.uni-rostock.de/cpr/00003635 (06.07.2016). – CARSTEN ERICH CARSTENS: Westphalen, Ernst Joachim von. In: Allgemeine Deutsche Biographie 42 (1897), S. 218-221. [Onlinefassung]: URL: http://www.deutsche-biographie.de/pnd10097841X.html?anchor=adb

[71] Adolf Dietrich Weber: Catalogus Professorum Rostochiensium, URL: http://purl.uni-rostock.de/cpr/00002602 (22.06.2016). – ERNST LANDSBERG: Weber, Adolf Dietrich. In: Allgemeine Deutsche Biographie 41 (1896), S. 279-281. [Onlinefassung]: URL: http://www.deutsche-biographie.de/pnd117156655.html?anchor=adb.

[72] Christian Friedrich Mühlenbruch: Catalogus Professorum Rostochiensium, URL: http://purl.uni-rostock.de/cpr/00002407 (22.06.2016). – KLAUS LUIG: Mühlenbruch, Christian Friedrich. In: Neue Deutsche Biographie 18 (1997), S. 283 f. [Onlinefassung]: URL: http://www.deutsche-biographie.de/pnd117162442.html.

fort, wo er 1805 promoviert wurde. Im Herbst desselben Jahres habilitierte er sich in Rostock. Hier nahm er eine Tätigkeit als Advokat auf, hielt aber gleichzeitig Vorlesungen über Methodologie, wofür er ein Lehrbuch verfasste. Daneben hielt er auch Vorlesungen über Römisches Recht und Deutsches Privatrecht. 1808 wurde Mühlenbruch in den Rat der Stadt Rostock gewählt, aber schon 1810 ließ er sich mit Hilfe des Vorschlagsrechts des Rats eine Professur übertragen. 1815 nahm er einen Ruf nach Greifswald an, 1818 nach Königsberg und bereits 1819 nach Halle. 1833 wechselte Mühlenbruch als ordentlicher Professor der Rechte und Mitglied des Spruchkollegiums an die Universität Göttingen, wo er bis 1843 lehrte. Hier starb er am 17. Juli 1843.

JOH. CORNARIUS 1525–1527[73] (Medizin – Anhang Aula Abbildung 16). Johann Cornarius wurde 1500 in Zwickau geboren. Nach Beendigung seiner medizinischen Studien in Wittenberg war er von 1525 bis 1527 Gelehrter im Auftrag des Herzogs an der Universität Rostock. In dieser Zeit unternahm er Reisen durch die Niederlande, England, Frankreich, Italien und die Schweiz, um in den Besitz von Originalwerken der alten griechischen Ärzte zu kommen und ihre Schriften aus den Quellen kennen zu lernen. Die Bemühungen Cornarius' um die Wiederherstellung der griechischen Medizin fanden allgemeine Anerkennung. Er trug durch die Herausgabe der Schriften mehrerer griechischer Ärzte sowie durch lateinische Übersetzungen derselben zum Fortschritt der Medizin als Wissenschaft bei. Er erhielt 1542 einen Ruf als ordentlicher Professor der Medizin nach Marburg, 1557 folgte er einem Ruf nach Jena. Am 16. März 1558 starb er in Jena.

SIMON PAULI D. J. 1634–1640[74] (Medizin – Anhang Aula Abbildung 17). Simon Pauli der Jüngere wurde am 6. Dezember 1603 in Rostock geboren. Er war Enkel des Rostocker Superintendenten Simon Pauli des Älteren und Sohn des Rostocker Medizinprofessors und zeitweiligen Rektors der Universität Heinrich Pauli. Pauli war deutscher Arzt im Dienst der dänischen Könige Christian IV. und Friedrich III. Er studierte Medizin in Rostock und Leiden, später – besonders Anatomie – in Paris. In Wittenberg schloss er sein Studium ab und promovierte 1630 zum Doktor der Medizin. Darauf praktizierte er in

---

[73] Janus Cornarius: Catalogus Professorum Rostochiensium, URL: http://purl.uni-rostock.de/cpr/00003633 (06.07.2016). – AUGUST HIRSCH: Cornarius, Janus. In: Allgemeine Deutsche Biographie 4 (1876), S. 481. [Onlinefassung]; URL: http://www.deutsche-biographie.de/pnd11769875X.html?anchor=adb.

[74] Simon Pauli: Catalogus Professorum Rostochiensium, URL: http://purl.uni-rostock.de/cpr/00001393 (22.06.2016). – THOMAS KAUFMANN: Pauli, Simon. In: Biographisches Lexikon für Mecklenburg. Hrsg. v. Sabine PETTKE. Band 1. Rostock 1995, S. 175–180.

Rostock, dann in Lübeck. Von 1634 bis 1639 lehrte Pauli als Professor der Medizin in Rostock. Im Jahr 1639 wurde er als Professor der Anatomie, Chirurgie und Botanik an die Universität Kopenhagen berufen. 1648 wurde er Leibarzt des Königs von Dänemark. Simon Pauli starb am 13. April 1680 in Kopenhagen.

SAM. J. VOGEL 1789-1837[75] (Medizin – Anhang Aula Abbildung 18). Samuel Gottlieb (von) Vogel wurde am 14. März 1750 in Erfurt geboren. Bereits 1764 als 14jähriger begann er in Göttingen, wohin sein Vater als Professor berufen worden war, seine medizinischen Studien. 1771 promovierte er und habilitierte sich 1776. 1789 wurde Vogel als ordentlicher Professor der Medizin mit dem Hofratstitel an die gerade erst wiederhergestellte Universität Rostock berufen. Hier erhielt er 1797 den Titel eines herzoglichen Leibmedicus sowie die Stellung als Badearzt im Seebad Doberan. Sein großer Verdienst ist der Aufschwung des Seebades Doberan. Er galt geradezu als Vater des deutschen Seebades. Er starb im hohen Alter von fast 87 Jahren am 19. Januar 1837 in Rostock.

C. BERGMANN 1852–1865[76] (Medizin – Anhang Aula Abbildung 19). Karl Georg Lucas Christian Bergmann kam am 18. Mai 1814 in Göttingen zur Welt. Er studierte in Göttingen. 1839 habilitierte er sich, war von 1840 an Assistent bei dem Physiologen Rudolf Wagner, wurde 1843 außerordentlicher Professor, 1852 in Rostock ordentlicher Professor und Direktor der Anatomie. Bergmann hat wichtige Forschungen in der von Blumenbach begründeten vergleichenden Anatomie sowie auf anatomisch-physiologischem Gebiet durchgeführt. Er schrieb unter anderen einen Beitrag über den Blutkreislauf in Wagners Handwörterbuch der Physiologie und forschte über das Skelettsystem der Säugetiere sowie über die Wärmeökonomie der Tiere. An Stelle der bis dahin gebräuchlichen Begriffe „Kaltblüter" und „Warmblüter" führte er die Bezeichnungen „gleichwarme" und „wechselwarme" Tiere ein. Sein Oberflächen-Massen-Gesetz deckte die Bedeutung der wärmeabgebenden

---

[75] Samuel Gottlieb (von) Vogel: Catalogus Professorum Rostochiensium, URL: http://purl.uni-rostock.de/cpr/00001160 (22.06.2016). – WERNER TEICHMANN: Vogel, Samuel Gottlieb. In: Biographisches Lexikon für Mecklenburg. Hrsg. v. Sabine PETTKE. Band 2. Rostock 1999, S. 251–255.

[76] Karl Georg Lucas Christian Bergmann: Catalogus Professorum Rostochiensium, URL: http://purl.uni-rostock.de/cpr/00002448 (22.06.2016). MAGNUS SCHMID: Bergmann, Carl. In: Neue Deutsche Biographie 2 (1955), S. 90 f. [Onlinefassung]: URL: http://www.deutsche-biographie.de/pnd116133201.html.

Oberfläche im Verhältnis zum wärmebildenden Inneren für den Wärmehaushalt der Tiere auf. Bergmann starb am 30. April 1865 in Genf.

ALBERT KRANTZ 1482-1489[77] (Philosophie – Anhang Aula Abbildung 20). Albert Krantz wurde um 1448 in Hamburg geboren. Krantz studierte seit Mai 1463 in Rostock, wo er 1467/1468 Magister artium wurde. Sein Studium setzte er bis zum Baccalaureat der Theologie und des kanonischen Rechts fort. 1481–1486 bekleidete er wiederholt das Amt des Dekans der artistischen Fakultät und wurde 1482/83 Rektor der Universität Rostock. Nach seinem im September 1486 vollzogenen Übertritt in lübische Dienste als Syndikus bemühte er sich als einer der Wortführer der vermittelnden Hansestädte um eine Beilegung des langjährigen Rostocker Domstreites. Wohl 1491 ging er nach Mainz und promovierte an der dortigen Universität zum Doctor Decretorum. Sein Studium schloss er in Perugia mit der Erlangung der theologischen Doktorwürde ab. Im Mai 1493 übernahm Krantz das Amt eines Lector primarius am Dom zu Hamburg. Als solcher verfasste er in den folgenden Jahren Schriften theologischen und philosophischen Inhalts. 1498–1500 vermittelte er im Streit des Herzogs Friedrich von Schleswig und Holstein mit Hamburg und Dithmarschen um den Heringsfang bei Helgoland. 1500 war Albert Krantz Obmann im Schiedsgericht nach der Schlacht von Hemmingstedt. 1503 war er maßgebend an den Verhandlungen im dänisch-lübischen Konflikt in Stralsund und Rostock beteiligt. Nach seiner Wahl zum Domdekan in Hamburg 1508 unternahm er 1509 und 1514 Visitationsreisen durch den nordelbischen Kirchensprengel. In den letzten Jahren im festen Dienstverhältnis als Syndikus von Hamburg stehend, begab er sich noch 1511 in Sachen der von Maximilian erneut vertretenen Reichsunmittelbarkeit Hamburgs an den Kaiserhof. Am 7. Dezember starb er in Hamburg.

JOACH. JUNGIUS 1624–1629[78] (Philosophie – Anhang Aula Abbildung 21). Joachim Jungius wurde in Lübeck am 22. Oktober 1587 geboren. Nach seinem Schulabschluss am Katharineum zu Lübeck studierte er ab Mai 1606 bis 1608 Metaphysik an der Universität Rostock. 1608 schrieb er sich an der

---

[77] Albert(us) Krantz: Catalogus Professorum Rostochiensium, URL: http://purl.uni-rostock.de/cpr/00003631 (06.07.2016). RAINER POSTEL: Krantz, Albert. In: Biographisches Lexikon für Mecklenburg. Hrsg. v. SABINE PETTKE. Band 4. Rostock 2004, S. 132 – 138.

[78] Joachim Jungius: Catalogus Professorum Rostochiensium, URL: http://purl.uni-rostock.de/cpr/00001302 (22.06.2016). HANS KANGRO: Jungius, Joachim. In: Neue Deutsche Biographie 10 (1974), S. 686-689. [Onlinefassung]: URL: http://www.deutsche-biographie.de/pnd118558838.html.

Universität Gießen ein und wurde am 1. Januar 1609 Magister artium. Ab 1616 nahm Jungius in Rostock das Studium der Medizin auf und schloss es 1619 an der Universität Padua mit der Promotion zum Dr. med. ab. Jungius gründete 1622 in Rostock die *Societas ereunetica sive zetetica*, die erste naturwissenschaftliche Gesellschaft nördlich der Alpen. Eigene chemische Experimente, welche Jungius auf Erfahrungen des ihm persönlich bekannten, unter anderem in Hamburg und Güstrow lebenden *Chymicus* Angelo Sala aufbaute, dienten ebenfalls dem Ziel, die Wahrheit durch Beweise der Erfahrung zu erforschen. Von 1624 bis 1625 und erneut von 1626 bis 1628 wirkte er an der Universität Rostock als Mathematikprofessor. Es zog ihn schließlich 1629 nach Hamburg, wo er Professor für Naturwissenschaften wurde. Dort starb Jungius am 23. September 1657.

M. P. I. HECKER *1789–1835*[79] (Philosophie – Anhang Aula Abbildung 22). Peter Johann Hecker wurde am 18. Oktober 1747 in Stargard in Pommern geboren. Seine Ausbildung an der ökonomisch-mathematischen Realschule in Berlin begann er 1757. Im Jahr 1764 ging er an die Universität Halle. 1778 wurde er als Professor für Mathematik an die Universität Bützow berufen, wo er 1779 von der Philosophischen Fakultät promoviert wurde. Dort verfasste er populärwissenschaftliche Beiträge für die Schwerinschen Anzeigen, leitete die Witwenkasse und wurde vom Herzog zur Bearbeitung des mathematischen Teils der mecklenburgischen Kalender berufen. In Rostock befasste er sich mit der Sicherung herrschaftlicher Gebäude durch Blitzableiter, bestimmte die geographische Breite Rostocks und verfasste 1799/1800 eine dreiteilige Arbeit über die Anfangsgründe der Lehre von den entgegengesetzten Größen, den negativen Zahlen. Hecker starb am 17. September 1835 in Rostock.

HEINR. FRD. LINK *1792-1811*[80] (Philosophie – Anhang Aula Abbildung 23). Heinrich Friedrich Link stammte aus Hildesheim, wo er am 2. Februar 1767 zur Welt kam. Nach Absolvierung des Andreas-Gymnasiums in Hildesheim studierte er in Göttingen Medizin und Naturwissenschaften. Für diese

---

[79] Peter Johann Hecker: Catalogus Professorum Rostochiensium, URL: http://purl.uni-rostock.de/cpr/00001130 (22.06.2016). ANDREAS STRAßBURG: Peter Johann Hecker. Mathematikprofessor, Visionär und rastloser Wissenschaftsorganisator. In: Rostocker Zorenappels. Stadt-Schreiber-Geschichte(n) 2 (2008), S. 55-58.

[80] Heinrich Friedrich Link: Catalogus Professorum Rostochiensium, URL: http://purl.uni-rostock.de/cpr/00000604 (22.06.2016). FRIEDHELM BUTZIN: Link, Heinrich Friedrich. In: Neue Deutsche Biographie 14 (1985), S. 629. [Onlinefassung]: URL: http://www.deutsche-biographie.de/pnd104268190.html.

Fachgebiete wurde er 1789 Privatdozent in Göttingen, 1792 ordentlicher Professor in Rostock, 1811 ordentlicher Professor in Breslau. 1815 als ordentlicher Professor für Botanik an die Universität Berlin berufen, wurde er gleichzeitig Direktor des Botanischen Gartens. Link war ein Universalgelehrter. Unter anderem beherrschte er Arabisch und Sanskrit, war ein geschickter Arzt, publizierte über Poesie, Ethik und Sprachgeschichte und deckte Fälschungen durch mikroskopische Untersuchungen auf. In den Naturwissenschaften galt neben der Botanik sein besonderes Interesse der Chemie und der Physik, doch publizierte er auch über Zoologie. In der Botanik leistete er Wesentliches auf den Gebieten der Cytologie, Anatomie (1824 neue Einteilung der Gewebe) und Physiologie. Weiterhin zeichneten sich als Schwerpunkte seiner Arbeit die Systematik und die Entstehungsgeschichte der Kulturpflanzen ab. Er stellte über 100 neue Pflanzengattungen und zahlreiche neue Arten auf. Mehrere Reisen (u. a. nach Portugal 1797/98, Schweden 1823, Griechenland 1833, Italien 1842, 1844 und 1847) galten der Erforschung fremder Floren. Link starb am 1. Januar 1851 in Berlin.

Die Einweihungsfeier 1870

Es war ursprünglich geplant, dass das Hauptgebäude am 12. November 1869, zum 450. Jubiläum der Universität, eröffnet werden sollte. Die Mitteilung des Vizekanzlers von Both vom 24. Juli 1869 über den Wunsch des Großherzogs zum Verlauf der Einweihungsfeier besagt:

S. Königliche Hoheit der Großherzog haben die Bestimmung getroffen, dass die Feier der Einweihung des neuen Universitätsgebäudes nach gänzlicher Vollendung desselben, also zu der im Frühjahr 1866 ins Auge gefaßten Zeit (1870) stattfinden solle. Es ist indessen wünschenswerth, daß die Vorbereitungen dazu bei Zeiten getroffen werden, und Herr Staatsrath Buchka hat mich ersucht, Rector und Concilium zu Vorschlägen für die gedachte Feier zu veranlassen. Dabei ist jedoch von ihm der dringende Wunsch ausgesprochen, daß die Vorschläge nicht zu großartig ausfallen müssen und namentlich für die Festschriften eine bestimmte Grenze zu setzen sey, damit wir nicht auf finanzielle Schwierigkeiten stoßen. Demnach ersuche ich Rector und Concilium um die Mittheilung der gewünschten Propositionen. [81]

---

[81] Mitteilung des Vizekanzlerss von Both über den Wunsch des Großherzogs zum Verlauf der Einweihungsfeier, vom 24. Juli 1869. UAR 1.02.0 R XI A 17.

Da sich die Baumaßnahmen aber verzögerten, wurde das Hauptgebäude offiziell am 27. Januar 1870 eröffnet. In der Einladung vom Januar 1870 des Vizekanzlers von Both und des Rektors Krabbe zur Einweihungsfeier heißt es:

beehren wir uns zu der am 27. Januar stattfindenden Einweihungsfeier des neuen Universitäts-Gebäudes unter Ausschluss des Festprogramms und der Einlasskarte zu der Aula hierdurch ergebenst einzuladen.[82]

Das Programm sah vor:

1. 10 Uhr Vormittags:
kirchliche Feier durch Universitäts-Gottesdienst in der St. Marien-Kirche.

2. Nach Schluß des Gottesdienstes feierlicher Zug aus der Kirche nach dem neuen Universitäts-Gebäude in folgendes Ordnung:
    das Musikchor;
    die Studierenden;
    die Officianten der Universität;
    die Pedelle mit den Zceptern;
    der Rector;
    die Conciliaren nach den Facultäten;
    die außerordentlichen Professoren und Privatdocenten;
    der Hofbaurath Willebrand, Bauconducteur Prahst
      und die beim Bau betheiligten Meister;
    Serenissimus und Gefolge;
    die eingeladenen Behörden und Personen.

3. Übergabe des neuen Gebäudes an die Universität.

4. Die Feier in der Aula:
    1. Fest-Cantate.
    2. Rede des Rectors.
    3. Schluß-Choral.[83]

---

[82] Ebenda.

[83] Programm für die Feier der Einweihung des neuen Universitäts-Gebäudes am 27. Januar 1870. Ebenda.

Um an der Feier teilzunehmen, welche in der *academischen Aula* stattfand, war eine Einlass-Karte (Abbildung 3) notwendig. Diese wurden im Voraus an bestimmte Personen und damit geladene Gäste vergeben.

Abbildung 3
Einlasskarte zur
Einweihungsfeier 1870

Für den Umzug und die Feier gab es eine *Instruction* für die Teilnehmer an der Einweihungsfeier des Universitätsgebäudes. In dieser ist der Verlauf der Feierlichkeiten beschrieben:

Die Mitglieder der Universität und die zum Festzuge Eingeladenen treten durch das südliche Portal in die Marienkirche, und werden denselben die für sie reservierten Plätze in der Kirche angewiesen.

Die Anweisung der Plätze, sowie die Ordnung des Zuges uebernehmen Professor Karsten, Bauconducteur Prahst, stud. Ehrestin, stud. Mener.

Der Zug tritt durch das südliche Portal aus der Kirche, geht über den neuen Markt, die Blutstraße, den Hopfenmarkt, den Blücherplatz am Palais vorüber, und stellt sich vor dem neuen Gebäude auf.

Nach der Übergabe des Gebäudes treten die Mitglieder der Universität, darauf die Eingeladenen, und endlich die Studierenden in dasselbe ein.

Die Professoren begeben sich in das Conciliarzimmer, und von da in die Aula, die Übrigen treten in diese unmittelbar ein, und begeben sich zu ihren auf den Einladungskarten bezeichneten Plätzen.[84]

---

[84] Instruction für die Teilnehmer an der Einweihungsfeier des Universitätsgebäudes. UAR 1.02.0 R XI A 17.

Während der Einweihungsfeier wurde in der Marienkirche eine Kantate[85] gesungen. Ebenso wurde der Gesang Nr. 515 des Rostocker Gesangbuches[86] sowohl vor als auch nach der Predigt vorgegeben.

Die Feier der Übergabe des neuen Universitätshauptgebäudes fand in der Aula statt. Es stand fortan unter dem Sinnspruch *DOCTRINA MULTIPLEX VERITAS UNA* der Forschung, der Lehre sowie der akademischen Selbstverwaltung zur Verfügung.

Abbildungen

Abbildung 1
Kostenvoranschlag für das Universitätshauptgebäude von Hermann Willebrand 1866

Abbildung 2
Vorschlag der Kommission des Konzils für Inschriften am Hauptgebäude 1866

Abbildung 3
Einlasskarte zur Einweihungsfeier 1870

Alle UAR 1.02.0 R XI A 17

---

[85] Cantate zur Einweihung des neuen Universitaets-Gebäudes am 27. Januar 1870. UAR, 1.02.0 R XI A 17, 5.

[86] *Von dir kommt jede gute gabe;*
Nur du, mein Gott, kannst mich allein
Mit allem, was ich nöthig habe,
Zu meinem wahren wohl erfreu'n;
Mein leben und mein glück beruht
Allein auf dir, du höchstes gut.
Neu vermehrtes Gesang-Buch für die Rostockschen Gemeinden. Unveränderter Abdruck der fünften Auflage. Rostock 1880, S. 397 f., Nr. 515, erster Vers.

Die Sanierung des Hauptgebäudes 2009-2013

VON EMANUEL HOLLACK

Einleitung

Neben der Sankt Marien Kirche ist das Universitätshauptgebäude in Rostock eines der meist fotografierten Gebäude.[1] In dem Bauwerk, welches zentral am heutigen Universitätsplatz liegt, waren das Rektorat, die mathematisch-naturwissenschaftliche Fakultät, das Institut für Altertumswissenschaften, Fachbibliotheken und Teile des Universitätsarchivs untergebracht. Die Überlegungen zur Restauration dieses für Rostock so bedeutsamen Gebäudes begannen schon im Jahre 1990.[2] Da es zu den bedeutendsten Bauwerken in Mecklenburg-Vorpommern zählt, steht es dementsprechend auch in der zentralen Denkmalliste. Der Denkmalschutz erstreckt sich auf das gesamte Bauwerk sowie auch die inneren historischen Räumlichkeiten, wie zum Beispiel die Treppenanlage oder auch die Aula.

Das historische Gebäude sollte im Zuge der Sanierung barrierefrei, brandschutzsicher und denkmalgerecht umgebaut werden. Die Verantwortung dieser beachtlichen Baumaßnahme lag beim *Betrieb für Bau und Liegenschaften Mecklenburg-Vorpommern*, kurz BBL M-V, Geschäftsbereich Rostock, als Vertreter des Bauherrn, des Landes Mecklenburg-Vorpommern.[3] Zu den Sanierungsarbeiten zählten unter anderem die denkmalgerechte Wiederherstellung des Foyers mit dem Einbau der historischen Treppe sowie die Wiederherstellung des ursprünglich vorhandenen Oberlichtes über der Aula, welches für natürliche und damit auch bessere Lichtverhältnisse sorgt. *Das Gebäude muss nicht nur einem Verwaltungsgebäude entsprechen, sondern auch den Lehrbetrieb erfüllen und gleichzeitig im Bereich der Aula repräsentative*

---

[1] Interview vom 1. August 2013, mit Herrn Dipl.-Ing. Uwe SANDER, Leiter des BBL-MV Geschäftsbereich Rostock, Anhang Texte, S. 34-42, hier S. 34.

[2] Interview vom 18. Juli 2013, mit Herr Dipl.-Ing. Holger KOTERMANN, Zentrale Universitätsverwaltung - Bauunterhaltung, Anhang Texte, S. 21-33, hier S. 21.

[3] Christian HOFFMANN: Universität Rostock, Sanierung Universitätshauptgebäude. URL: https://www.bbl-mv.de/?+Universitaet-Rostock-Sanierung-Universitaetshauptgebaeude+&id=2500,1005167,,,,Y2Q9Mw (09.08.2016).

Aufgaben erfüllen.[4] Für den Lehrbetrieb wurden dementsprechend im Neuen Museum Hörsäle und Seminarräume eingerichtet. Das gesamte Gebäude erhielt moderne Medientechnik.[5]

Um dieses zu verwirklichen, wurden rund 140 Bauverträge mit verschiedenen Firmen aus der Region für die Baumaßnahmen an dem Universitätshauptgebäude abgeschlossen.[6]

Entscheidungsweg und Institutionen

Die Unterhaltung der Grundstücke und der baulichen Anlagen der Universität umfasst die Instandhaltung und Instandsetzung von Liegenschaften. Darüber hinaus zählen dazu alle Maßnahmen, die der Erhaltung der baulichen Anlagen einschließlich der betrieblichen Anlagen, der betrieblichen Einbauten und der Außenanlagen dienen. Der Weg zur Sanierung des Hauptgebäudes begann bei der Universität, wobei die letzte Entscheidung hierfür beim Rektorat lag. Eine Grundinstandsetzung und Veränderungen des Nutzungszweckes gehören jedoch nicht in den Umfang der Bauunterhaltung der Universität Rostock. Diese schrieb daher einen Planungsauftrag und beantragte einen Baubedarf, das Hauptgebäude von Grund auf zu sanieren. Dieser Auftrag kam in die Doppelhaushaltsplanung, in der die Universität den Baubedarf anmeldete.[7] Der BBL M-V trat als Bauherr auf und war damit direkter Vertreter des Landes. Dieser bekam von der Universität die entsprechenden Aufträge und Bedarfspläne. Das Bildungsministerium (BM) gab dann diesen anerkannten Bedarf an das Finanzministerium weiter. Nachdem der Finanzbedarf vom Bildungsministerium, dem Finanzministerium und dem Landtag anerkannt worden war, begann der BBL M-V mit einer entsprechenden Planung des komplexen Vorhabens.[8] Nach Bestätigung des Haushaltsplans durch die Universität gab diese ihre Zuständigkeit für den weiteren Verlauf des Baus vollständig ab und übernahm ihre Zuständigkeit erst wieder nach Vollendung der Sanierungsarbeiten.

---

[4] Uwe SANDER. In: TV Rostock 16. Januar 2013.

[5] HOFFMANN, wie Anm. 3.

[6] TV Rostock 16. Januar 2013.

[7] KOTERMANN, wie Anm. 2, S. 21.

[8] SANDER, wie Anm. 1, S. 38.

Universitäten genießen dabei als Bildungseinrichtungen einen gewissen Sonderstatus, da während des Umbaus sehr viel zwischen dem zukünftigen Nutzer, der Universität, und dem Bauherrn, dem BBL M-V, abzustimmen ist, wodurch sichergestellt wird, dass der Bau auch den Bedürfnissen des Nutzers entspricht. Falls die Planer mit den Anforderungen an ein Universitätsgebäude überfordert wären, musste die Universität dabei auch gegebenenfalls eingreifen können.[9]

Zuständigkeiten

Die Universität hatte im Jahr 2006 nach mehreren Anläufen auf der Grundlage historischer Pläne aus dem Universitätsarchiv und dem Landeshauptarchiv in Schwerin angefangen unter der Prämisse der Büronutzung die Sanierung des Gebäudes zu planen. Diese geplante Baumaßnahme wurde im Jahr 2006 als *Grundinstandsetzung des Universitätshauptgebäudes – Innensanierung* beschlossen und Bestandteil einer Zielvereinbarung zwischen der Universität Rostock und der Landesregierung.[10] Die alten Strukturen des Gebäudes sollten, soweit möglich, wiederhergestellt werden. Das Rektorat und wichtige Veranstaltungsräume sollten im Hauptgebäude verbleiben, im Neuen Museum mehr Raum für die Lehre entstehen. In dem entsprechenden Raumprogramm, welches dem Bildungsministerium zur Bestätigung vorgelegt wurde, waren nicht raumweise die künftigen Nutzer aufgeführt, wie es bei öffentlichen Gebäuden üblich ist. In einem solchen detaillierten Nutzungsplan wäre festgelegt worden, welche Funktion die Räume erfüllen und welche Nutzer dort ihren Amtssitz haben sollten. Beim Hauptgebäude konnte sich die Universität größtmögliche Flexibilität der Raumnutzung sichern – auch deshalb, weil im Vorfeld noch nicht geklärt war, welche baulichen Strukturen in dem Gebäude vorzufinden und wie sie denkmalgerecht umzugestalten waren. Trotz vieler Untersuchungen im Vorfeld – Bohrungen in den Böden, Wandaufrisse sowie die Untersuchung der einzelnen Farbschichten – konnte man genauere Aussagen erst treffen, als die Sanierung im Gang war. Aus diesem Grunde wurden nur pauschalisierende Aussagen zur künftigen Nutzung getroffen. Überwiegend sollten es Büroräume, aber auch Räume für die Lehre mit entsprechender Ausstattung werden, über deren konkrete Nutzung später zu

---

[9] KOTERMANN, wie Anm. 2, S. 24.

[10] HOFFMANN, wie Anm. 3.

entscheiden war.[11] Dabei fanden die Aula und das Konzilzimmer gesonderte Beachtung. Diese vorläufige Form der Planung wurde vom Bildungsministerium akzeptiert und so konnten die konkreten Planungen der Sanierung beginnen.

Die Universität war nun in der Lage einen Planungsauftrag zu erstellen und einen Baubedarf zur Grundsanierung des Hauptgebäudes zu beantragen. Dieser Planungsauftrag kam in die Haushaltsplanung des Landes, für den die Universität den Baubedarf anmeldete.[12] Der behördliche Weg der Anmeldungen ging über das Bildungsministerium und das Finanzministerium an den Landtag, welcher den Haushalt zu beschließen hatte.[13]

Nachdem das Hauptgebäude 2006 in die Haushaltsplanung mit aufgenommen worden war, richtete das Bildungsministerium einen Planungsauftrag an den BBL M-V des Landes Mecklenburg-Vorpommern. Dieser ist eine obere Landesbehörde und auf vier Bereiche verteilt organisiert. Die Verwaltungen der vier Bereiche sitzen in Schwerin, Rostock, Neubrandenburg und Greifswald; der Geschäftsführer des Bereiches Rostock ist Herr Dipl.-Ing. Uwe Sander. Die Hauptaufgabe der Geschäftsbereiche in Rostock und in Greifswald stellt der Universitäts-, Hochschul- und Klinikbau dar.[14] Der BBL M-V ist damit der Eigentümer aller Landesgebäude, des gesamten Landeseigentums an Immobilien und auch aller Sondervermögen, damit auch aller Gebäude der Universität. Der Bau lag mithin allein im Kompetenzbereich des BBL M-V, der als Bauherr vom Bildungsministerium 2006 den Planungsauftrag erhielt eine Kostenplanung für das Hauptgebäude als Entscheidungsunterlage zu erstellen.[15] Als Ziel galt, soweit wie möglich, den historischen Zustand des Gebäudes wieder herzustellen. Dazu wurde in den Archiven recherchiert, um historische Pläne zu erreichen. Zudem begannen erste Untersuchungen an der aktuellen Bausubstanz um festzustellen, welche historische Bausubstanz sich hier noch finden ließ.[16]

Eine Grundsanierung ist bei laufendem universitären Betrieb nicht möglich. Daher mussten alle Nutzer für die Bauzeit ausziehen und Ersatzräume

---

[11] KOTERMANN, wie Anm. 2, S. 21.
[12] Ebenda.
[13] SANDER, wie Anm. 1, S. 38.
[14] Ebenda.
[15] KOTERMANN, wie Anm. 2, S. 22.
[16] SANDER, wie Anm. 1, S. 36.

bekommen. Anmietungen in den erforderlichen Größenordnungen wären in Rostock sehr schwierig gewesen, zudem außerordentlich teuer. Hier fand sich eine glückliche Lösung, indem auf dem Campus Ulmenstraße im Jahr 2008 das Haus 3 vom Bund erworben werden konnte, das bis dahin von der Polizei genutzt wurde. Für Lehre und Verwaltung wurde dieses Gebäude für ungefähr 800.000 Euro saniert, so dass genügend Ersatzräumlichkeiten vorhanden waren, um das Hauptgebäude leer zu ziehen. Bis zum 1. Oktober 2009 wurden Teile der Lehre der Philosophischen Fakultät, das Rektorat sowie das *Zentrum für Qualitätssicherung in Studium und Weiterbildung der Universität Rostock* (ZQS) im Haus 3 der Ulmenstraße 69 untergebracht. Das Universitätsarchiv verblieb in der Innenstadt (Schwaansche Straße 4) in der Nähe des Bücherspeichers. Bis September 2009 war somit das gesamte Hauptgebäude geräumt und die Arbeiten konnten im Oktober beginnen.[17] Mit den Umbau- und Sanierungsmaßnahmen sollte eine Grundsanierung der gesamten inneren Gebäudestruktur unter Beachtung aller denkmalschutzgerechten Belange sowie die Verbesserung der Bedingungen für Lehre und Ausbildung erreicht werden. Dabei war die Erneuerung der gesamten haustechnischen Anlagen vorzunehmen und als besondere Aufgabe die Ertüchtigung der historischen Aula als Versammlungsraum. Den modernen Anforderungen entsprechend wurde auch Wert auf barrierefreie Erschließung des Gebäudes, die Gewährleistung des Brandschutzes und die Erneuerung der Sanitäranlagen gelegt.[18] Allerdings konnten diese ambitionierten Pläne in der knapp kalkulierten Zeit von zwei Jahren nicht verwirklicht werden; es wurden vier Jahre.[19]

Finanzierung

Die Baumaßnahmen konnten im Rahmen des Investitionsprogramms der Landesregierung *Wachstum stärken – Investitionen sichern*[20] beschleunigt begonnen werden. Im Interesse einer schnellen und wirtschaftlichen Baudurchführung wurden zwei Realisierungsabschnitte gleichzeitig durchgeführt. Mit

---

[17] KOTERMANN, wie Anm. 2, S. 23.

[18] HOFFMANN, wie Anm. 3.

[19] KOTERMANN, wie Anm. 2, S. 24.

[20] Programm der Landesregierung Mecklenburg-Vorpommern: Wachstum stärken - Investitionen sichern. URL: http://service.mvnet.de/_php/download.php?datei_id=5165 (16.08.2016).

dem Vorziehen dieser Baumaßnahme unterstützte die Landesregierung zugleich die heimische Bauwirtschaft.

Die Beträge für den Bau gingen bereits in den Planungsauftrag mit ein. Diese ergeben sich immer aus Richtwerten, wobei ein bestimmter Betrag pro Quadratmeter Hauptnutzungsfläche mit der gesamten Hauptnutzfläche multipliziert wird. Dieser Betrag wird dann beantragt und geht in die Haushaltsdebatte ein, in der das Bildungsministerium, das Finanzministerium und letztendlich der Landtag entscheiden, ob das Gebäude so wichtig ist, dass es sofort in die Planung hinein kommt oder auf die mittelfristige Finanzplanung verschoben werden kann. Beim Hauptgebäude wurde entschieden, dass ab 2009 gebaut werden durfte, da dann auch die nötigen Geldmittel zur Verfügung standen.

Für die Grundsanierung bekam der BBL M-V den Auftrag vom Finanzministerium und erstellte danach die Haushaltsunterlage, in welcher die Grundsanierung und die Kosten der einzelnen Schritte festgelegt wurden. Für diese Vorbereitung stellte der BBL M-V, da er nicht über die notwendigen personellen Kapazitäten verfügte, einen Architekten und andere freiberufliche Planer ein.[21] Die Planungen des BBL M-V sahen ca. 14,6 Millionen Euro für das Hauptgebäude vor. Diese Summe wurde zunächst abgelehnt, nur zehn Millionen Euro genehmigt.[22] Nach Fertigstellung der Unterlagen wurden diese von allen beteiligten Instanzen geprüft, abgestimmt und unterzeichnet. Damit hatte auch die Universität ihr Einverständnis zum Umbau und zur Sanierung gegeben. Dieser Abstimmungsprozess lief schrittweise zwischen 2006 und 2009 ab.[23]

Da das Universitätshauptgebäude als Zukunftsinvestitionsprogramm geführt wurde, entschied der Ministerpräsident persönlich, dass dieses Gebäude in Gänze saniert werden sollte und die Mittel dazu bereitzustellen seien. Verursacht durch die Finanzkrise mussten einige Maßnahmen über den Bund finanziert werden.[24] Aufgrund bautechnischer Ursachen, welche man vorher nicht absehen konnte, musste nachfinanziert werden. Das waren beispielsweise ein fehlender Träger im Bibliotheksflügel sowie auch teilweise verschachtelte Wände, welche zu entfernen waren. Diese hatten die Erstellung eines neuen

---

[21] KOTERMANN, wie Anm. 2, S. 23.
[22] SANDER, wie Anm. 1, S. 38.
[23] KOTERMANN, wie Anm. 2, S. 23.
[24] SANDER, wie Anm. 1, S. 38.

Finanzierungsplanes zur Folge.²⁵ Aus dieser Nachfinanzierung, einschließlich des Honorars, ergibt sich ein Finanzrahmen des Hauptgebäudes von 15,3 Millionen Euro. Davon betragen die Baukosten 12 Millionen Euro und die restlichen 3,3 Millionen Euro gehen an Architekten und andere Beteiligte.²⁶ Insgesamt beliefen sich die Kosten der Sanierung des Hauptgebäudes auf rund 17 Millionen Euro.²⁷

Grundsätze der Sanierung

Die besondere Herausforderung bei der Grundsanierung des Hauptgebäudes bestand darin, den Anforderungen an eine moderne und zeitgemäße Nutzung vor dem Hintergrund des Erhalts des historischen Bestandes gerecht zu werden. Aus diesem Grunde waren die Vorgaben und Belange des Denkmalschutzes ebenso zu beachten, wie die des Brandschutzes, der Flucht- und Rettungswege und der Barrierefreiheit.

Das Hauptgebäude steht unter Denkmalschutz, der sowohl die Fassade als auch große Teile des Innenraumes mit einschließt,²⁸ wodurch sich eine Notwendigkeit zu enger Zusammenarbeit zwischen dem Bauherrn und dem Denkmalschutz ergab. Trotz der unterschiedlichen Perspektiven und der verschiedenen Vorschläge der Beteiligten – Rektor der Universität, Denkmalpflege, BBL M-V – wurden die zahlreichen notwendigen Diskussionen stets sachlich geführt und Konsensentscheidungen erreicht, selbst wenn dafür bisweilen die Vertagung einiger Diskussionspunkte nötig war, um eine optimale Lösung zu finden.²⁹ Besonderer Abstimmungsbedarf ergab sich vor allem aus den Bestimmungen des Denkmalschutzes bei der Sanierung und Neuausstattung.³⁰

Das Thema der Barrierefreiheit umfasst nicht mehr nur Personen, die einen Rollstuhl benötigen, sondern auch kurzzeitig durch einen Unfall auf Gehhilfen angewiesene Personen oder Eltern mit Kinderwagen. Es zählen somit alle diejenigen dazu, die in ihrer Bewegung eingeschränkt sind. Ebenso schließt

---

[25] KOTERMANN, wie Anm. 2, S. 27.
[26] SANDER, wie Anm. 1, S. 35.
[27] KOTERMANN, wie Anm. 2,
[28] SANDER, wie Anm. 1, S. 35.
[29] KOTERMANN, wie Anm. 2, S. 33.
[30] SANDER, wie Anm. 1, S. 35.

dieses sowohl seh- als auch hörgeschädigte Personen ein. Die Bauordnung sieht den behindertengerechten Zugang zu öffentliche Gebäuden vor, der ohne fremde Hilfe möglich sein muss. Da beim Haupteingang des Hauptgebäudes ungefähr fünf Stufen überwunden werden müssen, um in das Gebäude zu gelangen, wurden verschiedene Liftvarianten besichtigt und geprüft. Diese kamen jedoch aus Kosten- sowie Instandhaltungsgründen nicht in Frage. Da ein Lift auch nur den Zugang zum Foyer ermöglicht hätte, wäre keine der aufgeführten Personengruppen ohne Hilfe in die übrigen Bereiche des Hauptgebäudes gelangt – so auch die Beschwerde des Behindertenverbandes. Überall im Gebäude versperrten Treppen den barrierefreien Weg. Es wurde daher entschieden, den Haupteingang nicht barrierefrei zu gestalten, sondern stattdessen den Eingang zum Neuen Museum mit einer Rampe als barrierefreiem Zugang zu versehen. Im Gebäude wurden an zwei Stellen Aufzüge eingebaut.[31] So kann man vom Eingang ins Neue Museum aus problemlos in alle Etagen des Hauptgebäudes gelangen. Die kleinen Höhenvorsprünge zwischen dem Neuen Museum und dem Hauptgebäude wurden mit entsprechenden rollstuhlgerechten Rampen ausgeglichen. Ebenso sind an den Übergängen zum Flügelanbau kleine Scherenlifte angebracht, so dass auch dieser Bereich behindertengerecht erschlossen ist.[32]

Abbildung 1
Taktile Beschriftung des Handlaufs
Geriffelter Fußboden vor der Treppe

Um sehgeschädigte Personen einen sicheren Gang sowie die Orientierung durch das Hauptgebäude zu ermöglichen, wurden in Abstimmung mit der Universität taktile Schriften sowie taktile Wegweiser und Grundrisse des Gebäudes im gesamten Hauptgebäude angebracht. Ebenso wurde der Fußbodenbelag in Gefahrenbereichen, wie Treppen und Vorsprüngen, entsprechend gestaltet: er ist im Bereich von Treppen geriffelt, um den Personen fühlbar anzuzeigen, dass es sich hierbei um eine Gefahrenquelle handelt.[33] (Abbildung 1) Zusätzlich gibt es in den Aufzügen unterstützend zweisprachige Ansagen

---

[31] SANDER, wie Anm. 1, S. 40.
[32] KOTERMANN, wie Anm. 2, S. 25.
[33] SANDER, wie Anm. 1, S. 41.

in Deutsch und Englisch zur Orientierung.[34] Die Fliesen in den Toilettenräumen stellen einen verstärkten Kontrast zwischen Flächen und sanitären Objekten her, um dieser Personengruppe die Orientierung zu erleichtern.

Für hörgeschädigte Personen wurden ebenfalls bestimmte Vorrichtungen eingebaut. Beispielsweise wird ein Feueralarm ebenfalls durch ein Lichtsignal unterstützt. Dieser Blitzmelder signalisiert durch Lichtimpulse, dass man das Gebäude zu verlassen hat. Auch hierbei wurde auf einen denkmalgerechten Einbau geachtet.[35]

Ebenso fand Energiesparsamkeit Berücksichtigung. Diese stellt die Planer in historischen Gebäuden immer wieder vor besondere Herausforderungen, da so gut wie keine baulichen Veränderungen am oder im Gebäude zulässig sind. Das Anbringen von Wandisolierungen im Innenraum und von außen musste unterbleiben.[36] Eine hinreichende Dämmung wird allerdings schon durch die Stärke des historischen Mauerwerks gewährleistet. Im Kellerbereich mussten einige Mauern abgedichtet werden. Die Fenster sind bereits mit einer Wärmeschutzverglasung aus der Sanierung der 1990er Jahre ausgestattet.[37] Die Heizungsanlage wurde ebenfalls unter Berücksichtigung der Energiesparsamkeit erneuert.[38]

Umbaumaßnahmen: Neues Museum

Das Neue Museum ist ein 1844 separat gebautes Gebäude, von dem es ursprünglich keinen direkten Zugang zum Hauptgebäude gab, später nur im Erdgeschoss und im ersten Obergeschoss. Da es früher als das Hauptgebäude mit der Funktion eines Museums gebaut worden war, ergaben sich großräumige Strukturen auf allen Ebenen. Diese Großräumigkeit verschwand in den Jahren nach 1950 durch Einbau zahlreicher kleiner Dienstzimmer. Außer von den Mathematikern, welche dort ihren Sitz hatten, wurde das Neue Museum für den Lehrbetrieb kaum genutzt. Im Zuge des Umbaus wurde die Großräumigkeit

---

[34] Ebenda.

[35] Ebenda, S. 42.

[36] Christian KOBSDA: Hinter der Fassade – Baustelle Hauptgebäude. In: heuler – Das Studentenmagazin der Uni Rostock 89 (2010), S. 10.

[37] KOTERMANN, wie Anm. 2, S. 25.

[38] KOBSDA, wie Anm. 36, S. 10.

durch Rückbau der Trennwände auf allen Ebenen wieder hergestellt.[39] Da tragende Bauteile aus Gründen der Statik im Gebäude nicht verändert werden konnten, sind alle Säulen noch vorhanden. Die Türen wurden, soweit es möglich war, wiederaufgearbeitet oder nachempfunden neu hergestellt. Durch die Brandschutzbestimmungen mussten jedoch einige im Gebäude befindliche Türen durch Brandschutztüren ersetzt werden. Ebenso wurde aufgrund des Feuerschutzes der Terrazzoboden aus Stein neu gefertigt. Die Hörsäle hingegen erhielten pflegeleichten Linoleumboden.[40]

Im zweiten Obergeschoss gab es keinen Zugang zum Hauptgebäude, weil sich hier in der Mitte des Gebäudes der Hörsaal 218 befand. Für die Schaffung von Fluchtwegen wurde Hörsaal 218 verlegt, damit entstand der erforderliche Durchgang. So ist nun auf allen Ebenen – dem Erdgeschoss wie dem ersten, zweiten und dritten Obergeschoss – der Zutritt vom Neuen Museum zum Hauptgebäude und umgekehrt möglich.[41]

Mit seinen wiederhergestellten großen Räumen eignet sich das Neue Museum jetzt hervorragend für die Lehre. Von einigen Büroräumen abgesehen, befinden sich hier ausschließlich Seminarräume und Hörsäle. Damit ist eine Kapazität für ungefähr 800 bis 900 Studenten bei voller Auslastung geschaffen.

Schon aufgrund der Brandschutzbestimmungen musste das alte hölzerne Treppenhaus im Südflügel des Hauptgebäudes komplett ersetzt werden.[42] Zudem behinderte es den Zugang zum Neuen Museum. Daher wurde das neue Treppenhaus in das Neue Museum verlegt und zur Hofseite verlängert, das heißt vergrößert. Die Maße des alten Treppenhauses entsprachen nicht mehr den Anforderungen der Landesbauordnung, nach der Treppenhäuser ausreichende Größe für Flucht und Rettung im Brandfall haben müssen. Zugleich muss ein sicherer Zugang für die Feuerwehr gegeben sein, um die sich im Gebäude befindlichen Personen sicher aus dem Gebäude bergen zu können.[43]

Das neue Treppenhaus musste brandschutzgerecht aus Beton erstellt werden. Seine Breite ermöglichte – auch im Interesse des behindertengerechten Zugangs – den Einbau eines Fahrstuhls. Mit Zustimmung der Denkmalpflege wurde das neue Treppenhaus zur Universitätskirche hin verlängert und in einer

---

[39] KOTERMANN, wie Anm. 2, S. 25 f.
[40] Ebenda, S. 26.
[41] SANDER, wie Anm. 1, S. 41.
[42] KOTERMANN, wie Anm. 2, S. 25.
[43] SANDER, S. 36.

Glasfront mit Klinkern hochgezogen. Um diesen Anbau auch als neuen Einbau kenntlich zu machen, haben die Klinker eine andere Farbe als die Backsteine des gesamten Hauptgebäudes. Aus dem Neuen Museum hat man durch das Treppenhaus nun einen freien Blick in den Klosterhof und auf die Universitätskirche.[44]

Die Hörsäle sind auf dem technisch neuesten Stand und mit Beamern, Doppelprojektion, Lautsprechern und einem Touchpanel im Pult ausgestattet, von dem man sowohl die Beamer und Lautsprecher als auch die Verdunklung regeln kann. Ebenso gibt es auch einen Knopf *Veranstaltungs-Ende*, welcher alle Geräte und Veränderungen wieder in die Ausgangssituation zurücksetzt. Um eine optimale Auslastung in den Hörsälen zu erreichen, ist das Gestühl ergonomisch geformt, jedoch nicht in der optimalen Platzbreite, da der vorhandene Raum durch die maximale Anzahl der Plätze ausgenutzt werden soll (Abbildung 2).[45]

Abbildung 2
Der neue Hörsaal 218 im Neuen Museum mit Säule wie der alte Hörsaal 218

Umbaumaßnahmen: Hauptgebäude, Nordflügel

Der Nord- oder Bibliotheksflügel, ursprünglich errichtet für die Universitätsbibliothek, verfügt über die Statik, auf allen Etagen eine Bibliothek unterzubringen. Hier waren vor der Sanierung die Physik, das ZQS und die Bibliothek der Altertumswissenschaften untergebracht. Der Gebäudeteil wurde soweit umgebaut, dass im gesamten Erdgeschoss sowie in zwei Räumen im ersten Obergeschoss das Universitätsarchiv seinen Platz findet. Im zweiten und

---

[44] KOTERMANN, wie Anm. 2, S. 26.

[45] Ebenda, S. 27.

dritten Obergeschoss sind wieder Büroräume eingerichtet, in welche die Theologische Fakultät einzog. Damit sind alle vier Etagen belegt. Aufgrund von Brandschutzbestimmungen wurde das Traggerüst der Geschosse, welches aus genieteten Stahlträgern und genieteten Stahlstützen besteht, mit einer dicken Schichte Brandschutzfarbe gestrichen. Im ersten Obergeschoss wurden die Säulen für höhere Traglast mit Beton verstärkt. Dieser Betonmantel soll die Säulen bei einem möglichen Feuer schützen und stützen.[46] Die Köpfe der Säulen wurden im Interesse der Ästhetik frei gelassen.

Da das gusseiserne Treppenhaus in diesem Flügel schon sehr marode war, wurde es durch ein neues Treppenhaus aus Beton ersetzt. Dieses ist als zweites Fluchttreppenhaus konstruiert, wodurch das gesamte Gebäude jetzt über zwei Fluchttreppenhäuser verfügt. Durch einen hier zusätzlich eingebauten Fahrstuhl, der über alle Etagen läuft, ist dieses nun ebenfalls ein Standardtreppenhaus. Da im Nordflügel ausschließlich die Verwaltung sitzt und sich somit deutlich weniger Personen als in den Hörsälen und Seminarräumen des Neuen Museums aufhalten, musste hier keine besondere Breite eingehalten werden.[47]

Umbaumaßnahmen: Hauptgebäude, Foyerteil

Das Foyer des Hauptgebäudes wurde nach Untersuchung durch Restauratoren wieder in den alten Zustand zurückversetzt, wie es bei Errichtung durch Willebrand ausgesehen hatte. Verschiedene Farbschichten, mit denen die Wände übermalt waren, wurden beseitigt. Man erlebt das Foyer nun in einer ganz anderen Farbigkeit. Der Mittelteil des Hauptgebäudes ist damit bunter geworden. (Abbildung 3) [48] Im Foyer wurde der aus Holz

Abbildung 3
Wiederhergestellte Farbigkeit des Foyers

---

[46] Ebenda, S. 27 f.

[47] Ebenda, S. 28.

[48] KOBSDA, wie Anm. 36, S. 9.

gefertigte Atlas, welcher aufgrund von Feuchtigkeit Risse bekommen hatte, durch eine neue Figur ersetzt. Dafür wurde der Wettbewerb *Kunst am Bau* ausgeschrieben. Dieser gestaltete sich sehr schwierig, da das Foyer sich schon sehr künstlerisch und farbenfroh darstellt. Bei der ersten Ausschreibung hatte das Preisgericht, welches sich aus Künstlerbund, Vertretern des BBL M-V sowie aus Vertretern des Architekten, der Universität (Rektor und Kanzler) und dem Bildungsministerium zusammensetzte, sich dazu entschieden, dass *keine der eingereichten Arbeiten passte.*[49] Bei einem anonymen Verfahren wie diesem bekamen die Künstler ausschließlich den Grundriss zugesandt und mussten darauf basierend ihre Vorstellungen gestalten, ohne die genaue Nutzung des Gebäudes zu kennen. Aus diesem Grunde entstanden Arbeiten wie zum Beispiel *Blitze*, welche einfach in das Foyer hineingestellt werden sollten. Das Preisgericht entschloss sich daher dazu, eine kleine Ausstellung der Entwürfe zu machen um zu erläutern, warum keiner für das Gebäude passend erschien. Danach lud man Künstler ein, mit denen eine kooperative Diskussion stattfand. Dabei wurde den Künstlern

Abbildung 4
Göttin Metis im Foyer

noch einmal erläutert, was sich die Universität, der BBL M-V und auch der Künstlerbund vorstellten und welche Nutzung für diesen Raum vorgesehen ist. Anschließend wurde ein zweiter Wettbewerb ausgelobt, welcher auch zu einem Ergebnis führte. Diesen Wettbewerb konnte der Rostocker Künstler Wolfgang Friedrich für sich entscheiden. An der Stelle, wo einst der Atlas stand, fand nun die Göttin der Wissenschaft, Metis, ihren Platz (Abbildung 4).[50] Es ist ein Bronzeguss, den Rektor Schareck zur Immatrikulationsfeier im Oktober 2013 feierlich enthüllte.[51]

Auch ist der *Jastram*, eine Bronzeplastik von Jo (Joachim) Jastram, welche unterhalb des Atlas angebracht war, nicht mehr an ihrer Stelle, weil das

---

[49] SANDER, wie Anm. 1, S. 39.

[50] Ebenda.

[51] TV Rostock am 16.01.2013.

Foyer in den Zustand der Bauzeit von 1870 zurückversetzt wurde. Der ursprüngliche Platz der Plastik im Foyer war mit dem Künstler abgesprochen, so dass man ihn auch jetzt mit in die Beratung des neuen Standortes mit einbeziehen wollte. Nach mehreren Standortvorschlägen durch den Künstler und die Universität kam man zu dem Ergebnis, die Plastik in den Innenhof des Hauptgebäudes zu versetzen. Diesem Standort hatte der Künstler noch zugestimmt; die genaue Platzierung wurde mit seinen Erben abgesprochen.[52] Der *Jastram* befindet sich auf dem Hof an einer besonderen Mauer.

Abbildung 5
Foyer mit wieder eingebauter Treppe in das erste Obergeschoss

Die größte Veränderung jedoch stellt die Treppe auf der linken Seite des Foyers dar. Zur Zeit der Errichtung 1870 befand sich hier eine große breite Treppe. Diese wurde 1938 beseitigt, aber im Zuge des Umbaus wiederhergestellt (Abbildung 5).[53] Der Raum wird dadurch wieder so erlebbar wie ursprünglich vorgesehen. So gelangt man aus dem Foyer direkt in das erste Obergeschoss, wo sich heute das Rektorat befindet.[54] Dagegen erhob der Denkmalschutz keine Bedenken, doch gab es im Vorfeld Diskussionen über den Wiedereinbau der Treppe, da durch sie das Erdgeschoss des Südflügels vom Foyer abgeschnitten wird. Man muss nun einen Umweg durch einen Seitenflur gehen um den Südflügel und das Neue Museum vom Foyer aus zu erreichen.[55]

Am südlichen Ende des Hauptgebäudes, grenzend an das Neue Museum, gab es im Erdgeschoss ursprünglich eine Durchfahrt vom Blücherplatz/Universitätsplatz zum Kleinen Katthagen. Diese wurde 1938 zugebaut und ist nur noch an einer kleinen Parktasche auf der Rückseite des Hauptgebäudes erkennbar. Die Straße des Kleinen Katthagen führt seitdem um das Neue

---

[52] SANDER, wie Anm. 1, S. 39 f.

[53] KOTERMANN, wie Anm. 2, S. 28 f.

[54] SANDER, wie Anm. 1, S. 39 f.

[55] KOTERMANN, wie Anm. 2, S. 28 f.

Museum herum und an der Universitätskirche vorbei. Heute sind im Hauptgebäude von der Durchfahrt noch die beiden Bögen sichtbar. Der anfangs erwogene Plan, diesen Raum nicht zu unterteilen und seinen Charakter als Laubengang durch großzügige Verglasung erkennbar zu gestalten, ließ sich nicht verwirklichen, weil seine Fläche von 50 Quadratmetern nicht sinnvoll nutzbar gewesen wäre.[56] So entstanden dort zwei größere Büroräume, eine Teeküche und ein Raum für Putzmittel.

Aus dem Foyer gelangt man über die neue Treppe in das erste Obergeschoss direkt zum Rektorat. Räume für den Rektor waren anfangs nicht vorgesehen, erst 1929 kamen sie hierher.[57] Die ursprüngliche Balkendecke des Rektorzimmers wurde im Zuge der Sanierung freigelegt. Dabei stellte man fest, dass der Raum – ursprünglich ein Lesesaal – vorher größer war. Die alte Größe wurde wiederhergestellt.[58] Damit umfasst das Dienstzimmer des Rektors nun knapp 70 Quadratmeter. Das ist ein Drittel mehr als vorher. Damit erhält der Raum repräsentativen Glanz.[59] Zudem ist er mit neuester Medientechnik ausgestattet. Auf Wunsch des Rektors zog auch der Kanzler wieder ins Hauptgebäude. Sein Büro befindet sich ebenfalls im ersten Obergeschoss – der Weg ins Rektorat ist mithin kurz.[60]

Abbildung 6
Das gusseiserne Treppenhaus

Abbildung 7
Oberlicht des Treppenhauses

---

[56] Ebenda, S. 28.

[57] Ebenda, S. 29. Siehe auch: Kersten KRÜGER: Pläne und Raumprogramme für das Hauptgebäude 1833-1989, im Teilband Aufsätze, S. 166 f.

[58] KOTERMANN, wie Anm. 2, S. 29.

[59] KOBSDA, wie Anm. 36, S. 9.

[60] KOTERMANN, wie Anm. 2, S. 30.

Im historischen Treppenhaus, das aus dem ersten in die anderen Obergeschosse führt, blieb die die alte gusseiserne Treppe erhalten, nun mit Sandstrahl gereinigt und umsichtig restauriert. In Abstimmungen mit dem Brandschutz und der Denkmalpflege wurde der Handlauf nicht erhöht. Da zwei Fluchttreppenhäuser bestehen, musste die historische Treppe in der Mitte des Gebäudes nicht verändert werden. Ihre Feingliedrigkeit besticht. Durch die Reparatur des Oberlichtes kann nun wieder das natürliche Tageslicht von oben das gesamte Treppenhaus durchfluten.[61]

Abbildung 8
Professoren-und Konzilzimmer während der Restaurierung

Die gusseiserne Treppe ist damit weiterhin die Erschließungstreppe für das zweite Obergeschoss, in dem sich die repräsentativen Räume befinden: die Aula, welche für 200 bis 250 Personen ausgelegt ist, ein Begegnungszimmer, welches auch als kleiner Beratungsraum genutzt werden kann, das Konzilzimmer und auch das Professorenzimmer. Diese Räume wurden ebenfalls sorgfältig restauriert und mit neuer Raumausstattung versehen. Ebenso ist die Holzvertäfelung in Brüstungshöhe historisch rekonstruiert[62] (Abbildung 8) und in einer aufwändigen Bierlasurtechnik mit einer besonderen Holzlasur bestrichen worden, welche die Struktur des Holzes nachempfindet, wodurch die Maserung des Holzes wie aufgezeichnet erscheint.[63]

Die einstige Wandbemalung wurde, wie in vielen der öffentlichen Teile des Gebäudes, in der ursprünglichen Farbgebung wiederhergestellt. Vorausgegangen waren Untersuchungen der Wände in den Fluren auf ihre Farbgebung. Der Fries ist, wie auch schon im Foyer, in einem relativ hellen beigen Ton gestaltet, die anderen Teile in der Farbe von hellem Sandstein.[64]

---

[61] KOTERMANN, wie Anm. 2, S. 31.
[62] KOTERMANN, wie Anm. 2, S. 30.
[63] SANDER, wie Anm. 1, S. 40.
[64] KOTERMANN, wie Anm. 2, S. 30.

Der Bereich des Konzilzimmers war in einem sehr schlechten Zustand, was sowohl die Beleuchtungsanlage als auch die Belüftung betraf. Für zeitgemäße Beleuchtung wurden Leuchtringe installiert. In jede der drei Kassetten des Konzilzimmers, welche durch Balken, die die Querbalken tragen (Abbildung 9), abgetrennt sind, ist ein Leuchtring mit einem Durchmesser von ungefähr zwei Metern eingesetzt. Damit wird die benötigte Beleuchtungsstärke für lange Beratungen von ungefähr 500 Lux erreicht und gleichzeitig eine Blendung der Besucher vermieden. Außerdem heben sich diese Ringe gut von der Struktur des Raumes ab, um die Decke in diesem historischen Raum auch erlebbar zu erhalten.[65]

Abbildung 9
Konzilzimmer
Balkendecke

Das Konzilzimmer erwies sich häufig bei den Senatssitzungen oder auch Beratungen, zum Beispiel mit der Studentenschaft, als zu klein für die Zuhörerschaft. Aus diesem Grund wurde die Wand zwischen dem Professorenzimmer und dem Konzilzimmer herausgebrochen und durch eine verschiebbare Trennwand ersetzt. Damit ist eine Art Zuschauerraum geschaffen, welcher nun bei größeren Veranstaltungen Platz für zusätzliche 30 bis 40 Personen bietet.[66] (Abbildung 10). Zusätzlich wurde bei dem Raum hinter dem Professorenzimmer die Wand zum Flur herausgenommen, so dass hier ein großer Flurbereich mit Durchgang zum Neuen Museum entstand.[67] Dadurch kann dieser Bereich mit gegenüberliegender Teeküche und anschließender

Abbildung 10
Konzilzimmer und Professorenzimmer
nach dem Umbau

---

[65] KOTERMANN, wie Anm. 2, S. 32.

[66] SANDER, wie Anm. 1, S. 40.

[67] KOTERMANN, wie Anm. 2, S. 30.

Garderobe als Veranstaltungsbereich für ungefähr 200 Besucher bei Großveranstaltungen – auch mit Catering – dienen. Die Denkmalpflege genehmigte diese von der ursprünglichen Raumverteilung abweichende Gestaltung und Nutzung.[68]

Abbildung 11
Oberlichter der Aula

In der Aula ist die Wiederöffnung der Oberlichter besonders hervorzuheben.[69] (Abbildung 11). Die Oberlichter wurden 1938 mit perforierten, an die Deckenstruktur angepassten Platten geschlossen, um für den Kriegsfall Verdunklung zu gewährleisten. Allerdings verschlechterten sich damit die Lichtverhältnisse. Im Zuge der Sanierung wurde darauf Wert gelegt die ursprünglichen Lichtverhältnisse wieder herzustellen.[70] So kann nun wieder Tageslicht von oben hineinströmen und für natürliche Lichtverhältnisse sorgen. Das Fenster zum Universitätsplatz hin wurde mit einer neuen, farbig gestalteten Bleiverglasung ausgestattet, um die Blendwirkung des früheren hellen Fensters aufzuheben, welche früher ein beachtliches Problem für die Zuhörerschaft bei Veranstaltungen darstellte.[71] (Abbildung 12) Die Gestaltung des Fensters erwies sich als schwierig, da es sich optisch in den Raum integrieren muss, der bereits eine üppige Gestaltung besitzt.[72] Da keine genauen Aufzeichnungen zu den Farben und Details des ursprünglichen Fensters aus dem 19. Jahrhundert existieren, sollte ein neuer Entwurf erstellt werden.[73] Aus diesem Grund wurde der Auftrag für das dreigeteilte Fenster ebenfalls, wie schon im Foyer, für einen Wettbewerb *Kunst am Bau* ausgeschrieben.

Das neue Fenster sollte mit einem Budget von 12.000 Euro für ein festliches Ambiente sorgen und gleichzeitig blendfrei, bei Erhalt von möglichst viel Tageslicht, sein. Den Wettbewerb entschied der Berliner Künstler, Andreas Wolff, am 24. April 2013 für sich. Als Preisrichter war auch das Landesamt für

---

[68] Ebenda.
[69] Ebenda, S. 31.
[70] SANDER, wie Anm. 1, S. 37.
[71] KOTERMANN, wie Anm. 2, S. 31.
[72] SANDER, wie Anm. 1, S. 37.
[73] TV Rostock 25.04.2013.

Denkmalpflege vertreten, um die Zugeständnisse an die Moderne und die praktischen Erfordernisse mit der Wiederherstellung des Historischen in Einklang zu bringen. Das große Fenster sollte daher mit antiken Kristallgläsern mosaikartig ausgestaltet werden. Die Proportionen richten sich dabei auch an die Gestaltung der Fassade. In den äußeren Rundbogen sollten Teile der ersten Matrikel aus dem Jahre 1419 geätzt werden, damit ein direkter Bezug zur Geschichte der Universität entsteht.[74] Im Juryprotokoll heißt es, die Idee von Andreas Wolff sei ein gelungener Beitrag, der sich selbstbewusst in der Raumfassung behaupte und dabei den Raum in seiner historischen Ausgestaltung respektiere. Um jegliche Blendung zu vermeiden, kann das Fenster bei Bedarf zusätzlich mit einem Rollo verdeckt werden.[75] Im Inneren sollte der historische Zustand der Aula wiederhergestellt werden. Dafür mussten besondere Überlegungen wegen des Einbaus der gesamten Elektro- und Lüftungstechnik gemacht werden.[76] Des Weiteren kehrten die Kronleuchter aus dem Jahr 1984, die 2010 abgenommen und zur Restaurierung nach Arnstorf bei Dresden gebracht worden waren, am 25. Juni 2013 wieder in die Aula zurück. (Abbildung 13)

Abbildung 12
Bleiglasfenster der Aula

Ein fachkundiges Team arbeitete alle Messingteile auf und ersetzte fehlende Elemente. Alle acht Kronleuchter erhielten 29 dimmbare Halogen-Energiesparlampen mit Fassungen und Kabelverbindungen. Für diese Arbeiten wurden mehr als 50.000 Euro investiert. Diese Kronleuchter komplettieren die Ausstattung der Aula.[77] Um das Ambiente der Aula zu erhalten wurde diese relativ maßvoll restauriert, so dass möglichst viel in seiner ursprünglichen Form belassen und gegebenenfalls nur aufgefrischt wurde. Sämtliche Bilder der Professoren, die im oberen Bereich der Aula zu finden sind, wurden jedoch, wie die Holzvertäfelung auch, vollständig restauriert.

---

[74] SANDER, wie Anm. 1, S. 37.
[75] KOTERMANN, wie Anm. 2, S. 31.
[76] SANDER, wie Anm. 1, S. 37.
[77] TV Rostock 26. Juni 2013.

Abbildung 13
Vier der acht Kronleuchter der Aula; Blick auf die Westwand

Da der Denkmalschutz keine Heizkörper an den Wänden genehmigt hätte, wurde eine Fußbodenheizung im Holzfußboden installiert. Die neue Lüftungsanlage des Saals fügt sich unauffällig in das Gesamtbild ein. Bei dieser wurde darauf geachtet, dass sie geräuscharm ist, richtig strömt und die Luft komplett umwälzen kann.[78] Im Dachgeschoss des Nordflügels konnte man für die schweren Hauptmaschinen der Lüftungsanlage auf die stabile Stahlkonstruktion zurückgreifen.[79] Auch dabei wurden die Bestimmungen des Denkmalschutzes berücksichtigt.[80] Zu Beginn dieser Arbeit befand sich die Bestuhlung noch in der Ausschreibung. Inzwischen befinden sich Stühle für ungefähr 200 Personen in der Aula. Auf moderne Medientechnik wie Beamer und Lautsprecheranlage konnte nicht verzichtet werden, diese ist jedoch zurückhaltend und etwas versteckt integriert.[81] Es wurde trotz der Ausstattung mit moderner Technik

---

[78] KOTERMANN, wie Anm. 2, S. 31 f.

[79] Christian Hoffmann: Historisches Gebäude wird weiter saniert. URL: http://www.bbl-mv.de/?id=2500%2C1009313%2C%2C (18.08.2016).

[80] SANDER, wie Anm. 1, S. 37.

[81] KOTERMANN, wie Anm. 2, S. 32.

versucht den historischen Stil des Saales in seiner ursprünglichen Gestaltung beizubehalten. Dafür sorgen sowohl die denkmalgerechte Wiederherstellung der Wandbemalung, die Holzinstallationen im Deckenbereich sowie auch der Einbau der Kronleuchter.[82]

Aus Gründen des Brandschutzes und der Statik war die Empore der Aula sehr lange nicht nutzbar. Um einen zweiten Fluchtweg von der Empore anzulegen, musste ein ehemaliger Büroraum im dritten Obergeschoss weichen. Die Probleme der Statik konnten durch den Einbau weniger Elemente im Boden behoben werden. Damit ist die Empore wieder zugänglich. Die beiden kleinen Balkone bleiben weiterhin der Technik vorbehalten. Dadurch wird vermieden, dass an einer öffentliche Universität, die den humboldtschen Grundsätzen von Freiheit der Lehre und Forschung folgt, irgendeinem Mitglied der Universität ein eigener Balkon zustehen könnte.[83] Sonst befinden sich im dritten Obergeschoss Büroräume und ein Beratungsraum.[84] Im gesamten Gebäude sind nun, den aktuellen Brandschutzbestimmungen entsprechend, auch Brandabschnitte eingebaut worden.[85]

Flügelanbau

Der Flügelanbau – früher auch Rückwärtiger Flügel oder Bibliotheksflügel genannt – ist ein 1827-1829 errichteter Anbau an das Weiße Kolleg von 1566, den Vorgängerbau des Hauptgebäudes. Hier war die Universitätsbibliothek untergebracht.[86] Dieser Bau war einhüftig eingerichtet, das heißt es befanden sich der Flur auf der Südseite, die Dienst- und Lehrräume auf der Nordseite. Die großen Räume wurden in den letzten Jahren vom Institut für Physik und der Philosophischen Fakultät als Lehrräume genutzt. Da im Neuen Museum hinreichend neue Räume für die Lehre entstanden, konnte der Flügelanbau der Büronutzung zugewiesen werden. Dafür jedoch zeigte sich die einhüftige Anlage als ungeeignet, weil Räume und Verkehrsflächen im Missverhältnis zur neuen Nutzung standen: sie waren zu groß. Daher wurde dieser Gebäudeteil komplett entkernt und mit einer zweihüftigen Struktur

---

[82] TV Rostock 26. Juni 2013.
[83] KOTERMANN, wie Anm. 2, S. 31.
[84] Ebenda, S. 30.
[85] SANDER, wie Anm. 1, S. 36.
[86] Siehe hierzu auch KRÜGER, wie Anm. 57, S. 143.

ausgestattet. Nun gehen vom mittig angelegten Flur Räume zu beiden Seiten ab. (Abbildung 14). Dadurch ist mehr Bürofläche geschaffen und die optimale Ausnutzung der vorhandenen Kapazitäten des Gebäudeteils erreicht. Die Bestimmungen des Denkmalschutzes ließen in diesem Flügel die Umbaumaßnahmen zu, da die Innenräume nicht als erhaltenswert eingestuft wurden. Die Fassade sollte hingegen unverändert bleiben.

Mit einem Durchbruch im Erdgeschoss wurde ein Zugang vom Hauptgebäude zum Flügelanbau geschaffen, der früher nur über den Hof oder durch den Keller möglich war. Weil der Anbau in verschiedenen Bauzeiten erfolgte, sind Höhenunterschiede zum Hauptgebäude vorhanden, die zwischen vier und sieben Treppenstufen ausmachen. Um die Zugänge auch behindertengerecht zu gestalten wurde auf jeder Etage ein Hublift neben den Treppen installiert (Abbildung 15).

Abbildung 14
Flurbereich im Flügelanbau

Abbildung 15
Zugang zum Flügelanbau

Ausblick

Die Gründung der Universität liegt nun bald 600 Jahre zurück. Ihr Wandel im Lauf der Jahrhunderte zeigte sich auch in den Veränderungen ihrer Gebäude. Der Neubau des Universitätshauptgebäudes von 1867 bis 1870 signalisierte eine Wende hinsichtlich der universitären Gebäudeausstattung. Der räumliche Gewinn für den Universitätsbetrieb sollte auch gleichzeitig ein repräsentativer Gewinn für den Großherzog werden. Das denkmalgeschützte Hauptgebäude wurde von 2009 bis 2013 für ungefähr 15,3 Millionen Euro saniert und restauriert. Es wurden ganze Strukturen sowie Räume verändert, um sowohl die Lehr- als auch die Studienbedingungen hinsichtlich der Anforderung an das heutige Zeitalter zu verändern und zu verbessern. Es war nicht leicht, den elitären Bildungs- und Repräsentationsanspruch des 19. Jahrhunderts mit den demokratisch erweiterten Bildungserwartungen im Verbund mit den praktisch-technischen Erfordernissen einer globalisierten Informationsgesellschaft baulich in Einklang zu bringen. Es wurden die repräsentativen Bereiche wie Foyer, Aula, Rektorzimmer, Konzilzimmer und auch die gusseiserne Treppe nach originalem Vorbild restauriert und rekonstruiert. Das Neue Museum wurde vollständig in einen Lehrbereich umgestaltet. Dieser beinhaltet nun neben zwei großen Hörsälen auch insgesamt neun Seminarräume. Nach der Sanierung kehrte die Universität auch mit ihrer zentralen Verwaltung wieder in ihr repräsentatives Hauptgebäude zurück.

Mit der Sanierung und Restauration ist nicht nur ein wertvolles Baudenkmal wiederhergestellt worden, sondern es wurde auch ein Zeichen der Präsenz der Universität in der Innenstadt der Hansestadt Rostock gesetzt. Das Hauptgebäude stellt daher wie auch die Universität – entsprechend ihrem Motto TRADITIO ET INNOVATIO – die besondere Einheit aus Tradition und Innovation dar.

Abbildungen

Abbildung 1
Taktile Beschriftung des Handlaufs; Geriffelter Fußboden vor der Treppe

Abbildung 2
Der neue Hörsaal 218 im Neuen Museum mit Säule wie der alte Hörsaal 218

Abbildung 3
Wiederhergestellte Farbigkeit des Foyers

Abbildung 4
Göttin Metis im Foyer

Abbildung 5
Foyer mit wieder eingebauter Treppe in das erste Obergeschoss

Abbildung 6
Das gusseiserne Treppenhaus

Abbildung 7
Oberlicht des Treppenhauses

Abbildung 8
Professoren-und Konzilzimmer während der Restaurierung

Abbildung 9
Konzilzimmer Balkendecke

Abbildung 10
Konzilzimmer und Professorenzimmer nach dem Umbau

Abbildung 11
Oberlichter der Aula

Abbildung 12
Bleiglasfenster der Aula

Abbildung 13
Vier der acht Kronleuchter der Aula; Blick auf die Westwand

Abbildung 14
Flurbereich im Flügelanbau

Abbildung 15
Zugang zum Flügelanbau

Abbildungen 1-3, 4-9, 11, 13-15 – Emanuel Hollack
Abbildungen 4, 10 und 12 – Achim Bötefür

Zwei Höhepunkte moderner Gestaltung
Das Aulafenster und die Göttin Metis

VON WOLFGANG SCHARECK

Nach Beginn meiner ersten Amtszeit im April 2009 war der Umzug zum temporären Rektoratssitz in der Ulmenstraße 69 schon beschlossene Sache, sollte doch endlich die für 14 Millionen Euro konzipierte Renovierung des Hauptgebäudes von innen beginnen. Immer wieder war das Bauvorhaben gestoppt worden, wie zum Beispiel für die Errichtung des BMFZ, doch mit unserem Umzug gab es jetzt keine Hindernisse mehr. Zum Beginn hatte man sich das Aufbrechen des Fußbodens in der Halle mit einem Presslufthammer vorgenommen und nachdem Bauminister Schlotmann unter einem Hexenschuss litt, drückte man mir den Presslufthammer in die Hand.

Zum Teil entkernt mit Einbau von 2 Fahrstuhlschächten, ausreichend sanitären Anlagen, dem Wiederaufbau der zum Rektorzimmer führenden Treppe, einer aufwendigen Belüftung und Fußbodenheizung in der Aula hatten wir häufig stattfindende Abstimmungstermine mit den Architekten und Innenarchitekten, dem BBL und dem Dezernat Technik. Oft führte ich das Rektorteam oder auch Gäste durch die Baustelle, wie etwa auch eben einen Behördenleiterstammtisch.

Besonderes Augenmerk richteten wir auf die Eingangshalle, die Rektoratsräume und natürlich die Aula.

Mein Vorgänger Maeß hatte mir anempfohlen, dass Fenster in der Aula, das einst direkt über dem Katheder auch die Hauptfassade schmückt, durch ein buntes Fenster, er fügte augenzwinkernd von Chagall hinzu, ersetzen zu lassen, weil es tagsüber in dem dunklen Raum blende. Mit dem Architekten Rainer Grebin waren wir übereingekommen, das gesamte Gebäude möglichst originalgetreu zu restaurieren, etwa bei der Auswahl der Wandfarben oder auch der bierlasierten Türen. Da zwar bekannt war, dass das herzogliche Wappen das Hauptfenster zierte, aber keine Abbildungen es originalgetreu rekonstruieren ließen, wurde ein Wettbewerb ausgelobt, den der Berliner Künstler Andreas Wolff gewann. Sein Entwurf sah ein zentrales rotes Band vor, in Analogie zu den herzoglichen Statuen rechts und links an der Außenfassade, zur Seite hin mit Weiß und Grün und Auszügen aus der Matrikel, wie er sie auf einer Abbildung im Netz gefunden hatte. Das Fenster wurde von einer süddeutschen Firma in Doppelverglasung hergestellt, den Firmenchef hatte ich lange vor

Ausschreibung bei einer Kirchenbautagung in der Universitätskirche getroffen, ihn auch auf unser Unterfangen aufmerksam machen können. Nachdem die Ausführung sich zu verzögern drohte – die Außenmaße waren falsch übermittelt worden –, konnte ich ihn überzeugen, die Universität Rostock prioritär zu beliefern, ein Team mit Außenlift kam extra nach Rostock, um die Maße korrekt abzunehmen. Die Wiederherstellung des Oberlichtes – noch aus dem zweiten Weltkrieg stammte zur Verdunklung die durchgängige Kassettendecke – hat ihr Übriges zu deutlichen Verbesserung der Lichtverhältnisse beigetragen. Andererseits ist bei Abendveranstaltungen nun das bunte Aulafenster auch prominent auf dem Universitätsplatz sichtbar.

In der Haupthalle war Jo Jastrams „Die Verantwortung des Menschen" angebracht. Links daneben war eine Plakette in Erinnerung an Arno Esch noch in Anwesenheit von Dietrich Genscher enthüllt worden. Die Atlasuhr sollte aus konservatorischen Gründen an ihrem Standort in der Südstadtbibliothek bleiben. Jo Jastram hatte seine Plastik eher für den Außenbereich gedacht. Also entschied ich, im Innenhof eine freistehende Wand erstellen zu lassen, an die Jo Jastrams „Verantwortung" gut sichtbar verortet werden sollte und in der Eingangshalle einen Wettbewerb „Kunst am Bau" auszuloben, damit etwas Neues entstehen könnte, einzigartig, in den Raum hineinreichend ohne diesen reich geschmückten Raum durch Eindrücke zu überladen. Nach den Wettbewerben in der Informatik, der Physik und dem Forschungsbau war beschlossen worden, Künstlerinnen und Künstler, die Werke eingereicht hatten und nicht zum Zuge gekommen waren, in diesen Wettbewerb einzubeziehen. Ich hatte mir die Zusage ausbedungen, gegebenenfalls weitere Künstlerinnen und Künstler zusätzlich auffordern zu können. Wolfgang Friedrich hatte an den besagten Ausschreibungen für die Südstadt nicht teilgenommen, bewarb sich aber für das Hauptgebäude. Nachdem die Jury zehn Anträge berücksichtigte, Wolfgang Friedrich jedoch nicht, erhob ich Einspruch, war ich doch auf seinen Beitrag besonders gespannt. Im ersten Wettbewerb gab es zwei Künstler in der Endausscheidung, ohne dass einer vollkommen überzeugte, es wurde neu ausgeschrieben und Wolfgang Friedrich gewann mit Metis, für mich der beste Vorschlag. Eine virtuelle Göttin der Weisheit, des Wissens, auch des impliziten Wissens, ohne Bezug zu Krieg, wie bei ihrer Tochter Athene, mit dieser Leichtigkeit und Anmut, auch aus den Seitentrakten sichtbar und vor einer Wandbemalung des Kosmos, der wissenschaftlichen Unendlichkeit ist die beste Begrüßung für jeden, der unser Hauptgebäude betritt. Auch die Diskussionen um die Gedenktafeln konnten wir gut lösen, eine Bronze von Wolfgang Friedrich gegenüber vom Rektorzimmer erinnert an die Opfer der Diktaturen in Deutschland, Hans Moral und Arno Esch.

Manches ließe sich noch berichten zu den Lampen in den Rektorräumen und im Konzilzimmer, den Vorhängen oder auch den Anrichten. Oft standen wir um die vielen Entwürfe und Muster herum. Auch die gebäudebedingte Fußbodenschräge zwischen zwei Räumen in der Rektorspange und die Schwierigkeiten beim Einrichten einer Küche sind eigene Geschichten. Entscheidend war das große Engagement aller Beteiligten, die allesamt ihr Bestes gaben, um das Hauptgebäude so werden zu lassen, wie es sich heute wunderschön präsentiert.

Das Hauptgebäude der Universität Rostock 1870-2016

Teil 2 Anhang

Inhalt Teil 2 Anhang

Texte	Seite
Ausschmückung des Universitätsgebäudes 1866	9
Rektor und Professoren über die Ausschmückung der Fassade 1866	13
Hermann Willebrand Baubeschreibung des Universitätsgebäudes 1866	16
Zeitzeugengespräch mit Dipl.-Ing. Holger Kotermann am 18. Juli 2013	21
Zeitzeugengespräch mit Dipl.-Ing. Uwe Sander am 1. August 2013	34

Abbildungen
Anhang Hauptgebäude allgemein

Abbildung 1: Ostfassade Hauptgebäude am Universitätsplatz 2016	43
Abbildung 2: Teilfassade Hauptgebäude Mittelteil 2016	43
Abbildung 3: Teilfassade Neues Museum am Universitätsplatz 2016	44
Abbildung 4: West- und Südfassade Neues Museum 2016	44
Abbildung 5: Nordfassade Hauptgebäude zur Kröpeliner Straße 2016	45
Abbildung 6: Westfassade Hauptgebäude zum Hof 2016	46
Abbildung 7: Südfassade Flügelanbau zum Hof 2016	47
Abbildung 8: Hauptgebäude Foyer 1870	48
Abbildung 9: Hauptgebäude Foyer 2016	49
Abbildung 10: Hauptgebäude Foyer Treppe in das erste Obergeschoss 1870	50
Abbildung 11: Hauptgebäude Foyer Treppe in das erste Obergeschoss 2016	51
Abbildung 12: Hauptgebäude Treppe vom ersten in das zweite Obergeschoss 1870	52
Abbildung 13: Hauptgebäude Treppe vom ersten in das zweite Obergeschoss 2016	53
Abbildung 14: Hauptgebäude Treppe vom ersten in das zweite Obergeschoss 2016	54

Die sechs griechischen und drei römischen Philosophen und Dichter Demosthenes, Aristoteles, Plato, Sophokles, Homer, Aeschylus, Virgil, Cicero, Seneca

Abbildung 15: Detail der gusseisernen Treppe vom ersten in das zweite Obergeschoss	55

Abbildung 16: Hauptgebäude Konzilzimmer im zweiten
   Obergeschoss 1870 — 56
Abbildung 17: Hauptgebäude Konzilzimmer im zweiten
   Obergeschoss 2016 — 57
Abbildung 18: Hauptgebäude Aula Ostwand 1870 — 58
Abbildung 19: Hauptgebäude Aula Ostwand 2016 — 59
Abbildung 20: Hauptgebäude Aula Nord- und Westwand 1870 — 60
Abbildung 21: Hauptgebäude Aula Nord- und Westwand 2016 — 61

Anhang Fassade
Abbildung 1: Universitätshauptgebäude Fassade 2012 — 62
Abbildung 2: Fassade Entwurf 1866 — 63
Abbildung 3: Fassade Entwurf H. Willebrand C. Luckow 1865 — 64
Abbildung 4: Nordfassade Entwurf H. Willebrand C. Luckow 1865 — 65
Abbildung 5: Universitätshauptgebäude Foto nach 1867, Ausschnitt — 66
Abbildung 6: Schmuck der Hauptfassade 1866 — 68
Abbildung 7: Schmuck der Hauptfassade 1866 Legende transkribiert — 69
Abbildung 8: Schmuck der Nordfassade 1866 — 70
Abbildung 9: Schmuck der Nordfassade 1866 Legende transkribiert — 71
Abbildung 10 DOCTRINA MULTIPLEX VERITAS UNA — 72
Abbildung 11: Heinrich II. von Nauen Bischof von Schwerin — 72
Abbildung 12: Magister Petrus Stenbeke — 72
Abbildung 13: Hinricus Katzow — 72
Abbildung 14: Johann III. Herzog von Mecklenburg — 73
Abbildung 15: Albrecht V. Herzog von Mecklenburg — 74
Abbildung 16: Geteilter Schild Grafschaft Schwerin — 75
Abbildung 17: Stierkopf Mecklenburg — 75
Abbildung 18: Greif der Stadt Rostock — 75
Abbildung 19: Bistum Schwerin — 75
Abbildung 20: Großherzog Friedrich Franz I. — 75
Abbildung 21: Großherzog Friedrich Franz II. — 75
Abbildung 22: Inschrift der Grundsteinlegung — 76
Abbildungen 23 und 24:
   Jahre der Stiftung und der Grundsteinlegung — 76
Abbildung 25: Carl Friedrich von Both — 76
Abbildung 26: August Wilhelm von Schröter — 76
Abbildung 27: Großherzogliches Wappen — 76
Abbildung 28: Medizin — 77
Abbildung 29: Theologie — 77
Abbildung 30: Jurisprudenz — 78

Abbildung 31: Philosophie 78
Abbildung 32: Jacob Bording 79
Abbildung 33: David Chytraeus 79
Abbildung 34: Ernst Cothmann 79
Abbildung 35: Johannes Caselius 79
Abbildung 36: Nordfassade: Herzog Johann Albrecht I. 80
Abbildung 37: Nordfassade: Herzog Ulrich 81
Abbildung 38: Nordfassade: Historie 82
Abbildung 39: Nordfassade: Astronomie 82
Abbildung 40: Nordfassade: Olaf Gerhard Tychsen 83
Abbildung 41: Nordfassade: Nicolaus Marschalcus 83
Abbildung 42: Nordfassade: Nathan Chytraeus 83
Abbildung 43: Westfassade: Adolf Prahst 83
Abbildung 44: Westfassade: Hermann Willebrand 83
Abbildung 45: Westfassade: Carl Luckow 83
Abbildung 46: Pietas 84
Abbildung 47: Fides 84
Abbildung 48: Probitas 85
Abbildung 49: Justitia 85
Abbildung 50: Diligentia 86
Abbildung 51: Prudentia 86
Abbildung 52: Modestia 87
Abbildung 53: Patientia 87
Abbildung 54: Temperantia 88
Abbildung 55: Sapientia 88

Anhang Aula
Abbildung 1: Aula Ostwand Entwurf Hermann Willebrand 1867 89
Abbildung 2: Aula Ostwand 2015 89
Abbildung 3: Aula Westwand Entwurf Hermann Willebrand 1867 90
Abbildung 4: Aula Westwand 2015 91
Abbildung 5: Aula Südwand Entwurf Hermann Willebrand 1867 92
Abbildung 6: Aula Südwand 2016 92
Abbildung 7: Aula Nordwand 2016 93
Abbildung 8: David Chytraeus Theologie 1550-1600 94
Abbildung 9: Paul Tarnow Theologie 1604-1634 94
Abbildung 10: Johann Quistorp der Ältere Theologie 1614-1648 95
Abbildung 11: Heinrich Müller Theologie 1655-1675 95
Abbildung 12: Johann Oldendorp Jura 1531-1534 96
Abbildung 13: Ernst Joachim von Westphalen Jura 1724-1728 96

Abbildung 14: Adolf Dietrich Weber Jura 1791-1817 97
Abbildung 15: Christian Friedrich Mühlenbruch Jura 1811-1815 97
Abbildung 16: Johann Cornarius Medizin 1525-1527 98
Abbildung 17: Simon Pauli der Jüngere Medizin 1634-1640 98
Abbildung 18: Samuel Gottlieb (von) Vogel Medizin 1789-1837 99
Abbildung 19: Karl Georg Lucas Christian Bergmann Medizin 1853-1865 99
Abbildung 20: Albert Krantz Philosophie 1482–1489 100
Abbildung 21: Joachim Jungius Philosophie 1624–1629 100
Abbildung 22: Peter Johann Hecker Philosophie 1789–1835 101
Abbildung 23: Heinrich Friedrich Link Philosophie 1792–1811 101

Anhang Pläne 1833-2016

Nr. 1: Plan der Universitätsgebäude 1833 102
Nr. 2: Weißes Kolleg 1858 103
Nr. 3: Lageplan Universität Rostock 1865 106
Nr. 4.1: Das Hauptgebäude 1870 Parterre Geschoss 107
Nr. 4.2: Das Hauptgebäude 1870 Erstes Geschoss 108
Nr. 4.3: Das Hauptgebäude 1870 Zweites Geschoss 109
Nr. 4.4: Das Hauptgebäude 1870 Drittes Geschoss 110
Nr. 5: Neues Museum vor 1880 111
Nr. 6.1: Hauptgebäude Umbauskizze 1906 Erdgeschoss 115
Nr. 6.2: Hauptgebäude Umbauskizze 1906 Erstes Geschoss 116
Nr. 6.3: Hauptgebäude Umbauskizze 1906 Zweites Geschoss 117
Nr. 6.4: Hauptgebäude Umbauskizze 1906 Drittes Geschoss 118
Nr. 7: Das Neue Museum 1906 119
Nr. 8: Nebengebäude der Universität 1911 123
Nr. 9: Hauptgebäude 1912 127
Nr. 10: Hauptgebäude und Neues Museum 1928 130
Nr. 11.1: Das Hauptgebäude Umbauplan 1937 136
Nr. 11.2: Das Hauptgebäude Umbauplan Nordflügel 1937
  Erstes bis Drittes Obergeschoss 140
Nr. 12: Das Hauptgebäude Lageplan 1938 141
Nr. 13.1: Das Hauptgebäude Umbauplan 1939 142
Nr. 13.2: Das Hauptgebäude Umbauplan Nordflügel 1939
  Erdgeschoss, Durchbau, Laubengang 146
Nr. 13.3: Das Hauptgebäude Umbauplan Nordflügel 1939
  Erstes Obergeschoss 147
Nr. 13.4: Das Hauptgebäude Umbauplan Nordflügel 1939
  Zweites Obergeschoss 148

Anhang

Nr. 13.5: Das Hauptgebäude Umbauplan Nordflügel 1939
  Drittes Obergeschoss ... 149
Nr. 14.1: Das Hauptgebäude Raumplan 1962 ... 150
Nr. 14.2: Hauptgebäude Zweites Obergeschoss 1991-2004 ... 155
Nr. 15.1: Das Hauptgebäude Raumplan 2016 ... 158
  Erdgeschoss ... 158
  Erstes Obergeschoss ... 159
  Zweites Obergeschoss ... 160
  Drittes Obergeschoss ... 161
Nr. 15.2: Das Hauptgebäude Belegung April 2016 ... 162
Erdgeschoss ... 162
Erstes Obergeschoss ... 163
Zweites Obergeschoss ... 164
Drittes Obergeschoss ... 165
Register: Personen ... 167
Register: Orte, Sachen ... 173
Abbildungsnachweise Anhang ... 180

DVD
Film 2013
Bernd Schultze-Willebrand
Hermann Willebrand – Ein verkannter Baumeister?

Pläne und Raumnutzungen 1833–2016

Die DVD kann gegen eine Schutzgebühr angefordert werden:
Universität Rostock, Universitätsarchiv
Universitätsplatz 1, 18051 Rostock

Verhandlung über die Ausschmückung des Universitätsgebäudes 1866

Universitätsarchiv Rostock
Neubau des Universitätshauptgebäudes 1864-1886
UAR 1.02.0 R XI A 17
Band 2, Nr. 75
1866 Mai 19
Protokoll der Verhandlung über Ausschmückung des Universitätsgebäudes
Geh. Rat Vizekanzler Dr. von Both, Hofbaurat Willebrand, Archivrat und Conservator Dr. Lisch
5 Seiten Folio
Transkription: Kersten Krüger

Verhandelt
zu Schwerin an 19. Mai 1866 im Hause des Archivraths Dr. Lisch
zwischen
dem Herrn Geheimen Rath Dr. v. Both, Vicekanzler der Universität, aus Rostock
dem Herrn Hofbaurath Willebrand und
dem Archivrath und Conservator Dr. Lisch

Nachdem der Archivrath Dr. Lisch auf die an ihn ergangene Aufforderung einen möglichst weiten und umfassenden und daher der Anwendung leicht zugänglichen Plan zur äußeren Ausschmückung des neuen Universitätsgebäudes zu Rostock entworfen hatte, war dieser dem Herrn Vicekanzler von Both und darauf dem Rev. Concilio der Universität zur Begutachtung und etwanigen Aenderung vorgelegt worden. Nachdem deren Erachten resp. am 4. April und 9. April 1866 abgegeben waren, hatte der Herr Geheim-Rath von Both auf heute eine Verhandlung der Obengenannten über diesen Gegenstand in Schwerin angesetzt und einigten sich dieselben in Grundlage sämmtlicher Vorlagen und nach allseitiger, gründlicher Erwägung aller zur Berücksichtigung kommenden Umstände schließlich und einstimmig über die nachfolgende
[Seite 2]
Anordnung der äußeren Ausschmückung des Universitätsgebäudes

I. Hauptfronte
1. Mittelbau
von unten nach oben
a. dicht über der Pforte:
Universitas litterarum
[Randbemerkung: Soll wegfallen]
Zunächst über der Pforte:
b. der <u>Bischof</u> (Heinrich von Nauen) <u>von Schwerin,</u>
der wissenschaftliche Mitstifter, dessen Nachfolger die <u>Canzler</u> waren (Großer Kopf)
zu beiden Seiten desselben im Friese (kleinere Köpfe)
c. zur Rechten der <u>Abt von Doberan</u> (Hermann Bockholt) <u>Conservator</u> der Universität,
[Randbemerkung: der erste Rector Steenbekes Kopf]
d. zur Linken der <u>Prior von Marienehe</u> (Heinrich Ribbenitz) <u>Obmann</u> der Universität.
[Randbemerkung: der Rostocker Bürgermeister Catzow Kopf]

In den Nischen zu beiden Seiten des Fensters der Aula, die beiden herzoglichen <u>Stifter</u> (Statuen):
e. Herzog Johann III. und
f. Herzog Albrecht IV.
Zu den Seiten derselben in den Lisenen die damaligen <u>Wappen</u> der Herzoge und des Bischofs (Reliefs);
g. Stierkopf für <u>Mecklenburg</u>
h. Greif für Herrschaft <u>Rostock</u>
[Seite 3]
i. Getheilter Schild für <u>Grafschaft Schwerin,</u>
k. <u>Bischöflich-schwerinsches</u> Wappen,
in folgender Anordnung in der Ansicht:

Grafschaft	Herzogtum	Herrschaft	Bisthum
Schwerin	Mecklenburg	Rostock	Schwerin.

(NB. Die Herzoge führten damals nur 3 Wappenschilde).

Ueber den Stiftern in den Rundungen die Erhalter der Universität (Große Brustbilder):
l. zur Rechten: Großherzog Friedrich Franz I. und
m. zur Linken Großherzog Friedrich Franz II.

Darüber in den oberen Fensterbrüstungen:
n. in der Mitte eine geschichtliche Inschrift,
o. zur Rechten das Stiftungsjahr 1419
p. zur Linken: das Baujahr 1867 (Grundsteinlegung)
(oder das Vollendungsjahr 1869 nach gerade 450 Jahren)
[Randbemerkung: 1867]

In den Giebeln:
q. im Mittelgiebel: das volle Großherzogliche Wappen,
r. im rechten Giebel (in der Ansicht links): Vicekanzler Dr. von Both,
s. im linken Giebel: Cultus Minister Dr. von Schröter. (Köpfe).

2. Fries zwischen dem ersten und zweiten Stock
Auf den Vorsprüngen des Frieses die vier Facultäten in allegorischen Statuen:
t. Theologie,
[Seite 4]
u. Philosophie,
[Randbemerkung: Jurisprudenz]
v. Medicin,
w. Jurisprudenz,
[Randbemerkung: Philosophie]
und in dem Friese die Köpfe von berühmten vier Professoren, von jeder Facultät einer, für je 3 Fenster einer in der Mitte, und zwar:
x. David Chytraeus, theol.,
y. Johannes Caselius, phil.,
[Randbemerkung: Cothmann]
z. Jacobus Bording, med.,
tz. Ernestus Cothmann, jur.,

[Randbemerkung: Caselius]
und zwar in folgender <u>Anordnung</u> in der Ansicht:

Medizin	Theologie	Philosophie	Juriprudenz
Jacobus	David	Johannes	Ernestus
Bording	Chytraeus	Caselius	Cothmann

[darunter nachgetragen:

z   x   tz   y]

(Die Professoren zugleich in chronologischer Ordnung).

<u>II. Seitengiebel</u>

In den Nischen die beiden <u>herzoglichen Reformatoren der Universität</u> in Statuen:

a. <u>Herzog Johann Albrecht I,</u>
b. <u>Herzog Ulrich.</u>

Außerdem geschichtliche Andeutungen, welche sich auf Schriftstellerei und Bibliothek beziehen. Auf dem Friese, auf den Vorsprüngen zu beiden Seiten in allegorischen Figuren:

c. <u>Schriftstellerei</u> zur Rechten und
d. <u>Buchdruckerei</u> zur Linken.

[Randbemerkung: Sollen wegfallen, nunc Astronomie und Geschichte]

[Seite 5]

Im Friese in der Mitte:

e. <u>Professor Gerhard Olav Tychsen</u> (Kopf).

Ueber den Nischen der herzoglichen Reformatoren:

f. <u>Dr. Nicolaus Marschalcus</u> herzoglicher Rath und Professor extraord (wegen der gelehrten Buchdruckerei) zur Rechten und

g. <u>Professor M. Nathan Chytraeus</u> (wegen der Bibliothek) zur Linken.

Dr. Lisch.

Beratung Rektor und Professoren
über die Ausschmückung der Fassade 1866

Universitätsarchiv Rostock
Neubau des Universitätshauptgebäudes 1864-1886
UAR 1.02.0 R XI A 17
Band 2, Nr. 65
1866 April 9
Beratung Rektor und Proff. Röper, Karsten, Thierfelder et subscriptus Mejer über Ausschmückung der Fassade
Abschrift des Protokolls
4 Seiten Papier folio
Transkription Kersten Krüger

Rostock, 9. April 1866
In loco Concilii.
Gegenwärtig:
M. D. Rector
Herr Professor Dr. Röper
Herr Professor Dr. Karsten
Herr OmedR. Dr. Thierfelder
et subscriptus.

Auf Einladung M. D. Rectoris – Anl. A – hatten genannte Mitglieder der von Rev. Concilio für den Universitätsbau gewählten Deputation sich zu einer Sitzung vereinigt, um - in Folge desfalsiger Aufforderung des Herren Geheimrathes von Both - Anl. B - über den Vorschlag des Archivrathes Lisch zur Ausschmückung von Façade und Giebel des neuen Universitätsgebäudes zu berathen. M. D. Rector verlas zuerst sowohl diesen Vorschlag, als die in Anl. B enthaltene Aeußereung des Herrn Vicecanzlers darüber, und wurde hierauf, nach eingehender Besprechung jedes Einzelpunktes beschlossen wie folgt:

1. In Betreff des Mittelbaues ist die Deputation mit dem Herrn Vicecanzler bis auf den einen Punkt einverstanden, daß sie die beiden oberhalb der Nischen, in welchen die Statuen der Universitäts-Stifter stehen sollen, projectirten Köpfe <u>nicht</u> weggelassen wünscht. Herr Archivrath Lisch hat vorgeschlagen, an dieser Stelle die Herzöge Jo-

[Seite 2]

hann Albrecht und Ulrich abzubilden. Hierfür allerdings kann die Deputation, aus weiterhin zu erwähnendem Grunde, nicht sein. Dagegen scheint es ihr angemessen, daß bei einer die Geschichte der Stiftung in Erinnerung bringenden Ausschmückung auch die an die in ihrer Art einzige Stellung erinnert werde, welche die Stadt zu derselben, und noch bis 1827 zur Universität überhaupt eingenommen hat, und sie proponirt daher, an genannter Stelle die Köpfe desjenigen Rostocker Bürgermeisters, der vorzugsweise an der Stiftung Antheil gehabt hat (Katzow), und etwa des ersten Rectors (M. Stenbecke) anzubringen. – Die Köpfe an dieser Stelle ganz wegzulassen, scheint ihr überdem aus architectonisch-ästhetischem Gesichtspunkte nicht wohl thunlich.

2. Vollständig einverstanden ist die Deputation mit dem Herrn Vice Canzler hinsichtlch der vier Statuen auf dem Friese. Sowohl weil sie allegorische Figuren ausgeschlossen wissen möchte, und mit dem von Herrn Archivrath Lisch proponirten historischen [Figuren] sich nicht einverstanden erklären kann, als weil ihr angemessen scheint, die Reformatoren und Erhalter der Universität nicht weniger, als ihre Stifter, in ganzer Figur darzustellen. Sie meint, daß die beiden Reformatoren an den Enden des Mittelbaues, die Statuen Großherzog Friedrich Franz I. an der Seite nach dem neuen Museum und die Statue Sr. Königlichen Hoheit des regierenden Herrn Großherzogs an der Ecke der Cröpeliner Straße anzubringen sein dürfte; und bemerkt, in Verbindung damit, schon hier, daß sie am Giebel des Gebäudes diese Fríeßstatuen weggelassen wünscht. Es würde sonst an

[Seite 3]

der Ecke des Gebäudes neben dem Standbilde des regierenden Herrn Großherzogs ein zweites zu placiren sein, was ihr nicht angemessen scheint. Eine Statue an dieser Stelle wird genügen.

3. Was die im Friese anzubringenden 14 historischen Köpfe betrifft, so war die Majorität der Deputation derselben Ansicht, welche auch der Herr Vice Canzler ausgesprochen hat, daß sie weggelassen werden möchten. Dagegen eine Minorität sie sowohl als dem Baustyl angemessene Verzierung, als auch ihrer geschichtlichen Bedeutung wegen vertheidigte. Einstimmig aber war man der Meinung, daß, im Falle sie beibehalen werden sollten, die Auswahl zu modificiren sei. Mit Einigen der vorgeschlagenen würde die Deputation sich ganz einverstanden erklären können, dagegen sie in Betreff anderer Gegenvorschläge sich vorbehalten muß.

4. Von Weglassung der Statuen auf dem Friese ist hinsichtlich des <u>Giebels</u> schon die Rede gewesen. Ebenso davon, daß für allegorische Figuren auch an dieser Stelle die Deputation sich nicht erklären kann. Nicht minder endlich von den für den Frieß vorgeschlagenen Medaillon-Köpfen. Dagegen meint die Commission, daß für den Giebel eine die Geschichte der Universität und zugleich die vier Facultäten ins Auge fassende Verzierung geeignet sein dürfte, und schlägt demgemäß für die beiden Nischen die Statuen von Caselius und Dav. Chytraeus, für die beiden großen Köpfe darüber die Büsten Ernst Cothmann's und Bording's vor. Oben in der Spitze des Giebels schiene

[Seite 4]

ihr, aus schon ad 1. bemerktem historischen Grund, die Anbringung des Rostocker Stadtwappens geeignet. Hierdurch wären die Vorschläge des Herrn Archivrathes Lisch zu modificiren.

Ut supra

Mejer.

Collatum

Mechberg.

Hermann Willebrand
Baubeschreibung des Universitätsgebäudes 1866

Universitätsarchiv Rostock
1.02.0, R XI A 17
Neubau des Universitätshauptgebäudes 1864-1886
Band 2, Nr. 62
1866 April 6
H. Willebrand an von Both
Vorwort aus dem Materialien- und Kostenanschlage zum Bau einer Universität in Rostock
H. Willebrand 11 Seiten Folio Abschrift
Transkription: Kersten Krüger

Vorwort aus dem Materialien- und Kostenanschlage zum Bau einer Universität in Rostock.

Das nun zu erbauende Universitätsgebäude zu Rostock besteht aus einem Mittelbau (71 ' [Fuß, künftig wie im Original: '] 2 " [Zoll, künftig wie im Original: "] tief und 42 ' breit, bis zum Dache 79 ' hoch) und aus zwei Flügeln, jeder an der Vorderfronte – zum Blücherplatz zu – 82 ' 3 " lang, 63 ' 2 " tief und bis zum Dach 68 ' hoch. Der rechte Flügel folgt mit seiner Giebelmauer der allgmeinen Häuserflucht in der Kröpelinter Straße.

Die Etagenhöhen sind:
von der Kellersohle bis zur Fußboden-Oberkante im Parterre = 10 '
von da bis zur Oberkante des Fußbodens im I Stock = 12 '
von da bis zur Oberkante des Fußbodens im II Stock = 16 '
[Seite 2]
von da bis zur Oberkante des Fußbodens im III Stock = 16 '
von da bis zur Oberkante des Fußbodens im Dach = 16 '
  Das Vestibül und die darüber gelegene Aula gehen jede durch 2 Geschosse.
  Die Fundamenttiefen – wo keine Keller sind – betragen, vom Fußboden des Parterre ab gerechnet, im rechten Flügel 11 ' im Mittelbau 10 ' und im linken Flügel 9 '.

Die Fundamente sind von Felsen in Kalk gemauert und verzwickt, auch mit einer Isolierschicht abgedeckt. Die innere Kellerscheidemauern sind von Backstein in Kalk aufgeführt.

Die Ringmauern sind im Parterre 3' stark, im I und II Stock 2 1/2 Fuß stark, im III Stock und im Dach 2' stark von Backsteinen in Kalk gemauert und beiderseitig geputzt. Der unterste Sockel an den beiden Hauptfacaden ist von Granit, die Fensterbänke im Parterre und im I Stock ebenda so wie die freistehenden Fensterpfeiler und die Bogenstücke darüber sind von Sandstein, ebenso die Sockel, Basen und Säulenschäfte am Portal des Mittelbaus, die freistehenden Pfeiler und die Architrave, Decken etc. in den
[Seite 3]
Fenstern des Vestibüls, ferner die Kropfstücke des Gurtgesimses zwischen I und II Stock auf den Vorlagen, darüber die Sockel mit Fuß- und Deckgesimse zur Aufnahme der Statuen und endlich die Sohlbänke und die Sockel darauf in den Figuren-Nischen, sämmtliche Architekturtheile, als Lisenen, Gesimse und Fenstereinfassungen im II und III Stock sind in Formsteinen hergestellt. Die Architectur der Hofseite zeigt die Fenster so wie die Lisenen und Gesimse durchweg in Backstein hergestellt, die Fläche dazwischen geputzt.

Sämmtliche innere Wände sind massiv von Backstein in Kalk aufgeführt, bis auf einige kleine Wände über der Durchfahrt am Katthagen. Die Bibliothekssäle so wie die Vorplätze dazu sind zwischen eisernen Balken ausgewölbt und erhält das unter dem Dach liegende obere 1/2 Stein starke Gewölbe eine Abdeckung von Asphalt, um bei etwaigem Brande des Dachstuhls die Bibliotheksräume gegen den nachtheiligen Einfluß des Spritzenwassers sicher zu stellen. Zu weiterer Erhöhung der Feuersicherheit erhalten die Bibliotheksräume an der Hofseite sowie an der Kröpelinerstraße – die Archivräume der Si-
[Seite 4]
cherheit gegen Einbruch wegen ringsherum – eiserne Läden, in allen Stockwerken eiserne Türen.

Die Repositorien in den Bibliotheksräumen werden theils neu gefertigt, theils aus den alten vorhandenen hergestellt und bieten dieselben eine reine Oberfläche von circa 33.500 Quadratfuß. Außerdem zeigt der Entwurf, auf welche Weise der Raum im Dachboden für die Aufstellung von Bücher-Repositorien in späteren Jahren ausgenutzt werden kann. Die Einrichtung selbst ist dem Anschlage nicht mit aufgenommen. Die Treppen der Vorplätze in dem Bibliotheksflügel werden im Gerippe von Eisen construirt und werden nur die Trittstufen und die Handläufe von Holz gefertigt.

Das Vestibül des Mittelbaus wird auf 4, aus Formsteinen aufgeführten Säulen eingwölbt und erhält das Gewölbe Rippen aus Formsteinen. Die Räume hinter dem Vestibül im Mittelbau sind im Parterre ebenfalls gewölbt; die Bibliothekar-Arbeitszimmer darüber erhalten gerohrte und geputzte Balkendecken, die Aula gehobelte Balken und in den Zwischenweiten getäfelte
[Seite 5]
Felder, in der Mitte der letzteren befindet sich ein großes Oberlicht.

Die Corridore im linken Flügel sind sämmtlich gewölbt, die Säulen in denselben von Sandstein; die Treppen im Parterre aus Granit, die beiden anderen Etagen-Treppen aus Eisen und Holz construirt. Die Decken der untergeordneten Räume dieses Flügels werden verschalt, gerohrt und geputzt; die Decken in den Lesezimmern, dem Conciliar- und Vorzimmer daneben so wie die in den Auditorien erhalten gehobelte und profilierte Balken, die Zwischenfelder werden geputzt und einfach mit Leinen verziert.

Der Fußboden in den Archiven und dem disponiblen Raum dazwischen wird flach mit Backsteinen ausgelegt und asphaltiert, der Fußboden des Vorplatzes daneben, derjenige des Vestibüls, der Corridore des linken Flügels und Mittelbaues im I Stock und derjenige des ersteren im II Stock werden in Fliesen gelegt. Die Fußböden der übrigen Räumlichkeiten, auch die der Bibliothek erhalten einfache tannene Fußböden bis auf die Aula, welche mit einem Parquet ausgelegt wird.

Die Heizung des Gebäudes geschieht theils durch
[Seite 6]
Oefen, theils durch Luft- und Wasserheizung. Für die Erwärmung der Aula ist eine Luftheizung angenommen. Das Vestibül, die Vorplätze und Corridore sowie die Bibliothek-Arbeitszimmer, die Lesezimmer, Conciliar- und Vorzimmer werden mit Wasser erwärmt und geschieht die Heizung der Gerichts- und Parteienzimmer, des Facultäts-Sitzungszimmers und sämmtliche Auditorien durch Oefen mit eisernen Heizkasten.

In den Grundrissen des Entwurfs ist die Anlage einer Gasbeleuchtung in Obacht genommen und ist die Verteilung der Flammen in den Vorplätzen, Corridoren, Lesezimmern, Conciliar- und Vorzimmer sowie in den Auditorien angedeutet; die Beleuchtung der Aula war vermittelst des Oberlichts der Decke beabsichtigt und sollte eine Reihe mit Flammen mit Reverbaren [sic] längs der großen Felder zwischen Oberlicht und Lichtschacht angebracht werden. Da aber über genannte Anlage keine Entscheidung vorliegt auch nicht feststeht, daß dieselbe überhaupt nothwendig ist oder auch nur gewünscht wird, so sind die Kosten dieser Beleuchtung in dem Anschlage <u>nicht</u> mit aufgenommen.

Die Decoration der inneren Wände beschränkt sich in den meisten Räumen, namentlich
[Seite 7]
in allen Vorplätzen auf einfache Linienverzierungen; tapeziert sind die Wohnräume der Pedellenwohnung, die Biblitothekar-Arbeitszimmer. Die Wände der Aula sind dem Zweck des Raumes entsprechend decoriert; eine Wandtäfelung von 5' Höhe zieht sich an den Wänden herum, darüber erhebt sich eine Pilaster-Architektur, deren Zwischenräume theils mit Stucco Lustro, theils mit einfachen teppichartigen Mustern ausgefüllt werden. Die ursprünglich intendirten Fresken in den großen Wandfeldern, bestimmt dem genannten Raume eine feierliche Würde zu verleihen, mußten des Kostenpunktes wegen dieser einfachen Decorationn weichen. Die eingebaueten Balkons und die Gallerie daselbst werden von Säulen und Stuckmarmor getragen, welche letztere auf hölzernen Kernen gefertigt sind.

Für Meublierung an Tischen, Stühlen, Vorhängen, Rouleaux etc. ist im Anschlag keine Summe ausgeworfen, indem die Wiederbenutzung der vorhandenen Gegenstände auf eine Zeitlang genügen möchte. Von den Bücherrepositorien in den Biblitohekssälen ist ein Drittheil als neu zu fertigen, zwei Drittheile sowie diejenigen in den Archiven als aus alten vorhandenen herzustellen veranschlagt. Vier Auditorien
[Seite 9]
im linken Flügel sind neu zu meubliren und die Anschaffung von Kathedern, Subsellien, Wandtafeln und Kleiderriegeln in Rechnung gebracht.

Das kleine Auditorium im II Stock des rechten Flügels sollte dagegen mit vorhandenem Material ausgerüstet werden und sind für Reparaturen an Tischler- und Anstricharbeiten Ansätze gemacht. Die in den Querschnitten angegebenen 5' hohen Lamperien sind nicht in den Anschlag aufgenommen, sondern statt derselben einfache Fußleisten berechnet.

Die Dächer sind mit Schiefer einzudecken, die Dichtung der Gräte, der Kählen, des Anschlusses an die verticalen Mauern höherer Gebäudetheile, die Dichtung der Oberlichter, der Dachfenster und der Schornsteinröhren theils in Zink, theils in Kupfer und Blei herzustellen. Sämmtliche Gesimse und Fensterbänke sind mit Doppelkranzblech abzudecken, die freistehenden Architecturtheile in gebranntem Thon, wie die Aufsätze über den Ausmündungen der Ventilationsröhren, die runden Giebel des Mittelbaues und derselbe an der Seitenfaçade so wie die Aerotarien [?] auf dem Hauptgesimse, ferner die kleinen Winkel zwischen genannten runden
[Seite 8]
Giebeln und den Dachflächen sind mit Blei abzudecken und zu dichten.

Das Gebäude wird mit Blitzableitern versehen.

Der Durchbau des s. g. neuen Flügels – so weit derselbe stehen bleibt, da ein Theil dem Neubau des Hauptgebäudes weichen muß – bezweckt im Parterre die Herstellung einer Wohnung für den Famulus, im 1ten Stock die Anlage von Auditorien und eines Raumes für die landwirtschaftliche Sammlung [Randbemerkung: Facultätszimmer]; im 2ten Stock sind 3 Carcer hergestellt und bleibt ein Bodenraum übrig, welcher für das Erste als Raum für Heizungsmaterial benutzt wird, später durch Ausbau zu sich etwa vernothwendigenden Räumlichkeiten – etwa für Sammlungen – umgeschaffen werden kann. Der Transport des Brennmaterials geschieht durch eine nach dem Hofe hinaus über der Durchfahrt angelegte Windevorrichtung. Zwischen diesem Flügel und dem Neubau ist eine gleiche Vorrichtung vorausgesehen und geht ein Schacht in der starken Trennungsmauer vom Parterre bis in den obersten Boden genannten Flügels; auf den Podesten der Haupttreppe sind Oeffnungen angebracht, durch welche das Brennmaterial leicht in die einzelnen Stockwerke zur Heizung der Auditorien etc. auf-
[Seite 10]
gefahren werden kann. Die Auditorien im Flügel werden mit vorhandenen Kathedern, Subsellien etc. meublirt und sind auch hierbei für Reparatur an Tischler- und Malerarbeiten Ansätze aufgestellt. Die hohen Lamperien sind ebenfalls im Anschlage gestrichen und durch Fußleisten ersetzt. Zum Ausbau des Flügels sind möglichst die alten vorhandenen Materialien benutzt; die untere Balkenlage bleibt ziemlich unberührt und ist dieselbe bei Abnahme des Daches durch ein Notdach vor Durchweichen durch Regen zu schützen; die zweite Balkenlage wird einige Fuß gesenkt, und werden die alten Sparren zur Herstellung des neuen Daches, welches mit Schiefer einzudecken ist, verwandt.

Es ist schließlich noch zu bemerken, daß im Anschlage auf Provisorien, welche sich durch die Länge der Bauzeit vernothwendigen und die Bauausführung betreffen, genügende Rücksicht genommen ist; dagegen keinerlei Posten ausgesetzt sind für etwaige Provisorien, welche die Lehrzwecke der Universität und Benutzung der Bibliothek betreffen, als für Miethe von Localen oder Beschaffung von Utensilien irgendeiner Art. Weder für die Feierlichkeit einer Grundsteinlegung noch für die Einweihung des Gebäudes sind irgend
[Seite 11]
welche Ansätze in Rechnung gebracht.

Der Maßstab der Grundrisse, Façaden, Schnitte und Balkenlagen ist 10 Fuß-1/2 Zoll Hamb. M. Sämmtliche Maaße sind Hamburger Fuß und Zoll.

H. Willebrand

Zeitzeugengespräch
mit Dipl.-Ing. Holger Kotermann am 18. Juli 2013

Gesprächspartner
Emanuel Hollack, Kersten Krüger
Protokoll Emanuel Hollack

Kersten Krüger:
Wir haben folgende Fragen. Wann haben die Planungen begonnen? Wer war zuständig für die Planung? Wer war zuständig für die Finanzierung und wie war der Beschlussprozess bis zu dem Ergebnis, das Sie heute mit bestem Gewissen vertreten können? Wie ist der Endstand, und nach welchen Grundsätzen fand die Sanierung statt?

Holger Kotermann:
Wann fing es an? Eigentlich schon im Jahre 1990, kann ich sagen. Da stand schon fest, das Hauptgebäude muss grundsaniert werden. Es gab im Jahr 1996 eine erste Haushaltsunterlage „Bau", in der festgehalten war, was man machen will. Auf Grund von Prioritäten anderer Baumaßnahmen verschoben sich diese Pläne. Erst im Jahr 2006 haben wir den zweiten großen Anlauf gemacht. Da fingen wir richtig an.

Wir haben alles Alte genommen und dann aber von vorne geplant. Unser Ziel war allgemein die Herstellung der alten Struktur mit Büronutzung (einschließlich Rektorat) und Veranstaltungsräumen. Das Neue Museum wird großräumig aufgebrochen.

Wir entwarfen ein Raumprogramm ohne konkret Nutzer einzutragen, wie wir es eigentlich in anderen Gebäuden immer machen. Wir haben uns hier beim Hauptgebäude die Flexibilität bewahrt, weil wir nicht wussten, was wir finden, wenn wir das Gebäude aufmachen. Zwar kann man vieles vorher untersuchen, kleine Löcher in den Boden bohren, man kann die Restauratoren die Wände auf frühere Farbschichten prüfen lassen, aber was man letztendlich findet, wenn es wirklich losgeht, weiß man nicht. Von daher entschieden wir uns für die allgemeine Aussage: Büroräume mit entsprechenden Nutzungen. Aula und Konzilzimmer waren ohnehin ein Sonderfall. Das haben wir dem Bildungsministerium eingereicht und es wurde auch so bestätigt. Dann fing die Planung an. Es erging ein Planungsauftrag, aus dem der Baubedarf für die Grundsanierung hervorging. Dafür beantragten wir die erforderlichen Mittel für die Doppelhaushaltsplanung der nächsten Jahre.

Kersten Krüger:
Schon mit Beträgen?

Holger Kotermann:
Schon mit Beträgen, die sich aus so genannten Richtwerten ergeben. Das ist ein Wert, pro Quadratmeter Hauptnutzfläche, den man mit der Hauptnutzfläche multipliziert. Dann steht da eine Zahl, die wir als Bausumme beantragen. Diese geht in die Haushaltsdebatte. Zwischen Bildungsministerium, Finanzministerium und letztlich Landtag wird entschieden, ob das Gebäude so wichtig ist, dass es jetzt in die Planung kommt oder erst später in die mittelfristige Finanzplanung oder noch ein Stückchen weiter. Beim Hauptgebäude kam es mit diesen Schritten so weit, dass wir ab 2009 bauen durften. Das Geld war bewilligt. Entsprechend den Planungen begannen wir mit den Freizügen.

Es traf sich gut, dass wir 2008 das Haus 3 in der Ulmenstraße 69 vom Bund durch das Land erwerben konnten. Damit hatten wir auch genügend Ausweichflächen, um das Hauptgebäude leer zu ziehen. Das ist immer ein Problem. Denn Sie müssen, wenn Sie ein Gebäude grundsanieren, alle Nutzer herausholen. Anmietungen in solchen Größenordnungen sind schwierig und auch teuer. Insofern war das Gebäude in der Ulmenstraße ein glücklicher Umstand. Das haben wir dann im Jahr 2009 für etwa 800.000 Euro hergerichtet. Am 1. Oktober 2009 war es funktionsfähig. Hierher kamen das Rektorat, Teile der Verwaltung, das ZQS und Lehrräume der Philosophischen Fakultät. Das Universitätsarchiv blieb in der Innenstadt.

Dann ging es im Hauptgebäude los. Viele Dinge mussten herausgenommen werden. Zunächst wollten wir den Fußboden schützen. Das ging aber nicht. Er musste komplett demontiert werden. Die Suche nach Schätzen war ohne Ergebnis. Selbst Scherben oder Ähnliches wurde nicht gefunden. Dann wurde das gesamte Gebäude entkernt, alle alten Leitungen und Technik mussten raus. Dann konnten wir neu anfangen. Jetzt möchte ich die Gebäudeteile einzeln durchgehen.

Kersten Krüger:
Vielleicht sagen Sie noch etwas zur Zuständigkeit. Sie sagen „wir". Ist es das Dezernat Bau oder der BBL'?

Holger Kotermann:
„Wir" ist der BBL M-V und die Universität.

Kersten Krüger:
Sie fertigen die Entwürfe an und der Rektor muss es bestätigen?

Holger Kotermann:
Ja, und danach kommt im Lande der Weg der Genehmigung: über die Haushaltsanmeldungen, über das Bildungsministerium und das Finanzministerium; letztlich beschließt der Landtag den Haushalt. Wenn der Betrag da drin ist, ist alles klar. Dann übernimmt der BBL M-V *(Betrieb für Bau und Liegenschaften M-V)*. Er ist Eigentümer aller Landesgebäude, also des gesamten Landeseigentums an Immobilien, damit auch des Sondervermögens; dazu gehören alle Gebäude der Universität. Der *Betrieb für Bau und Liegenschaften* erledigt alle Bauaufgaben, bekommt vom Bildungsministerium, wenn es im Haushalt steht, den Planungsauftrag und den Auftrag zur Grundsanierung des Gebäudes. Dafür wird eine bestimmte Summe genehmigt, für die eine Haushaltsunterlage zu erstellen ist. Diese enthält die Maßnahmen der Grundsanierung und die Kosten der einzelnen Schritte. Das ist die Aufgabe des BBL. Er beauftragt dafür Architekten, weil er selber nicht so viel eigene Kapazitäten hat, und andere freiberufliche Planer, wie etwa Elektroplaner. Wenn diese Unterlagen (einschließlich der einzelnen Kosten) von allen gelesen, abgestimmt und unterzeichnet sind, also auch von der Universität, dann geht es los mit Bauen. Dieser Schritt lief im Vorfeld zwischen 2006 und 2009. Als im Oktober 2009 das Gebäude frei war, begann der Bau. Während der Bauarbeiten sind wir – die Universität – nach den Vorschriften eigentlich außen vor. Normalerweise dürfen wir eigentlich erst wiederkommen, wenn das Haus fertig ist.

Kersten Krüger:
Stimmt das in der Realität?

Holger Kotermann:
In der Realität ist es anders, weil es zwischendurch so viel abzustimmen gilt, dass man uns ständig braucht und dass wir auch ständig dabei sein müssen, damit wir an einigen Stellen auch das bekommen, was wir wirklich brauchen, nicht irgendetwas, was sich die Planer manchmal einfallen lassen. Es ist nicht immer einfach für die Planer, wenn es um die Bedarfe der Universität geht. Irgendwann sagte einmal ein Planer zu mir: „Na ja so ein Laborgebäude der Chemie, das ist doch wie ein Krankenhaus." Meine Antwort lautete: „Das Krankenhaus ist das eine, das ist schön. Da gibt es Vorschriften, diese umsetzen und das Krankenhaus ist fertig, aber ein Laborgebäude an der Universität ist etwas Individuelles. Da

gibt es auch zahlreiche Vorschriften, aber die sind immer einzeln zu berücksichtigen und einzeln zusammenbringen." Insofern müssen wir dabei sein und müssen auch eingreifen. Das ist der Verfahrensablauf.

Also es wurde gebaut. Wir wollten mit dem Hauptgebäude nach zwei Jahren fertig sein, jetzt werden es fast vier Jahre, also zwei Jahre länger. Das kam durch Probleme, auf die wir erst beim Bau stießen. Auch wurde sanfter saniert, und das dauerte länger als eigentlich vorgesehen. Es ist eben ein altes historisches Gebäude. Jetzt bin ich froh, dass die Fertigstellung demnächst geschafft ist mit Einzug zum Ende des Jahres. Wir wissen die Termine noch nicht ganz genau, aber wir ziehen ein.

Kersten Krüger:
Jetzt hatte ich Sie unterbrochen, Sie wollten auf die Gebäudeteile eingehen.

Holger Kotermann:
Ich fange mit dem hinteren, mit dem rückwärtigen Flügel, dem so genannten Flügelanbau an. Er wurde 1827-1829 an das Weiße Kolleg angebaut. Es war immer ein Anbau, im Inneren einhüftig gebaut, das heißt, der Flur auf der einen Seite, die Räume auf der anderen Seite. Das waren alles große Räume, die in den letzten Jahren einerseits von der Physik und andererseits als Lehrräume für die Philosophische Fakultät genutzt wurden. In allen Vorplanungen kamen wir für diesen Gebäudeteil zum Ergebnis, dass es darin viel zu viel Verkehrsfläche gibt, während wir mehr Bürofläche brauchen. Daher kamen wir dazu das Gebäude zu entkernen, in der Mitte einen Flur anzulegen und links und rechts Büros, also eine zweihüftige Bauweise daraus zu machen. Der BBL stimmte zu, weil der rückwärtige Flügel nicht unter dem hohen Denkmalschutz steht, wie der vordere Teil, das Hauptgebäude. Innen sieht es jetzt sehr gut aus, die Fassade blieb unverändert, darauf hat der Denkmalschutz Wert gelegt. Im Inneren sind jetzt – durch die zweihüftige Bauweise – mehr Büros entstanden und damit eigentlich die optimale Flächennutzung, die man mit diesem Gebäudeteil erreichen kann. Die Anbindung ans Hauptgebäude ist ebenfalls gelungen. Wir konnten auch mehr Toiletten einbauen. Früher gab es ja nur eine sanitäre Anlage im Hauptgebäude. Dieser hintere rückwärtige Anbau ist – wegen unterschiedlicher Bauzeiten – in den Etagen nicht dem Hauptgebäude angeglichen. Die unterschiedlichen Höhen erfordern Übergänge vom Hauptgebäude mit jeweils vier bis sieben Stufen nach oben.

Kersten Krüger:
Zugang von jeder Etage? Das war früher, glaube ich, nicht so.

Holger Kotermann:
Doch, das war früher durchaus der Fall, nur im Erdgeschoss sehr mühsam – entweder durch einen eigenen Eingang vom Hof oder durch den Keller, den Lager-Keller der Physik. In die beiden Etagen darüber kam man schon immer vom Hauptgebäude aus hinein. Jetzt gibt es Übergänge in allen drei Ebenen, allerdings über Treppenstufen, die mit einem Hub-Lift für Behinderte ausgestattet sind, so dass wir alles behindertengerecht erschließen. In den rückwärtigen Anbau kommt ein Teil der zentralen Verwaltung der Universität hinein, das ZQS *(Zentrum für Qualitätssicherung)* und D1, also unser Dezernat Recht und Akademische Angelegenheiten. Die Büros bekommen eine Standardausstattung wie hier in der Ulmenstraße. Da war auch nichts zu berücksichtigen, was wir wegen der Denkmalpflege erhalten mussten.

Kersten Krüger:
Haben Sie da auf Energiesparsamkeit geachtet? Oder ist das schon durch die dicken Mauern gegeben?

Holger Kotermann:
Sie können an diesem Gebäude an der Außenfassade nichts mehr machen. Weil die Mauern dick genug sind, braucht man auch nicht von innen zu dämmen. Es gibt sonst bei einem Altgebäude immer die Möglichkeit, wenn die Fassade nicht angefasst werden darf und wenn die Mauern zu dünn sind, von innen eine Dämmung zu machen. Das ist beim Hauptgebäude aber nicht notwendig, weil die Mauern dick genug sind.

Krüger:
Aber bei den Fenstern lässt sich noch einiges machen.

Holger Kotermann:
Die Fenster sind ja schon neu und mit Wärmeschutzverglasung versehen. Man könnte jetzt noch Dreifach-Verglasung einbringen, aber das passt zu diesen Fenstern nicht. Das war die Sanierung des rückwärtigen Flügels. Gehen wir mal in das Neue Museum. Dieses wurde ja früher gebaut – 1844 –, es war ein separates Gebäude ohne Übergänge ins Hauptgebäude. Gebaut ist es wirklich als ein Museum. Daher hatte es großräumige Strukturen auf allen Ebenen. Diese sind in den Jahren nach 1950 so kleinräumig verschachtelt worden, dass man dort kaum hinein- oder herausfinden konnte. Nur die Mathematiker als langjährige Nutzer kannten sich aus. Aus diesem Gebäudeteil haben wir alle Verschachtelungen herausgenommen, so dass die Großräumigkeit auf allen

Ebenen wiederhergestellt ist. Wir haben zusätzlich durch Verlegung eines Hörsaals (218), der auf der zweiten Etage in der Mitte des Gebäudes lag und den Weg zum Neuen Museum versperrte, einen direkten Durchgang geschaffen. Jetzt gibt es auf allen Ebenen – Erdgeschoss, Erstes, Zweites und Drittes Obergeschoss – Durchgänge vom Hauptgebäude in das Neue Museum. Das ist auch wichtig für die Fluchtwege. Die großen Räume im Neuen Museum eignen sich hervorragend für die Lehre. Daher besteht dieser Flügel fast nur aus Räumen für die Lehre, nur auf einer Etage sind drei Büros mit eingebaut. Die Hörsäle und Seminarräume bieten Platz für 800 bis 900 Studenten. Auch deshalb – und wegen des Brandschutzes – mussten wir das Treppenhaus komplett erneuern. Es war ein Holztreppenhaus.

Kersten Krüger:
Das neue ist aber nicht wieder aus Holz, sondern aus Beton, oder?

Holger Kotermann:
Das ist alles in Beton und brandschutzgerecht. Als Zweites kam hinzu, dass wir für die behindertengerechte Erschließung Aufzüge einbauen mussten. Zudem muss man heutzutage bei einer bestimmten Anzahl von Menschen auch eine bestimmte Treppenbreite einhalten, damit sie im Notfall fliehen können. Das ging in dem alten Treppenhaus gar nicht. Die erste Idee des Architekten war es zu versetzen und in Richtung auf den Hof hinauszuschieben. Meine Befürchtung, die Denkmalpflege werde das nicht mitmachen, stimmte nicht. Die Denkmalpflege stimmte zu. Wir haben das Treppenhaus rückwärts verlängert und konnten damit das Treppenauge soweit aufweiten, dass ein Fahrstuhl hineinpasst und die Treppenbreite ausreicht. Der rückwärtige Treppenteil, der jetzt zur Kirche hinausgeht, ist im Prinzip eine Glasfront mit einem Teil Klinker. Es ist gut geworden. Die Meinungen mögen auseinandergehen, aber ich finde diese Lösung schön, weil die Farbe der Klinker von der des Hauptgebäudes abweicht und man den neuen Einbau daran erkennt. Man wird aus diesem Treppenhaus einen hervorragenden Blick in den Klosterhof und auf die Universitätskirche haben. Zum Neuen Museum ist noch der offizielle Behinderteneingang über zwei Rampen vom Universitätsplatz her zu ergänzen. Die Türen bleiben so, wie sie sind. Sie wurden, soweit es ging, aufgearbeitet, sonst nachempfunden. In den Hörsälen brauchen wir allerdings jetzt Brandschutztüren. Der Bodenbelag ist überall erneuert. Terrazzo in den Fluren, Linoleum in den Hörsälen, weil es sich einfach besser pflegt und besser macht. Das sieht auch richtig gut aus. Die Säulen sind alle wieder da. Wir haben im Erdgeschoss den Eingang wieder so hergestellt, wie er früher war. Das sind die Umbauten im Neuen Museum.

Kersten Krüger:
Sind die Hörsäle technisch dann auf dem neusten Stand?

Holger Kotermann:
Die sind technisch auf dem Stand, den wir jetzt haben: mit Beamern, mit Doppelprojektion, mit Touchpanel, so dass man die Verdunklung herunterfahren und den Beamer einschalten kann. Zum Schluss drückt man den Knopf *Veranstaltungs-Ende* und dann schaltet sich alles von allein wieder aus. Das haben wir in anderen Hörsälen auch und das hat sich bewährt. Wenn man getrennt die Verdunklung wieder hochfahren und den Beamer ausschalten muss, vergisst man leicht das Eine oder das Andere. Die Ausstattung ist normal, die Ersteinrichtung machen wir jetzt gerade. Das Gestühl wird ergonomisch, sicherlich nicht immer die optimale Platzbreite, weil wir immer den Zwang haben möglichst viele Plätze im Raum unterzubringen. Nimmt man breite Sitze, passen weniger Leute hinein. Lassen Sie uns nun in den rechten, den nördlichen Flügel gehen, dabei überspringe ich erst einmal den Mittelteil.

Kersten Krüger:
Also wo früher das Archiv war?

Holger Kotermann:
Genau, wo früher Archiv war. Der heißt ja Nordflügel oder Bibliotheksflügel, weil er errichtet wurde, um dort über alle Etagen die Bibliothek unterzubringen. Er hat in allen Etagen die für eine Bibliothek erforderliche Statik. Zwar sind ein paar Träger irgendwann herausgenommen worden, wir konnten ihn aber so gestalten, dass im Erdgeschoss wieder das Archiv einzieht, wie es früher war. Im Geschoss darüber sind zwei Räume für das Archiv vorgesehen, die anderen beiden sind noch für die Verwaltung bestimmt. Die zweite und die dritte Etage erhalten Büroräume. Das war auch schon vorher der Fall. Viele Jahre saßen dort die Physik, auch das ZQS und die Altertumswissenschaften mit ihrer Bibliothek. Jetzt kommen nach ganz oben und in das zweite Obergeschoss – die Theologie, darunter, wie erwähnt, das Archiv. Damit sind alle Etagen wieder belegt. Da haben wir übrigens wenig verändert. Die Räume sind alle so geblieben, wie sie waren. Da, wo wir es konnten, haben wir die Stahlträger der Decken sichtbar belassen, obwohl das schwierig ist, weil der Brandschutz dagegenspricht. Wenn Stahl eine bestimmte Hitze erreicht, dann bricht das alles zusammen. Daher mussten wir eine dicke Packung aufbringen oder eine Brandschutzfarbe. Im Parterre und im ersten Obergeschoss stehen Säulen wegen der Last. Die haben

wir mit Beton verstärkt, aber die Kapitelle sichtbar belassen. Der Betonmantel schützt bei Feuer.

Kersten Krüger:
Die Säulen sind nicht aus Gusseisen?

Holger Kotermann:
Nein, das ist Stahl. Daher mussten wir Kompromisse eingehen, selbst wenn es manchmal weh tut. Im Bibliotheksflügel gab es noch ein eigenes Treppenhaus aus Gusseisen. Es war schon so marode, dass wir es herausnehmen und durch eine Betontreppe ersetzen mussten. Dieses Treppenhaus ist jetzt auch ein Flucht-Treppenhaus. Dort wurde auch ein zweiter Aufzug eingebaut, der über alle Etagen geht. Damit ist es ein Standard-Treppenhaus. Die Breite reicht aus, weil es nicht von ganz so vielen Leuten benutzt wird, da dort hauptsächlich die Verwaltung sitzt. Damit haben wir im Hauptgebäude zwei Flucht-Treppenhäuser, eins im Neuen Museum und eins im Bibliotheksflügel. Dazwischen liegt der Mittelteil des Gebäudes, auf den wir jetzt eingehen wollen.

Kersten Krüger:
Wo befand sich der Laubengang?

Holger Kotermann:
Im Mittelteil, damit können wir dann gleich anfangen. Früher führte am Ende des Neuen Museums die Straße des Kleinen Katthagen entlang, die sich jetzt durch den Klosterhof und um die Universitätskirche herumschlängelt. Früher führte eine Durchfahrt unter dem Hauptgebäude zum Kleinen Katthagen. Da konnte man unten durchlaufen sowie durchfahren. Diese Durchfahrt wurde am Ende der 1930er Jahre zugebaut. Man erkennt innen im Hauptgebäude noch die Bögen der Durchfahrt. Zunächst bestand die große Idee die Bögen durch Glas so sichtbar zu machen, dass man hindurch gucken kann. Aber das ging nicht, weil Räume für Nutzungen gebraucht wurden. Das sind rund 50 Quadratmeter Fläche, die nur zum Durchgucken zu verglasen, nicht vertretbar ist. Immerhin kann man die Stelle erkennen, und das ist das Wichtige.

Im Mittelteil, das ist der Bereich des Foyers, haben wir als wesentliche Änderung die alte Treppe wieder eingebaut, die links vom Foyer direkt in das erste Obergeschoss führte und wieder führt. Diese war am Ende der 1930er Jahre abgebrochen und durch eine neue rückwärtige ersetzt worden, über die man in das erste Obergeschoss gelangte. Von dort führte die alte gusseiserne Treppe weiter nach oben. Diese bleibt erhalten. Jetzt kommt man ins Foyer und sieht rechts den Durchgang zum Bibliotheksflügel, links geht es die Treppe hoch geradeaus guckt man auf eine Wand.

Kersten Krüger:
Wo früher der Atlas stand?

Holger Kotermann:
Ja, dort stand früher der Atlas, später hing dort das Relief von Jo Jastram. Dieses bleibt im Hauptgebäude, kommt jedoch auf den Hof. Dort wird eine eigene Mauer errichtet, und da wird es wieder angebracht. Das hat sich der Künstler noch zu seinen Lebzeiten selber ausgesucht. Die Treppe ist eigentlich die größte Veränderung, die wir im Hauptgebäude vornahmen, zusammen mit dem neuen Treppenhaus im Neuen Museum.

Kersten Krüger:
Aber die Treppe ist ja kein Problem für den Denkmalschutz, weil sie ursprünglich so gebaut war, oder?

Holger Kotermann:
Kein Problem? Es gab allerdings eine Diskussion, ob wir es wirklich tun wollten, denn dadurch wird das Erdgeschoss im Südflügel eigentlich abgeschnitten. Um den Flur dorthin zu erreichen, muss man einen Schlenker über den Bibliotheksflügel gehen. Dieser Flur führt bis ins Neue Museum. Früher befand sich in diesem Bereich die Küche der Wohnung des Pedells, aber das ist sehr lange her.
Über die neue – eigentlich die alte wiederhergestellte – Treppe geht man vom Foyer links nach oben hoch, ins erste Obergeschoss, wo sich das Rektorat befindet. Das Rektorat haben wir in der alten Struktur wiederhergestellt. Ursprünglich hatte der Rektor kein eigenes Büro im Hauptgebäude, seit Ende des 19. Jahrhunderts dann ein relativ kleines, das an das Neue Museum grenzte. Erst 1929 zog das Rektorat an seinen heutigen Standort, wo sich früher Lesesäle der Universitätsbibliothek befanden, die auch für Lehre genutzt wurden. Das Rektorat war in zwei Räume geteilt. Zu DDR-Zeiten wurden die Decken abgehängt, weil man die alten Holzbalkendecken nicht sanieren konnte oder nicht wollte. Das haben wir alles wieder aufgemacht und dabei festgestellt, dass der Raum des Rektors ursprünglich größer war, da gehörte noch eine Spange dazu. Zunächst wollten wir die Raumteilung belassen, weil es für die Nutzung besser gewesen wäre, aber die Decke hätte dann nicht mehr gut ausgesehen. Deshalb nahmen wir die Trennwand heraus. Dadurch ist das Rektorbüro jetzt

rund 60 Quadratmeter groß. Daneben befindet sich, wie immer, das Sekretariat, das auch ein bisschen größer wurde. Dann folgt der Raum der Referenten.

Auf der anderen Seite, die zum Hof zugewandt ist, wird der Kanzler in die Räume einziehen, wo er schon einmal seinen Sitz hatte. Zwischenzeitlich war er mit in die Verwaltung in der Schwaanschen Straße gezogen. Jetzt kommt er auf Wunsch des Rektors wieder ins Hauptgebäude.

Dann gehen wir ins zweite Obergeschoss. Dort befinden sich die repräsentativen Räume: Aula, Konzilzimmer, Begegnungszimmer, die wir alle auch wieder denkmalgerecht restauriert und hergerichtet haben. Einiges wurde erneuert. Die Holzvertäfelung ist neu, aber wieder im alten Stil gestrichen. Die Wände in den Fluren wurden auf ihre Farbgebung untersucht und sind in den alten Farben gestrichen.

Kersten Krüger:
Wirkt das nicht ein bisschen dunkel?

Holger Kotermann:
Nein, es ist nicht dunkel. Weil die Hauptfarbe beige ist, also schon hell. Nur unten gibt es einen Fries, der ornamental gestaltet ist. Ich dachte auch, es sei mehr dunkle Farbe, aber der Fries ist nicht hoch, wie auch im Foyer. Darüber ist es die Farbe von hellem Sandstein. Daher ist es nicht dunkel. Im Konzilzimmer wurden die Decken wieder aufgemacht, das sieht sehr schick aus. Wir haben da noch einen Kniff eingebaut, dass wir einen Raum ganz aufgelöst haben. Hinter dem Professorenzimmer verläuft der Durchgang zum Neuen Museum. Bei dem Raum, der an das Professorenzimmer anschließt, haben wir die Wand zum Flur herausgenommen. Dieser ist jetzt im Prinzip ein Begegnungsraum für Großveranstaltungen, aber auch für Catering. Das wurde so genehmigt, weil wir einen Veranstaltungsbereich brauchen, der auch etwas hergibt. Hier können wir mit über 200 Leuten vernünftig agieren. Die Aula bietet Platz für 200 bis 250 Leute. Das Begegnungszimmer dient als Kleinstberatungsraum, wo eine Veranstaltungsleitung sitzen kann. Es gibt das Konzilzimmer, wo ein größerer Kreis sich separat beraten kann. Dann kommen das Professorenzimmer und der große Flurbereich mit gegenüberliegender Teeküche und Garderobe hinzu. Das ergibt insgesamt einen Veranstaltungsbereich, der für alle Eventualitäten ausreicht.

Im dritten Obergeschoss waren schon immer Büros und der Luftraum der Aula, weil die Aula über zwei Etagen geht. Da ist Folgendes passiert. Es war ja die Empore in der Aula aus Gründen der Statik und des Brandschutzes ganz lange nicht nutzbar, jetzt ist sie es wieder. Die statischen Probleme sind einfach durch ein paar Einbauten im Boden erledigt worden und für den zweiten Fluchtweg haben wir einen Büroraum hinzugenommen. Sie können sich oben ganz gemütlich hinsetzen, es bricht nicht mehr zusammen. Es gibt auch wieder zwei Zugänge, der eine führt über das Treppenhaus und der zweite ist der Fluchtweg in die dritte Etage. Die beiden kleinen Balkone bleiben weiterhin der Technik vorbehalten. Die haben wir nicht bestuhlt. Dort wird auch niemand sitzen.

Ansonsten sind im dritten Obergeschoss nach wie vor Büros untergebracht, die wir auch brauchen. Das Treppenhaus, das gusseiserne Treppenhaus ist geblieben. Da werden wir den Handlauf – in Abstimmung mit der Denkmalpflege und dem Brandschutz – nicht erhöhen. Es bleibt und sieht so aus wie vorher, was auch schön ist. Wir können das Treppenhaus in seiner ursprünglichen Form erleben. Es ist neu gestrichen. Es kommen wieder die Büsten hinein, wenn wir sie denn wiederfinden. Das Oberlicht ist auch wiederhergestellt. Wenn das Licht von oben voll auf das Treppenhaus fällt, sieht es richtig gut aus.

Ein weiteres Highlight ist noch, dass wir in der Aula das Oberlicht wieder geöffnet haben. Da gab es drei Oberlichter, ein größeres in der Mitte und zwei kleinere. Die sind jetzt wieder erlebbar, so dass wir nun wieder Tageslicht von oben haben. Man ist einfach überwältigt, wenn man es plötzlich da oben so hell sieht. Dann wird das Fenster neugestaltet. Den Entwurf für das neue Aula-Fenster habe ich noch nicht gesehen, aber es soll farbig sein, mit Bleiverglasung, die die frühere Blendwirkung aufhebt. Früher musste man immer das Rollo herunterlassen, jetzt nur noch, wenn man eine Verdunklung braucht.

Kersten Krüger:
Ist das Glasfenster mit Figuren versehen?

Holger Kotermann:
Ich glaube nicht figürlich, eher Scherben, die man mit Bleiverglasung verbindet. Da lasse ich mich auch überraschen. Die Kronleuchter sind alle wieder aufgehängt. Es wurde nur sparsam restauriert. Die Bilder – oben die Porträts der Professoren – sind alle restauriert worden. Die Holzvertäfelung ist aufgearbeitet. Als Heizung dient jetzt eine Fußbodenheizung, so dass wir keine Heizkörper brauchen, die dem Denkmalschutz widersprochen hätten.

Die Lüftung ist auch erneuert, ich hoffe gut versteckt. Wir hoffen, dass sie funktioniert. Denn bei Lüftung ist es immer etwas problematisch, ob sie wirklich so läuft wie berechnet und nicht zu laut ist. Bisher ist sie wegen Staub noch nicht gelaufen, damit sich die Filter nicht gleichzusetzen. Die Bestuhlung haben wir noch nicht, die ist gerade in der Ausschreibung. Medientechnik kommt hinein, gut versteckt: Lautsprecheranlage und Beamer. Das Passende findet man schon, manchmal ist es dann ein bisschen teurer.

Kersten Krüger:
Es ist ein bisschen teurer und das geht noch im Kostenrahmen?

Holger Kotermann:
Also Nachträge haben wir auch anderswo gebraucht, auch beim Hauptgebäude. Aber das hatte damit zu tun, dass man im Vorfeld nicht alles sehen konnte, was zu machen war. Das waren bautechnische Sachen, beispielsweise fehlten im Bibliotheksflügel irgendwo Träger, was sich beim Herausnehmen verschachtelter Wände zeigte. Beim Abbruch einer Wand – da wo der Kanzler wieder einzieht – kam eine alte Stahlsäule zum Vorschein, an der noch ein alter blecherner Kleiderbügel mit einem Holzknauf hing, und da fragte ich: „Wo ist die Jacke?" Sonst haben wir im Hauptgebäude nichts irgendwie Spektakuläres gefunden. Selbst der Brunnen im rückwärtigen Anbau, der richtig untersucht wurde, enthielt nichts, so dass wir ihn zugeschüttet haben.

Kersten Krüger:
Ich habe noch eine Frage zur Beleuchtung. Das Konzilzimmer hatte eine modernistische, mit Dutzenden von Glühlampen. Wie machen Sie jetzt die Beleuchtung?

Holger Kotermann:
Wir hängen moderne Leuchten an die Decke. Es sind Leucht-Ringe, die in die einzelnen Kassetten hineinkommen. Dort laufen Balken, die die Querbalken tragen. Das sind im Konzilzimmer drei Stück. In jede der dadurch gebildeten Kassetten kommt so ein Ring, der, glaube ich, zwei Meter Durchmesser hat. Damit schaffen wir die erforderliche Beleuchtungsstärke und die Leuchtringe nehmen sich sehr zurück. Wir müssen für Beratungen eine Lichtstärke von 500 Lux auf dem Tisch bringen. Das ist nicht wenig, so etwas bekommt man zuhause im Wohnzimmer nicht so schnell hin. In historischen Räumen sollen die Decken zu erleben sein und zugleich gute Leuchten tragen. Mit diesen Ringen haben wir etwas gefunden, was sich da gut einfügt. Die Montage-Arbeiten laufen gerade.

Kersten Krüger:
Eine Frage habe ich noch zum Verhältnis zum Denkmalschutz. Was Sie jetzt vorgetragen haben, klingt alles sehr harmonisch, alles wunderbar und auch ohne viele Probleme. Ist es so?

Holger Kotermann:
Wir haben den Denkmalschutz immer mit eingebunden, auch bei allen Bemusterungen und es klingt nicht nur harmonisch, es war auch harmonisch. Natürlich gibt es immer Diskusionen und die müssen auch sein. Die wurden aber alle sachlich geführt, bisweilen auch emotional, weil man mit dem Haus eng verbunden ist. Aber letztendlich haben wir aus den verschiedensten Perspektiven – BBL, Denkmalpflege, unser Dezernat, teilweise Rektor – bei den zahlreichen Vorschlägen auf einen geeinigt, genau: die Mehrheit war sich immer schnell einig. Verbissen ging es nicht zu.

Kersten Krüger:
Eine abschließende Frage: Können Sie etwas zum Finanzrahmen sagen? Wie viel wird es kosten?

Holger Kotermann:
Es wird etwas über 16 Millionen kosten, oder rund 17 Millionen Euro. Das kann ich jetzt nicht genau sagen. Herr Sander vom BBL kann Ihnen die Zahlen vielleicht jetzt schon sagen.

Emanuel Hollack und Kersten Krüger:
Wir danken für das Gespräch und die vielfältigen Auskünfte.

Zeitzeugengespräch
mit Dipl.-Ing. Uwe Sander am 1. August 2013

Gesprächspartner
Martina Bartsch, Emanuel Hollack, Kersten Krüger
Protokoll Emanuel Hollack

Uwe Sander:
Wir haben eine CD mit Fotos zusammengestellt, und zwar Fotos vor dem Beginn der Sanierung, die wir gemacht haben. Wir haben im Jahre 2009 im September mit der Sanierung angefangen. Da gibt es Bestandsaufnahmen, die vorher gelaufen sind und die dann auch Fotos aus der Bauzeit beinhalten. Auf dieser CD werden Sie auch unsere Planungen finden, wie sich das Gebäude darstellt, wenn wir es übergeben.

Kersten Krüger:
Dafür danken wir. Zugleich stellen wir die Rückfrage, wenn wir daraus etwas veröffentlichen wollen, bekommen wir dann die Rechte von Ihnen?

Uwe Sander:
Die Rechte können Sie dazu haben, wenn Sie einen entsprechenden Vermerk dazu machen. Da gibt es überhaupt keine Probleme. Und ich denke mal, dass es auch sinnvoll ist. Wir werden das auch mit unserem Pressesprecher abstimmen, dass wir auch, wenn das Gebäude sauber ist, noch einmal solche Fotos aufnehmen, die dann das Vorher und Nachher zeigen.

Kersten Krüger:
Wir haben auch eine Fotoabteilung bei uns im Medienzentrum. Dort habe ich auch schon um Fotos gebeten. Machen Sie das dann zusammen oder machen Sie eigene Fotos?

Uwe Sander:
Das können wir gerne miteinander abstimmen. Das wäre ja dumm, wenn man die alle doppelt machen müsste. Das muss ja nicht sein.
 Wie ich immer zu sagen pflege: „Neben St. Marien ist das Universitätshauptgebäude in Rostock eins der meist fotografierten Gebäude." Das ist nun einmal so. Wir sind jetzt auch gerade bei der Maßnahme in der letzten Phase. Es wird für die Touristen im Monat August etwas traurig werden, weil wir nämlich im Hinterhof in die eigentliche Sanierung hineingehen. Da sind

alle unsere Handwerker zugange, und da kann man kein schönes Foto mehr machen. Aber das dauert nur eine kurze Zeit, bis sie dann alle wieder weg sind. Dann ist das auch soweit in Ordnung.

Zur Zuständigkeit möchte ich Folgendes erwähnen. Wir sind als *Betrieb für Bau und Liegenschaften* des Landes Mecklenburg-Vorpommern eine obere Landesbehörde und sind so strukturiert, dass wir eine Zentrale haben, wo unser Geschäftsführer sitzt, und insgesamt vier Geschäftsbereiche. Diese vier Bereiche befinden sich in Schwerin, in Rostock, in Neubrandenburg und in Greifswald. Die Geschäftsbereiche in Rostock und in Greifswald haben als Hauptaufgabe den Universitäts-, Hochschul- und Klinikbau. Das Universitätsklinikum in Greifswald haben wir gebaut und sind auch bei der Universität in Greifswald jetzt verstärkt aktiv. Für diese beiden Geschäftsbereiche bin ich der Leiter. Mit den Universitäten habe ich sehr viel zu tun. Das ist fast tägliches Brot. Hinzu kommt die Polizei, für die wir auch zuständig sind, ebenso für den allgemeinen Landesbau, also außer der Polizei für das Haus der Justiz oder das Finanzamt hier in Rostock. Wir sind auch im Rahmen einer Auftragsverwaltung für die Bundesrepublik Deutschland tätig.

Es ist klar, Bauen ist immer ein bisschen mit Ärger verbunden. Aber hinterher kann man durchlaufen und mit gewissem Stolz auch sagen: *Da hast du mitgewirkt.* Und das sind auch Dinge, die noch in 100 Jahren stehen. Das ist eben schön. Man sieht ja am Universitätshauptgebäude, wie lange ein solches Gebäude dann steht und wie lange man sich damit im Einzelnen beschäftigt.

Unsere Aufgabe ist folgende. Wir sind der Bauherr und der Vertreter für das Land. Von der Universität bekommen wir Aufträge, die es zusammen mit Bedarfsplänen anzuerkennen gilt. Dann beginnen wir Planungen dafür, das sind für ein solches Gebäude komplexe Planungen. Denn es ist ein denkmalgeschütztes Gebäude, das zu sanieren Probleme bereitet. Da ist die letzten Jahrzehnte wenig passiert. Wir haben in den 1990er Jahren des letzten Jahrtausends Dach und Fassade erneuert und die Fenster ausgewechselt. Das war aber alles, gewiss dringend notwendig, weil das Gebäude schon ziemlich heruntergekommen war. Die Innensanierung hat aber doch ein bisschen länger gedauert, weil die Finanzierung zu klären war. Insgesamt sind es bei dem Gebäude 15,3 Millionen Euro, einschließlich der Honorare; reine Baukosten belaufen sich auf rund 12 Millionen. Der Rest geht an Architekten und andere Dienstleister. Mitte 2005 oder 2006 bekamen wir den Auftrag, eine sogenannte Entscheidungsunterlage – wie es bei uns heißt – für dieses Universitätshauptgebäude aufzustellen einschließlich der zu erwartenden Kosten. Dann fingen wir an, suchten uns die Pläne und gingen in die ersten Substanzuntersuchungen, um zunächst zu prüfen, was wir an Bausubstanz vorfinden und was wir tun müssen. Wir machten entsprechende Recherchen, etwa im Universitätsarchiv, um frühere Planungen und historische Zeichnungen zu finden. Den alten Zustand wollten wir tunlichst wiederherstellen.

Vor der Sanierung kam man in das Foyer und verschwand links in einem dunklen Loch. Dann ging man den dunklen Flur entlang und im Treppenhaus hinauf. Plötzlich stand man vor dem Rektorzimmer. Hermann Willebrand als Errichter dieses Gebäudes hatte es damals ganz anders geplant. Beim Eintreten in das Foyer fand man auf der linken Seite eine große breite Treppe, eine eindrucksvolle Freitreppe. Schritt man sie hinauf, war man sofort im ersten Obergeschoss. Diesen Zustand werden wir jetzt wiederherstellen, damit dieser Teil des Gebäudes wieder so erlebbar wird, wie es damals zur Errichtungszeit des Gebäudes vorgesehen war. Diesen Plan haben wir umgesetzt.

Dieses Gebäude aus dem 19. Jahrhundert hatte den letzten größeren Umbau in der NS-Zeit von 1937 bis 1939 erlebt. Seitdem war nicht sehr viel passiert außer der Erneuerung des Daches und der Fassade in den 1990er Jahren, wie erwähnt. Dringend wurde jetzt der Brandschutz im ganzen Gebäude. Wir haben also Brandabschnitte einbauen müssen, wir haben dafür sorgen müssen, dass wir neue, zeitgemäße Treppenhäuser bekamen. Die alten Treppenhäuser waren alle aus Gusseisen, das im Neuen Museum in Holz, was nach der Landesbauordnung natürlich überhaupt nicht tragbar ist. Treppenhäuser sind notwendig für Flucht und Rettung, damit die Feuerwehr im Brandfall hineinkommt und alle Leute herausholt und damit auch alle sicher aus dem Gebäude herauskommen. Das war ein ganz großes Problem bei den Treppen dieses Gebäudes, insbesondere wenn man davon ausgeht, dass es dort Hörsäle gibt, die jeweils mit ungefähr 200 Personen belegt sind, ebenso Seminarräume und dass sich dort die große Aula befindet, in der Veranstaltungen stattfinden. Daher haben wir als BBL immer darauf gedrängt, in diesem Gebäude eine Sanierung durchzuführen. Zugleich sollte alles andere saniert werden: Strom, sanitäre Einrichtungen, Heizung, Datentechnik – das war alles nicht mehr auf dem Stand der modernen Zeit. Fängt man damit an, macht man alles kaputt und muss es wieder neu aufbauen.

Die Universität meldete ihre Bedarfe an, die sie in einem Universitätshauptgebäude des 21. Jahrhundert hat. Das ist natürlich eine ganz andere Situation als in der Zeit, als man gerade die ersten Glühbirnen eingeschraubt hat. Heute kommen die EDV-Technik, Server-Räume und Medientechnik dazu, man muss in der Aula Lautsprecher haben, einen Beamer an die Wand hängen und vieles andere mehr. Das alles brachte einen extremen Abstimmungsbedarf mit sich, auch mit der Denkmalpflege. Denn das Gebäude ist denkmalgeschützt, nicht nur an der Fassade außen, sondern auch im Inneren. Das ist auch logisch.

Wir mussten uns beispielsweise intensiv mit der Aula beschäftigen. Die Aula ist restauratorisch untersucht worden, obgleich sie noch ganz gut aussah. Die Untersuchungen ergaben, dass teilweise Farbschichten aufgebracht waren, welche die historische Fassung angriffen. Daher haben wir das Innere der Aula komplett wieder in die alte historische Fassung zurückgebracht. Wir haben uns ebenfalls intensiv damit befasst, wie moderne Elektrotechnik und Elektronik-Technik da hinein zu bekommen ist. Das gilt auch für die Lüftungstechnik in der Aula, denn das Schlimmste ist, wenn dort 190 Leute sitzen und ihnen wegen schlechter Luft nach einer halben Stunde die Augen zufallen. Also haben wir – in Abstimmung mit der Denkmalpflege – eine Lüftungsanlage eingebaut. Wir haben uns auch darauf besonnen, in der Aula die Lichtverhältnisse, wie sie von Hermann Willebrand eingerichtet waren, wiederherzustellen. Die Aula hat oben in der Decke drei große Oberlichter, die in den 1930er Jahren geschlossen wurden, und zwar mit kleinen perforierten Platten, die in ihrer Struktur an die alte Decke angepasst waren. Die Oberlichter haben wir wieder aufgemacht. Damit hat die Aula ganz andere Lichtverhältnisse bekommen.

Im Osten der Aula bereitete das große Fenster große Probleme, indem stehende Redner oder Vortragende bei Veranstaltungen nicht gesehen werden, weil es blendet. Deshalb sind wir dann mit dem Rektor und dem Finanzministerium übereingekommen, dieses Fenster besonders künstlerisch zu gestalten. Wir haben einen kleinen *Kunst am Bau*-Wettbewerb ausgeschrieben. Den hat ein Berliner Künstler gewonnen, der dieses Fenster jetzt mit antikem Kristallglas mosaikartig ausgestaltet. Außen herum kommen – geätzt in die Gläser – die ersten Matrikel der Universität aus dem Jahre 1419.

Kersten Krüger:
Aber das ist nun ein Zugeständnis an die Moderne. Geht das nicht über einen strengen Denkmalschutz, der nur auf die Wiederherstellung des Historischen aus ist, also darüber hinaus?

Uwe Sander:
Ja, dass es darüber hinausgeht, haben wir auch in dem entsprechenden Wettbewerb auch gesagt. Das Landesamt für Denkmalpflege war als Sachpreisrichter mit beteiligt. Da wurde aufgepasst, dass nicht irgendetwas passiert, das überhaupt nicht hineinpasst. Angesichts der Porträts der alten Professoren und der Ausschmückung der Aula soll sich das Fenster harmonisch einfügen.

Kersten Krüger:
Zu den Zuständigkeiten möchte ich eine Rückfrage stellen. Sie sind die leitende Behörde, aber Sie stimmen sich ab, zum einen mit den Anforderungen der Universität (Rektor und Dezernat Bau), zum anderen mit dem Finanzministerium. Hat der Bildungsminister auch noch etwas zu sagen?

Uwe Sander:
Der Bildungsminister ist selbstverständlich dabei. Das Verfahren läuft ja so, dass eine Universität ihre Anforderungen aufschreibt. Wenn sie ein Institutsgebäude für die Physik braucht, gibt sie auf dem Campus in der Südstadt ein Gebäude mit 2.530 Quadratmetern Nutzfläche an, mit einer bestimmten Anzahl von Laboren und Büros für ihre Stelleninhaber und Studierende. Das Bildungsministerium muss letztendlich diesen Bedarf anerkennen. Dabei muss das Bildungsministerium immer dafür sorgen, dass das Niveau landesweit überall gleich ist. Es geht nicht an, dass also zum Beispiel in Greifswald eine Physik in einer Baracke besteht, während in Rostock alles mit goldenen Klinken neu gebaut wird. Das Bildungsministerium gibt den anerkannten Bedarf an das Finanzministerium weiter, und das Finanzministerium prüft, wie das haushaltsmäßig eingestellt wird. Denn Geld, das ist klar, hat die Finanzministerin entsprechend dem vom Landtag beschlossenen Haushalt. Im Fall der Bewilligung wird das an uns weitergegeben und wir fangen dann mit der entsprechenden Planung an und schreiben sie auf, aber auch das ist noch immer nur eine Planung. Das ist ein Blatt Papier, auf dem steht: „14,3 Millionen Euro kostet das Universitätshauptgebäude."

Dann geht es darum, ob wir uns das leisten können. „Nein, das ist zu teuer", heißt es. „Greifswald haben wir auch gemacht, früher. Das war billiger und das hat nur 5,5 Millionen gekostet." Schließlich sollte gelten: „Mehr als 10 Millionen gibt es nicht." Die Diskussionen gingen aber weiter. Dann kam das Universitätshauptgebäude in ein *Zukunftsinvestitionsprogramm* des Landes. Der Ministerpräsident entschied damals höchst persönlich, dass das Universitätshauptgebäude im Gänze saniert wird und dass er dafür Mittel zur Verfügung stellt. Dann kam die Banken- und Wirtschaftskrise, da gab es Hilfen vom Bund, der einige Maßnahmen finanzierte, zum Beispiel den Arno-Esch-Hörsaal in der Ulmenstraße oder in Greifswald einen ganzen Bettenturm für das Klinikum. Zusätzliche Bedarfe bekommt man entweder über den Bund finanziert oder, wie beim Hauptgebäude hier, über das Land.

Das nächste, was wir zu bewältigen hatten, ist die Unterbringung der Studenten in den Hörsälen. An der Größe des Hörsaals 218 haben wir nichts ändern können. So steht in der Mitte weiterhin eine schöne Säule. Die

Anforderungen an die neue Medientechnik ist in den Hörsälen erfüllt: Lautsprecher, Verdunklung, Beamer, alles steuerbar über das Pult. Das ist aus meiner Sicht normal.

Auf das Foyer möchte ich noch einmal eingehen. Es wurde restauratorisch untersucht und jetzt wieder in den Zustand zurückversetzt, wie es zur Zeit von Willebrand aussah. Man kann es jetzt also in einer ganz anderen Farbigkeit erleben. Die Treppe habe ich schon angesprochen. Im Foyer stand lange Zeit der Atlas. Der Atlas ist jetzt restauriert und steht in der Universitätsbibliothek in der Südstadt und bleibt dort, weil er die Luft im Hauptgebäude nicht verträgt. Deshalb haben wir auch dort einen Hauptwettbewerb *Kunst-am-Bau* gemacht. Dieser Wettbewerb hat, was ich schon bei der Aula sagte, ein besonderes Problem, weil das Foyer ausgemalt und selber schon Kunst ist. Das Preisgericht entschied, dass keine der eingereichten Arbeiten passte. Das war mutig. Das Preisgericht setzte sich zusammen aus Vertretern des Künstlerbundes, des BBL, der Architekten, der Universität (Rektor und Kanzler) und des Bildungsministeriums. Deshalb gingen wir in eine zweite Stufe und luden Künstler ein, denen wir unsere Ideen vorstellten, wie man mit einem solchen Raum umgeht. Dann forderten wir neue Vorschläge an. Bei einem anonymen Verfahren machen sich die beteiligten Künstler irgendwelche Gedanken, ohne eine Ahnung vom Charakter des Gebäudes zu haben. Eine Künstlerin war dabei, die Blitze in das Foyer stellte. Das ging aus unserer Sicht gar nicht, denn daran wackeln die Studierenden, wenn sie gerade durch eine Prüfung gefallen sind, oder im Gegenteil, *summa cum laude* bekommen haben. Der zweite Wettbewerb führte zu einem, finde ich, guten Ergebnis. An die Stelle des Atlas kommt nun eine Göttin, und zwar die Göttin der Wissenschaft, Metis. Diesen Wettbewerb hat der Rostocker Künstler Wolfgang Friedrich gewonnen. Wir sind jetzt gerade dabei mit ihm zusammen die Ausführung zu machen. Einen Gipsabdruck gibt es schon. Es wird ein Bronzeguss, der also demnächst auch aufgestellt wird und dann zur Immatrikulationsfeier, im Oktober, feierlich enthüllt wird. Das ist ein nächster Höhepunkt.

Zu DDR-Zeiten war an dieser Stelle im Foyer eine Bronzeplastik von Jo Jastram angebracht worden. Das ist auch eine ganz spannende Geschichte, weil wir prüfen mussten, ob wir als Bauherr die Plastik einfach abschrauben und dann woanders anbringen könnten. Denn das Kunstwerk war ja vom Künstler für diese Stelle geschaffen oder in Abstimmung mit ihm dahin gebracht worden. So haben wir – noch kurz vor seinem Ableben – einen Termin vor Ort gemacht und haben mit ihm darüber gesprochen, was wir im Einzelnen vorhaben. Wir würden gerne die Plastik abnehmen und an einen anderen Standort der Universität bringen, entweder am Hauptgebäude selber oder zum Beispiel in der

Ulmenstraße, auf dem Campus. Da sagte Jo Jastram: „Kein Problem. Wenn ihr keinen Platz findet, nehme ich es auch gerne wieder zurück und stelle es bei mir in den Garten." Das haben wir abgelehnt, das komme gar nicht in Frage. Das sei für die Universität geschaffen und wir würden schon gemeinsam einen Platz finden. Wir fuhren dann zur Ulmenstraße und suchten eine passenden Platz, aber er meinte, dass er sich das dort gar nicht vorstellen könne. Schließlich kamen wir zum Ergebnis, dass wir diese Plastik im Innenhof des Hauptgebäudes an einer Mauer befestigen werden. Dem hat er noch höchstpersönlich zugestimmt. Leider ist er inzwischen verstorben, aber wir haben den genauen Standort mit seinen Erben vereinbart.

Die nächste Herausforderung stellte das Konzilzimmer dar. Beleuchtung und Luft waren schlecht, und wenn einmal Zuhörer hinzukamen, fanden nicht alle Platz. Im Konzilzimmer haben wir eine Wand abgebrochen und damit einen Zuschauerraum geschaffen, der mit einer verschiebbaren Wand abgetrennt werden kann, so dass man bei größeren Veranstaltungen durchaus 30 bis 40 Zuhörer hineinsetzen kann. Wir haben angefangen die Verkleidungen in Brüstungshöhe in Holz wieder so herzurichten, wie es früher war. Sie wurden mit Bierlasur und einer besonderen Holzlasur überstrichen, welche die Struktur des Holzes nachempfindet. Die Maserung des Holzes wirkt wie aufgemalt. Das nennt man Bierlasurtechnik und das ist ein sehr aufwändiges Verfahren.

Die Holzverkleidungen eine Etage tiefer, im Rektorat, werden ebenso behandelt. In das Rektorat kommt die angemessene Medientechnik hinein, insbesondere ein Flachbildschirm, der hochgefahren werden kann. Ein Beamer an der Wand oder an der Decke wäre hier unpassend. Das alles geschah in Abstimmung mit dem Rektor.

Das nächste wichtige Thema war die Barrierefreiheit. Man spricht ja immer ganz bewusst von barrierefrei für Personen, die in ihrer Bewegung eingeschränkt sind. Das sind nicht nur Rollstuhlfahrer, sondern auch Blinde oder Taube, aber das sind auch Verletzte, die sich etwa beim Skilaufen das Bein gebrochen haben und mit einem Gips durch die Gegend laufen. Es ist auch die junge Studentin mit dem Kinderwagen, sie gehört auch dazu. Die ist auch in ihrer Bewegung eingeschränkt. Für sie tun wir im Universitätshauptgebäude viel, weil es Anlaufpunkt für viele Veranstaltungen ist. In der Bauordnung steht, dass wir öffentliche Gebäude so herzurichten haben, dass man ohne fremde Hilfe ins Gebäude kommt. Es kann nicht sein, dass jemand im Rollstuhl sitzt und nicht zum Rektor gelangt, weil dort eine Treppe im Weg ist. Wir haben im Gebäude an zwei Stellen Aufzüge eingebaut. Das ist die erste Voraussetzung. Wir haben beim Haupteingang des Universitätshauptgebäudes ein großes Problem, weil dort fünf Stufen sind. Wie überbrückt man die Stufen beim Haupteingang? Es gibt zwischenzeitlich technische Lösungen, etwa einen Hublift im Bürgersteig. Einen solchen gibt es im Bodemuseum in Berlin. Wir haben uns das auch angeschaut, aber dort ist der große Vorteil, dass die Anlage überdacht ist. Bei uns geht das nicht und ich möchte natürlich wissen, ob es auch funktioniert, wenn die Stadt im Winter Schnee räumt und Salz oder sogar ein Salz-Splitt-Gemisch streut. Das setzt sich dann in die Zwischenfugen rein und dann geht der Aufzug nicht. Dann haben wir 70.000 bis 80.000 Euro umsonst ausgegeben.

Martina Bartsch:
Ich hatte meine eigene Erfahrung. Wir waren mit Vertretern der Universität eigens dazu nach Berlin gefahren. Wir haben uns ein Sparkassengebäude angeschaut, wo dieser Hublift außen angebracht war. Beim ersten Test funktionierte er nicht. Dann kam eine Servicekraft und setzte alles in Gang. Man hat uns aber auch gesagt, dass die Bau-Nutzungskosten, die Kosten nach dem Einbau, sehr hoch sind. Die Anlage muss zweimal im Jahr gewartet werden. Alle unterirdische Technik müsse normalerweise auch beheizt werden und eine Entwässerung haben. Wie wir sahen, war die Anlage auch schon stark korrodiert. Insofern kam das nicht in Frage.

Uwe Sander:
So ist es dann eben. Wir mussten uns für den Haupteingang also etwas anderes überlegen. Jetzt haben wir es so gelöst, dass man über diesen Haupteingang nicht barrierefrei hineinkommt, aber es geht ein paar Meter weiter am Eingang des Neuen Museums. Dort ist eine zweite Rampe entstanden. Es war zunächst eine und jetzt sind dort zwei Rampen. Als Behinderter kommt man dort hinein und gelangt direkt zum Aufzug und weiter in alle Etagen. Innerhalb des Gebäudes selber gibt es kleine Höhenvorsprünge, etwa zwischen dem Neuen Museum und dem Hauptgebäude. Dort sind rollstuhlgerechte Rampen eingebaut. Zum Flügelanbau bestehen auch Höhendifferenzen. Für diese gibt es kleine Scherenlifte auf allen Geschossen, welche so für alle erreichbar sind.

Aber es gibt andere Behinderungen. Wer nicht hört, aber sieht, findet also alle Räume anhand der Schilder. Für Sehbehinderte haben wir in Abstimmung mit der Universität so genannte taktile Schriften angebracht sowie die Fußböden entsprechend gestaltet. An jeder Treppe gibt es geriffelten Fußbodenbelag, so dass jeder Sehbehinderte fühlt: „Pass auf, hier passiert jetzt etwas. Hier kommt gleich etwas Gefährliches, wo man hinfallen kann." So wird die Treppe bemerkt. Auf einer Fachveranstaltung gab man mir einmal eine Brille, mit der ich nur noch 10 Prozent Sehstärke hatte. Damit sollte ich auf die Toilette gehen. Dort erkannte ich die sanitären Objekte nicht, weil sie weiß waren und die Fliesen ebenfalls. Da kam ich auf die Idee, dass in den Toiletten des Hauptgebäudes kontrastreiche Ausstattung kommen müsse. Es gibt auch taktile Wegweiser, auf denen der Grundriss dieses Gebäudes fühlbar dargestellt ist. Zwischenzeitlich sind 3D-Drucker entwickelt. Die Universität will es einrichten, dass sie auf ihrer Webseite später herunterladbare 3D-Grundrisse bereitstellt, die man ausdrucken und auf denen man fühlen kann, wo es langgeht.

Ein weiteres Problem ist der Alarm, wenn es im Universitätshauptgebäude aus irgendwelchen Gründen bei einer Großveranstaltung anfängt zu brennen. Denken Sie sich, dass in der ersten Reihe der Aula einige im Rollstuhl sitzen, die nichts sehen, und einige, die nichts hören. Wie werden die jetzt alarmiert? Normalerweise geht dann draußen die Sirene an und wir müssen alle hinaus. Aber die Sirene hört der eine nicht und wer nichts sieht, der hört sie, kann aber nicht fliehen. Also was macht man mit dem, der es nicht hört? Für ihn tauchen dann Blitze auf, damit er weiß, er muss jetzt das Gebäude verlassen. Alle diese Vorrichtungen sind denkmalgerecht eingerichtet.

Martina Bartsch:
In den Aufzügen haben wir Sprachansagen, damit man weiß, auf welcher Ebene man ist, zweisprachig in Deutsch und Englisch.

Uwe Sander:
Da drückt man also auf einen Knopf und will in den dritten Stock. Zwischendurch wird im ersten Stock angehalten und denkt, man sei da und steigt falsch aus. Das wird durch die Sprachansage verhindert.

Emanuel Hollack und Kersten Krüger:
Wir danken Ihnen und Frau Bartsch für dieses Gespräch, die wertvollen Informationen und die Bilder. Alles dient der Wissenschaft.

Abbildung 1: Ostfassade Hauptgebäude am Universitätsplatz 2016

Abbildung 2: Teilfassade Hauptgebäude Mittelteil am Universitätsplatz 2016

Abbildung 3: Teilfassade Neues Museum am Universitätsplatz 2016

Abbildung 4: West- und Südfassade Neues Museum am Universitätsplatz 2016

Abbildung 5: Nordfassade Hauptgebäude zur Kröpeliner Straße 2016

Anhang Abbildungen

Abbildung 6: Westfassade Hauptgebäude zum Hof 2016

Abbildung 7: Südfassade Flügelanbau zum Hof 2016

Abbildung 8: Hauptgebäude Foyer 1870

Abbildung 9: Hauptgebäude Foyer 2016

50 Anhang Abbildungen

Abbildung 10: Hauptgebäude Foyer Treppe in das erste Obergeschoss 1870

Hauptgebäude allgemein 51

Abbildung 11: Hauptgebäude Foyer Treppe in das erste Obergeschoss 2016

Abbildung 12: Hauptgebäude Treppe vom ersten in das zweite Obergeschoss 1870

Abbildung 13: Hauptgebäude Treppe vom ersten in das zweite Obergeschoss 2016

Anhang Abbildungen

Demosthenes　　　　Aristoteles　　　　Plato

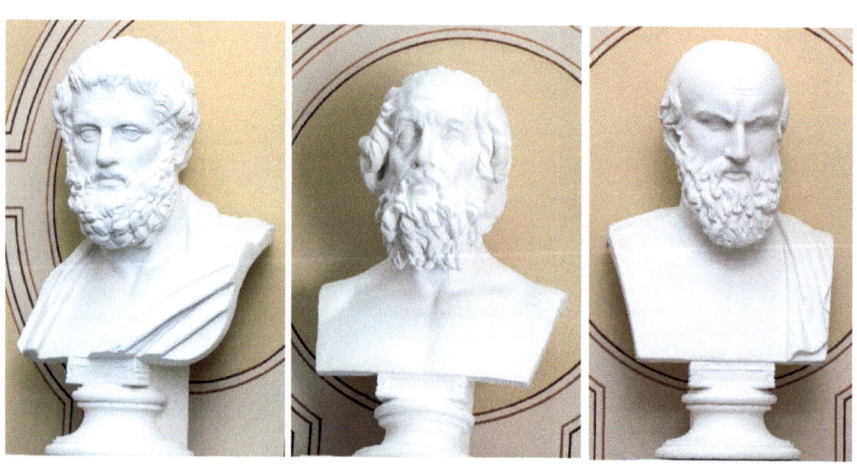

Sophokles　　　　Homer　　　　Aeschylus

Hauptgebäude allgemein

Virgil   Cicero   Seneca

Abbildung 14: Hauptgebäude Treppe vom ersten in das zweite Obergeschoss 2016
Die sechs griechischen und drei römischen Philosophen und Dichter

Abbildung 15: Detail der gusseisernen Treppe vom ersten in das zweite Obergeschoss

Abbildung 16: Hauptgebäude Konzilzimmer im zweiten Obergeschoss 1870

Abbildung 17: Hauptgebäude Konzilzimmer im zweiten Obergeschoss 2016

Abbildung 18: Hauptgebäude Aula Ostwand 1870

Hauptgebäude allgemein 59

Abbildung 19: Hauptgebäude Aula Ostwand 2016

Abbildung 20: Hauptgebäude Aula Nord- und Westwand 1870

Abbildung 21: Hauptgebäude Aula Nord- und Westwand 2016

Anhang Abbildungen

Abbildung 1: Universitätshauptgebäude Fassade 2012

Abbildung 2: Fassade Entwurf 1866 farbige Federzeichnung

Abbildung 3: Fassade Entwurf H. Willebrand C. Luckow 1865

Abbildung 4: Nordfassade Entwurf H Willebrand C. Luckow 1865

Abbildung 5
Universitätshauptgebäude Foto [nach 1867, Ausschnitt] Bildunterschrift: *Das Universitäts-Gebäude zu Rostock. Erbaut von H. Willebrand.* Handschriftliche Widmung: *Herrn Hofmarschall Baron von Stenglin in größter Hochachtung von H. Willebrand.*

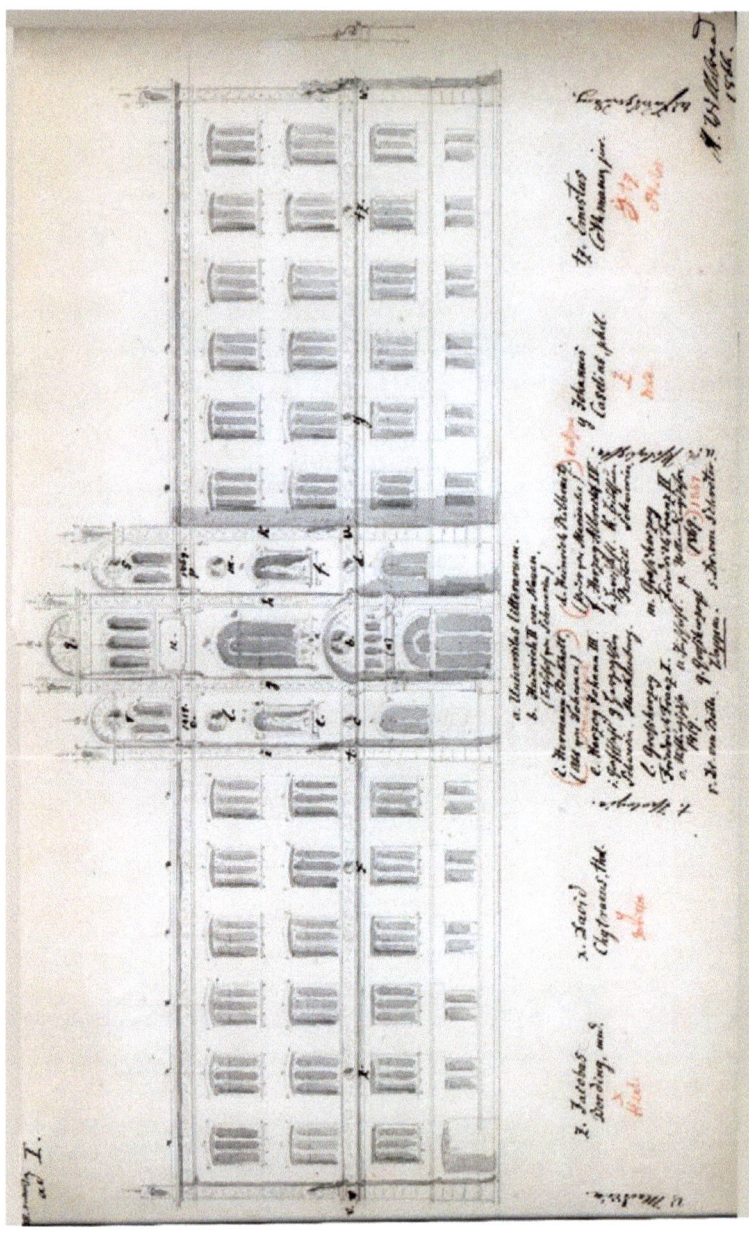

Abbildung 6: Schmuck der Hauptfassade 1866

Fassade

a. Universitas litterarum
b. Heinrich II. von Nauen (Bischof von Schwerin)
c. Hermann Bockholt (Abt von Doberan) Steenbeke
d. Heinrich Ribbenitz (Prior von Marienehe) Katzow
e. Herzog Johann III.
f. Herzog Albrecht IV.
g. Herzogthum Mecklenburg

h. Herrschaft Rostock
i. Grafschaft Schwerin
k. Bisthum Schwerin
l. Großherzog Friedrich Franz I.
m. Großherzog Friedrich Franz II.
n. Inschrift
o. Stiftungsjahr 1419
p. Vollendungsjahr 1869 1867
q. Großherzogl. Wappen
r. Dr. von Both
s. Dr. von Schröter
t. Theologia

u. Philosophia
v. Medicin
w. Jurisprudenz
x. David Chytraeus, theol.
x. theol.
y. Jurispr.
tz. Ernestus Cothmann, jur.
tz. Philos.
y. Johannes Caselius, phil.
z. Med.
z. Jacobus Bording, med.

Abbildung 7: Schmuck der Hauptfassade 1866 Legende transkribiert

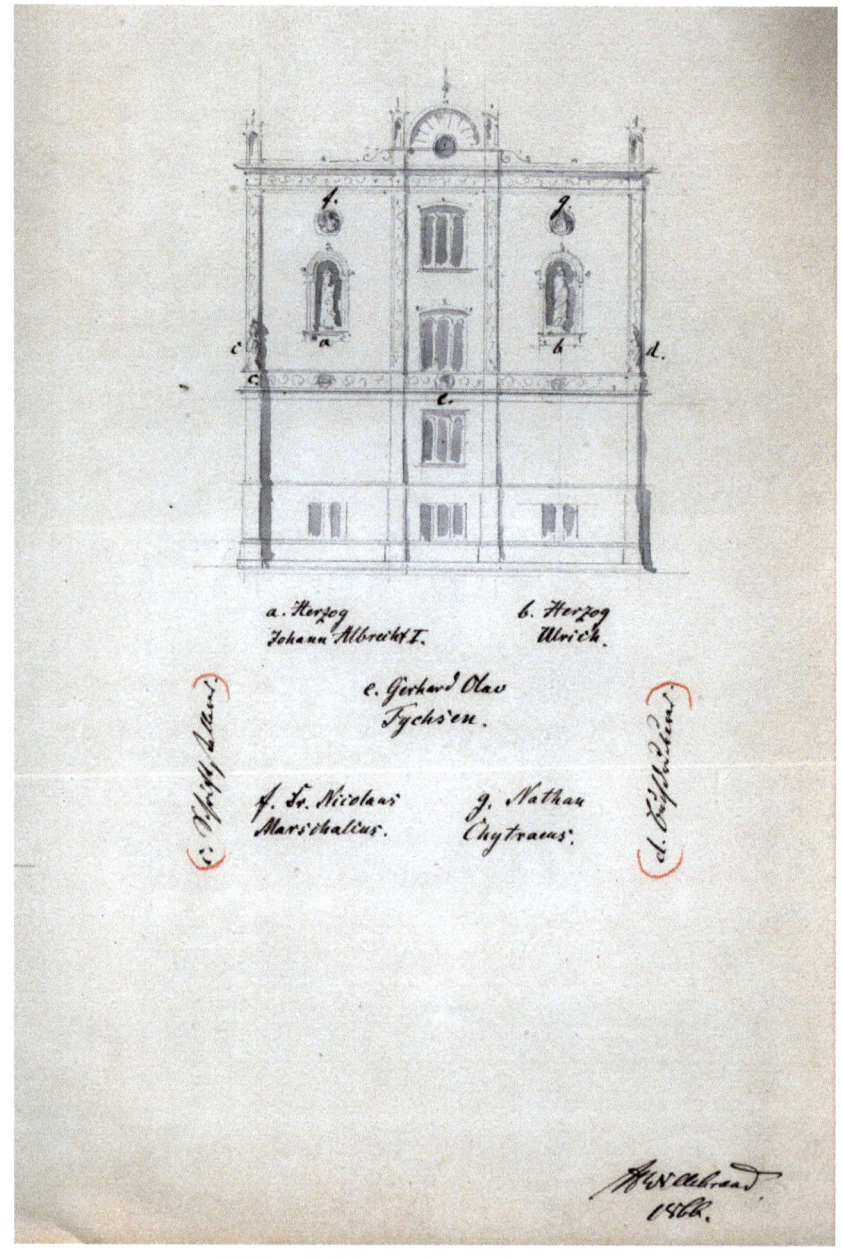

Abbildung 8: Schmuck der Nordfassade 1866

Fassade 71

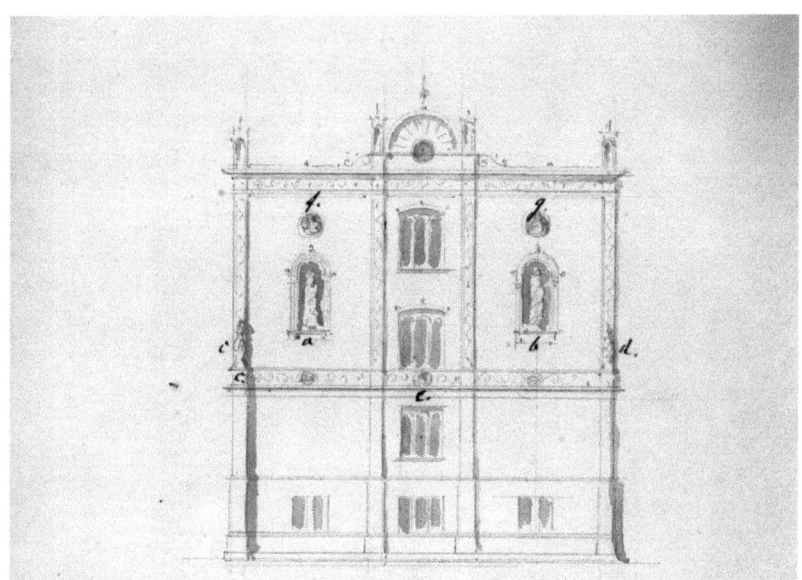

Abbildung 9: Schmuck der Nordfassade 1866 Legende transkribiert

a. Herzog Johann Albrecht I.
b. Herzog Ulrich
c. (Schriftsteller)
d. (Buchdrucker)
e. Gerhard Olav Tychsen
f. Dr. Nicolaus Marschalcus
g. Nathan Chytraeus

Ausschmückung der Hauptfassade und der Nordfassade des Universitätshauptgebäudes
Zeichnungen von Hermann Willebrand 1866
UAR 1.02.0 RXI A17
In schwarzer Schrift die ursprüngliche Festlegung, in roter Schrift die Korrekturen vom 19. Mai 1866 (Vgl. Peter PALME, in Band 1, S. 46; Ernst MÜNCH, in Band 1, S. 127-129; auch in diesem Band, Anhang Texte, S. 9-15). Bei der Realisierung wurden die Plätze der Jurisprudenz und der Philosophie an der Hauptfassade nochmals getauscht und an der Nordfassade statt Schriftsteller und Buchdrucker Allegorien der Historia und der Astronomia angebracht.

Abbildung 10 Ostfassade (auch die folgenden)
DOCTRINA MULTIPLEX VERITAS UNA

Abbildung 11: Heinrich II. von Nauen Bischof von Schwerin

Abbildung 12: Magister Petrus Stenbeke   Abbildung 13: Hinrich Katzow

Abbildung 1: Universitätshauptgebäude Fassade 2012

Fassade

Abbildung 14
Johann III. Herzog von Mecklenburg

Abbildung 15
Albrecht V. Herzog von Mecklenburg

Abbildung 16
Geteilter Schild Grafschaft Schwerin

Abbildung 17
Stierkopf Mecklenburg

Abbildung 18
Greif der Stadt Rostock

Abbildung 19
Bistum Schwerin

Abbildung 20
Großherzog Friedrich Franz I.

Abbildung 21
Großherzog Friedrich Franz II.

Anhang Abbildungen

Abbildung 22
Inschrift der Grundsteinlegung

Abbildungen 23 und 24
Jahre der Stiftung und der Grundsteinlegung

Abbildung 25
Carl Friedrich von Both

Abbildung 26
August Wilhelm von Schröter

Abbildung 27
Großherzogliches Wappen

Fassade

Abbildung 28: Medizin   Abbildung 29: Theologie

Abbildung 31: Philosophie rechts davon zur Kröpeliner Straße blickend Historie mit der Sanduhr als Kennzeichen der verrinnenden Zeit

Abbildung 30: Jurisprudenz

Abbildung 32
Jacob Bording

Abbildung 33
David Chytraeus

Abbildung 34
Ernst Cothmann

Abbildung 35
Johannes Caselius

Abbildung 36 Nordfassade
Herzog Johann Albrecht I.

Abbildung 37 Nordfassade
Herzog Ulrich

Abbildung 38 Nordfassade
Historie
Zur Sanduhr am rechten Fuß siehe
Abbildung 31

Abbildung 39 Nordfassade
Astronomie
Unter ihrer linken Hand das Fernrohr
als typisches Instrument

Abbildung 40 Nordfassade
Olaf Gerhard Tychsen

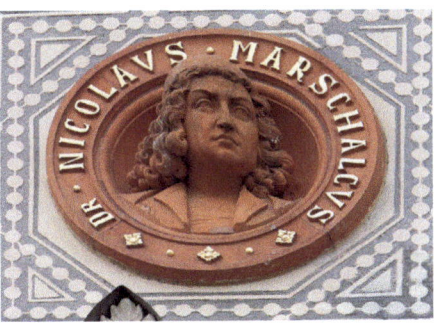
Abbildung 41 Nordfassade
Nicolaus Marschalcus

Abbildung 42 Nordfassade
Nathan Chytraeus

Abbildung 43 Westfassade
Adolf Prahst

Abbildung 44 Westfassade
Hermann Willebrand

Abbildung 45 Westfassade
Carl Luckow

Abbildung 46: Pietas

Abbildung 47: Fides

Fassade

Abbildung 48: Probitas

Abbildung 49: Justitia

Anhang Abbildungen

Abbildung 50: Diligentia

Abbildung 51: Prudentia

Fassade

Abbildung 52: Modestia

Abbildung 53: Patientia

Abbildung 54: Temperantia   Abbildung 55: Sapientia

Abbildung 1
Aula Ostwand Entwurf Hermann Willebrand 1867
Links Großherzog Friedrich Franz II., rechts Herzog Johann Albrecht I.

Abbildung 2
Aula Ostwand 2015, links Herzog Johann IV., rechts Großherzog Friedrich Franz II.

Abbildung 3
Aula Westwand Entwurf Hermann Willebrand 1867
An den Säulen die Wappen der vier Fakultäten Theologie Philosophie Jura Medizin
Die Wandmalereien darüber – Allegorien der *HISTORIA, RELIGIO* und *POETICA* – wurden
nicht ausgeführt; sie sind durchstrichen

Aula 91

Abbildung 4
Aula Westwand 2015

Abbildung 4 Detail
Die vier Fakultäten Theologie Jura Medizin Philosophie

Abbildung 5
Aula Südwand Entwurf Hermann Willebrand 1867

Abbildung 6
Aula Südwand 2016

Abbildung 7
Aula Nordwand 2016

94 Anhang Abbildungen

Abbildung 8
David Chytraeus Theologie 1550–1600

Abbildung 9
Paul Tarnow Theologie 1604–1634

Abbildung 10
Johann Quistorp der Ältere Theologie 1614–1648

Abbildung 11
Heinrich Müller Theologie 1655–1675

Abbildung 12
Johann Oldendorp Jura 1531–1534

Abbildung 13
Ernst Joachim von Westphalen Jura 1724–1728

Abbildung 14
Adolf Dietrich Weber Jura 1791–1817

Abbildung 15
Christian Friedrich Mühlenbruch Jura 1811–1815

98 Anhang Abbildungen

Abbildung 16
Johann Cornarius Medizin 1525–1527

Abbildung 17
Simon Pauli der Jüngere Medizin 1634–1640

Abbildung 18
Samuel Gottlieb (von) Vogel Medizin 1789–1837

Abbildung 19
Karl Georg Lucas Christian Bergmann Medizin 1853–1865

Abbildung 20
Albert Krantz Philosophie 1482–1489

Abbildung 21
Joachim Jungius Philosophie 1624–1629

Abbildung 22
Peter Johann Hecker Philosophie 1789–1835

Abbildung 23
Heinrich Friedrich Link Philosophie 1792–1811

Nr. 1: Plan der Universitätsgebäude 1833
Situations-Plan von den zur hiesigen Academie gehörenden Gebäuden Rostock im May 1833
LHAS 5.12-7/1 Mecklenburg-Schwerinsches Ministerium für Unterricht, Kunst, geistliche und Medizinalangelegenheiten Nr 945

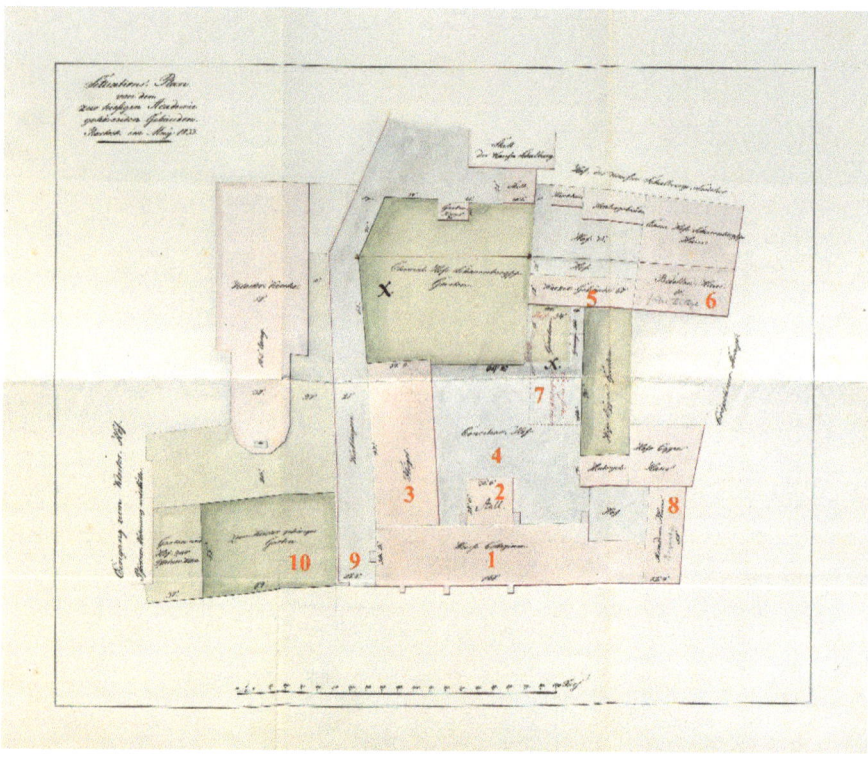

Wichtigste Gebäude und Liegenschaften

1 Weisse Collegium
2 Stall
3 Flügel
4 Conciliar-Hof
5 Karzer-Gebäude
6 Bidellen-Haus
  [mit Bleistift:] früher Dietze
7 Chemysches Laboratorium
  [gestrichen] Gärten
8 Academ. Haus [mit Bleistift] Regentie
9 Kathagen
10 Zum Kloster gehöriger Garten

Nr. 2: Weißes Kolleg 1858

Das Weiße Kolleg mit Regentie zu Rostock i. J. 1858
Rostock, d. 4. Sept. 1917
Lorenz Regierungsb[au]m[ei]st[e]r
LHAS 12.3-6/2 Werknachlass Lorenz, Adolf Friedrich, Mappe 13 Nr. 26
Vgl.: Adolf Friedrich LORENZ: Die Universitätsgebäude und ihre Geschichte.
Rostock 1919, Abb. 20-23.

Weißes Kolleg 1858 Vorderansicht

Weißes Kolleg 1858 Ansicht vom Katthagen

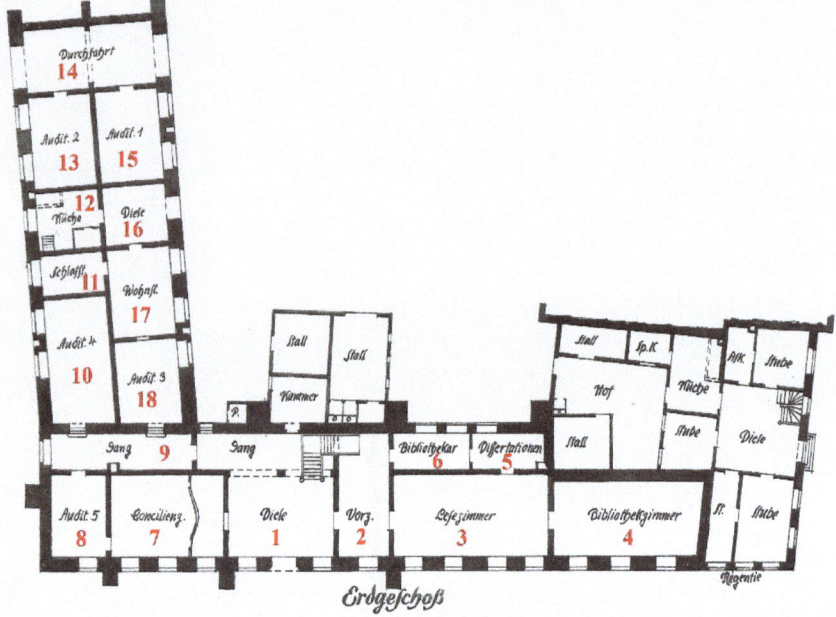

Weißes Kolleg 1858 Erdgeschoss

Weißes Kolleg
1 Diele
2 Vorz[immer]
3 Lesezimmer
4 Bibliothekzimmer
5 Dissertationen
6 Bibliothekar
7 Concilienz[immer]
8 Audit[orium] 5
9 Gang

Flügelanbau
10 Audit[orium] 4
11 Schlafst[ube]
12 Küche
13 Audit[orium] 2
14 Durchfahrt
15 Audit[orium] 1
16 Diele
17 Wohnst[ube]
18 Audit[orium] 3

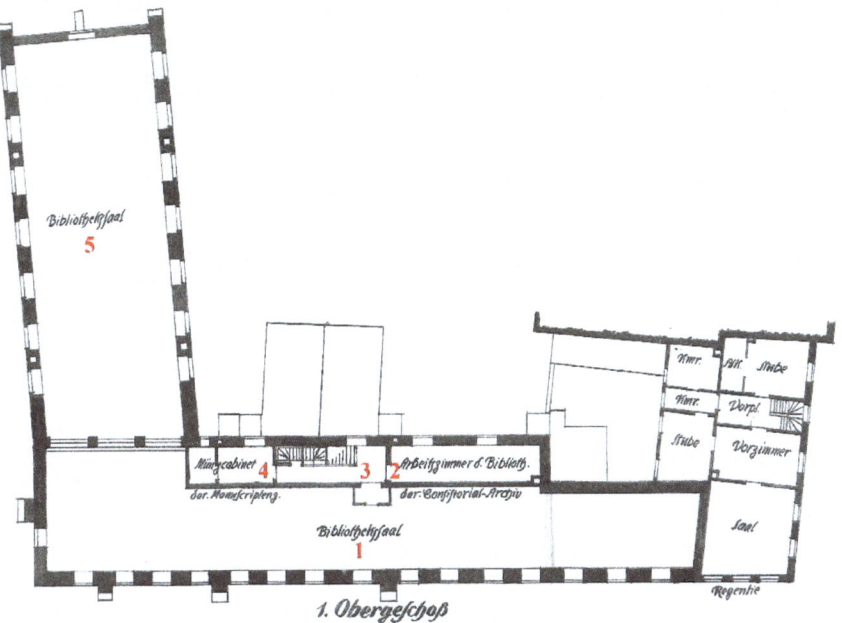

Weißes Kolleg 1858 1. Obergeschoss

Weißes Kolleg
1 Bibliothekssaal
2 Arbeitszimmer d[es] Biblioth[ekars] dar[in] Consistorial-Archiv
3 [Treppenaufgang]
4 Münzcabinet dar[in] Manuscriptenz[immer]

Flügelanbau
5 Bibliothekssaal

Nr. 3: Lageplan Universität Rostock 1865
Universitätsgrundstücke mit Anlagen W. Wachenhusen
1865 Februar 6
LHAS 5.12-7/1 Mecklenburg-Schwerinsches Ministerium für Unterricht, Kunst, geistliche und Medizinalangelegenheiten Nr. 945

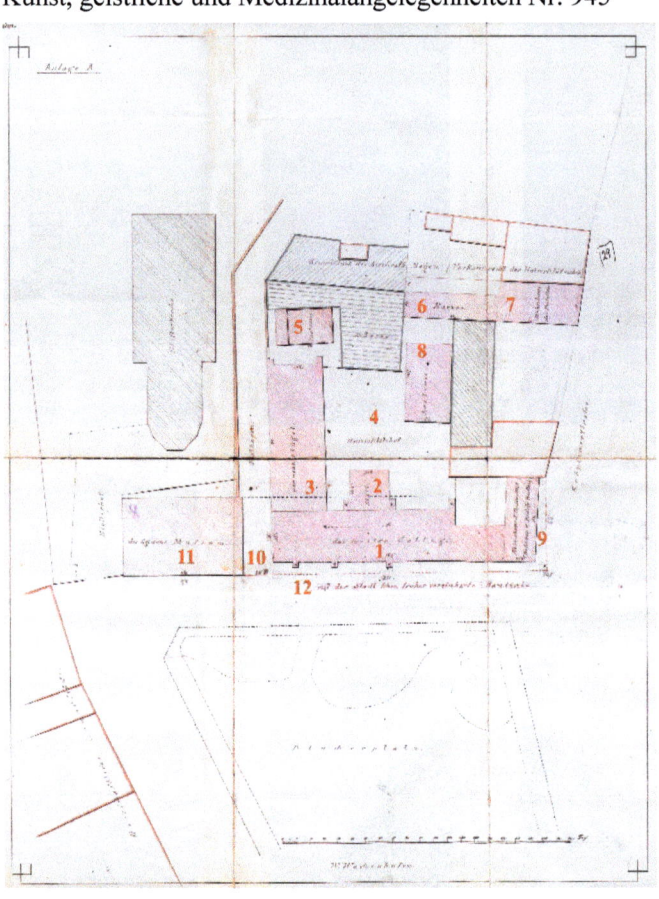

1 Das Weisse Colleg
2 Stall
3 Der neue Flügel
4 Universitätshof
5 Zootomie
6 Karzer
7 Wohnhaus des Pedellen
8 Anatomie
9 Nebenhaus d. Universität (Wohnhaus d. Profess. Karsten)
10 Katthagen
11 Das s. g. neue Museum
12 mit der Stadt schon früher vereinbarte Baulinie

W. Wachenhusen

Nr. 4.1: Das Hauptgebäude 1870
Universitaets Gebäude in Rostock Parterre Geschoss
LHAS 12.3.2 Finanzministerium, Abteilung Hochbau, Mappe 4, 1/1 und 1/5

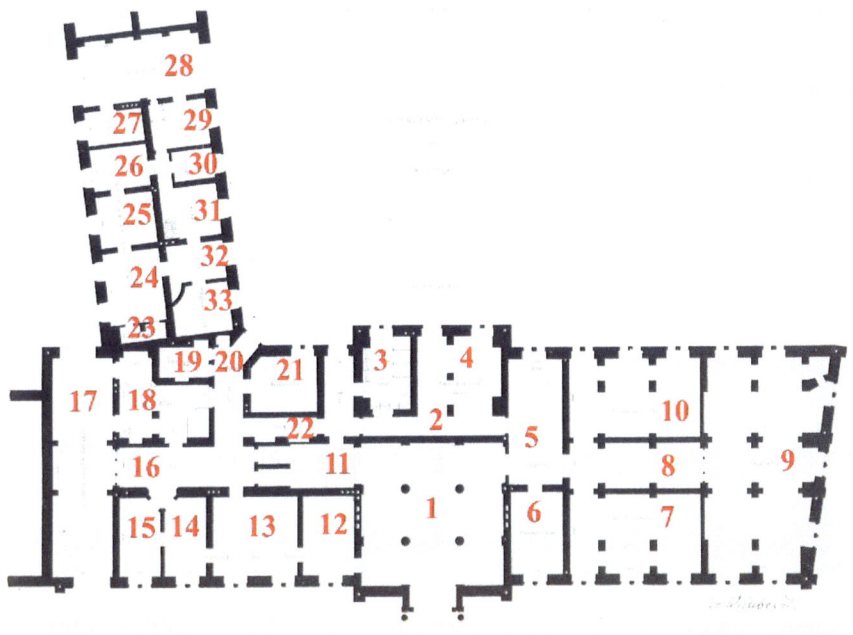

Foyer
1 [Eingang und Vestibül]
2 Gang
3 Abort
4 Feuerungsmaterial Gelass

Nordflügel
5 Treppe und Vorplatz
6 Manuscripten
7 Facultaetsarchiv
8 [Flur]
9 Hauptarchiv
10 Consistorialarchiv

Südflügel
11 [Haupttreppe]
12, 13, 14, 15 Wohnung des Pedellen
16 [Eingang und] Flur
17 Durchfahrt nach dem Katthagen
18 Küche
19 Mädchenstube [fensterlos]
20 Lichtflur
21 Kinderstube
22 Gang

Flügelanbau
23 Garderobe
24 25, 26 Wohnung des Famulus
27 Diener
28 Durchfahrt
29 Stall
30 Speisek[ammer]
31 Küche
32 [Eingang und] Flur
33 Mädchenstube

H. Willebrand

Nr. 4.2: Das Hauptgebäude 1870
Universitaets Gebäude in Rostock Erstes Geschoss
LHAS 12.3.2 Finanzministerium, Abteilung Hochbau, Mappe 4, 1/4 und 1/5

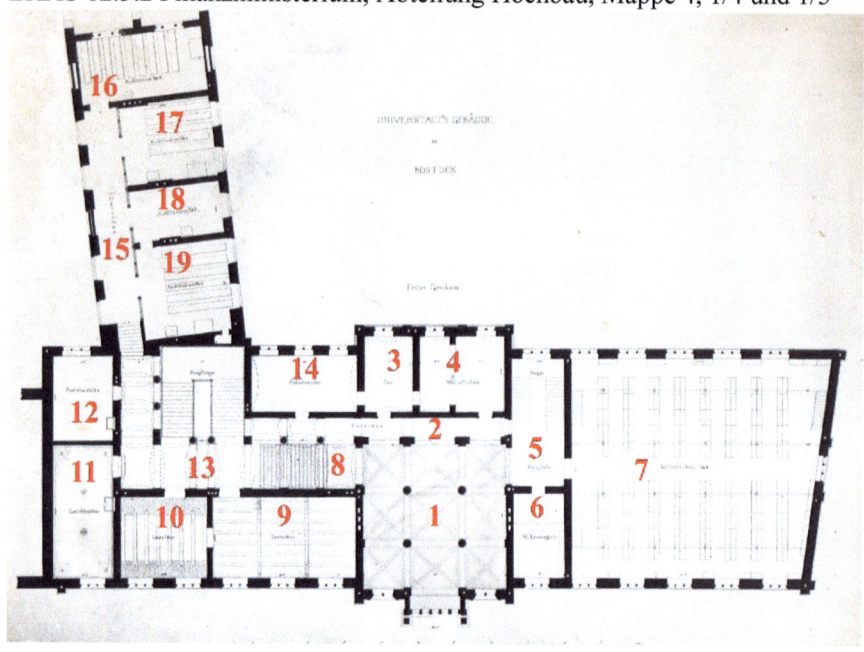

Foyer
1 [Vestibül]
2 Corridor
3, 4 Arbeitszimmer der Bibliothekare

Nordflügel
5 Treppe und Vorplatz
6 Bücherausgabe
7 Bibliothekssaal No. 1

Südflügel
8 [Haupttreppe]
9 Lesezimmer
10 Lesezimmer

11 Gerichtszimmer
12 Parteienstube
13 [Flur und Zweite] Haupttreppe
14 Arbeitszimmer der Bibliothekare

Flügelanbau
15 Corridor
16 Auditorium No. 4
17 Auditorium No. 3
18 Auditorium No. 2
19 Auditorium No. 1

Nr. 4.3: Das Hauptgebäude 1870, hier Entwurf 1865
Universitaets Gebäude in Rostock Grundriss der 2. Etage [=Zweites Geschoss]
LHAS 12.3.2 Finanzministerium, Abteilung Hochbau, Mappe 4, 1/2 und 1/6

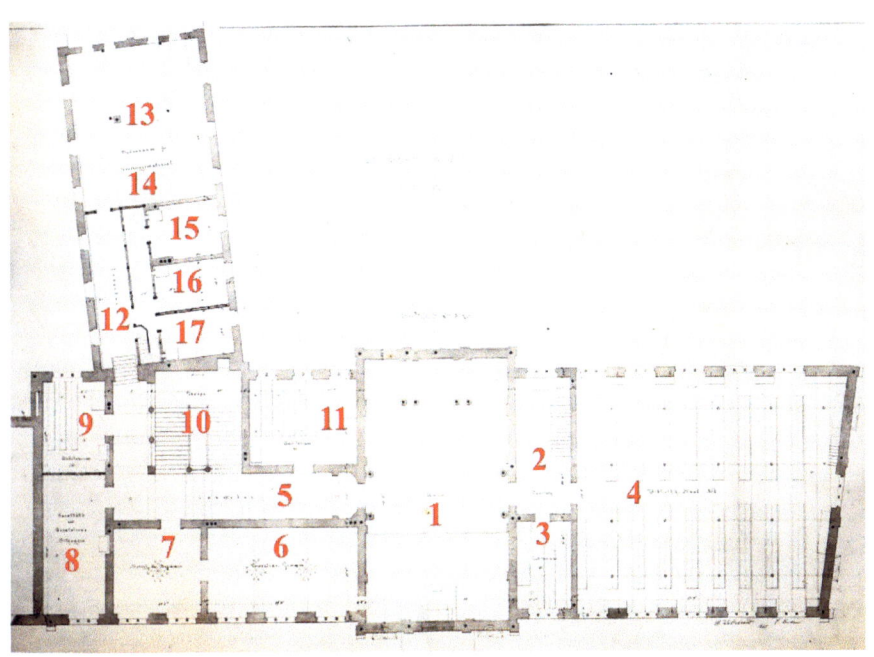

Foyer
1 Aula

Nordflügel
2 Treppe und Vorplatz
3 Auditorium
4 Bibliotheks-Saal No. 2

Südflügel
5 Corridor
6 Concilien-Zimmer
7 Spruchzimmer
8 Fakultäts- und
   Disptuations-Sitzungen

9 Auditorium 5
10 Treppe
11 Auditorium 6

Flügelanbau
12 Corridor
13 Bodenraum für
   Feuerungsmaterial
14 [Sammlungen auf
   zweitem Plan]
15, 16, 17 Carcer

H. Willebrand C. Luckow 1865

Nr. 4.4: Das Hauptgebäude 1870
Universitaets Gebäude in Rostock Drittes Geschoss
LHAS 12.3.2 Finanzministerium, Abteilung Hochbau, Mappe 4, 1/3 und 1/6

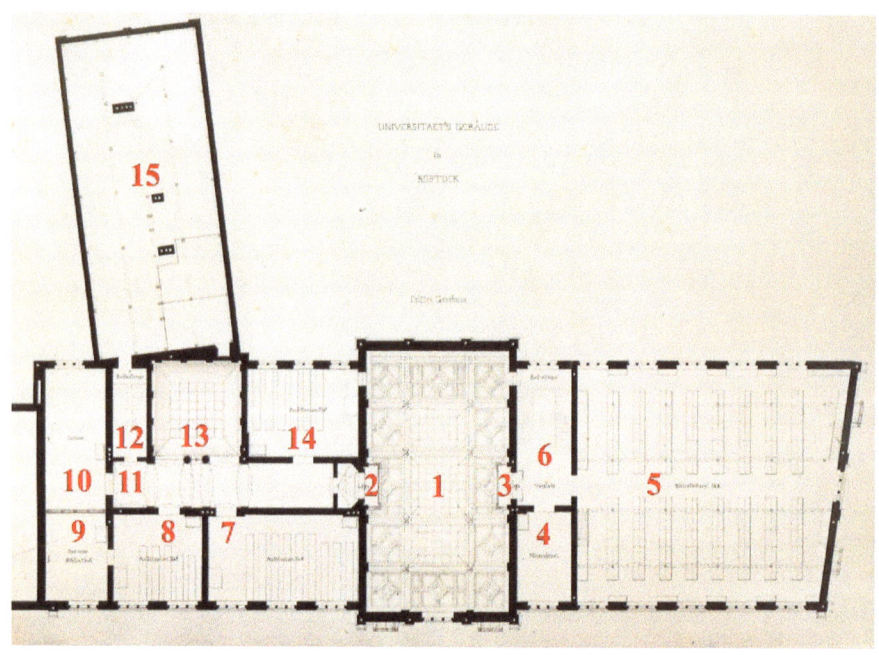

Foyer
1 [Aula]
2 Loge
3 Loge

Nordflügel
4 Münzcabinet
5 Bibliothekssaal No. 1
6 Bodentreppe und Vorplatz

Südflügel
3 Loge
7 Auditorium No. 8
8 Auditoium No. 9
9 Seminar Bibliothek
10 Zimmer
11 [Flur]
12 Bodentreppe
13 [Oberlicht, darunter Treppe]
14 Auditorium No. 7

Flügelanbau
15 [Dachboden]

Nr. 5: Neues Museum vor 1880
Rostock im November 1918
Lorenz Regierungsb[au]m[ei]st[e]r
LHAS 12.3-6/2 Werknachlass Lorenz, Adolf Friedrich, Mappe 13 Nr. 32, 37
Vgl. Adolf Friedrich LORENZ:
Die Universitätsgebäude und ihre Geschichte. Rostock 1919, Abb. 28-31.

Neues Museum vor 1880 Fassade

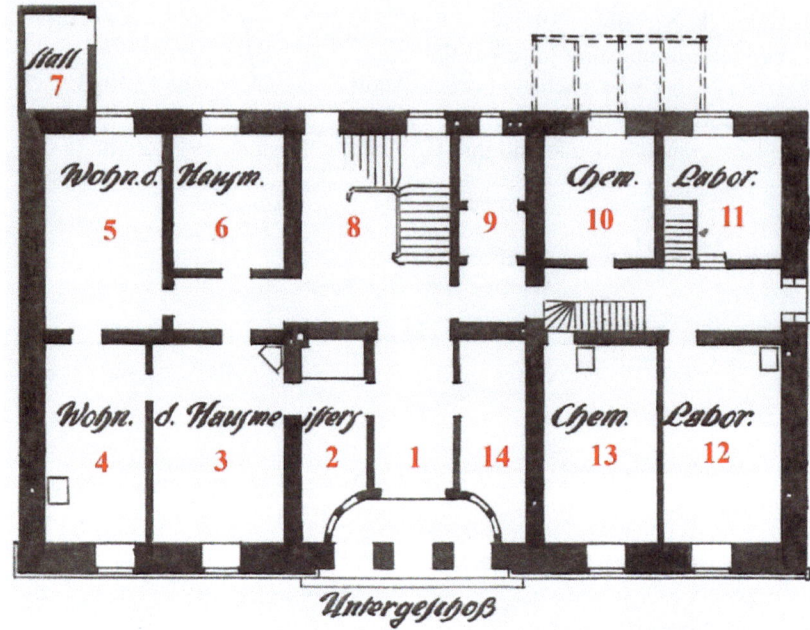

Neues Museum vor 1880 Erdgeschoss

1 [Diele]
2-6 Wohn[ung] d[es] Hausmeisters
7 Stall
8 [Treppenhaus]
9 [Kammer]
10-13 Chem[isches] Labor
14 [Kammer]

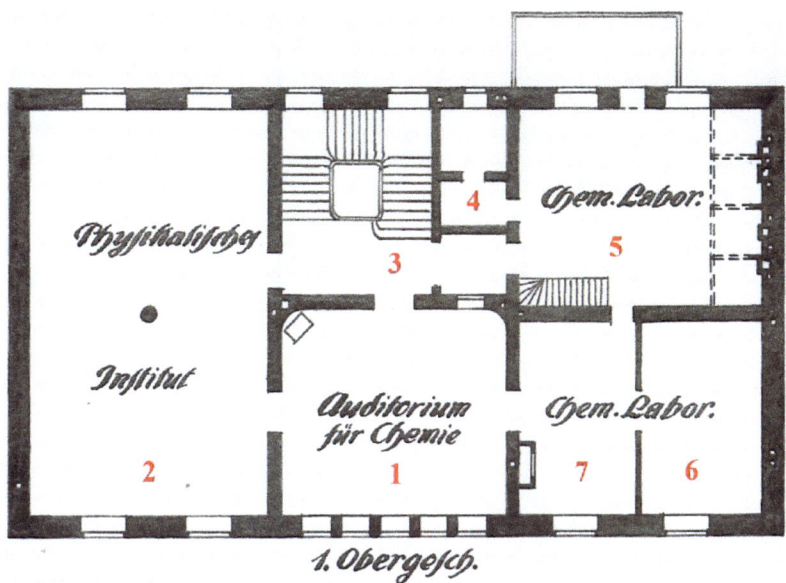

Neues Museum vor 1880 Erstes Obergeschoss

1 Auditorium für Chemie
2 Physikalisches Institut
3 [Treppenhaus]
4 [Kammer]
5-7 Chem[isches] Labor

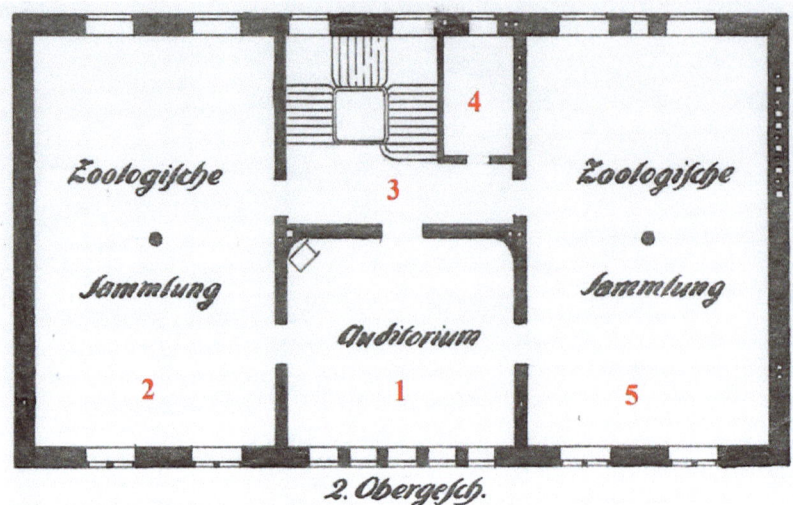

Neues Museum vor 1880 Zweites Obergeschoss

1 Auditorium
2 Zoologische Sammlung
3 [Treppenhaus]
4 [Kammer]
5 Zoologische Sammlung

Nr. 6.1: Hauptgebäude Umbauskizze 1906
Universitätsgebäude in Rostock I 5
LHAS 5.12-7/1 Mecklenburg-Schwerinsches Ministerium für Unterricht,
Kunst, geistliche und Medizinalangelegenheiten Nr. 952

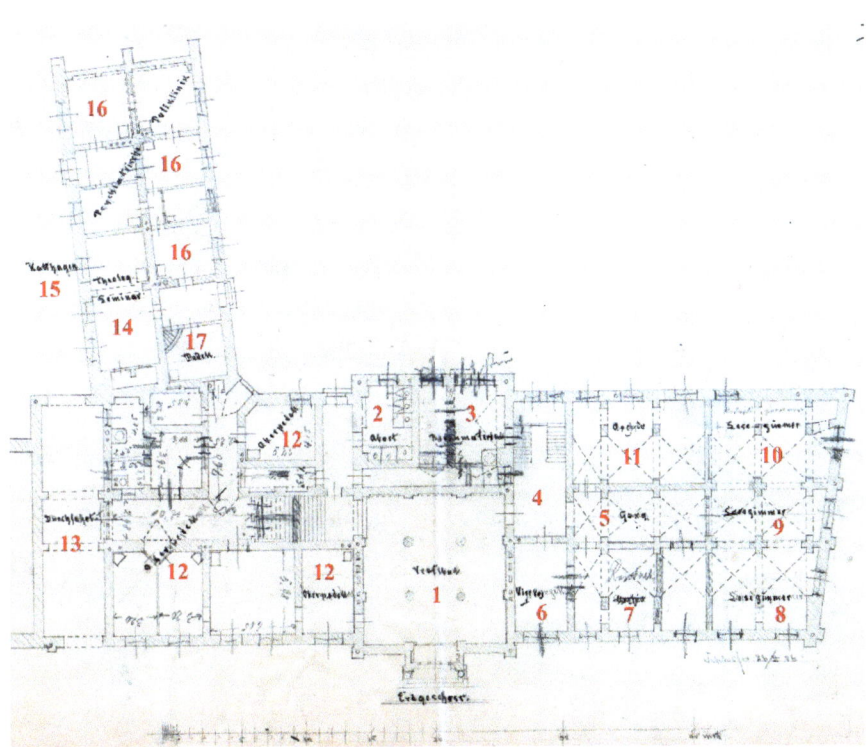

Erdgeschoss

Foyer
1 Vestibul
2 Abort
3 Brennmaterial

Nordflügel
4 [Treppe und Vorplatz]
5 Gang
6 Vize Kaz [Kanzler]
7 Rendantur [gestrichen:] Archiv
8 Lesezimmer
9 Lesezimmer

10 Lesezimmer
 [mit Bleistift:] Arbeitszimmer
11 Archiv

Südflügel
12 Oberpedell [Wohnung, 7 Räume]
13 Durchfahrt

Flügelanbau
14 Theolog[isches] Seminar [2 Räume]
15 Katthagen
16 Psychiatrische Poliklinik [7 Räume]
17 Pedell

Schlosser 26.II.[19]06

Nr. 6.2: Hauptgebäude Umbauskizze 1906
Universitätsgebäude in Rostock II
LHAS 5.12-7/1 Mecklenburg- Schwerinsches Ministerium für Unterricht, Kunst, geistliche und Medizinalangelegenheiten Nr. 952

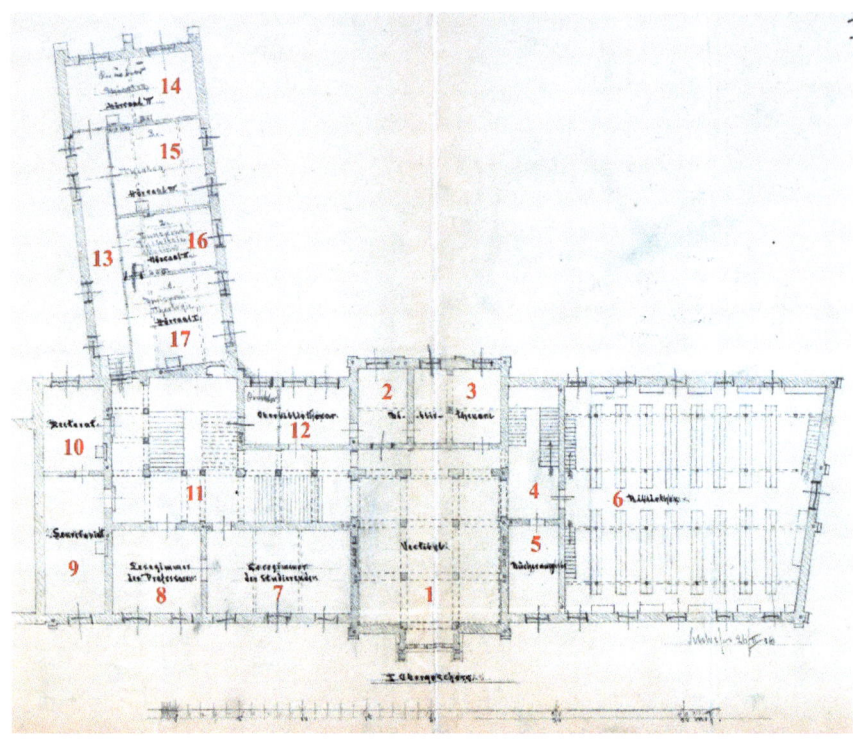

I. Obergeschoss

Foyer
1 Vestibul
2 Bibliothekare
3 Bibliothekare

Nordflügel
4 [Treppe und Vorplatz]
5 Bücherausgabe
6 Bibliothek

Südflügel
7 Lesezimmer der Studierenden

8 Lesezimmer der Professoren
9 Sekretariat
10 Rektorat
11 [Haupttreppen]
12 Direktor Oberbibliothekar

Flügelanbau
13 [Flur]
14 Quästur Hörsaal IV
15 3. Theolog. Hörsaal III.
16 2. Jurisprud. Philologie Medizin Hörsaal II.
17 1. Jurisprud. Theologie Hörsaal I

Schlosser 26.II.[19]06

Nr. 6.3: Hauptgebäude Umbauskizze 1906
Universitätsgebäude in Rostock III 9
LHAS 5.12-7/1 Mecklenburg- Schwerinsches Ministerium für Unterricht,
Kunst, geistliche und Medizinalangelegenheiten 952

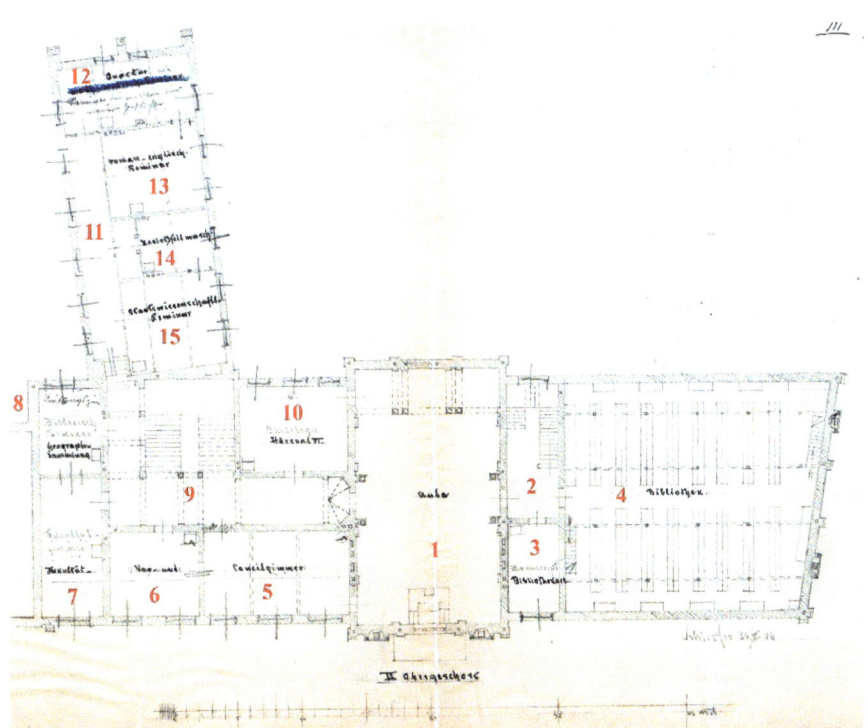

II. Obergeschoss

Foyer
1 Aula

Nordflügel
2 [Treppe und Vorplatz]
3 Manuscript[e] Bibliothekare
4 Bibliothek

Südflügel
5 Concilzimmer
6 Vor-[zimmer] und
7 Fakultätzimmer Fakultät-

8 Prüfungszim[mer] Historisch. Seminar
  Geograph. Sammlung
9 [Haupttreppe]
10 Philologie Hörsaal VI.

Flügelanbau
11 [Flur]
12 Quästur Seminar für mittlere und
   neuere Geschichte
13 Roman[isch]-englisches Seminar
14 Kreisteilmasch[ine]
15 Staatswissenschaftl[iches] Seminar

Schlosser 26.II.[19]06

6.4: Hauptgebäude Umbauskizze 1906
Universitätsgebäude in Rostock IV. 11
LHAS 5.12-7/1 Mecklenburg- Schwerinsches Ministerium für Unterricht, Kunst, geistliche und Medizinalangelegenheiten Nr. 952

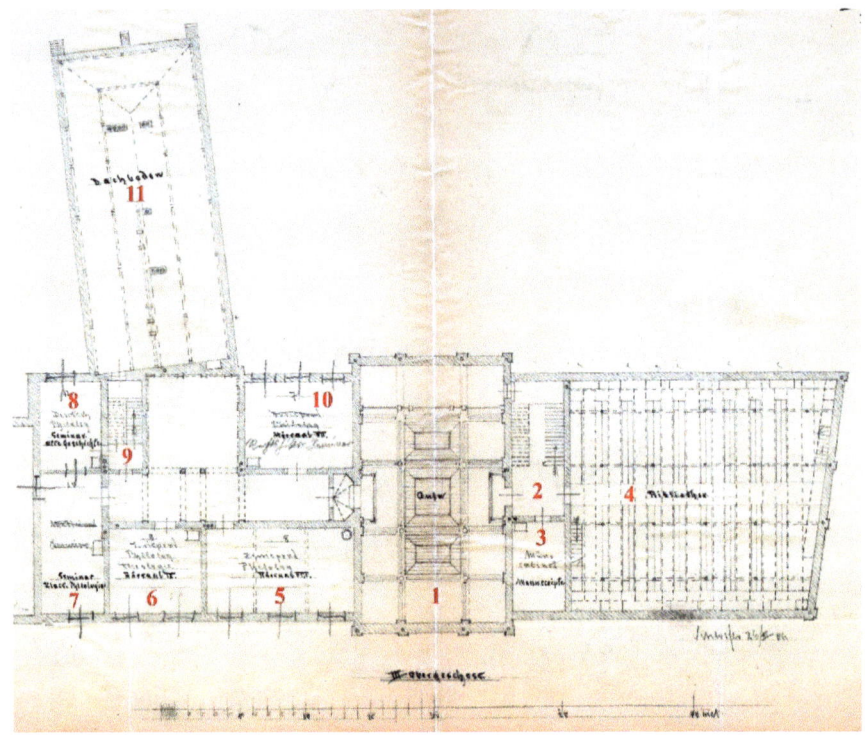

III.Obergeschoss

Foyer
1 Aula

Nordflügel
2 [Treppe und Vorplatz]
3 Münzcabinet Manuskripte
4 Bibliothek

Südflügel
5 Jurisprud. Philolog. Hörsaal VIII.

6 Jurisprud. Philolog. Theologie
   Hörsaal IX.
7 [gestrichen:] Medicinal Commission
   Seminar Klass. Philologie
8 Deutsch. Philolog.
   Seminar alte Geschichte
9 [Bodentreppe]
10 [gestrichen:] Jurisprud. Philolog.
   Hörsaal VII. Rechtshistor. Seminar

Flügelanbau
11 Dachboden

Schlosser 26.II.06

Nr. 7: Das Neue Museum 1906
LHAS 5.12-7/1 Mecklenburg-Schwerinsches Ministerium für Unterricht, Kunst, geistliche und Medizinalangelegenheiten Nr. 946

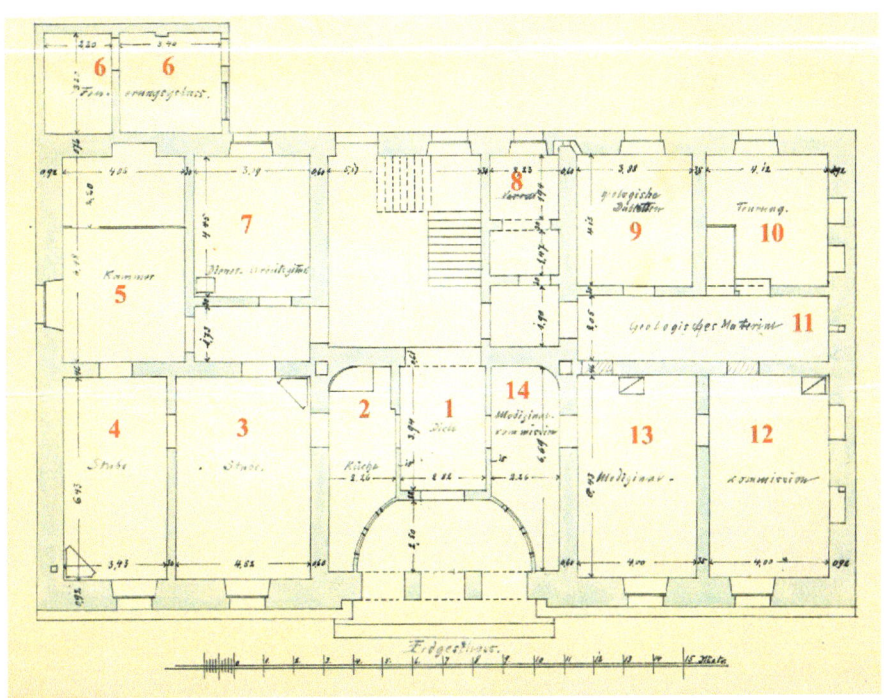

Erdgeschoss

1 Diele
2 Küche
3 Stube
4 Stube
5 Kammer
6 Feuerungsgelass
7 Diener-Arbeitszimmer

8 Vorrat
9 Geologische Dubletten
10 Feuerung
11 Geologisches Material
12 Medizinal-Kommission
13 Medizinal-Kommission
14 Medizinal-Kommission

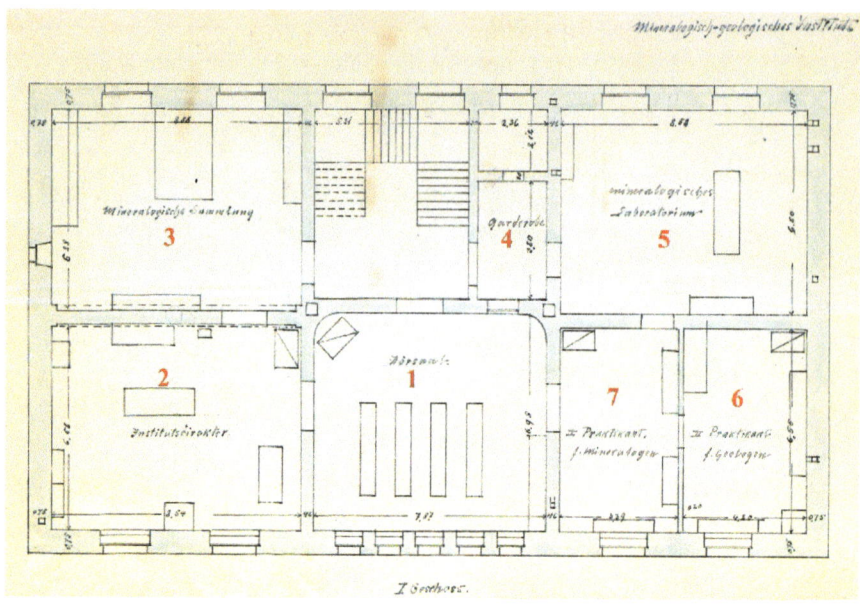

I. Geschoss

1 Hörsaal
2 Institutsdirektor
3 Mineralogische Sammlung
4 Garderobe
5 mineralogisches Laboratorium
6 II. Praktikant für Geologen
7 I. Praktikant für Geologen

Neues Museum 1906

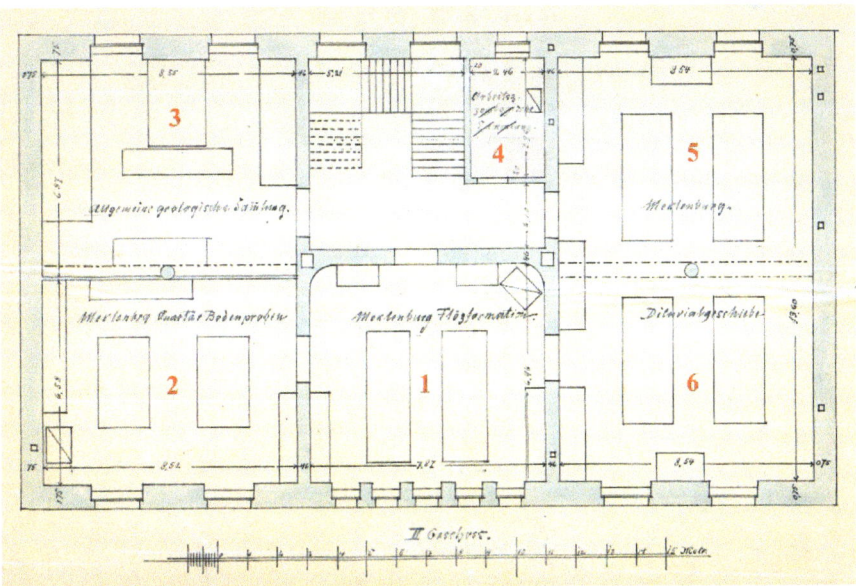

II. Geschoss

1 Meklenburg. Flözformation
2 Meklenburg. Quartär Bodenproben
3 Allgemeine geologische Sammlung
4 Arbeitsz[immer] [gestrichen:] *zoologische Sammlung*
5 Meklenburg.
6 Diluvialgeschiebe

Gestrichen ist kursiv gesetzt.

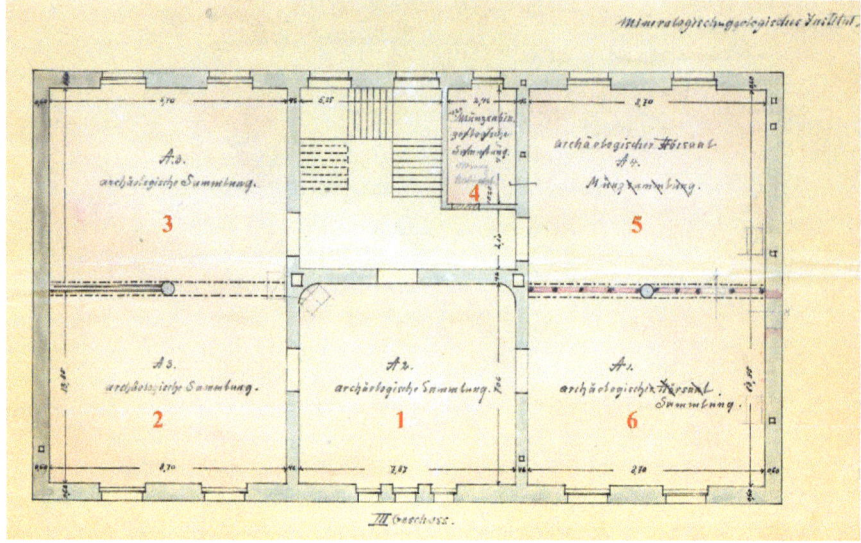

III. Geschoss

1 A 2 archäologische Sammlung
2 A 3 archäologische Sammlung
3 A 3 archäologische Sammlung
4 Münzkabin[ett] [gestrichen:] *geologische Sammlung* Münzkabinett
5 archäologischer Hörsaal A 4 [gestrichen:] *Münzsammlung*
6 A 1 archäologische Sammlung [gestrichen.:] *r Hörsaal*

Gestrichen ist kursiv gesetzt.

Nr. 8: Nebengebäude der Universität 1911
Staatsbaudistrikt Rostock
März 1911 Reg[ierungs] B[au]f[ü]r[er] Oeding
LHAS 5.12-7/1 Meckenburg-Schwerinsches Ministerium für Unterricht, Kunst, geistliche und Medizinalangelegenheiten Nr. 952, darin Nr. 241, Blatt 31-48

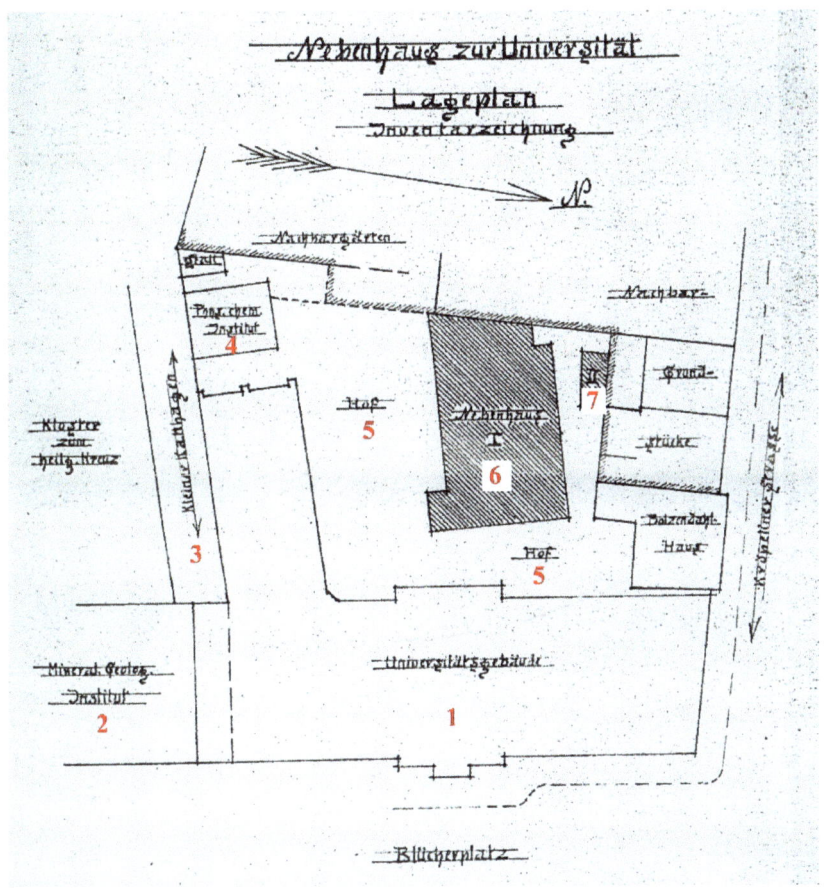

Lageplan

1 Universitätsgebäude
2 Mineral[ogisch-]Geolog[isches] Institut
3 Kleiner Katthagen
4 Phys[ikalisch-]chem[isches] Institut
5 Hof
6 Nebenhaus I
7 [Nebenhaus] II

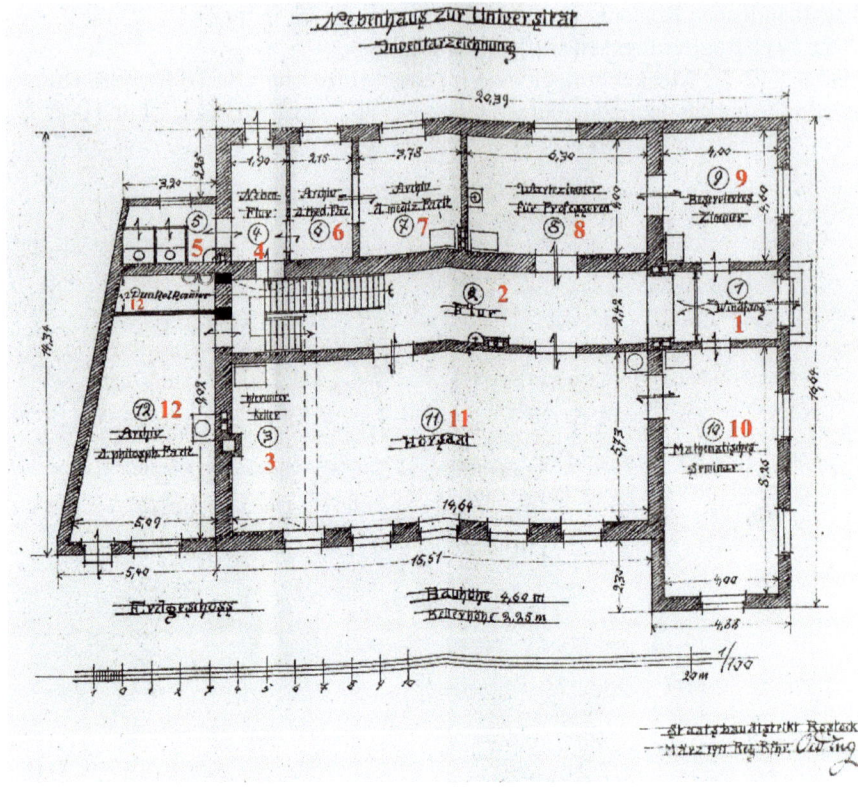

Erdgeschoss (Ziffern wie im Original)

1 Windfang
2 Flur
3 hierunter Keller
4 Neben-Flur
5 [Toilette]
6 Archiv d. theol[ogischen] Fac[ultät]
7 Archiv der mediz[inischen] Fac[u]lt[ät]
8 Wartezimmer für Professoren
9 Reserviertes Zimmer
10 Mathematisches Seminar
11 Hörsaal
12 Archiv d. philosoph[ischen] Fac[u]lt[ät]
12 Dunkelkammer

Nebengebäude 1911

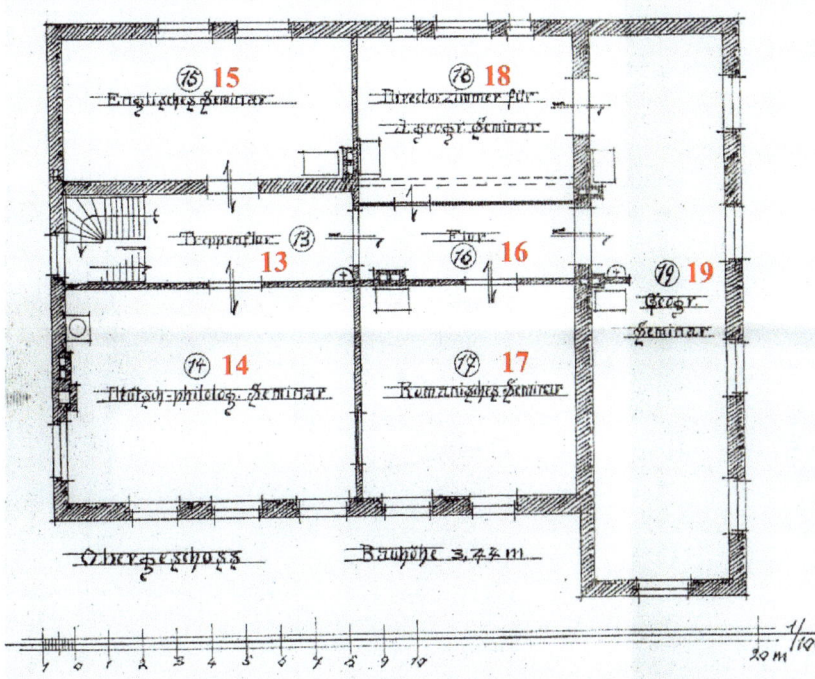

Obergeschoss

13 Treppenflur
14 Deutsch-philolog[isches] Seminar
15 Englisches Seminar
16 Flur
17 Romanisches Seminar
18 Directorenzimmer für d. geogr[aphische] Seminar
19 Geogr[aphisches] Seminar

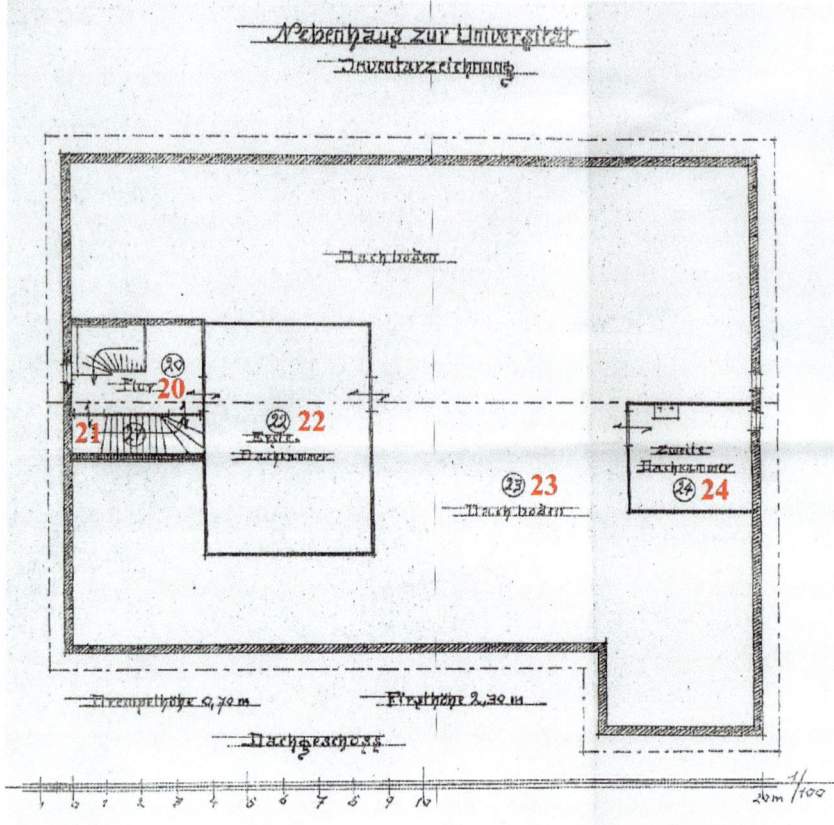

Dachgeschoss

20 Flur
21 [Treppe]
22 Erste Dachkammer
23 Dachboden
24 Zweite Dachkammer

Nr. 9: Hauptgebäude 1912

1912 August 31 Distriktbaumeister F. Wachenhusen
LHAS 5.12-7/1 Mecklenburg-Schwerinsches Ministerium für Unterricht,
Kunst, geistliche und Medizinalangelegenheiten Nr. 952

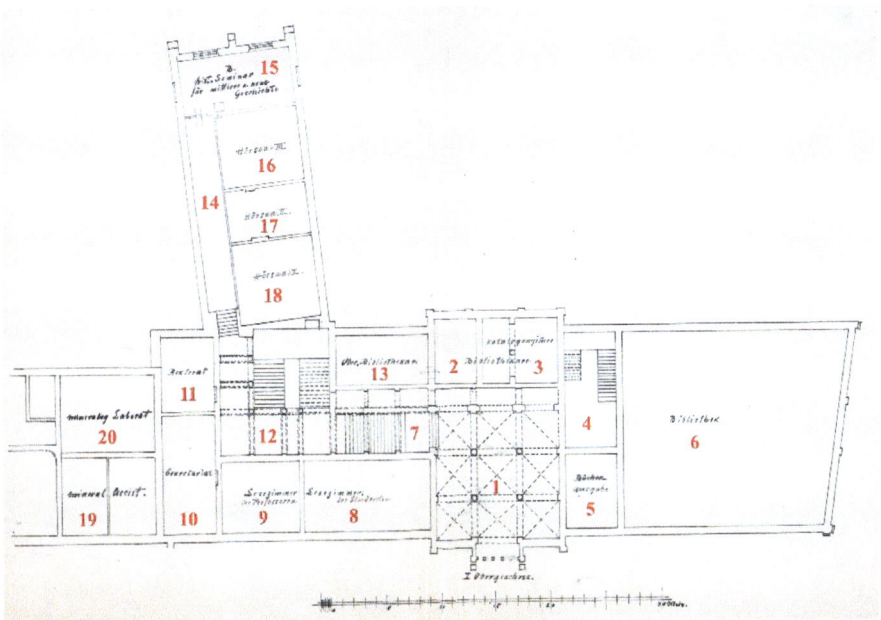

I. Obergeschoss

Foyer
1 [Vestibul]
2 Bibliothekare
3 Katalogenzimmer

Nordflügel
4 [Treppe und Vorplatz]
5 Bücherausgabe
6 Bibliothek

Südflügel
7 [Haupttreppe]
8 Lesezimmer der Studenten

Erdgeschoss ist nicht überliefert.

9 Lesezimmer der Professoren
10 Sekretariat
11 Rektorat
12 [Flur und Zweite Haupttreppe]
13 Ober-Bibliothekar

Flügelanbau
14 Korridor
15 B. Hist[orisches] Seminar für mittlere
   und neue Geschichte
16 Hörsaal III.
17 Hörsaal II.
18 Hörsaal I.

Neues Museum
19 mineral. Assist[ent]
20 Mineralog[isches] Laborat[orium]

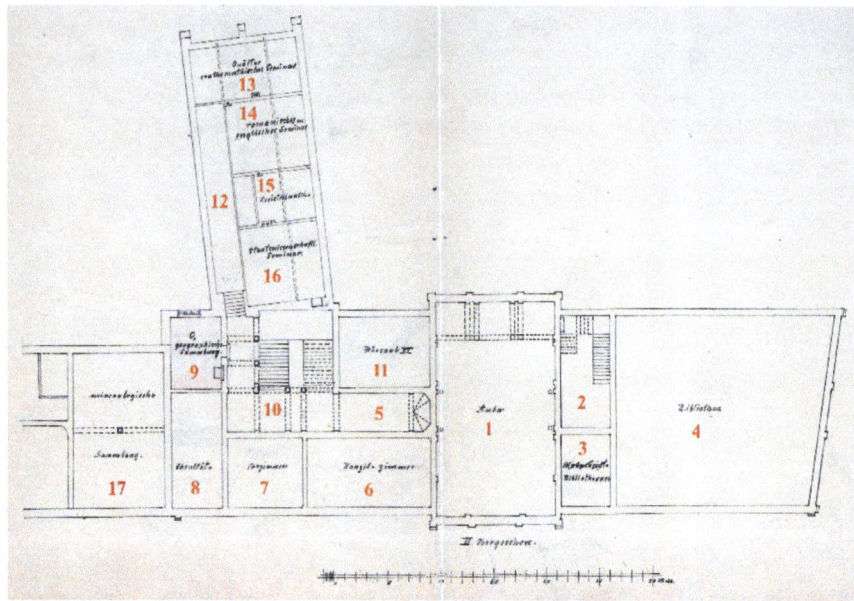

II. Obergeschoss

Foyer
1 Aula

Nordflügel
2 [Treppe und Vorplatz]
3 [gestrichen: *Manuskript.*] Bibliothekare
4 Bibliothek

Südflügel
5 [Flur]
6 Konzil-Zimmer
7 Vorzimmer
8 Fakultät.

9 geographische Sammlung
10 [Zweite Haupttreppe]
11 Hörsaal VI.

Flügelanbau
12 Korridor
13 Quästur mathematisches Seminar
14 romanisches und englisches Seminar
15 Kreisteilmasch.
16 Staatswissenschaftl. Seminar

Neues Museum
17 mineralogische Sammlung

Gestrichen ist kursiv gesetzt.

Hauptgebäude 1912

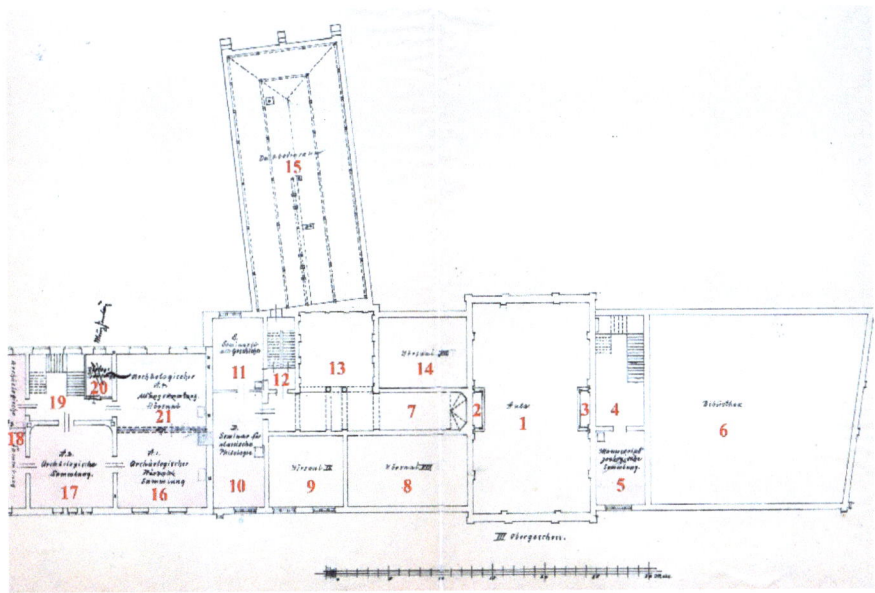

III. Obergeschoss

Foyer
1 Aula
2 Loge
3 Loge

Nordflügel
4 [Treppe und Vorplatz]
5 Manuscript.
 [gestrichen: *zoologische Sammlung*]
6 Bibliothek

Südflügel
7 Flur
8 Hörsaal VIII.
9 Hörsaal IX.
10 D. Seminar für klassische Philologie
11 Seminar für alte Geschichte

Gestrichen ist kursiv gesetzt.

12 [Treppe]
13 [Oberlicht des Treppenhauses]
14 Hörsaal VII.

Flügelanbau
15 Dachbodenraum

Neues Museum
16 A 1 Archäologische Sammlung
 [gestrichen: *Hörsaal*]
17 A 2 Archäologische Sammlung
18 Archäologische Sammlung
19 [Treppe]
20 Münzsammlung
 [gestrichen: *zoolog. Sammlung*]

21 A 4 archäologischer Hörsaal
 [gestrichen: *Münzsammlung*]

Nr. 10: Hauptgebäude und Neues Museum 1928

1928 Dezember 17 Umbauplan
Mecklenburg-Schwerinsches Hochbauamt Rostock, F. Wachenhusen
LHAS 5.12-5/1 Meckenburg-Schwerinsches Ministerium der Finanzen Nr. 8832

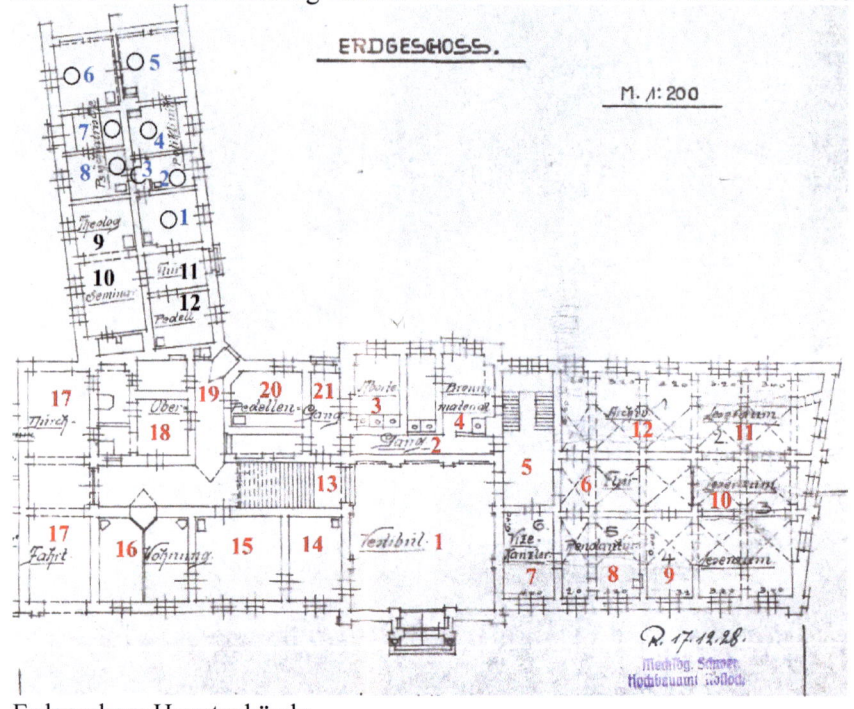

Erdgeschoss Hauptgebäude

Foyer
1 Vestibül
2 Gang
3 Aborte
4 Brennmaterial

Nordflügel
5 [Vorplatz und Treppe]
6 Flur
7 Vizekanzler
8 Rendantur
9-11 Leseräume
12 Archiv

Südflügel
13 Haupttreppe
14-16, 18-20 Oberpedellen-Wohnung
 im 2. Plan gestrichen
17 Durchfahrt
21 Gang

Flügelanbau
Blaue Ziffern wie im Original, schwarze Ziffern neu

1-8 Psychiatrische Poliklinik

1-8 Psychiatrische Poliklinik
 im 2. Plan: Räume für die Juristische Fakultät
9,10 Theolog[isches] Seminar
 im 2. Plan: Wirtschaftshilfe für Studenten
11 Flur
12 Pedell
 im 2. Plan gestrichen

Ausschnitt Erdgeschoss Neues Museum

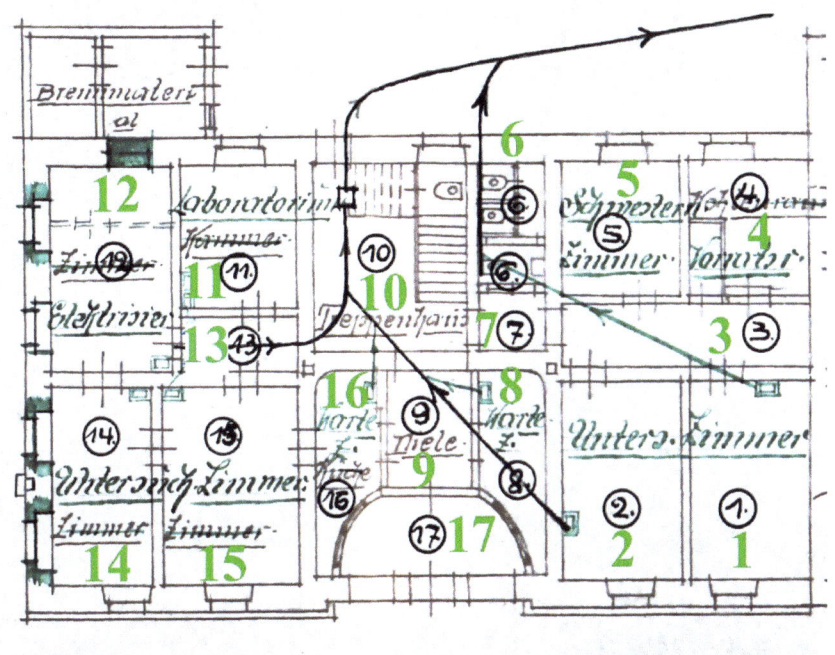

Erdgeschoss Neues Museum, grüne Ziffern wie im Original

Neues Museum
1,2 Unters[uchungs]Zimmer
3 [Gang]
4 Vorrat
5 Schwestern-Zimmer
6 [Toiletten]
7 [Gang]
8 Wartez[immer]
9 Diele
10 Treppenhaus
11 Laboratorium
12 Elektrisier[zimmer]
13 [Gang]
14, 15 Untersuch[ungs]-Zimmer
16 Warte-Zimmer
17 [Eingang]

Ausschnitt erstes Obergeschoss Hauptgebäude 1928

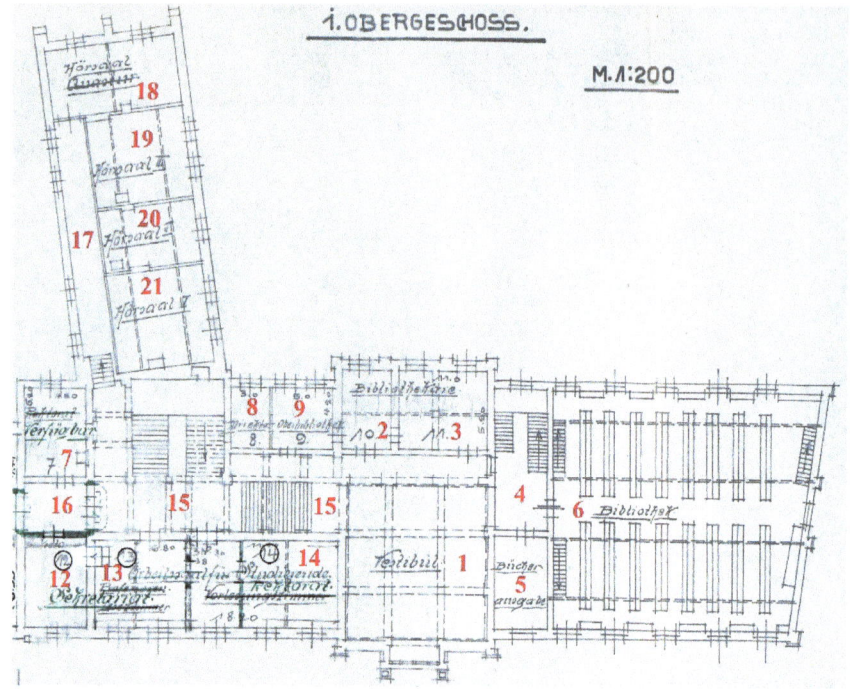

Erstes Obergeschoss, rote Zahlen 1-6 und 15-21 neu, 7-14 wie im Original

Foyer
1 Vestibül
2, 3 (Original 10, 11)
    Bibliothekare

Nordflügel
4 [Vorplatz und Treppe]
5 Bücherausgabe
6 Bibliothek

Südflügel
7 Verfügbar
8 Direktor
9 Oberbibliothekar
10, 11 siehe
    Foyer 2, 3 Bibliothekare
12, 13 Sekretariat [gestrichen:]
    Arbeitssaal für Studierende

Südflügel
14 Rektorat
neu
15 [Haupttreppe]
16 [Durchgang zum
    Neuen Museum]

Flügelanbau
17 [Flur]
18 Hörsaal [gestrichen:] Quästur
19 Hörsaal III
20 Hörsaal II
21 Hörsaal I

Hauptgebäude und Neues Museum 1928

Ausschnitt erstes Obergeschoss Neues Museum 1928

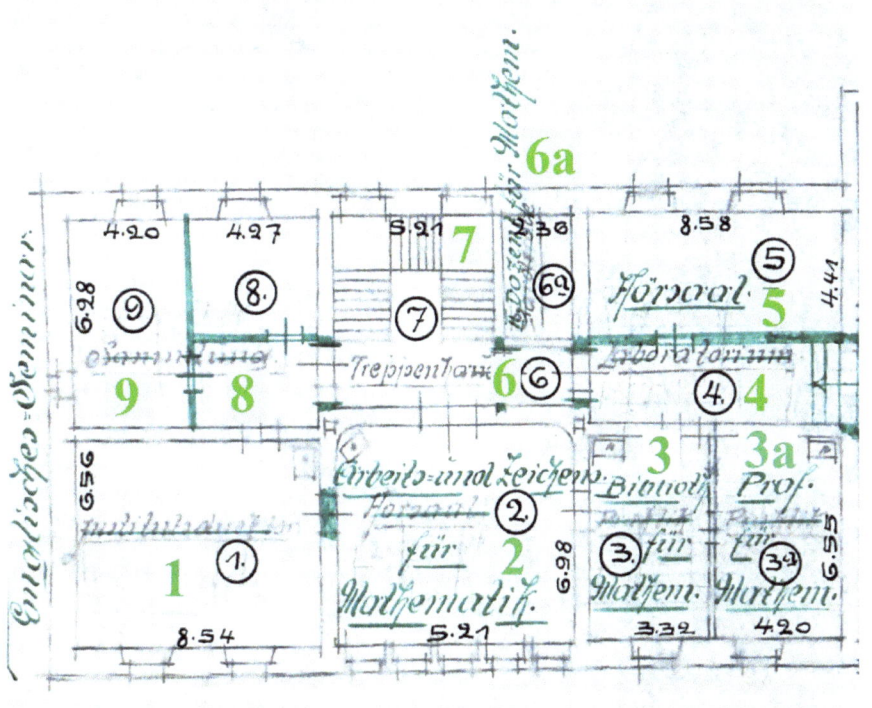

Neues Museum, grüne Zahlen wie im Original

Neues Museum

1 Englisches Seminar [gestrichen:] Institutsdirektor
2 Arbeits- und Zeichensaal für Mathematik [gestrichen:] Hörsaal
3 Bibliothek für Mathem[atik] [gestrichen:] Praktik[ant]
3a Prof. für Mathem[atik] [gestrichen:] Praktik[ant]
4 [Durchgang vom Hauptgebäude]
5 Hörsaal [gestrichen:] Laboratorium
6 [Durchgang vom Hauptgebäude]
6 a Dozent für Mathem[atik]
7 Treppenhaus
8, 9 Englisches Seminar [gestrichen:] Sammlung

Ausschnitt zweites Obergeschoss Hauptgebäude 1928

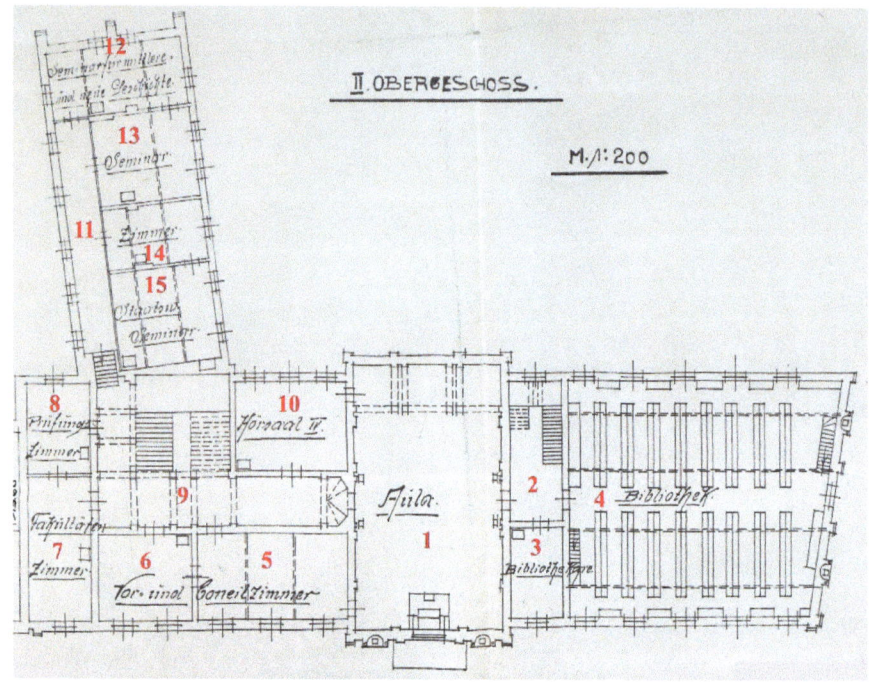

Zweites Obergeschoss Hauptgebäude, rote Zahlen neu

Foyer
1 Aula

Nordflügel
2 [Vorplatz und Treppe]
3 Bibkliothekare
4 Bibliothek

Südflügel
5, 6 Vor- und Concilzimmer
7 Fakultäten-Zimmer Direktor
8 Prüfungszimmer
9 [Zweite Haupttreppe]
10 Hörsaal IV.

Flügelanbau
11 Flur
12 Seminar für mittlere und neue Geschichte
13 Seminar
14 Zimmer
15 Staatsw[issenschaftliches] Seminar

Hauptgebäude und Neues Museum 1928

Ausschnitt zweites Obergeschoss Neues Museum 1928

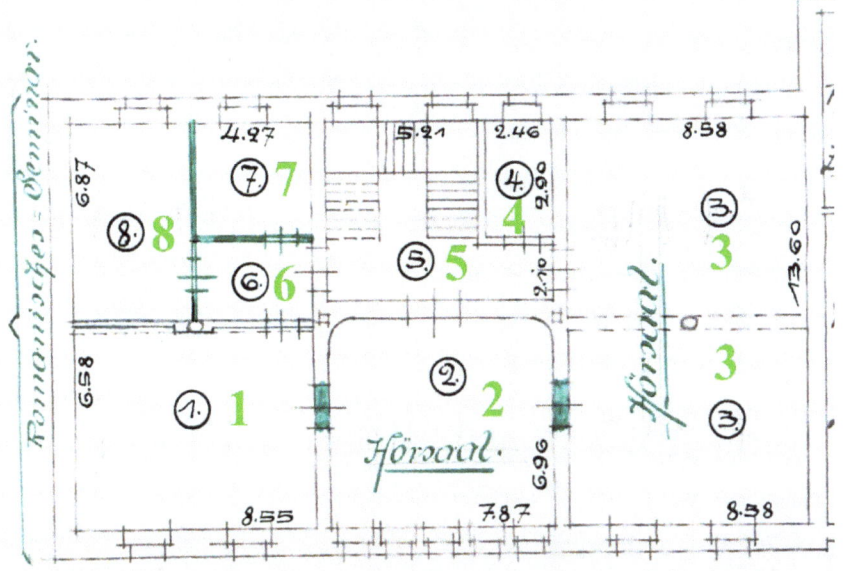

Zweites Obergeschoss Neues Museum, grüne Zahlen wie im Original

Neues Museum
1 Romanisches Seminar
2 Hörsaal
3 Hörsaal
4 [Zimmer]
5 [Treppenhaus]
6-8 Romanisches Seminar

Das Hauptgebäude Umbauplan: Rostock 1937 September 9
Der Mecklenburgische Landkreis Rostock, Hochbauabteilung
Der Reg. Baume[iste]r, Rostock den 17.9.1937
LHAS 5.12-5/1 Mecklenburg-Schwerinsches Ministerium der Finanzen Nr. 8832

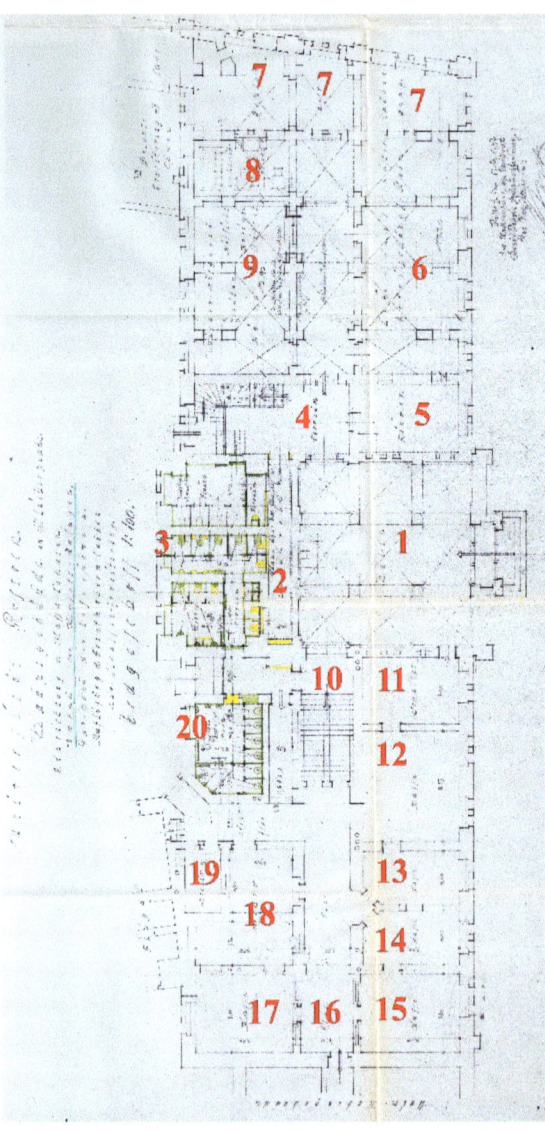

Universität Rostock
Hauptgebäude
am Blücherplatz
Einrichtung v. Kassa-Lokalen
Umbau von Klosettanlagen
Durchbau der Leseräume u.
Auflösung d. Frontmauer in
Lauben zur
Straßenerweiterung

Erdgeschoss
Foyer
1 Halle
2 Garderobe
3 Toiletten
Nordflügel
4 Vorraum
5 Zimmer
6 Lesesaal, später
   Erfrischungsraum
7 Geplanter Laubengang
8 Schreibnische
9 Bücherausgabe Aufsicht
   später Küche Anrichte Büffet
Südflügel
10 Haupttreppe
11 Schalter
12 Kasse
13 Kasse
14 Kasse
15 Kasse
16 Flur
17 Kasse
18 Archiv
19 Archiv
20 Toilette Professoren

Umbauplan 1937 Detail Foyer

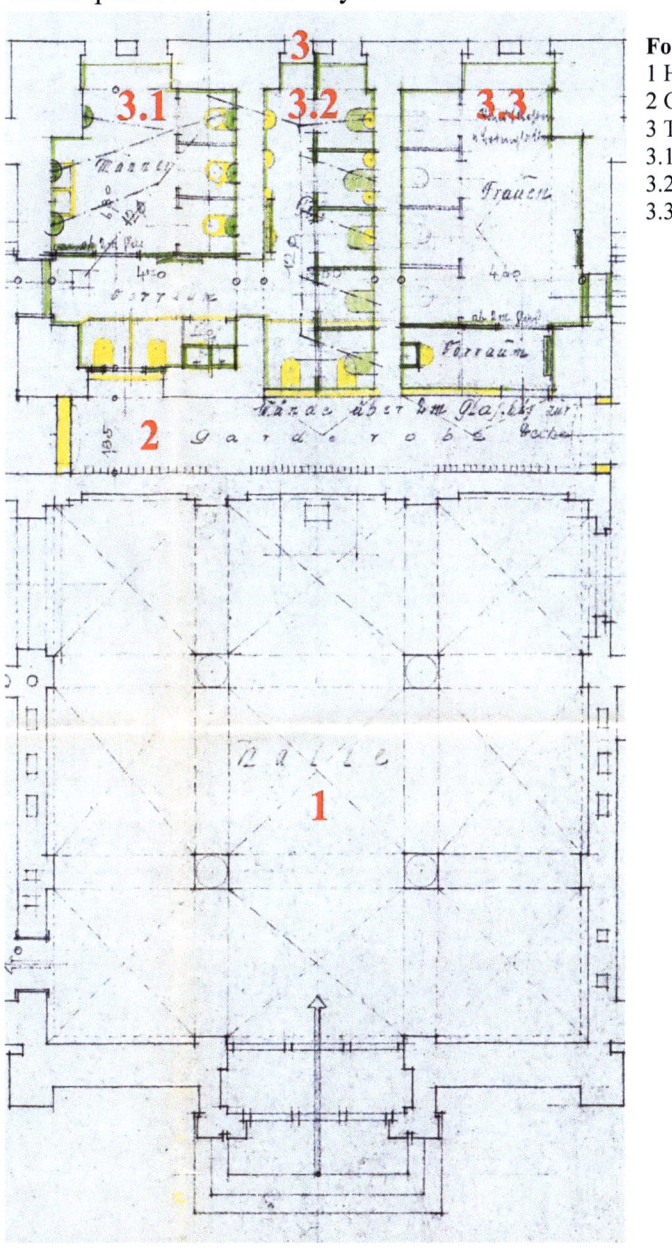

Foyer
1 Halle
2 Garderobe
3 Toiletten
3.1 Männer
3.2 Piss[oir]
3.3 Frauen

Umbauplan 1937 Detail Nordflügel

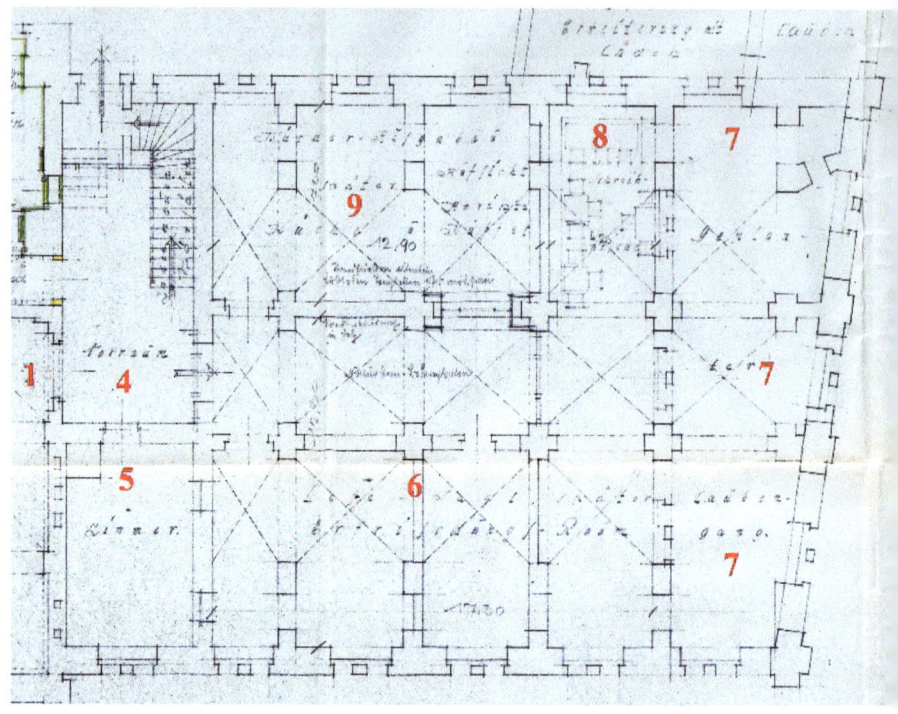

Nordflügel
1 Halle
4 Vorraum
5 Zimmer
6 Lesesaal, später
  Erfrischungsraum
7 Geplanter Laubengang
8 Schreibnische
9 Bücherausgabe Aufsicht
  später Küche Anrichte Büffet

Umbauplan 1937 Detail Südflügel

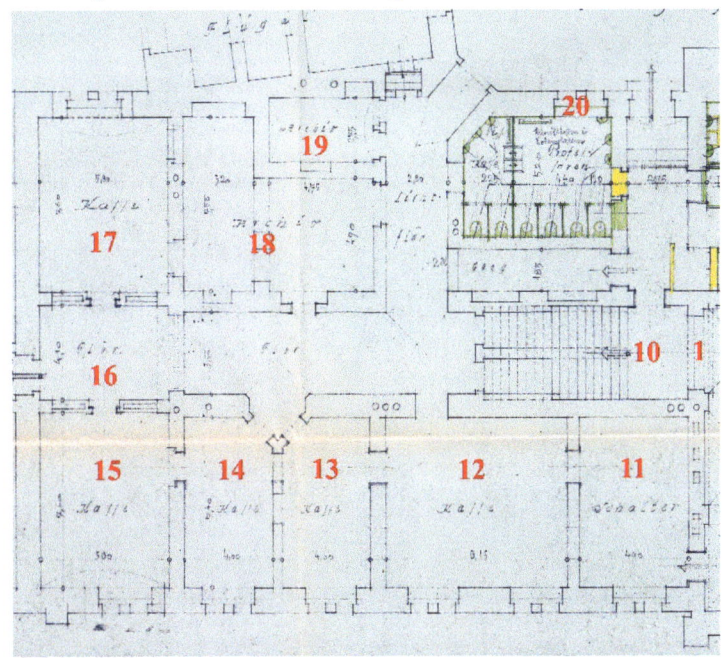

Südflügel
1 Halle
10 Haupttreppe
11 Schalter
12 Kasse
13 Kasse
14 Kasse
15 Kasse
16 Flur
17 Kasse
18 Archiv
19 Archiv
20 Toilette Professoren

Wegfallende Wände gelb.
Neue Wände und Objekte grün.

Das Hauptgebäude Umbauplan Nordflügel, Rostock 1937 September
Erstes bis Drittes Obergeschoss

Rostock, 17.9.1937
Der Mecklenburgische Landrat
Kreis Rostock - Hochbauabteilung
Der Reg. Baurat
LHAS 5.12-5/1 Mecklenburg-Schwerinsches Ministerium der Finanzen Nr. 8832

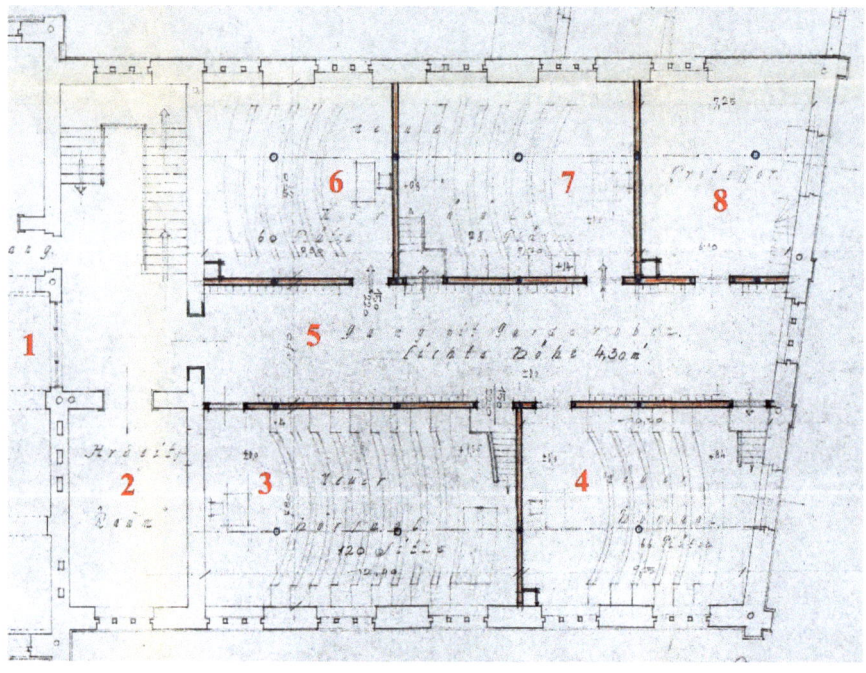

Nordflügel 1.-3. Obergeschoss
1 Halle
2 Arbeitsraum
3 Neuer Hörsaal 120 Sitze
4 Neuer Hörsaal 66 Plätze
5 Gang mit Garderobe
6 Neue Hörsäle 60 Plätze
7 [Hörsäle] 78 Plätze
8 Professor

Nr. 12: Das Hauptgebäude Lageplan 1938
Lageplan der Universitätsgebäude mit nächster Umgebung
zur Schliessung d. kleinen Katthagens
Rostock im Juli 1938
Der Mecklenburg'sche Landrat des Kreises Rostock Hochbauabteilung
UAR, 1.04. R 2094

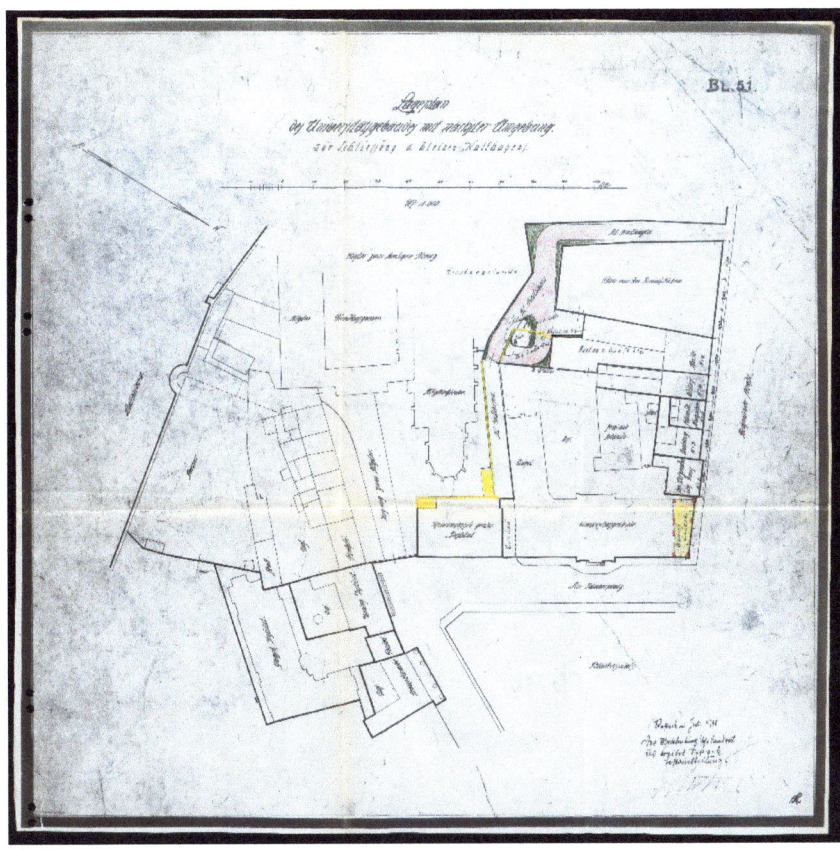

Nr. 13.1: Das Hauptgebäude Umbauplan 1939
Der Mecklenburgische Landrat des Kreises Hochbauabteilung F. Wachenhusen
LHAS 5.12-5/1 Mecklenburg-Schwerinsches Ministerium der Finanzen Nr. 8832
Erdgeschoss

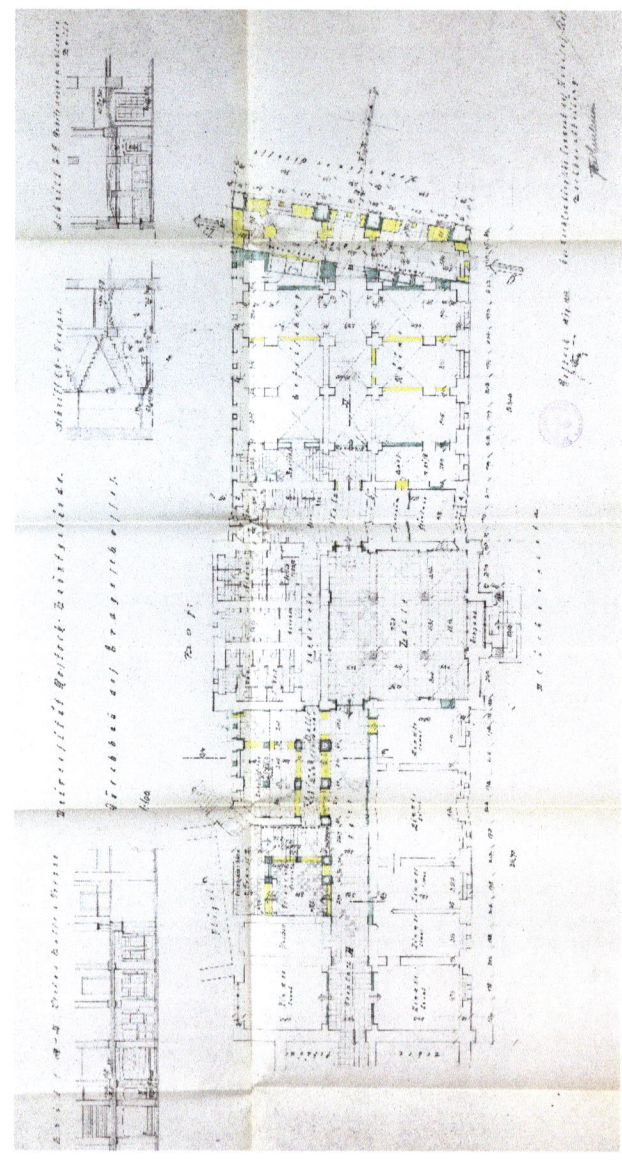

Umbauplan 1939 Ausschnitt Foyer

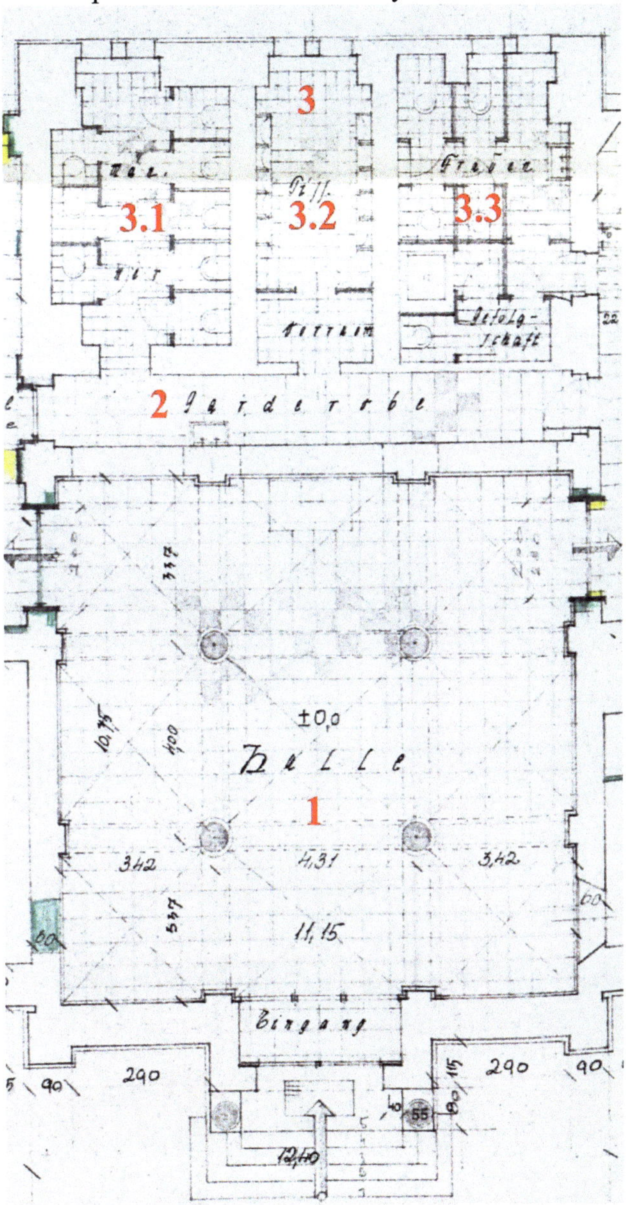

Foyer
1 Halle
2 Garderobe
3 Toiletten
3.1 Männer
3.2 Piss[oir]
3.3 Frauen
    Gefolgschaft

Umbauplan 1939 Ausschnitt Nordflügel

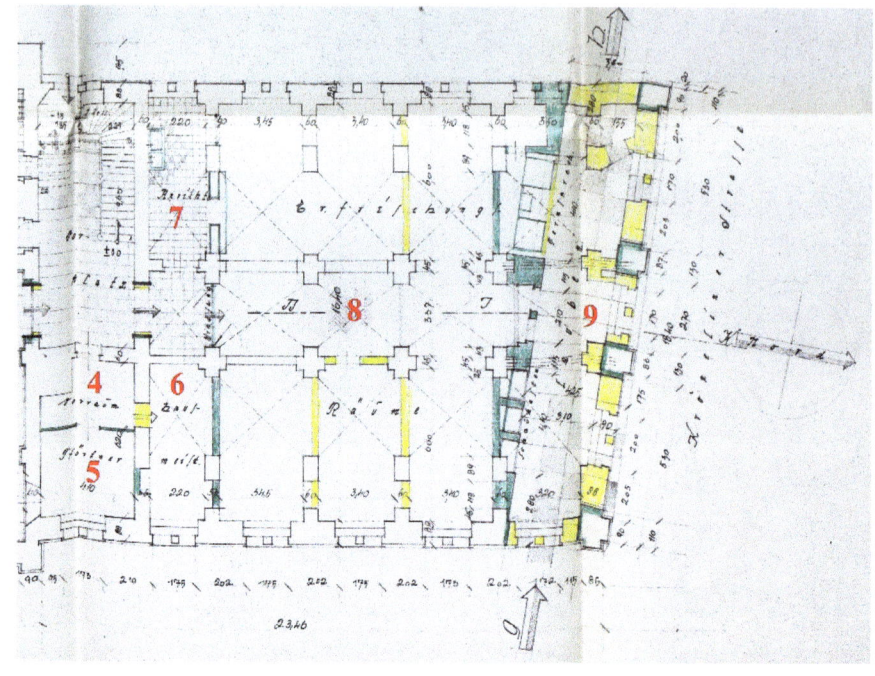

Nordflügel
4 Vorraum
5 Pförtner
6 Hausmeister
7 Anrichte
8 Erfrischungsräume
9 Lauben mit Schaukasten (unten) und 2 Fernsprechern (oben)

Wegfallende Wände gelb.
Neue Wände grün.

Umbauplan 1939 Ausschnitt Südflügel

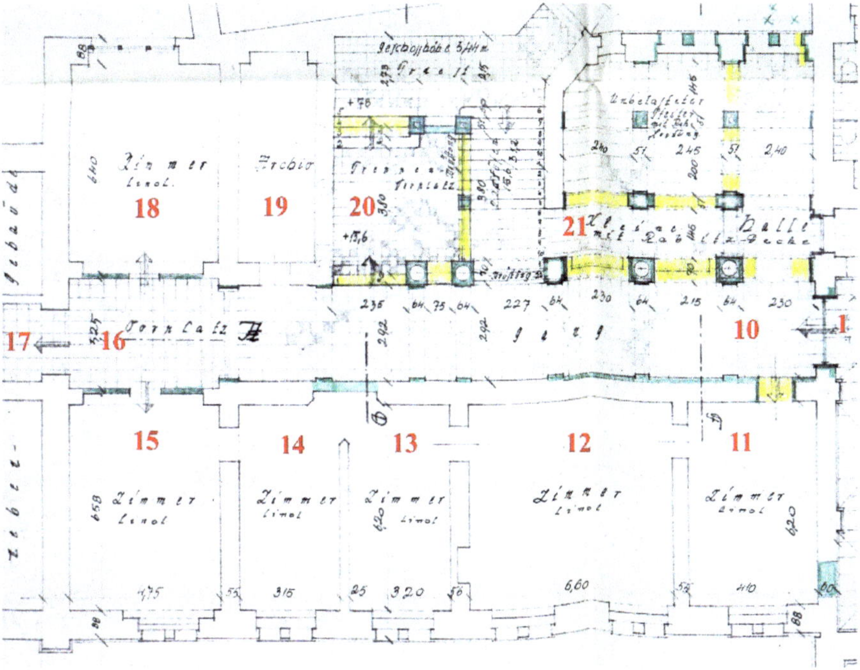

Südflügel
1 Halle
10 Gang [statt Haupttreppe]
11 Zimmer
12 Zimmer
13 Zimmer
14 Zimmer
15 Zimmer
16 Vorplatz
17 Neues Museum
18 Zimmer
19 Archiv
20 Neue Haupttreppe
21 Kleine Halle

Wegfallende Wände gelb.
Neue Wände grün.

Nr. 13.2: Das Hauptgebäude Umbauplan Nordflügel 1939

Universität Rostock – Hauptgebäude Erdgeschoss Durchbau Laubengang
Rostock Juli 1939 Kaupert B[au]m[ei]st[e]r.
Der Mecklenburgische Landrat d. Kreises Rostock – Hochbauabtlg.
Lange Dipl.-Ing.
LHAS 5.12-5/1 Mecklenburg-Schwerinsches Ministerium der Finanzen Nr. 8832

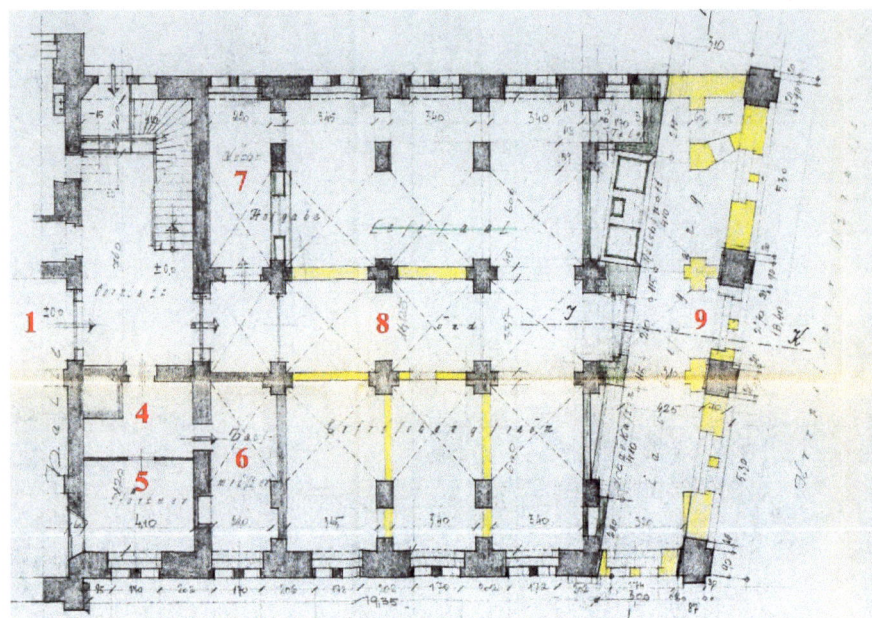

Nordflügel Erdgeschoss
1 Halle
4 Vorraum
5 Pförtner
6 Hausmeister
7 Küche mit Ausgabe
8 [gestrichen: Lesesaal]
  Erfrischungsräume
9 Laubengang mit Schaukasten
  (unten) und Reichspost
  (= 2 Telefonzellen) oben

Wegfallende Wände gelb.

Nr. 13.3: Das Hauptgebäude Umbauplan Nordflügel 1939
Erstes Obergeschoss
1. Obergeschoss Nordflügel
Rostock Juli 1939 Kaupert
Der Mecklenburgische Landrat d. Kreises Rostock – Hochbauabtlg.
LHAS 5.12-5/1 Mecklenburg-Schwerinsches Ministerium der Finanzen Nr. 8832

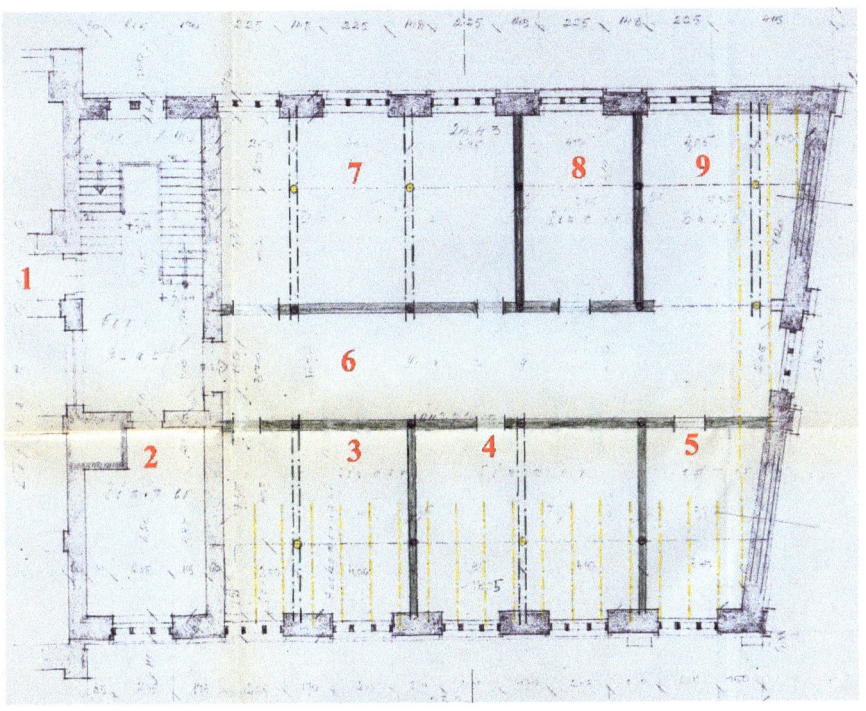

Nordflügel 1. Obergeschoss
1 Halle
2 Zimmer
3 Zimmer
4 Zimmer
5 Zimmer
6 Gang
7 Hörsaal
8 Zimmer
9 Halle

Nr. 13.4: Das Hauptgebäude Umbauplan Nordflügel 1939 Zweites Obergeschoss

Universität Rostock - Hauptgebäude 2. Obergeschoss Nordflügel
Rostock Juli 1939 Kaupert B[au]m[ei]st[e]r.
Der Mecklenburgische Landrat d. Kreises Rostock – Hochbauabtlg.
Lange Dipl.-Ing.
LHAS 5.12-5/1 Mecklenburg-Schwerinsches Ministerium der Finanzen Nr. 8832

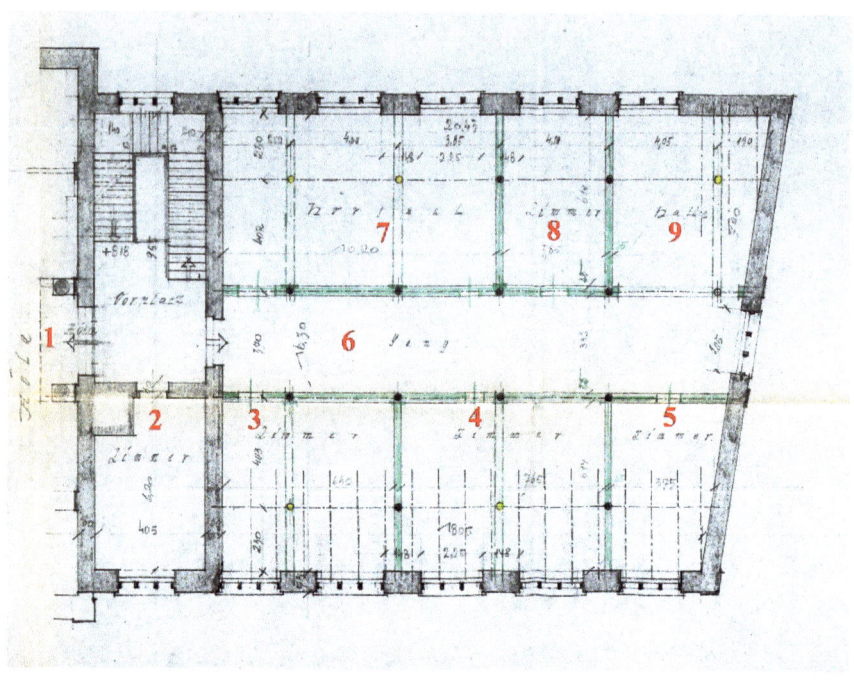

Nordflügel 2. Obergeschoss
1 Aula
2 Zimmer
3 Zimmer
4 Zimmer
5 Zimmer
6 Gang
7 Hörsaal
8 Zimmer
9 Halle
Neue Wände grün.

Nr. 13.5: Das Hauptgebäude Umbauplan Nordflügel 1939
Drittes Obergeschoss

Universität Rostock - Hauptgebäude 3. Obergeschoss Nordflügel
Rostock Juli 1939 Kaupert B[au]m[ei]st[e]r.
Der Mecklenburgische Landrat d. Kreises Rostock – Hochbauabtlg.
Lange Dipl.-Ing.
LHAS 5.12-5/1 Mecklenburg-Schwerinsches Ministerium der Finanzen Nr. 8832

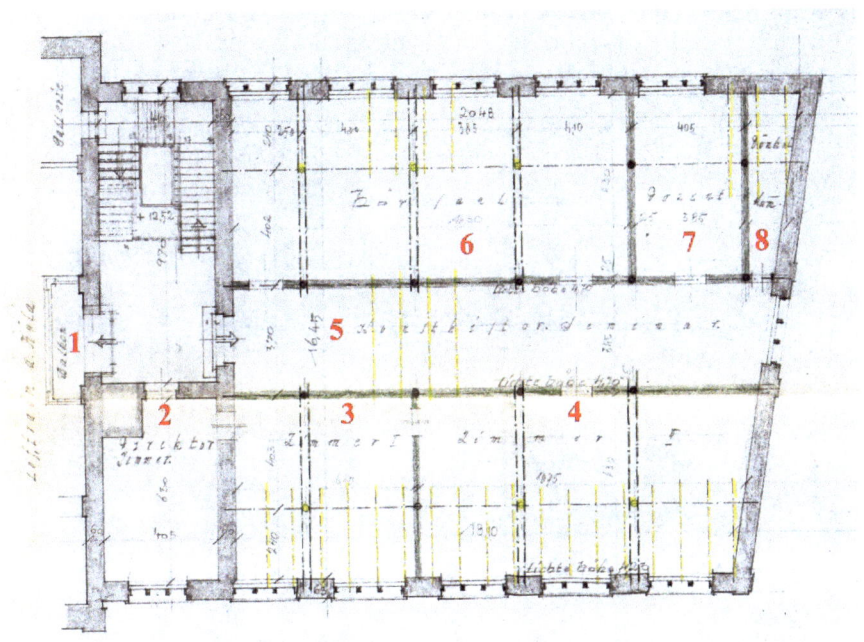

Nordflügel 3. Obergeschoss
1 Loftraum d. Aula Balkon
2 Direktor Zimmer
3 Zimmer
4 Zimmer
5 Kunsthistor[isches] Seminar
6 Hörsaal
7 Dozent
9 Dunkelkam[mer]

Nr. 14.1: Das Hauptgebäude Raumplan 1962

Bauverwaltung des Staatssekretariats für das Hoch- und Fachschulwesen an der Universität Rostock, Universität Rostock Hauptgebäude
Archiv-Bereich Technik Schrank 21 Fach 3 Mappe 2 Kartenblatt 713 Nr. der Zeichnungen 13554/1-4, jetzt digital: Dezernat 3 Technik, Bau, Liegenschaften
Angaben zur Raumnutzung von Prof. Dr. Georg Moll, Doz. Dr. H. Kreienbring im Januar 2016 und Prof. Dr. Konrad Zimmermann im Juli 2016; Ergänzungen aus den Vorlesungsverzeichnissen 1962-1969
Rote Ziffern wie im Original, die Raumnummern stimmen nicht mit denen des Vorlesungsverzeichnisses und an den Zimmertüren überein.

Hauptgebäude Erdgeschoss

Foyer
1 Vestibül
58 Gang
61 Gang
57-60 Toiletten

Nordflügel
2 Vorplatz und Treppe
4-7 Universitätsarchiv
8-12 Universitätsarchiv
13 Flur
14-15 Hausmeister
16-17 Pförtner

Südflügel
18-22 1955 Prorektor für Studienangelegenheiten
 1968 Prorektor für wissenschaftliche und kulturelle Beziehungen
 später Direktorat für Internationale Beziehungen
54 Kleine Halle mit Haupttreppe

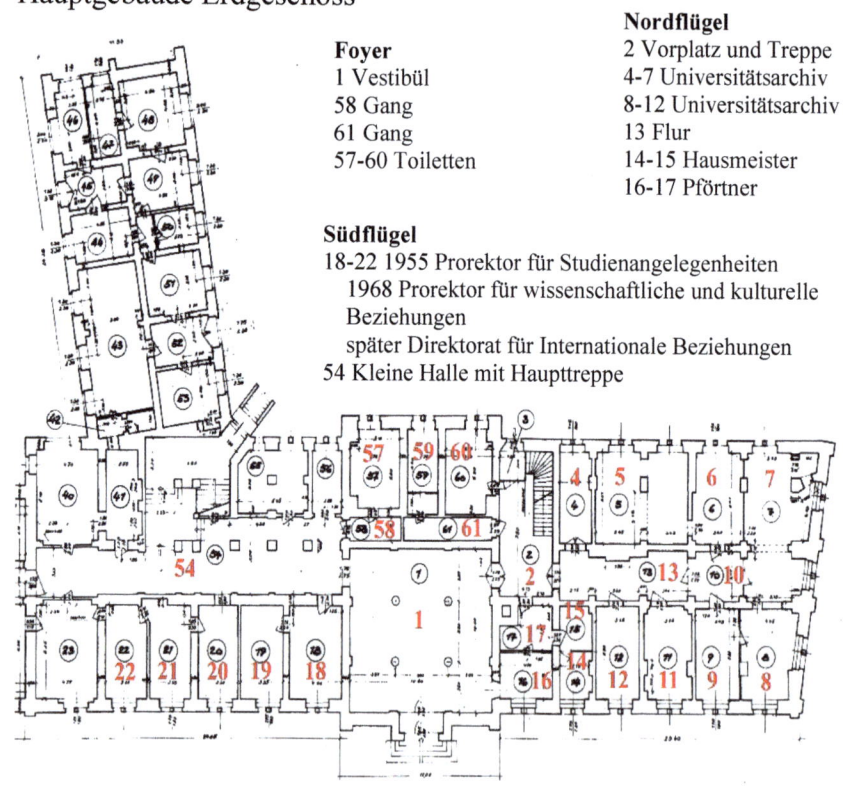

Neues Museum Erdgeschoss 1962
Im Interesse der Lesbarkeit ist das Neue Museum vom Hauptgebäude getrennt.

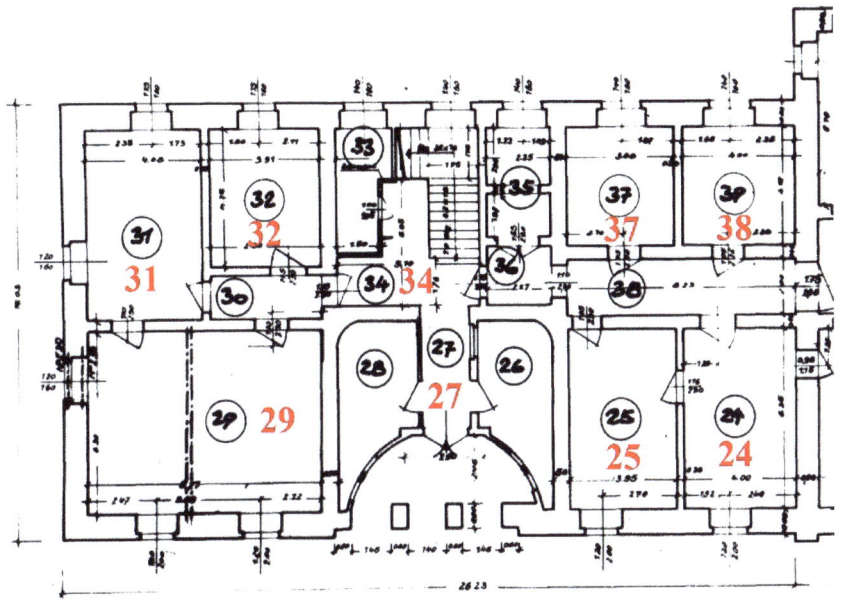

Neues Museum
27 Eingang
34 Flur und Haupttreppe
24, 25, 37, 38 Institut für Mathematik, seit 1964 Rechenzentrum
29, 31, 32 Institut für Mathematik, seit 1964 Rechenzentrum

Hauptgebäude Erstes Obergeschoss 1962

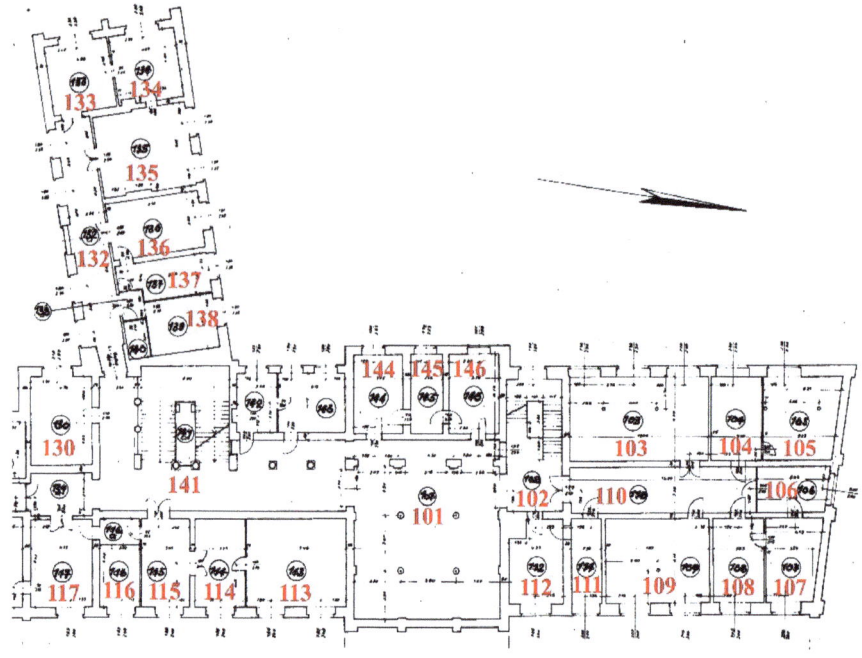

Foyer
101 Foyer, darüber Gang mit Balustrade
144-146 Universitätsbibliothek um 1959
144, 145 Sozialistische Einheitspartei Deutschlands, Parteiorganisation der Universität Rostock (UPL) seit 1965
146 Prorektor für Gesellschaftswissenschaften 1963-1965, seit 1968 UPL

Nordflügel
102 Vorplatz und Treppe
104, 105 Hörsaal
103, 104, 105 Abteilung Sprachunterricht der Universität, Sprachlabore seit 1970
107-109 und 111, 112 Institute der Landwirtschaftlichen Fakultät um 1959
109 Prorektor für Prognose, später für Naturwissenschaften und Technik
110 Flur
111, 112 Prorektor für Gesellschaftswissenschaften bis 1965

Südflügel
113-115 Rektorat
116, 117 Prorektor für Gesellschaftswissenschaften seit 1965
130 Wissenschaftlicher Rat seit der Dritten Hochschulreform
141 Haupttreppe und Gang

Flügelanbau
132 Flur
133-137 Institut für Theoretische Physik

Neues Museum Erstes Obergeschoss 1962

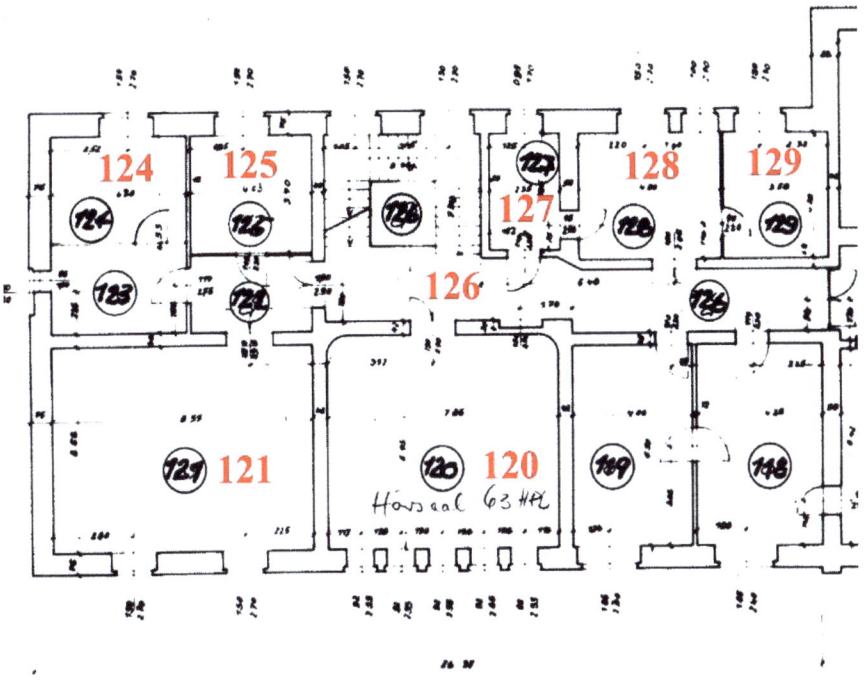

Neues Museum
120 Hörsaal 11
121 Seminarraum Mathematik
124, 125 und 127-129 Institut für Mathematik, 1964 Rechenzentrum
126 Treppe und Flur

Hauptgebäude Zweites Obergeschoss 1962

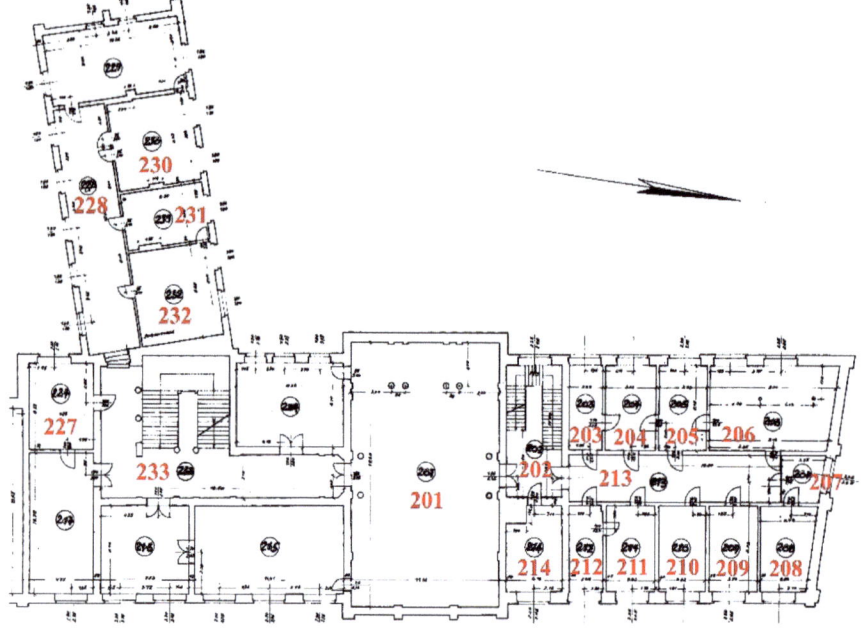

Foyer
201 Aula
Nordflügel
202 Vorplatz und Treppe
203-205 Universitätsgewerkschaftsleitung (UGL): Gewerkschaft Wissenschaft Universität Rostock seit 1969
206 Seminarraum der Phytopathologie
207-209 Klassische Archäologie 1967-1991*
210-211 Klassische Philologie 1967-1991, dazu seit 1969 Alte Geschichte*
212 Sekretariat Institut für Altertumswissenschaften 1967-1969*
213 Flur
214 Alte Geschichte*, seit 1969 Verfügungsraum Aula
211, 212 Sektion Geschichte, Jugendbewegung/FDJ-Geschichte 1969-1991
Südflügel
215 Konzilzimmer
216 Vorzimmer
233 Haupttreppe und Flur
227 Institut für Kunstgeschichte, Zentrum für Kultur
Flügelanbau
228 Flur, 230-232 Seminarräume

*Im Austausch mit der Mathematik, die ganz ins Neue Museum zog.

Nr. 14.2: Hauptgebäude Zweites Obergeschoss 1991-2004
Nordflügel Institut für Altertumswissenschaften
Angaben von Prof. Dr. Konrad Zimmermann
Die Legende bezieht sich auf die vorhergehende Seite 154.

203 Lektorat Klassische Philologie
204 Professur Latinistik
205 Leseraum, später Latinistik und Klassische Archäologie
206 Seminarraum Altertumswissenschaften
207 Bibliothekarin
208 Professur Klassische Archäologie
209 Klassische Archäologie
210 Professur Alte Geschichte
211 Professur Gräzistik
212 Sekretariat Altertumswissenschaften
Dazu im ersten Obergeschoss die Räume 104, 105 und 109 für die Bibliothek.

Neues Museum Zweites Obergeschoss

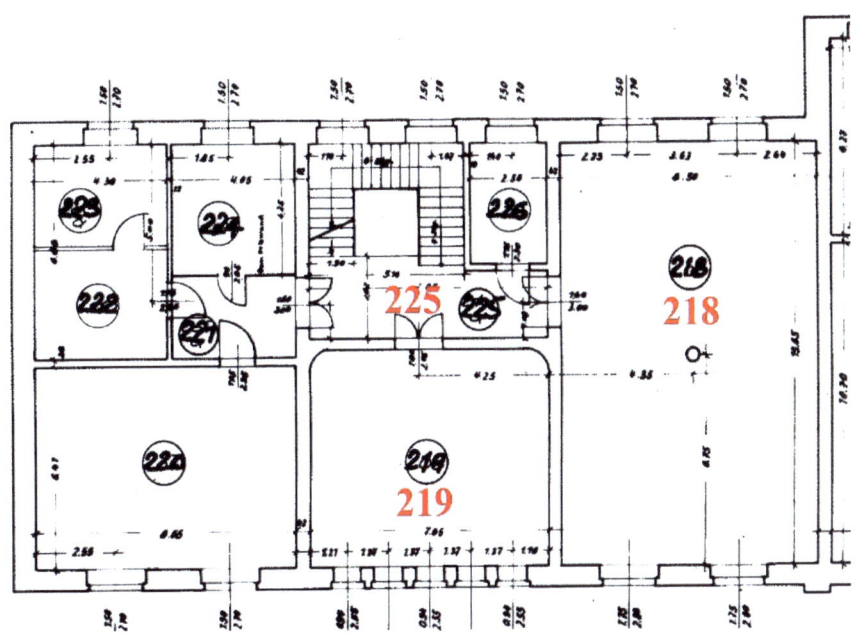

Neues Museum
218 Hörsaal 218
219 Hörsaal
225 Treppe und Flur

Hauptgebäude Drittes Obergeschoss

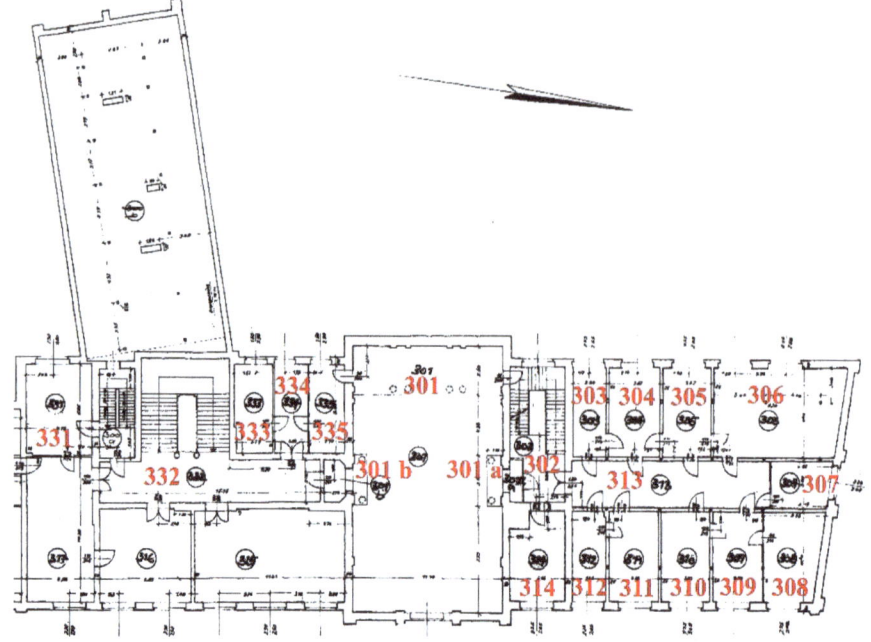

Foyer
301 Aula Empore
301 a, 301 b Aula Logen

Nordflügel
302 Vorplatz und Treppe
303-312 Bereitschaftsdienst, Rechentechnik unter Verschluss
314 Klassische Philologie Bibliothek und Seminarraum

Südflügel
331 Alte Geschichte Bibliothek und Dozent
332 Haupttreppe und Flur
333 Justitiar
334, 335 FDJ Hochschulgruppenleitung

Neues Museum Drittes Obergeschoss

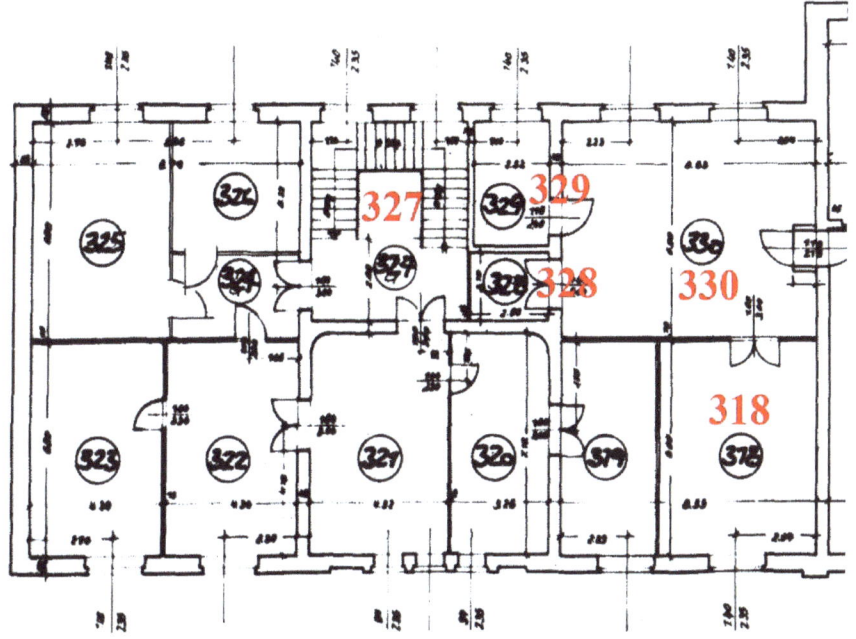

Neues Museum
318 Klassische Philologie Dozenten*
327 Treppe und Flur
328-330 Klassische Archäologie: Dozenten, Bibliothek und Sammlungen*

* Bis 1967, Zugang nur vom Hauptgebäude aus.

Nr. 15.1: Das Hauptgebäude Raumplan 2016 Erdgeschoss
Universität Rostock Dezernat 3 Technik, Bau, Liegenschaften

Erstes Obergeschoss 2016

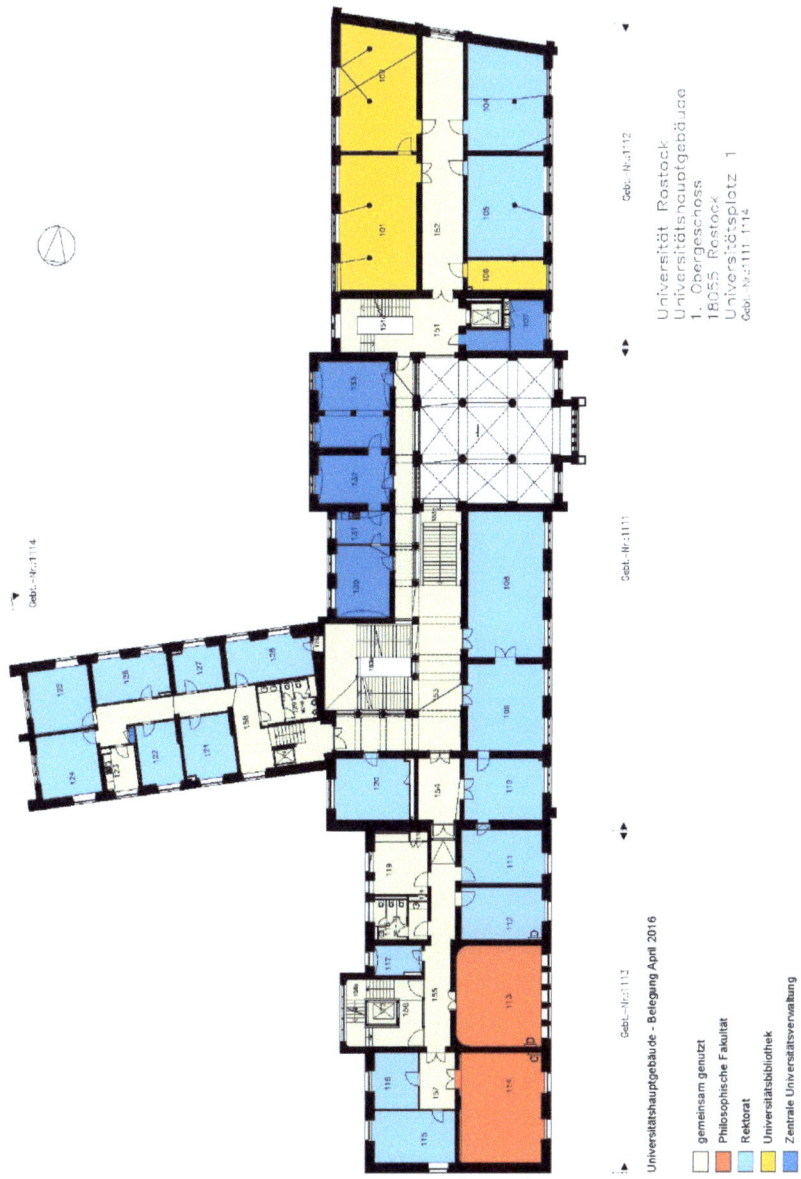

Zweites Obergeschoss 2016

Drittes Obergeschoss 2016

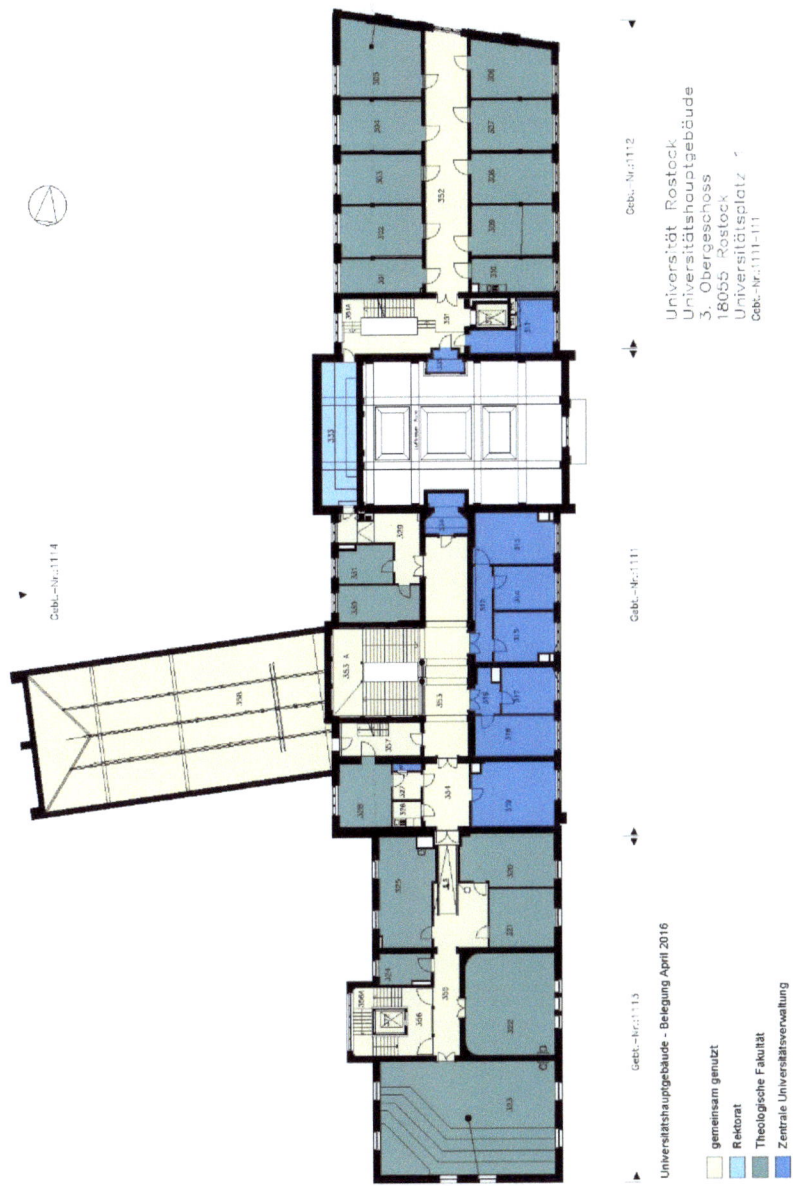

Nr. 15.2: Universitätshauptgebäude Belegung April 2016 Erdgeschoss

Geb.teil-Nr.	Gebäudeteil-Bez.	Raumnr.	Raumbez.	Fläche in m²	Nutzer
1112	UHG - Rechter Flügel	001	Ausstellung	61,06	Universitätsbibliothek
1112	UHG - Rechter Flügel	002	Büro	24,07	Universitätsbibliothek
1112	UHG - Rechter Flügel	003	Archivraum	26,16	Universitätsbibliothek
1112	UHG - Rechter Flügel	004	Büro	24,12	Universitätsbibliothek
1112	UHG - Rechter Flügel	005	Büro	21,28	Universitätsbibliothek
1112	UHG - Rechter Flügel	006	Büro	22,32	Universitätsbibliothek
1112	UHG - Rechter Flügel	007	Büro	24,61	Universitätsbibliothek
1112	UHG - Rechter Flügel	008	Teeküche	6,59	Universitätsbibliothek
1112	UHG - Rechter Flügel	009	Technik	6,05	Universitätsbibliothek
1112	UHG - Rechter Flügel	010	Büro	16,68	Zentrale Universitätsverwaltung
1111	UHG - Mittelbau	011	Vorraum	14,48	Rektorat
1111	UHG - Mittelbau	012	Büro	24,31	Rektorat
1111	UHG - Mittelbau	013	Büro	26,67	Rektorat
1111	UHG - Mittelbau	014	Büro	19,68	Rektorat
1111	UHG - Mittelbau	015	Büro	19,64	Zentrale Universitätsverwaltung
1111	UHG - Mittelbau	016	Informations-,Aufenthaltsraum	30,51	gemeinsam genutzt
1113	UHG - Neues Museum	017	Seminarraum	52,95	Philosophische Fakultät
1113	UHG - Neues Museum	018	Seminarraum	53,31	Philosophische Fakultät
1113	UHG - Neues Museum	019	Seminarraum	54,10	Philosophische Fakultät
1113	UHG - Neues Museum	020	Kopierraum	7,49	Philosophische Fakultät
1113	UHG - Neues Museum	021	WC - Damen	13,28	gemeinsam genutzt
1113	UHG - Neues Museum	022	WC - Herren	13,53	gemeinsam genutzt
1111	UHG - Mittelbau	023	Teeküche	5,06	gemeinsam genutzt
1111	UHG - Mittelbau	024	Abstellraum	3,47	Fremdnutzer
1111	UHG - Mittelbau	025	Büro	18,12	Rektorat
1114	UHG - Hofanbau	026	Büro	11,76	Rektorat
1114	UHG - Hofanbau	027	Büro	17,70	Rektorat
1114	UHG - Hofanbau	028	Büro	14,56	Rektorat
1114	UHG - Hofanbau	029	Teeküche/Kopierraum	8,17	gemeinsam genutzt
1114	UHG - Hofanbau	030	Büro	20,70	Rektorat
1114	UHG - Hofanbau	031	Büro	21,02	Rektorat
1114	UHG - Hofanbau	032	Sekretariat	10,91	Rektorat
1114	UHG - Hofanbau	033	Scannerraum	7,16	Rektorat
1114	UHG - Hofanbau	034	Büro	12,05	Rektorat
1114	UHG - Hofanbau	035	WC - Damen	14,98	gemeinsam genutzt
1114	UHG - Hofanbau	036	Abstellraum	2,16	Zentrale Universitätsverwaltung
1111	UHG - Mittelbau	037	Abstellraum	4,19	Fremdnutzer
1111	UHG - Mittelbau	038	Abstellraum	21,48	Rektorat
1111	UHG - Mittelbau	039	Archiv	21,76	Zentrale Universitätsverwaltung
1111	UHG - Mittelbau	040	Sanitätsraum	12,34	Zentrale Universitätsverwaltung
1111	UHG - Mittelbau	041	WC - Damen	18,10	gemeinsam genutzt
1111	UHG - Mittelbau	042	WC - Beh.	6,85	gemeinsam genutzt
1111	UHG - Mittelbau	043	WC - Herren	18,26	gemeinsam genutzt
1112	UHG - Rechter Flügel	051	Flur	35,70	gemeinsam genutzt
1112	UHG - Rechter Flügel	052	Vorflur	9,53	Universitätsbibliothek
1112	UHG - Rechter Flügel	053	Flur	55,48	Universitätsbibliothek
1111	UHG - Mittelbau	054	Foyer	123,80	gemeinsam genutzt
1111	UHG - Mittelbau	055	Flur	76,27	gemeinsam genutzt
1113	UHG - Neues Museum	056	Flur	21,46	gemeinsam genutzt
1113	UHG - Neues Museum	057	Flur -Eingangsbereich	36,24	gemeinsam genutzt
1113	UHG - Neues Museum	058	Flur	30,73	gemeinsam genutzt
1111	UHG - Mittelbau	059	Flur	16,29	Rektorat
1114	UHG - Hofanbau	060	Flur	49,57	Rektorat
1111	UHG - Mittelbau	062	Flur	38,71	gemeinsam genutzt
1112	UHG - Rechter Flügel	071	Aufzugsschacht	4,42	gemeinsam genutzt
1113	UHG - Neues Museum	072	Aufzug	3,79	gemeinsam genutzt
1111	UHG - Mittelbau	073	Hublift	1,59	gemeinsam genutzt
1111	UHG - Mittelbau	074	Technikraum	1,13	Zentrale Universitätsverwaltung
1114	UHG - Hofanbau	075	Technikraum	0,55	Zentrale Universitätsverwaltung
1114	UHG - Hofanbau	076	Schacht	0,41	Zentrale Universitätsverwaltung
1112	UHG - Rechter Flügel	077	Technikraum	0,39	Zentrale Universitätsverwaltung
1112	UHG - Rechter Flügel	078	Technikraum	0,46	Zentrale Universitätsverwaltung
1112	UHG - Rechter Flügel	003a	Technik	3,08	Universitätsbibliothek
1114	UHG - Hofanbau	035a	Abstellraum	1,08	gemeinsam genutzt
1111	UHG - Mittelbau	054a	Treppe	13,07	gemeinsam genutzt
1111	UHG - Mittelbau	055A	Treppenhaus	27,24	gemeinsam genutzt
1113	UHG - Neues Museum	058a	Treppe	8,22	gemeinsam genutzt

Erstes Obergeschoss 2016

Geb.teil-Nr.	Gebäudeteil-Bez.	Raumnr.	Raumbez.	Fläche in m²	Nutzer
1112	UHG - Rechter Flügel	101	Archivraum	66,02	Universitätsbibliothek
1112	UHG - Rechter Flügel	102	Archivraum	58,60	Universitätsbibliothek
1112	UHG - Rechter Flügel	104	Büro	49,81	Rektorat
1112	UHG - Rechter Flügel	105	Büro	47,89	Rektorat
1112	UHG - Rechter Flügel	106	Büro	15,17	Universitätsbibliothek
1112	UHG - Rechter Flügel	107	Abstellraum	16,89	Zentrale Universitätsverwaltung
1111	UHG - Mittelbau	108	Büro	69,52	Rektorat
1111	UHG - Mittelbau	109	Sekretariat	43,05	Rektorat
1111	UHG - Mittelbau	110	Büro	30,30	Rektorat
1113	UHG - Neues Museum	111	Lager	27,96	Rektorat
1113	UHG - Neues Museum	112	Teeküche	26,33	Rektorat
1113	UHG - Neues Museum	113	Seminarraum	53,36	Philosophische Fakultät
1113	UHG - Neues Museum	114	Seminarraum	57,41	Philosophische Fakultät
1113	UHG - Neues Museum	115	Büro	26,56	Rektorat
1113	UHG - Neues Museum	116	Sekretariat	15,49	Rektorat
1113	UHG - Neues Museum	117	Büro	8,64	Rektorat
1113	UHG - Neues Museum	118	WC - Damen	12,24	gemeinsam genutzt
1113	UHG - Neues Museum	119	Teeküche	20,98	gemeinsam genutzt
1111	UHG - Mittelbau	120	Beratungsraum	28,69	Rektorat
1114	UHG - Hofanbau	121	Büro	18,76	Rektorat
1114	UHG - Hofanbau	122	Büro	15,65	Rektorat
1114	UHG - Hofanbau	123	Teeküche	8,55	gemeinsam genutzt
1114	UHG - Hofanbau	124	Büro	23,90	Rektorat
1114	UHG - Hofanbau	125	Abstellraum	23,94	Rektorat
1114	UHG - Hofanbau	126	Büro	19,95	Rektorat
1114	UHG - Hofanbau	127	Büro	12,72	Rektorat
1114	UHG - Hofanbau	128	Büro	22,44	Rektorat
1114	UHG - Hofanbau	129	WC - Herren	13,72	gemeinsam genutzt
1111	UHG - Mittelbau	130	Sekretariat	24,04	Zentrale Universitätsverwaltung
1111	UHG - Mittelbau	131	Teeküche	10,86	Zentrale Universitätsverwaltung
1111	UHG - Mittelbau	132	Büro	23,20	Zentrale Universitätsverwaltung
1111	UHG - Mittelbau	133	Büro	38,18	Zentrale Universitätsverwaltung
1112	UHG - Rechter Flügel	151	Treppenhaus	22,70	gemeinsam genutzt
1112	UHG - Rechter Flügel	152	Flur	64,27	gemeinsam genutzt
1111	UHG - Mittelbau	153	Flur	98,42	gemeinsam genutzt
1111	UHG - Mittelbau	154	Vorraum	17,63	gemeinsam genutzt
1113	UHG - Neues Museum	155	Abstellraum	37,86	gemeinsam genutzt
1113	UHG - Neues Museum	156	Treppenhaus	13,98	gemeinsam genutzt
1113	UHG - Neues Museum	157	Vorflur	12,44	gemeinsam genutzt
1114	UHG - Hofanbau	158	Flur	49,63	Rektorat
1112	UHG - Rechter Flügel	171	Aufzug	4,42	gemeinsam genutzt
1113	UHG - Neues Museum	172	Aufzug	3,79	gemeinsam genutzt
1114	UHG - Hofanbau	173	Hublift	1,59	gemeinsam genutzt
1114	UHG - Hofanbau	176	E-Anschlussraum	0,59	Zentrale Universitätsverwaltung
1112	UHG - Rechter Flügel	177	Schaltschrank	0,39	gemeinsam genutzt
1112	UHG - Rechter Flügel	178	Schaltschrank	0,46	gemeinsam genutzt
1114	UHG - Hofanbau	128a	Abstellraum	0,97	gemeinsam genutzt
1112	UHG - Rechter Flügel	151a	Treppenhaus	25,35	gemeinsam genutzt
1111	UHG - Mittelbau	153a	Treppenhaus	40,17	gemeinsam genutzt
1111	UHG - Mittelbau	153b	Treppe	20,30	gemeinsam genutzt
1113	UHG - Neues Museum	156a	Treppenhaus	12,09	gemeinsam genutzt

Zweites Obergeschoss 2016

Geb.teil-Nr.	Gebäudeteil-Bez.	Raumnr.	Raumbez.	Fläche in m²	Nutzer
1112	UHG - Rechter Flügel	201	Büro	16,53	Theologische Fakultät
1112	UHG - Rechter Flügel	202	Büro	24,30	Theologische Fakultät
1112	UHG - Rechter Flügel	203	Büro	23,87	Theologische Fakultät
1112	UHG - Rechter Flügel	204	Beratungsraum	57,61	Theologische Fakultät
1112	UHG - Rechter Flügel	205	Büro	24,57	Theologische Fakultät
1112	UHG - Rechter Flügel	206	Büro	24,14	Theologische Fakultät
1112	UHG - Rechter Flügel	207	Büro	24,08	Theologische Fakultät
1112	UHG - Rechter Flügel	208	Büro	24,14	Theologische Fakultät
1112	UHG - Rechter Flügel	209	Teeküche	6,74	Theologische Fakultät
1112	UHG - Rechter Flügel	210	Technik	8,75	Zentrale Universitätsverwaltung
1112	UHG - Rechter Flügel	211	Technik	15,54	Zentrale Universitätsverwaltung
1111	UHG - Mittelbau	212	Aula	208,61	Rektorat
1111	UHG - Mittelbau	213	Beratungsraum	71,31	Rektorat
1111	UHG - Mittelbau	214	Beratungsraum	43,10	Rektorat
1113	UHG - Neues Museum	215	Seminarraum	28,23	PHF
1113	UHG - Neues Museum	216	Seminarraum	22,48	PHF
1113	UHG - Neues Museum	217	Seminarraum	53,52	PHF
1113	UHG - Neues Museum	218	Hörsaal	114,87	PHF
1113	UHG - Neues Museum	219	Serverraum	8,85	Zentrale Universitätsverwaltung
1113	UHG - Neues Museum	220	WC - Damen	13,26	gemeinsam genutzt
1113	UHG - Neues Museum	221	WC - Herren	12,77	gemeinsam genutzt
1111	UHG - Mittelbau	222	Teeküche	9,94	Rektorat
1111	UHG - Mittelbau	223	Garderobe	17,45	Rektorat
1114	UHG - Hofanbau	224	Abstellraum	19,76	Zentrale Universitätsverwaltung
1114	UHG - Hofanbau	225	Büro	16,29	Zentrale Universitätsverwaltung
1114	UHG - Hofanbau	226	Teeküche	9,26	gemeinsam genutzt
1114	UHG - Hofanbau	227	Büro	24,93	Zentrale Universitätsverwaltung
1114	UHG - Hofanbau	228	Büro	25,00	Zentrale Universitätsverwaltung
1114	UHG - Hofanbau	229	Sekretariat	13,52	Zentrale Universitätsverwaltung
1114	UHG - Hofanbau	230	Aktenlager	7,63	Zentrale Universitätsverwaltung
1114	UHG - Hofanbau	231	Sekretariat	13,98	Zentrale Universitätsverwaltung
1114	UHG - Hofanbau	232	Büro	23,82	Zentrale Universitätsverwaltung
1114	UHG - Hofanbau	233	WC - Damen	13,18	gemeinsam genutzt
1111	UHG - Mittelbau	234	Beratungsraum	50,97	Rektorat
1112	UHG - Rechter Flügel	251	Treppenhaus	17,53	gemeinsam genutzt
1112	UHG - Rechter Flügel	252	Flur	65,55	gemeinsam genutzt
1111	UHG - Mittelbau	253	Abstellraum	83,30	gemeinsam genutzt
1111	UHG - Mittelbau	254	Flur	47,76	gemeinsam genutzt
1113	UHG - Neues Museum	255	Flur	50,40	gemeinsam genutzt
1113	UHG - Neues Museum	256	Treppenhaus	12,10	gemeinsam genutzt
1114	UHG - Hofanbau	257	Flur	52,37	Zentrale Universitätsverwaltung
1112	UHG - Rechter Flügel	271	Aufzug	4,42	gemeinsam genutzt
1113	UHG - Neues Museum	272	Aufzug	3,79	gemeinsam genutzt
1114	UHG - Hofanbau	273	Hublift	1,76	gemeinsam genutzt
1111	UHG - Mittelbau	275	Abstellraum	1,43	Zentrale Universitätsverwaltung
1114	UHG - Hofanbau	276	E-Anschlussraum	0,57	Zentrale Universitätsverwaltung
1112	UHG - Rechter Flügel	277	Schaltschrank	0,39	Zentrale Universitätsverwaltung
1112	UHG - Rechter Flügel	278	Schaltschrank	0,46	Zentrale Universitätsverwaltung
1114	UHG - Hofanbau	233A	Abstellraum	1,40	gemeinsam genutzt
1112	UHG - Rechter Flügel	251a	Treppenhaus	29,66	gemeinsam genutzt
1111	UHG - Mittelbau	253a	Treppenhaus	52,03	gemeinsam genutzt
1113	UHG - Neues Museum	256a	Treppenhaus	14,15	gemeinsam genutzt

Drittes Obergeschoss 2016

Geb.teil-Nr.	Gebäudeteil-Bez.	Geschoss	Raumnr.	Raumbez.	Fläche in m²	Nutzer
1112	UHG - Rechter Flügel	03	301	Büro	16,88	Theologische Fakultät
1112	UHG - Rechter Flügel	03	302	Büro	25,11	Theologische Fakultät
1112	UHG - Rechter Flügel	03	303	Büro	24,79	Theologische Fakultät
1112	UHG - Rechter Flügel	03	304	Büro	25,05	Theologische Fakultät
1112	UHG - Rechter Flügel	03	305	Büro	35,20	Theologische Fakultät
1112	UHG - Rechter Flügel	03	306	Büro	26,26	Theologische Fakultät
1112	UHG - Rechter Flügel	03	307	Büro	24,70	Theologische Fakultät
1112	UHG - Rechter Flügel	03	308	Büro	24,73	Theologische Fakultät
1112	UHG - Rechter Flügel	03	309	Büro	24,73	Theologische Fakultät
1112	UHG - Rechter Flügel	03	310	Teeküche	16,23	Theologische Fakultät
1112	UHG - Rechter Flügel	03	311	Technik	18,27	Zentrale Universitätsverwaltung
1111	UHG - Mittelbau	03	312	Vorflur	11,74	Zentrale Universitätsverwaltung
1111	UHG - Mittelbau	03	313	Büro	23,86	Zentrale Universitätsverwaltung
1111	UHG - Mittelbau	03	314	Büro	16,04	Zentrale Universitätsverwaltung
1111	UHG - Mittelbau	03	315	Büro	17,30	Zentrale Universitätsverwaltung
1111	UHG - Mittelbau	03	316	Vorflur	6,79	Zentrale Universitätsverwaltung
1111	UHG - Mittelbau	03	317	Büro	14,94	Zentrale Universitätsverwaltung
1111	UHG - Mittelbau	03	318	Büro	19,11	Zentrale Universitätsverwaltung
1111	UHG - Mittelbau	03	319	Büro	31,44	Zentrale Universitätsverwaltung
1113	UHG - Neues Museum	03	320	Seminarraum	29,54	Theologische Fakultät
1113	UHG - Neues Museum	03	321	Büro	22,92	Theologische Fakultät
1113	UHG - Neues Museum	03	322	Seminarraum	54,57	Theologische Fakultät
1113	UHG - Neues Museum	03	323	Hörsaal	119,51	Theologische Fakultät
1113	UHG - Neues Museum	03	324	Abstellraum	9,20	Theologische Fakultät
1113	UHG - Neues Museum	03	325	Seminarraum	34,12	Theologische Fakultät
1111	UHG - Mittelbau	03	326	Teeküche	4,37	gemeinsam genutzt
1111	UHG - Mittelbau	03	327	Kopierraum	4,76	gemeinsam genutzt
1111	UHG - Mittelbau	03	328	Büro	20,21	Theologische Fakultät
1111	UHG - Mittelbau	03	329	Vorflur	20,54	gemeinsam genutzt
1111	UHG - Mittelbau	03	330	Büro	17,46	Theologische Fakultät
1111	UHG - Mittelbau	03	331	Büro	12,15	Theologische Fakultät
1111	UHG - Mittelbau	03	333	Aula Empore	30,47	Rektorat
1111	UHG - Mittelbau	03	334	Aula Technik	8,81	Zentrale Universitätsverwaltung
1112	UHG - Rechter Flügel	03	335	Aula Balkon Nord	4,47	Zentrale Universitätsverwaltung
1112	UHG - Rechter Flügel	03	351	Flur	24,03	gemeinsam genutzt
1112	UHG - Rechter Flügel	03	352	Flur	66,51	gemeinsam genutzt
1111	UHG - Mittelbau	03	353	Abstellraum	59,24	gemeinsam genutzt
1111	UHG - Mittelbau	03	354	Flur	18,63	gemeinsam genutzt
1113	UHG - Neues Museum	03	355	Flur	46,53	gemeinsam genutzt
1113	UHG - Neues Museum	03	356	Treppenhaus	12,05	gemeinsam genutzt
1111	UHG - Mittelbau	03	357	Flur	15,79	gemeinsam genutzt
1114	UHG - Hofanbau	03	358	Dachboden	245,50	gemeinsam genutzt
1112	UHG - Rechter Flügel	03	371	Aufzug	4,42	gemeinsam genutzt
1113	UHG - Neues Museum	03	372	Aufzug	3,79	gemeinsam genutzt
1111	UHG - Mittelbau	03	373	Schaltraum	1,12	Zentrale Universitätsverwaltung
1112	UHG - Rechter Flügel	03	374	Technik	0,39	gemeinsam genutzt
1112	UHG - Rechter Flügel	03	375	Technik	0,46	gemeinsam genutzt
1111	UHG - Mittelbau	03	329a	Schaltraum	0,58	gemeinsam genutzt
1112	UHG - Rechter Flügel	03	351a	Treppenhaus	10,46	gemeinsam genutzt
1111	UHG - Mittelbau	03	353a	Treppenhaus	37,93	gemeinsam genutzt
1113	UHG - Neues Museum	03	356a	Treppenhaus	14,15	gemeinsam genutzt

Register: Personen

Aeschylus
  134; Anhang 54
Aken, Gabriel von
  95
Albrecht IV. bzw. V., Herzog
  10, 62, 69, 129; Anhang 74
Adolf Friedrich I. Herzog
  50
Anthon, Oberpedell
  150, 157 f., 162
Aristoteles
  59, 134; Anhang 54
Aurelius Prudentius Clemens
  56
Bachmann, Johs.
  145
Bärnreuther, Andrea
  186
Bar, Karl Ludwig von
  53
Bartsch, Martina
  Anhang 41
Benckert, Heinrich
  177
Bergmann, Karl Georg Lucas Christian
  209, 214 f.; Anhang 99
Bernhöft, Franz
  163
Biscamp, E.
  26-28
Bismarck, Otto von
  52
Blücher, Helmuth von
  187
Blumenbach, Johann Friedrich
  214
Bockholt, Hermann von
  Anhang 10, 69
Boerhave, Herman
  43, 46
Bole, Willekin
  42
Boll, Ernst
  88
Bording, Jacob
  45 f., 133, 203; Anhang 11; 12, 15, 69, 79
Both, Karl Friedrich von, Vizekanzler
  28, 33, 38, 43–, 47, 124, 126, 128–130, 135, 189 f., 193, 199, 202, 217 f.; Anhang 9, 11, 13, 16, 69, 76
Bülow, von, Wappen
  131
Bülow, Frau von
  18, 20
Braun, Frank
  89
Brill, Ernst
  170
Bruno, Ludwig
  119
Buchka, Gerhard von
  148, 161
Buchka, Hermann von
  189, 217
Busch, Amtmann in Gadebusch
  117
Caselius, Johannes
  45 f., 133, 204; Anhang 11, 12, 15, 69, 79
Chagall, Marc
  245
Christian IV., König von Dänemark
  213
Christian Ludwig, Herzog
  24
Christoph von Mecklenburg
  94, 108, 114
Chytraeus, David
  45 f., 65, 132 f., 203, 209; Anhang 11, 12, 15, 69, 79, 94
Chytraeus, Nathan
  133, 205; Anhang 12, 83

Cicero
 134; Anhang 55
Cornarius, Johannes
 134, 209, 213; Anhang 98
Cothmann, Ernst
 45, 46, 132, 203; Anhang 11, 12, 15, 69, 79
Crull, Friedrich
 136
Dehns, Otto
 172
Demmler, Georg Adolph
 12, 14–16, 18, 26, 28, 29–31, 35 f., 41, 76, 92, 103, 124–127, 147, 188
Demosthenes
 134; Anhang 54
Descartes, René
 33–35, 125
Diller, Hans
 170
Doebereiner, Johann Wolfgang
 27
Düren, Statius von
 96, 110
Ehrenberg, Richard
 163
Elisabeth von Mecklenburg
 144
Erhardt, Franz
 163
Esch, Arno
 246
Fischer-Poisson, Theodor
 71
Flemming, Willi
 170
Friedrich, Wolfgang
 246; Anhang 39
Friedrich, Herzog von Schleswig und Holstein 215
Friedrich III., König von Dänemark
 213
Friedrich (der Fromme), Herzog
 50
Friedrich Franz I., Großherzog
 50, 129, 202; Anhang 11, 14, 69, 75

Friedrich Franz II., Großherzog
 15 f., 19, 21, 36, 92, 101, 119, 125, 126, 129, 134f., 188–190, 200, 202, 208, Anhang 11, 14, 69, 75, 89
Friedrich Wilhelm, Herzog
 24
Friedrich Wilhelm IV. von Preußen
 44
Friedrichs, Prof. [nicht im CPR]
 170
Fritsch, Karl Emil Otto
 12
Fritzsche, Franz Volkmar
 70
Furch, Robert
 164
Galilei, Galileo
 33–36, 124
Gauß, Carl Friedrich
 27
Genscher, Hans Dietrich
 246
Genschow, Christian Friedrich
 36, 205
Gießmann, Ernst-Joachim
 176
Gilly, David
 29
Görnemann, Dipl. Jurist
 177
Grebin, Rainer
 245
Grotefend, Hermann
 146
Grotius, Hugo
 43, 46
Guericke, Otto von
 33–35, 125
Gustav I., König von Schweden
 114
Gutenberg, Johannes
 44
Haff, Karl
 163
Hamann, Landbaumeister
 110

Haubitz, Christoph
  95, 108
Haupt, Albrecht
  111
Haymann, Franz
  163
Hecker, Peter Johannes
  134, 209, 216; Anhang 101
Heinrich II von Nauen Bischof von Schwerin 199; Anhang 10, 69, 72
Heinrich V., Herzog
  94
Hohl, Ernst
  170
Hollack, Emanuel
  Anhang 21, 34
Homer
  134; Anhang 54
Honcamp, Franz
  164
Jastram, Jo
  233 f., 246; Anhang 29, 39
Johann III. bzw. IV., Herzog
  52, 129, 134 f., 208; Anhang 10, 69, 73, 89
Johann Albrecht I., Herzog
  47, 78, 87, 88 f., 92–95, 100 f., 103, 108, 128 f., 204; Anhang 12, 14, 70, 80, 89
Johann Albrecht II., Herzog
  50, 114
Josephi, Walter
  15
Jungius, Joachim
  134, 209, 215; Anhang 100
Kant, Immanuel
  47
Karl Leopold, Herzog
  24, 117
Karsten, Franz Christian Lorenz
  43
Karsten, Hermann
  29, 35, 38; Anhang 13
Katzow, Heinrich
  45, 47, 130, 133, 200; Anhang 10, 13, 69, 72

Kaulbach, Wilhelm von
  48
Kaupert, Baumeister
  Anhang 147–149
Kettenburg, von
  18
Klitzing, Stadtbaudirektor
  81
Kolumbus, Christoph
  44
Koppmann, Karl
  131
Kopernikus, Nikolaus
  43
Kortüm, Dorothea Sophie Elisabeth
  11
Kotermann, Holger
  182, 186; Anhang 21
Krabbe, Otto
  50, 64, 127, 135, 200, 218
Krantz, Albert
  42, 134, 209, 215; Anhang 100
Krause, Dr.
  161
Kreienbring, Horst
  Anhang 150
Krüger, Kersten
  Anhang 21, 34
Kümmell, Gottfried
  156
Lange, Dipl.-Ing.
  Anhang 148, 149
Leibniz, Gottfried Wilhelm
  43, 46
Le Geay, Jean-Laurent
  123
Liebeherr, Otto Friedrich Maximilian von 148
Liechtenstein
  44
Link, Heinrich Friedrich
  34, 42, 134, 209, 216; Anhang 101
Linné, Carl von
  33, 34 f., 125
Lisch, Georg Christian Friedrich
  40, 43, 44, 46–48, 80, 83, 106, 126,

127–130, 132 f., 136, 198, 199, 208;
    Anhang 9, 12, 13, 15
Lohde, Max
    55
Lorenz, Adolf Friedrich
    142 f., 147, 160 f., 186;
    Anhang 103, 111
Lucae, Richard
    81
Luckow, Carl
    66, 97, 128, 130, 205; Anhang 65,
    83, 109
Ludwig I. König von Bayern
    44
Ludwig II. König von Bayern
    81
Luise, Herzogin zu Mecklenburg
    11
Luther, Martin
    102
Lyra, Valentin von
    95
Maeß, Gerhard
    245
Magnus III., Herzog
    92
Margarethe Elisabeth von Mecklenburg
    114
Marschalk, Nicolaus
    65, 133, 204; Anhang 12, 83
Maximilian, Kaiser
    215
Maybaum, Heinz
    170
Mechberg
    Anhang 15
Mejer, Bibliothekar
    38; Anhang 13
Melanchthon, Philipp
    43, 46, 102
Moll, Georg
    Anhang 150
Moral, Hans
    246
Motz, von, Baukondukteur
    12

Mühlenbruch, Christian Friedrich
    53, 209, 212; Anhang 97
Müller, Heinrich
    53, 134, 209, 211; Anhang 95
Muther, Theodor
    200
Neureuther, Gottfried von
    75
Oeding, Regierungsbauführer
    159; Anhang 123
Oldendorp, Johann
    133, 209, 211; Anhang 96
Palme, Peter
    186
Parr, Johann Baptista
    96
Paul Friedrich, Großherzog
    14, 20, 29, 36, 124
Pauli, Heinrich
    213
Pauli, Simon der Ältere
    213
Pauli, Simon der Jüngere
    209; Anhang 98
Peters, Axel
    181
Philippi, Friedrich Adolph
    64
Platon
    134, Anhang 54
Poppe, Siegfried
    177
Prahst, Bauführer
    66, 130, 205, 218; Anhang 83
Preuser, Heinz Willi
    14
Pries, Senator
    81
Prudentius siehe
    Aurelius Prudentius Clemens
Quistorp, Bernhard Friedrich
    53
Quistorp, Johannes
    209, 210; Anhang 95
Reichstein, Oberingenieur
    177

Reuter, Fritz
11
Reuter, Ida Luise Clara Auguste
11
Reuter, Ludwig
11
Ribbenitz, Heinrich
Anhang 10, 69
Roeper, Johannes August Christian
34, 35, 38; Anhang 13
Rosenfeld, Max
164
Sala, Angelo
216
Sander, Uwe
182, 186, 222, 224; Anhang 34
Schick, Rudolf
176, 177
Schill, Hartmut
177
Schinkel, Karl Friedrich
81
Schirrmacher, Friedrich
88
Schlie, Friedrich
89
Schloepke, Theodor
98
Schlosser, Geheimer Baurat
159; Anhang 115–118
Schlottmann, Volker
245
Schönborn
44
Schott, Günther
177
Schröter, August Wilhelm Ferdinand von
129, 202; Anhang 11, 69, 76
Schuchardt, Fedor
155
Schulze, Paul
170
Segeberg, Berthold
42
Semper, Gottfried
15, 54, 55, 57, 75, 78, 92

Seneca
134, Anhang 55
Severin, Carl Theodor
24–26, 28 f., 122, 124, 187
Sophokles
134; Anhang 54
Stange, Günther
107
Staude, Otto
163
Stein, Heinrich von
65, 68
Stenbeke, Petrus
45, 47, 133, 200; Anhang 10, 13, 69, 72
Stenglin, Baron von
Anhang 66
Stier, Wilhelm
12
Stolberg-Wernigerode, Otto Graf zu
170
Strempel, Carl Friedrich
26 f.
Stüler, Friedrich August
12, 14 f., 17f., 40, 48, 77 f., 83, 99, 103, 128
Tarnow, Paul
209f.; Anhang 94
Teuchert, Hermann
166
Thierfelder, Benjamin Theodor
38, 170, 200; Anhang 13
Türk, Karl
126
Tychsen, Oluf Gerhard
42, 47, 65, 133, 204; Anhang 12, 83
Ulrich III., Herzog
47, 94, 108, 129, 204; Anhang 12, 13, 70, 81
Vietinghoff, Dr.
177
Virgil
134; Anhang 55
Vogel, Samuel Gottlob
43, 134, 209, 214; Anhang 99

Wachenhusen, F., Baudirektor, Distrikt-
  baumeister, Oberbaurat
  37, 82, 155, 163 f. 166 f.;
  Anhang 127, 130, 142
Wachenhusen, W., Landbaumeister
  137, 188; Anhang 106
Wagner, Rudolf
  214
Walsmann, Hans
  164
Walter, Johannes von
  164
Wandt, Bernhard
  23
Weber, Adolf Dietrich
  53, 134, 209, 212; Anhang 97
Weisgerber, Leo
  170
Westphalen, Ernst Joachim von
  209, 212; Anhang 96
Willebrand, Adolf Wilhelm Heinrich
  11
Willebrand, Elisabeth
  11
Willebrand, Friederike Juliane Henriette
  Charlotte 11
Willebrand, Heinrich Andreas Ludwig
  11
Willebrand, Hermann
  11, 13, 14–17, 19, 40–42, 44, 46–
  49, 66 f., 69, 73, 78, 80, 83, 87,
  92 f., 95, 99, 100, 103, 126–129,
  132, 144, 188–193, 197–199, 205,
  208, 218; Anhang 9, 15, 20, 36, 37,
  39, 65 f., 70, 83, 89 f., 92, 107, 109
Willebrand, Hermann, Dr. med.
  11
Willebrand, Johann
  11
Willebrand, Maria Magdalena Charlotte
  19
Willebrand, Tobias
  11
Willgohs, Gustav
  205

Wolff, Andreas
  239, 245
Wünsch, Oberbaurat
  12, 21
Zimmermann, Konrad
  Anhang 150, 155

Register: Orte, Sachen

Altertumswissenschaften
  181, 231; Anhang 27, 155
Alte Geschichte
  Anhang 156
Anatomie
  122, 143, 156; Anhang 106
Archiv siehe
  Universitätsarchiv
Archäologische Sammlung
  148, 152 f., 156, 158, 166;
  Anhang 129
Artistische Fakultät siehe
  Philosophische Fakultät
Astronomie
  43, 47, 65, 102, 204; Anhang 12, 82
Atlas
  144
Auditorium Magnum
  187
Aufklärung
  46, 80
Augsburg
  43
Aula
  5, 9, 23, 26, 39, 47–49, 54 f., 66, 69,
  70–75, 101, 129, 132, 133–135,
  145, 154 f., 166, 172, 173–181, 194
  –196, 208 f., 210–216, 218–221,
  224 f., 236, 238–241, 243, 245;
  Anhang 18 f., 30 f., 37, 39, 58–61,
  89–93, 109, 117 f., 128 f., 134, 154,
  156
Aulafenster
  238 f., 245; Anhang 31, 37
Bad Doberan
  11, 25, 130, 211, 214; Anhang 10,
  69
Barock
  44, 68, 75
Barocksaal
  123
Barrierefreiheit
  Anhang 40

Berlin
  12, 36, 81, 216 f.
Betrieb für Bau und Liegenschaften
  Mecklenburg-Vorpommern (BBL
  M-V) 221–224, 226 f., 233;
  Anhang 22–24, 33–39
Bibliotheksflügel
  122, 133, 141, 143, 231; Anhang 28,
  29, 32
Bildungsministerium
  222–224, 226, 233; Anhang 23, 38
Blücherdenkmal
  24
Blücherplatz (heute Universitätsplatz)
  124, 135, 141, 145, 148, 155, 161,
  169, 234; Anhang 16
Bologna
  211
Bolzendahlsches Haus
  123, 132
Botanik
  43
Brandschutz
  Anhang 27, 31, 36
Bresen
  11
Breslau
  217
Buchdruckerei
  47, 65; Anhang 12, 70
Bützow
  24, 50, 51, 121, 216
Chambord
  15
Chemisches Laboratorium
  122, 141, 143, 156, 187;
  Anhang 102
Collegium Album
  Siehe Weißes Kolleg
Collegium Philosophicum
  187
Denkmalpflege siehe
  Denkmalschutz

Denkmalschutz
18, 221, 225, 227, 234, 240, 242; Anhang 26, 29, 31, 33, 36 f.
Deutsche Verwaltung für Volksbildung
174
Deutsch-Philologisches Seminar
152, 156, 158, 160; Anhang 118, 125
Diligentia
55 f., 205 f.; Anhang 86
Dithmarschen
215
Dömitz
12
Dresden
15, 31
Doberan siehe
Bad Doberan
England
213
Englisches Seminar
160, 165, 168; Anhang 125, 133
Erfurt
214
Fides
55, 56, 205, 206; Anhang 84
Finanzministerium
161, 164, 166, 167, 171, 222, 224, 226; Anhang 23, 37, 38
Flügelanbau
143, 145 f., 150, 154, 155, 165–168, 171 f., 180 f., 187, 241; Anhang 20, 24, 41, 47, 102, 105, 106–110, 115–118, 127 f., 130 f., 134, 152, 154
Fortitudo
74, 205
Frankreich
15, 88, 213
Friedland
11
Gadebusch
78, 87, 89, 91, 94, 95–97, 100, 102, 105–110, 114, 117, 128, 189, 198
Geographische Sammlung
158; Anhang 128

Geographisches Seminar
152 f., 158, 160; Anhang 125
Geschichte
47, 65, 102, 108, 204; Anhang 12, 82, 90
Gießen
216
Göttingen
27, 212–214, 216 f.
Greif
55
Greifswald
211–213, 224; Anhang 35, 38
Griechenland
217
Großherzogliches Justiz-Ministerium
150
Großherzogliche Ministerium Abteilung für Unterrichts-Angelegenheiten zu Schwerin siehe Ministerium
Güstrow
21, 94, 212, 216
Hagenow
110
Hamburg
211 f., 215 f.
Halle
212 f.
Hanse
88
Heidelberg
212
Helgoland
215
Hemmingstedt
215
Hildesheim
216
Historia
siehe Geschichte
Historisches Seminar
152 f., 155, 168
Historisches Seminar für Alte Geschichte
152 f.; Anhang 118, 129

Register: Orte, Sachen 175

Historisches Seminar für Mittlere und
    Neuere Geschichte 152 f., 158 f.,
    166; Anhang 134
Historismus
    35, 36, 44, 49, 56, 60, 63, 70, 82,
    125
Hochgotik
    18
Hofgbebäude siehe
    Seminargebäude
Hopfenmarkt
    187
Humanismus
    65
Hundertmännerkollegium Rostock
    135
Hygienisches Institut
    151, 156
Informatik
    246
Institut für Altertumswissenschaften
    180, 221; Anhang 154 f.
Institut für Kunstgeschichte
    176; Anhang 154
Institut für Mathematik
    180; Anhang 151, 153
Institut für Theoretische Physik
    180; Anhang 152
Italien
    213
Jena
    27, 212, 213
Johann-Albrecht-Stil
    61, 79, 83, 87, 92, 95, 96, 128, 189
Jura
    47, 102, 149, 155 f., 202, 208, 211,
    212; Anhang 11, 12, 69, 78, 90 f.,
    96 f.
Jurisprudenz
    siehe Jura
Juristische Fakultät
    149, 150, 167; Anhang 130
Juristisches Seminar
    159
Justitia
    55 f., 73, 205 f.; Anhang 85

Kanzler
    233, 235; Anhang 30, 32, 39
Karzer
    Anhang 20, 102, 106
Kiel
    212
Klassishce Philologie
    Anhang 156
Klassisch-Philologisches Seminar
    152 f., 158; Anhang 129, 154
Klassizismus
    29, 44
Kleiner Katthagen
    124, 141, 143, 145, 162, 169, 171,
    234; Anhang 28, 102, 106, 123; 141
Kloster zum Heiligen Kreuz
    123, 136, 141, 169
Köln
    211
Königsberg
    40, 48, 76, 77, 99, 128, 213
Konzilzimmer
    25, 39, 143, 154, 155, 166, 175,
    181, 195, 219, 224, 236, 237, 243,
    247; Anhang 18, 30, 32, 40, 56, 57,
    117, 128, 134, 154
Kopenhagen
    214
Kreisteilmaschine
    154 f., 159; Anhang 128
Kriminalistisches Seminar
    168
Kröpeliner Straße, Rostock
    25, 123 f., 132. 141 f., 169–171,
    194; Anhang 14, 16, 45
Kunsthistorisches Seminar
    171
Landesregierung
    223, 225 f.
Landtag
    222, 224, 226; Anhang 38
Leiden
    213
Livland
    108

Lübeck
 211, 214 f.
Ludwigslust
 18, 20,
Mainz
 215
Manierismus
 70
Marburg
 211, 213
Marienehe
 130; Anhang 10, 69
Marienkirche
 50, 218, 219–221
Matgendorf
 18, 20
Mathematisches Institut
 174
Mathematisches Seminar
 151–153, 158 f., 165;
 Anhang 124, 128, 133
Mathematisch-Naturwissenschaftliche
 Fakultät 221
Mecklenburg
 78, 87–89, 106, 128, 131, 148;
 Anhang 10, 75
Mecklenburg-Vorpommern
 221
Mecklenburgisches Ministerium für Unterricht siehe Ministerium
Mecklenburgisches Wörterbuch
 166, 168
Mecklenburgisches Staatsministerium
 siehe Ministerium
Meckenburg-Schwerinsches Ministerium der Finanzen siehe Finanzministerium
Mecklenburg-Schwerinsches Ministerium für Unterricht, Kunst, geistliche und Medizinalangelegenheiten siehe Ministerium
Medizin
 39, 73, 102, 155, 202, 208, 213 f.;
 Anhang 11 f., 69, 77, 90 f., 98 f.
Medizinalkommission
 149, 151, 154; Anhang 118 f.

Medizinalministerium
 166
Medizinische Fakultät
 150, 159
Melz bei Röbel
 11
Metis, Göttin
 233, 246; Anhang 39, 49
Ministerium
 30, 37–39, 42, 45, 47, 78, 141 f.,
 148, 150 f., 154, 157, 160–162, 164,
 168, 169, 171 f.
Ministerium für Hoch- und Fachschulwesen 174
Ministerium für Unterricht, Kunst, geistliche und Medizinalangelegenheiten
 siehe Ministerium
Ministerium für Volksbildung
 174
Ministerpräsident
 226
Modestia
 55 f., 205–207; Anhang 87
München
 75
Münzkabinett
 148 f.
Nebengebäude siehe
 Seminargebäude
Neogotik
 18
Neorenaissance
 23, 68, 81, 128, 186, 192, 205
Neubrandenburg
 224; Anhang 35
Neues Museum
 26, 31, 39, 124 f., 133, 141–143,
 145–149, 152, 156, 162, 164–167,
 169, 171, 180 f., 185, 188 f., 229–
 231, 234, 241, 243; Anhang 25 f.,
 28–30, 41, 44, 106, 111–114, 119–
 122, 127, 129, 131–133, 135, 145,
 151, 153, 155
Neustrelitz
 11

Niederlande
  213
Paris
  21, 213
Patientia
  55, 56, 205–207; Anhang 87
Perleberg
  11
Perugia
  215
Philologie
  155, 156
Philosophie
  46, 47, 73, 102, 202, 208; Anhang
  11, 12, 69, 78, 90 f., 100 f.
Philosophische Fakultät
  149 f., 159, 211, 215, 225, 241;
  Anhang 24, 158–160
Philosophisches Seminar
  152 f., 156, 168
Physik
  157, 231, 241, 246; Anhang 25, 27
Physikalisches Institut
  174; Anhang 123
Physikalisches Institut siehe auch
  Seminargebäude
Physiko-Chemisches Laboratorium
  157
Pietas
  55 f., 205 f.; Anhang 84
Poetica
  Anhang 90
Portugal
  217
Probitas
  55 f., 205 f.; Anhang 85
Preußen
  95, 126
Prudentia
  55 f., 74, 205–207; Anhang 86
Psychiatrische Poliklinik
  155, 165–167, 171; Anhang 130
Raben Steinfeld
  14, 20, 21, 99
Rechenzentrum
  Anhang 151, 153

Rechtshistorisches Seminar
  156 f.; Anhang 118, 128
Reformation
  65, 87, 129
Rektor
  Anhang 13, 23, 29, 33, 37–39
Rektorat
  145, 155, 165–167, 170, 180, 221–223, 225, 234 f.; Anhang 29, 40,
  116, 127, 132, 152, 158–161
Rektorzimmer
  154, 167, 168, 180, 235, 243, 245 f.;
  Anhang 29, 36
Religio
  Anhang 90
Renaissance
  15, 31, 35, 62, 67, 77–79, 96
Revolution 1848/49
  125, 126
Romanisch-Englisches Seminar
  151–153, 155, 158; Anhang 128
Romanisches Seminar
  160, 166, 168; Anhang 125, 135
Rostock
  11, 19, 21, 41, 43, 45, 48–51, 54,
  76, 79, 81, 87 f., 96 f., 99–101, 103,
  119 f., 130, 132–135, 143, 199,
  211–217, 221, 224, 246; Anhang 9,
  10, 15, 34 f., 38, 69, 75
Roter Löwe, Regentie
  24
Sapientia
  55 f., 74, 205–207
Sektion Geschichte
  181
Schriftstellerei
  47, 65; Anhang 70
Schwaansche Straße
  225
Schwerin
  11, 12, 14–21, 35 f., 40, 45, 48, 61,
  70, 73, 78–80, 83, 87, 89, 90, 92–103, 108, 110, 119 f., 125, 128,
  130 f., 189, 193, 198, 212, 224;
  Anhang 9 f., 69, 75

Schweiz
  213
Seminar für Alte Geschichte
  156, 158, 166; Anhang 154
Seminar für Geschichte
  siehe Historisches Seminar
Seminar für Klassische Philologie
  156, 166
Seminar für Mathematik siehe
  Mathematisches Seminar
Seminar für Mittlere und Neuere Geschichte siehe Historisches Seminar
  für Mittlere und Neuere Geschichte
Seminargebäude
  122, 156 f., 159–161, 163 f.;
  Anhang 123–126
Sektion Geschichte
  Anhang 154
Spätklassizismus
  81
Spätrenaissance
  70
Sphinx
  55
Stavenhagen
  11
Staatsministerium
  siehe Ministerium
Staatssekretariat für Hochschulwesen
  174,
Staatssekretariat für Hoch- und Fachschulwesen 174 f., 176
Staatswissenschaftliches Seminar
  151–153, 155, 159, 166, 168;
  Anhang 128, 134
Stargard
  216
Sternwarte
  27
Stralsund
  215
Temperantia
  55 f., 205–207
Tempzin
  108, 114

Tessin
  11
Theologie
  39, 43, 46, 73, 101, 155 f., 202, 208,
  210 f.; Anhang 11, 27, 69, 77, 90 f.,
  94 f.
Theologische Fakultät
  149 f., 159, 232; Anhang 160 f.
Theologisches Seminar
  152 f., 155; Anhang 130
Trojanischer Krieg
  95
Ulmenstraße
  225; Anhang 22, 25, 38, 40
Universitätsarchiv
  23, 146, 174, 186, 190, 221, 223,
  225, 231; Anhang 17–19, 22, 27, 36,
  105, 107, 115, 124, 130, 136, 139,
  145, 150
Universitätsbibliothek
  133, 145, 149, 160–162, 164, 168 f.,
  193; Anhang 29, 39, 117, 128, 134,
  158 f.
Universitätskirche
  246; Anhang 26, 28
Universitäts-Poliklinik für Nerven- und
  Gemütskranke siehe Psychiatrische
  Poliklinik
Universitätsplatz
  Anhang 26
Venedig
  31, 62, 97
Vilz
  11
Wahrheit
  64
Weißes Kolleg
  24–26, 36–38, 87, 100, 120–124,
  126 f., 131, 135 f., 141–143, 185,
  187 f.; Anhang 24, 102, 103–106
Wirtschaftswissenschaftliches Seminar
  168
Wismar
  78, 87, 89, 91, 93–96, 97, 99, 101 f.,
  106, 108, 110, 128, 189, 198

Wittenberg
 43, 213
Zentrale Universitätsverwaltung
 Anhang 158–161
Zentrum für Qualitätssicherung (ZQS)
 225, 231; Anhang 25, 27
Zoologisches Institut
 164

Zootomie
 Anhang 106
Zürich
 57, 75
Zwickau
 213

Abbildungsnachweise Anhang

Anhang Hauptgebäude allgemein

Abbildung 1
Betrieb für Bau und Liegenschaften Mecklenburg-Vorpommern 2015

Abbildungen 2-7, 9, 11, 13, 14, 17, 19
Universität Rostock IT- und Medienzentrum 2016

Abbildungen 8, 10, 12, 14, 16, 18
Landeshauptarchiv Schwerin, 12.3.2 Finanzministerium, Abteilung Hochbau, Mappe 4

Abbildungen 16, 21 Achim Bötefür Schwerin

Anhang Fassade

Abbildung 1
Betrieb für Bau und Liegenschaften Mecklenburg-Vorpommern 2016

Abbildungen 2-4, 6-9
Universität Rostock Universitätsarchiv 1.02.0 RXI A 17

Abbildung 5
Landeshauptarchiv Schwerin 12.3.2, Mappe 4

Abbildungen 10-55
Universität Rostock IT- und Medienzentrum 2015

Anhang Aula

Abbildungen 1, 3, 5
Universität Rostock, Universitätsarchiv, Fotosammlung

Abbildungen 2, 4, 6-23
Universität Rostock, IT- und Medienzentrum 2016

Anhang Pläne
Die Nachweise befinden sich bei den einzelnen Plänen.

Rostocker Studien zur Universitätsgeschichte

Band 1
Die Universität Rostock zwischen Sozialismus und Hochschulerneuerung.
Zeitzeugen berichten. Teil 1.
Herausgegeben von Kersten Krüger.
Rostock 2007.

Band 2
Die Universität Rostock zwischen Sozialismus und Hochschulerneuerung.
Zeitzeugen berichten. Teil 2.
Herausgegeben von Kersten Krüger.
Rostock 2008.

Band 3
Die Universität Rostock zwischen Sozialismus und Hochschulerneuerung.
Zeitzeugen berichten. Teil 3.
Herausgegeben von Kersten Krüger.
Rostock 2009.

Band 4
Martin Buchsteiner und Antje Strahl
Zwischen Monarchie und Moderne. Die 500-Jahrfeier der Universität Rostock 1919.
Rostock 2008.

Band 5
Kurt Ziegler
Zum 50-jährigen Bestehen der Tropenmedizin an der Universität Rostock.
Rostock 2008.

Band 6
Jobst D. Herzig und Catharina Trost
Die Universität Rostock 1945-1946. Entnazifizierung und Wiedereröffnung.
Herausgegeben von Kersten Krüger.
Rostock 2008.

Band 7
Anita Krätzner
Mauerbau und Wehrpflicht. Die politischen Diskussionen am Rostocker Germanistischen Institut in den Jahren 1961 und 1962.
Herausgegeben von Kersten Krüger.
Rostock 2009.

Band 8
Tochter oder Schwester – die Universität Greifswald aus Rostocker Sicht
Referate der interdisziplinären Ringvorlesung des Arbeitskreises „Rostocker Universitäts- und Wissenschaftsgeschichte" im Wintersemester 2006/07.
Herausgegeben von Hans-Uwe Lammel und Gisela Boeck.
Rostock 2010.

Band 9
Frauenstudium in Rostock: Berichte von und über Akademikerinnen.
Herausgegeben von Kersten Krüger.
Rostock 2010.

Band 10
Maik Landsmann
Die Universitätsparteileitung der Universität Rostock von 1946 bis zur Vorbereitung der Volkswahlen der DDR 1954.
Herausgegeben von Kersten Krüger.
Rostock 2010.

Band 11
Juliane Deinert
Die Studierenden der Universität Rostock im Dritten Reich.
Herausgegeben von Kersten Krüger.
Rostock 2010.

Band 12
Wissen im Wandel – Disziplinengeschichte im 19. Jahrhundert. Referate der interdisziplinären Ringvorlesung des Arbeitskreises „Rostocker Universitäts- und Wissenschaftsgeschichte" im Wintersemester 2007/08.
Herausgegeben von Gisela Boeck und Hans-Uwe Lammel.
Rostock 2011.

Band 13
Angela Hartwig
Das Universitätsarchiv Rostock von 1870 bis 1990.
Herausgegeben von Kersten Krüger.
Rostock 2010.

Band 14
Angela Hartwig, Bettina Kleinschmidt
Bestandsübersicht des Universitätsarchivs Rostock.
Herausgegeben von Kersten Krüger.
Rostock 2010.

Band 15
Universitätsgeschichte und Zeitzeugen. Die Verwaltung der Universität Rostock und Nachträge.
Herausgegeben von Kersten Krüger.
Rostock 2011.

Band 16
Frauen in der Wissenschaft. Referate der interdisziplinären Ringvorlesung des Arbeitskreises „Rostocker Universitäts- und Wissenschaftsgeschichte" im Wintersemester 2008/09
Herausgegeben von Gisela Boeck und Hans-Uwe Lammel.
Rostock 2011.

Band 17
Gert Haendler
Erlebte Kirchengeschichte. Erinnerungen an Kirchen und Universitäten zwischen Sachsen und den Ostseeländern.
Herausgegeben von Hermann Michael Niemann und Heinrich Holze.
Rostock 2011

Band 18
Wie schreibt man Rostocker Universitätsgeschichte?
Referate und Materialien der Tagung am 30. Januar 2010 in Rostock.
Herausgegeben von Hans-Uwe Lammel und Gisela Boeck.
Rostock 2011.

Band 19
Benjamin Venske
Das Rechenzentrum der Universität Rostock 1964-2010.
Rostock 2012.

Band 20
Rostocker gelehrte Köpfe, Referate der interdisziplinären Ringvorlesung des Arbeitskreises „Rostocker Universitäts- und Wissenschaftsgeschichte" im Wintersemester 2009/2010.
Herausgegeben von Hans-Uwe Lammel und Gisela Boeck.
Rostock 2012.

Band 21
Die Universität Rostock in den Jahren 1933-1945.
Referate der interdisziplinären Ringvorlesung des Arbeitskreises „Rostocker Universitäts- und Wissenschaftsgeschichte" im Sommersemester 2011.
Herausgegeben von Gisela Boeck und Hans-Uwe Lammel.
Rostock 2012.

Band 22
Die Universitätsbibliothek Rostock. Aufbruch und Umbruch seit 1972.
Direktoren berichten.
Herausgegeben von Kersten Krüger.
Rostock 2013.

Band 23
Susi-Hilde Michael
Recht und Verfassung der Universität Rostock.
Im Spiegel wesentlicher Rechtsquellen 1419−1563.
Teil 1: Darstellung
Rostock 2013.

Band 24
Susi-Hilde Michael
Recht und Verfassung der Universität Rostock.
Im Spiegel wesentlicher Rechtsquellen 1419−1563.
Teil 2: Quellen.
Rostock 2013.

Band 25
Henning Rohrmann
Forschung, Lehre, Menschenformung.
Studien zur „Pädagogisierung" der Universität Rostock in der Ulbricht-Ära.
Rostock 2013.

Band 26
Daniel Lehmann
Zwischen Umbruch und Erneuerung.
Die Universität Rostock von 1989 bis 1994.
Rostock 2013.

Band 27
Von Rechtsquellen und Studentenverbindungen, Lateinamerikanistikpionieren und politisch Unangepassten.
Facetten Rostocker Universitätsgeschichtsschreibung (1).
Herausgegeben von Gisela Boeck und Hans-Uwe Lammel.
Rostock 2014.

Band 28
Jüdische kulturelle und religiöse Einflüsse auf die Stadt Rostock und ihre Universität.
Herausgegeben von Hans-Uwe Lammel und Gisela Boeck.
Rostock 2014.

Band 29
Denkmale – Statuten – Zeitzeugen.
Facetten Rostocker Universitätsgeschichtsschreibung (2).
Herausgegeben von Gisela Boeck und Hans-Uwe Lammel.
Rostock 2015.

Band 30
Das Hauptgebäude der Universität Rostock 1870-2016.
Herausgegeben von Kersten Krüger und Ernst Münch.
Rostock 2016.

Band 31
25 Jahre Konzil der Universität Rostock 1990-2015.
Hochschulerneuerung im akademischen Parlament.
Herausgegeben von Kersten Krüger.
Rostock 2016.

Bezugsmöglichkeiten bis Band 22: Universität Rostock, Universitätsarchiv, Universitätsplatz 1, 18051 Rostock, Telefon: +49-381 498 8621; Fax: +49-381 498 8622, ab Band 22 im Buchhandel und Buch Shop BoD http://www.bod.de/bod-shop.html.